偏颇的宪法

美国宪法正位于一个十字路口，凯斯·桑斯坦在一条崭新的宪法解释进路中，清楚地记述了我们当下的困境，告诉我们可以去哪里。

桑斯坦主张，按照当下的解释，美国宪法是偏颇的。首先，它是有偏见的。当下的宪法把现状看成是中立的、公正的，任何对现状的背离都被看作是派系私见。但桑斯坦指出，当现状既非中立也非公正时，这样的推理就会导致不公正。从另外一层意义上宪法也是偏颇的：只能求诸最高法院的决定才能确证宪法的意义。如桑斯坦所表明的，并非总是如此，这也不是合众国缔造者们的意图所在。相反，宪法常常作为对于宪法的一般条款和热望进行公共审议的催化剂——而桑斯坦为了复兴如是对宪法作用的更广阔理解，做了有力的论证。

根据这样的分析，桑斯坦对今天我们争论最为火爆的一些问题，给出了自己的解决方案，这包括纠正歧视行动、性别歧视、色情文学、"憎恨言论"、政府对宗教学校和艺术的资助。在一个非常引人注目的论述中，他主张是第十四修正案的平等保护条款——而非隐私权——保护了妇女选择堕胎的权利。桑斯坦将这些争论以及其他争论，同宪法上关于要求政治对手之间进行公共审议的历史承诺联系起来。这样，他对我们许多最为基本的宪法权利进行重新思考，例如言论自由和法律之下的平等。他主张对宪法含义的公共讨论，应该免于以现状为基础的中立原则的束缚。他将美国宪法过程看作是审议民主的运行，这具有历史上的合理性，但却是一项全新的理解。

本书为福特基金会资助的
"中国听证制度课题延伸研究"项目内容之一
特 此 致 谢

本书中译本为美国哈佛大学出版社授权
Copyright © 1993 by Harvard University Press

宪政经典

偏颇的宪法

THE PARTIAL CONSTITUTION

原著:〔美〕凯斯·R.桑斯坦（Cass R. Sunstein）
译者：宋华琳　毕竞悦

北京大学出版社
北　京·2005年

北京市版权局登记号图字:01-2003-8229号
图书在版编目(CIP)数据

偏颇的宪法/(美)桑斯坦著;宋华琳,毕竞悦译. —北京:北京大学出版社,2005.6
(宪政经典)
ISBN 7-301-08872-8

Ⅰ.偏… Ⅱ.①桑… ②宋… ③毕… Ⅲ.宪法-研究 Ⅳ.D911.04

中国版本图书馆 CIP 数据核字(2005)第 026870 号

书　　　名：偏颇的宪法
著作责任者：〔美〕凯斯·R.桑斯坦　著　宋华琳　毕竞悦　译
责 任 编 辑：贺维彤
标 准 书 号：ISBN 7-301-08872-8/D·1148
出 版 发 行：北京大学出版社
地　　　址：北京市海淀区成府路 205 号　100871
网　　　址：http://cbs.pku.edu.cn　电子信箱：pl@pup.pku.edu.cn
电　　　话：邮购部 62752015　发行部 62750672　编辑部 62752027
排　版　者：北京高新特打字服务社　51736661
印　刷　者：北京汇林印务有限公司
经　销　者：新华书店
　　　　　　650mm×980mm　16 开本　28.25 印张　378 千字
　　　　　　2005 年 6 月第 1 版　2006 年 10 月第 2 次印刷
定　　　价：42.00 元

未经许可,不得以任何方式复制或抄袭本书之部分或全部内容。
版权所有,翻版必究

"要关起门来,因为意见是如此纷繁,而且在最初是那样粗略,因此在达成任何一致的意见之前,都有必要进行长久的争论。其间成员们的心智也会时有变化,妥协和通融的姿态将会带来诸多助益……在秘密讨论中,任何人当不再确信自己主张的妥当性和真实性时,没有再受该主张约束的义务,这是开放的,一切取决于论证的说服力。"

——詹姆斯·麦迪逊于《1787年联邦会议记录》(1911)

"如果人工的东西不如自然的好,那么生活的各种目的又是什么呢?采掘、耕作、建房、穿衣,都直接违反了要遵从自然这样的敕令……所有对文明、艺术或发明的赞美,都是对自然的责难,对其不完全性的承认;人类的天职和光荣,在于总是要致力于对它的修正和减缓……一个审慎的真实,在于几乎所有人们向他人犯下的杀头之罪或监禁之罪,都在自然界日复一日的运作之列……依然真实的在于,人性中几乎所有值得尊重的品性,都并非本能的结果,而是本能的胜利;除了能力之外,在自然界中人几乎没有什么有价值的东西。在这样一个充满了各种可能性的世界里,所有的一切都有赖于有待实现的非凡的人为规训……无论对于人自身的天性,还是对于所有其他万物的本性来说,人的任务都是相同的,即改进它而不是顺从它……对自然界的遵从,与任何正误之分并没有什么关联……无论为语词赋予什么附加的确切含义,这样的事物依然是不合自然规律的,但这并不是说它就应受到责难。"

——约翰·斯图尔特·密尔,《论自然》(1874)

"无论它们可能是多么邪恶,试验还没有结束。美利坚合众国还未缔造;他们并非被类别化评判的完结事实。"

——杜威,《公众及其问题》(1927)

序　言

美国人民崇敬他们的宪法。监督制衡、联邦主义、个人权利和司法审查,作为美国宪政体系的四个基石,为全球所钦佩和仿效。在危机时刻,宪政体系帮助美国免受暴政、失序与压迫之苦;在平静时期,宪法文件毋需再去应对那么多灾难,但依然要去直面诸多困难。我们应当理解制宪者最重要的目标在于审议民主(deliberative democracy)的创设。在这个体系中,公共官员应对人民负责,而且其立场应避免利益团体权力的出现,从而可以围绕公共利益展开广泛的审议。在大约二百年后,可以有把握地说,这个目标往往已被实现。这也是非常值得庆祝的。

然而,按照当下的解释,美国宪法是有偏颇的。如果按照这样的解释,因为首先某种意义上宪法是有偏见的,所以它是有偏颇的。(我说的是当下对宪法的司法解释,而非宪法文本。其原因会在后文中详述。我不相信宪法本身是有偏见的,或者说非得以有偏颇的形式来对宪法加以解释。)在当代的宪法中,人们当下所拥有的——即现状——常常被视为是中立的,而且构成决定的正当基础。对现状的背离是党派私见的表现,对现状的尊重则是中立的表现。当现状既非中立也非公正时,这类推理就会带来不正义。有时候会以宪法之名产生不正义,这既是不必要的,更是不幸的。

其次,依照当下的解释,美国宪法是有偏颇的。因为它本应适用于整体,但却只是适合于部分。这里最大的问题就在于,人们倾向于通过最高法院的判决来确证宪法的意义和运作,但事实上宪法最初却是为整个国家设计的。总统和国会成员也曾宣誓要维护宪法。政府官员以及普通公民也对于这些建国者所缔造的文件负有义务。并非法官说宪法的意思是什么就是什么。相反,宪法常常作为围绕其一般条款和期望所展开的广泛公共审议的催化剂。

一般而言,宪法对于国会、总统、政府以及公民的意义,要比最高法院对其所作的狭义界定和建构更重要。

现在的关键在于,要复兴如此对宪法角色的更为宽泛的理解。这样的理解无可避免地成为审议民主原初约定的一部分。在今天它也绝非是时代倒错。对宪法含义的公共审议也不应受以现状为基础的中立原则的束缚。如其他的一切一样,现状也应以审议和民主为依归。这些至少构成了本书最为重要的主题。

我非常感谢 Bruce Ackerman、Jon Elster、Abner Greene、Don Herzog、Elena Kagan、Larry Lessig、Martha Nussbaum、Richard Posner、Frederick Schauer、David Strauss 和 Mark Tushnet 对本书初稿所发表的有价值的评论。在那许多对本书部分章节发表颇有助益的讨论和评论的朋友和同事中,我要列出名字并致以特别谢意的是 Akhil Amar、Mary Becker、Gerhard Casper、Joshua Cohen、Frank Easterbrook、Richard Epstein、Richard Fallon、Stephen Holmes、Martha Minow、Michael McConnell、Frank Michelman、Geoffrey Stone、Kathleen Sullivan、Lloyd Weinreb、Robin West 和 James Boyd White。作为编辑,Michael Aronson 给予了许多支持,他对本书原稿提出了非常有价值的建议。Bart Aronson、Jason Cronic、Gabriel Gore 和 Richard Madris 是我极其出色的研究助理。Marlene Vellinga 协助作了大量秘书工作。在本书中,我几乎将十年来自己围绕宪法上中立问题的著述都集合在一起了。有些作品已经在其他地方发表过,尽管发表的形式可能有着相当的区别。我要感谢这些书刊允许我在此重刊这些论文的某些部分。这些论文包括《赤裸裸的偏好和宪法》[Naked Preferences and the Constitution,84 *Columbia Law Review* (1984)];《洛克纳的遗产》[Lochner's Legacy,87 *Columbia Law Review* 873 (1987)];《偏好和政治》[Preferences and Politics,20 *Philosophy & Public Affairs* 3 (1990)];《宪法中的中立》[Neutrality in Constitutional Law,92 *Columbia Law Review* 1 (1992)];《现在言论自由》[Free Speech Now,59 *University of Chicago Law Review* 255 (1992)];《博克法官应该说些什么》[What Judge Bork Should

Have Said, 23 *Connecticut Law Review* 205 (1991)];《为什么违宪条件学说是一个时代倒错》[Why the Unconstitutional Conditions Doctrine is an Anachronism, 70 *Boston University Law Review* 593 (1990)];《补偿性正义的局限》[The Limits of Compensatory Justice, *NOMOS* ⅩⅩⅩⅢ: *Compensatory Justice* (John W. Chapman ed., New York University Press 1991)].

译者的话

凯斯·桑斯坦是芝加哥大学法学院的卡尔·卢埃林讲座教授，也是美国当代最具影响力的公法学者之一。近年来，桑斯坦教授的著述被渐次引入中国，并受到了相当程度的关注。[1] 但在大多数中国法律学人眼中，桑斯坦教授的形象或许依然是晦暗不明的，因为他独著与合著的二十多部著作和数百篇论文中，研究的领域已经涵盖了宪法理论、宪政和民主理论、管制理论、行政法学、法律解释理论乃至行为主义的法律经济学等广袤的领域，关注的问题从公法和政治理论到正义、偏好这样的"大词"，直到排污交易、烟草广告、竞选经费规制、基因工程等具体末微的问题。[2] 我们很难按照中国的学科建制，为桑斯坦教授贴上一个什么标签。

在译者看来，桑斯坦教授是一位不仅有着浓重的现实主义情怀，更有着深厚理论底蕴和渊博学识的学者。而在他几乎所有的学术论著中，不仅有着他对问题的精密分析，更流淌着他颇具原创

---

[1] 桑斯坦教授的著作已经被翻译成中文的有：《自由市场与社会正义》，金朝武、胡爱平、乔聪启译，中国政法大学出版社2001年版；《网络共和国》，黄维明译，上海人民出版社2003年版；《法律推理与政治冲突》，金朝武、胡爱平、高建勋译，法律出版社2004年版；《权利的成本——为什么自由依赖于税》，毕竟悦译，北京大学出版社2004年版；《偏颇的宪法》，宋华琳、毕竟悦译，北京大学出版社2005年版。他的论文已被翻译成中文的有：《管理体制下的制定法解释》，管金伦、王珍瑛译，载陈金钊、谢晖主编：《法律方法》第1卷，山东人民出版社2002年版；《烟草是药吗？——作为普通法法院的行政机关》，宋华琳译，载《法大评论》第2卷，中国政法大学出版社2003年版；《洛克纳的遗产》，田雷译，载《北大法律评论》第6卷第1辑，法律出版社2005年版。

[2] http://home.uchicago.edu/~csunstei/cv.html.

性和新颖性的体系性思维架构。他自己独有的风格和切入视角，或许恰恰也是他能始终保持旺盛学术生命力的源泉所在。而呈现在读者面前的这部《偏颇的宪法》，堪称是桑斯坦教授多年来对美国宪法理论研究的一个小结，作者重新阐述了美国的宪法传统，从中体现了他富有创见性的对美国宪法理论的体系性建构，以及在审议民主理论方面做出的开创性贡献，并且在诸多宪法与公共政策的交迭之处，展开了精辟的讨论与品评。

一

政府中立被视为是自由主义的界碑，在这样的理念作用下，人们认为政府不能逾越公私领域之间的疆界。政府中立的行事，通常意味着它要无偏私地行事，从而避免侵袭私人领域，或者只有在例外的情况下，基于特别的理由，政府才能进入私人领域。因此，私人领域成了判断政府是否符合中立要求的试金石。比方说，如果两个当事人发生冲突，政府如要保持中立的状态，那么就应当袖手旁观，而不能去偏袒某一方。[1]

桑斯坦教授在《偏颇的宪法》这部著作中，对中立观念的论述可谓不惜挥毫泼墨。根据惯常思维，中立（neutrality）是同现状（status quo）休戚相关的，"对现状的偏离昭示着派系偏见；对现状的尊重则昭示着中立。"[2]而现状通常是指已有的资源配置和实际做法，这样相当于就是将现状以及既存的对资源和权利的分配，作为决定何为派系偏见何为中立的基线。（第40页）在这样的情况下，政府对现状予以尊重，对纠纷袖手旁观，对社会问题奉行无

---

[1] Robert Justin Lipkin, *The Quest for the Common Good*: *Neutrality and Deliberative Democracy in Sunstein's Conception of American Constitutionalism*, 26 Conn. L. Rev 1040—1041(1994).

[2] Cass R. Sunstein, *Partial Constitution*, Harvard University, 1993, p.3. 以下引用此书不再加脚注，而是在正文直接标出原书页码。

为而治的时候,往往被认为是恪守了中立义务;而政府试图改变已有的现状时,每每被认为是将财富和资源从一个口袋拿到另一个口袋里,违反了中立义务。

正是在这样的背景下,"现状"和"中立"两个词深深地镶嵌耦合在一起,"因现状而中立"(status quo neutrality)也就成了本书中出现最多的关键词之一。但是对于常规思维,作者不是采取固守的态度,而是通过仔细地剖析、解构成规的神圣地位。

在19世纪末到20世纪初,"因现状而中立"在法律思潮中占据了支配地位,它包含了许多对自然和自然界的普遍观念,它提倡对普通法的崇尚,它将法律推理和法律范畴组织起来,它将"自由放任"体制转变为一个宪法要求。(第40页)正是在"因现状而中立"理路的支配下,在20世纪初的普莱西案、洛克纳案和穆勒案中,法院都将事实上是法律创设的制度,看作是自然的和前政治的"现状",从而否定了试图改变这些制度的诉讼请求。(第67页)例如在普莱西案中,法院认为种族隔离是既存的人类风俗、习惯和传统的反映,因此免于、独立于且绝缘于法律之外,从而支持了要求铁路公司"为白人和有色人种提供平等且隔离的设施"的立法。(第43页)在1908年的穆勒诉俄勒冈案中,法院认为既存的女性和男性的社会角色差别是自然的和公正的,在他们之间存在着"固有的差异",从而支持了一部限制妇女工作时间上限的法律。(第62页)

在桑斯坦教授看来,因现状而中立通常是一个谬误,常常会带来不公正。(第4页)因为因现状而中立假定存在着一个前法律的既定的,自然存在的独立于社会组织之外的"现状",但更确切地说,这个"现状"与其说是法律一个必不可少的或者自然的先决条件,毋宁说是法律所针对和作用的目标。(第6页)而且原初的普通法秩序,本身也并非就是未经选择或者中立的,而很可能是高度的派系私见与各种利益交迭的产物。(第88页)

但是需要指出的是,桑斯坦教授并未对"因现状而中立"观念加以完全的摒弃,相反,他在第三章中指出,当代法律体系中弥漫着"因现状而中立",在对消极权利和积极权利,种族和性别歧视,自由和财产的界定,以及行政不作为和原告诉讼资格问题上,无不是以现代版的中立观念为基础的。桑斯坦教授主张的关键在于,要对"因现状而中立"观念予以修正,不能将现状作为判断是否中立的标准,[1]不能因此就关闭了通往美国审议民主(deliberative democracy)体制的闸门,应该让已有的法律实践去接受民主的严格审查,让已有的配置或所有权状况成为审议民主的对象和目标。(第6页)

二

自由主义和共和主义是西方政治哲学的两大思潮。一种较为普遍的看法认为,共和主义与自由主义是对立的,共和主义反对自由主义所提倡的原子式个人主义和消极自由观,更为强调公共利益与公众参与。桑斯坦则试图在两者之间进行调和。他认为,共和政体包括:政府中的审议、政治平等、普遍主义或合意、公民身份。[2] 共和主义思想家往往强调政治自由的根本价值,强调个人与整个社群均处于独立自主、不受奴役的状态。自由主义与共和主义的对立是一个错误,美国的建国者们是自由共和主义。他们"建立起了一个理性的共和国。这类共和国既不同于以自利为基础所产生的共和国,也不同于仅仅以'自然'或权威(authority)为基础产生的共和国。"(第20页)

桑斯坦努力将共和主义同利益团体多元主义相区别,认为利益团体多元主义的缺失在于,它不把法律看作是商谈审议的产物,而把法律看作商品,看作是利益加总和取舍后的产物。(第25页)

---

[1] Robert W. Bennett, *Of Gnarled Pegs and Round Holes: Sunstein's Civic Republicanism and the American Constitution*, review of the Partial Constitution by Cass R. Sunstein, Vol. 11, Issue 2, Constitutional Commentary (1994).

[2] 参见 Cass R. Sunstein, "Beyond the Republican Revival," 97 Yale L. J. 1987—1988, at 1539—1590。

桑斯坦教授认为现代法律和规制政策的关键是在于平等公民之间达成的合意。因此,他将审议民主(deliberative democracy)作为宪法解释的原则和政府决定的基础。"公共官员应对人民负责,而且其立场应避免利益团体权力的出现,从而可以围绕公共利益展开广泛的审议。"(序言)这样的审议过程要求公众的普遍参与,要求参与者能在相当程度上独立于政府之外(第136页)。

桑斯坦教授认为审议民主可以为建国、内战和新政等美国历史上几个最为重要的宪法时刻(constitutional moment)给出有力的解释。他强调,"应把审议政治原则理解为是原初麦迪逊式政治观念中的重要组成部分。它成为同包括代议制、分权制衡、联邦主义以及司法审查在内的政府制度的和声。与之相关的信念在于,美国人民认为对于一个功能完好的共和国而言,分歧与异议是不可或缺的富有创造性的动力源泉。"(第135页)

在桑斯坦教授的眼中,在共和国缔造之初,形形色色的人物粉墨登场,所表达的意见和观点也是格外纷繁复杂。制宪者试图要征引无偏私原则,去抵御所面临的君主制遗产、公共官员的自利以及派系纷争的三重危险。因此美国宪法要去创立审议民主制度,从而让代议官员最大限度上对人民负责,并发展出不受派系支配的审议形式。(第19—20页)他援引詹姆斯·麦迪逊在《联邦党人文集》第十篇中的论述,指出代议机制"通过某个选定的公民团体,将公众见解得以提炼与放大,因为他们的智慧最能洞察国家的真正利益所在,而他们的爱国心和对正义的热爱,使得他们似乎不太会为暂时的或局部的考量而牺牲国家利益。"[1]因此政治结果并不仅仅是自利的反映,或者是对特定的或前政治的权利的保护,相反它是由拓展开来的审议和讨论过程产生的。

桑斯坦教授还倾注了许多心力去对新政时期的宪法变革加以论述。正如罗斯福指出的那样,"'政'(deal)这个词隐含的意思是,政府自身将采取纠正歧视行动以实现其公开声称的目标,而不

---

[1] The Federalist No. 10.

再是袖手旁观。……'新'（new）这个词隐含的意思是一个设计的,旨在让最大多数的农民、工人和商人从中受益的事物新秩序。"（第57页）在桑斯坦教授看来,新政是美国实用主义哲学传统在真实世界中的具体体现,也是审议民主约定的发扬与深化。新政的主事者坚持认为任何对既存配置的尊重,都必须要以理性为基础。因此,经由民主机构的审议过程,就包括了对既定的法律规则是否适合于自由、福利或民主本身的判断。

  同时正如本文第一部分所指出的,宪法并无法总是将既存的配置作为分析的基线。而可以从审议民主的普遍约定中,推演出宪法解释的原则。从审议民主的约束出发,法院要在两类案件中扮演积极进取的角色,第一类是同民主过程休戚相关,在减损后不太可能获得政治救济的权利。例如要对言论自由和选举权利所受政府侵害提供积极的司法保护,因为这些权利构成了政治审议、政治平等和公民身份的背景前提。（第142页）第二类是针对在立法过程中获得公平听证机会予以充分表达的阶层或者利益,法院要进行更为积极严格的审查。（第143页）在审议民主理论的主线下,桑斯坦教授解释了如何将审议民主的约定用于解决包括纠正歧视行动、福利权、教育、合理审查和政府行为学说在内的具体宪法争议。

  桑斯坦所提倡的共和政体并没有否认个人的价值和多元的存在,相反它是一个"异质的共和政体"。他强调"公共的善",但却不是把公共利益或者某种整体价值凌驾于一切之上,因为这个"公共的善"不是预先设定的,而是审议的产物。因而,桑斯坦把自由和共和结合在一起的说法可以更准确地表述为他把民主与共和结合在了一起。

三

　　在美国,1787年宪法是美国人民宪政的象征,也是宪政的工具。[1] 但是在创立司法审查的马伯里诉麦迪逊案中,根据马歇尔大法官的推理,与宪法相抵触的法律无效的问题,转化成了由司法机关决定那些抵触宪法的法律无效的问题。法院从而实现了"伟大的篡权",将普通司法职能转化成了对立法的违宪审查。[2] 这个案件无可抗拒的象征意义在于,宪法所指引的是法官,而沃伦法院的实践又戏剧化地为这样的观念添加了燃料。(第9页)

　　尽管桑斯坦教授也对法院在美国宪政中的角色给予相当的关注,而且也认为,离开了对司法审查真实和潜在贡献的评判,就无法全面理解美国行政国家的内涵,[3] 但桑斯坦教授还是认为,上一代宪法学者的研究是围绕法院这个中心(court-centeredness)展开的,这实际上弱化了其他官员和普通公民的责任感,分散了对司法外其他策略的注意力。因此有必要将视线转向行政和立法机关,转向民主的竞技场。这样的转向将有助于重新发掘宪法上创制审议民主的原初目标,使得从由代表和全体公众所进行的普遍讨论中受益。(第9—10页)

　　其实,桑斯坦教授所持的是对现代管制国家的一种更为切实的理解。在1984年的谢弗林判例中,判决当制定法暧昧不清时,对于负有法律职责的机关的任何合理的解释,法院都应予以尊重。他睿智地指出,这是一个"行政国家下的反马伯里型"的案件,[4]

---

〔1〕 爱德华·S.考文:《美国宪法的"高级法"背景》,强世功译,三联书店1996年版,序言。

〔2〕 参见强世功:《司法审查的迷雾——马伯里诉麦迪逊案的政治哲学意涵》,载《环球法律评论》2004年冬季号。

〔3〕 参见凯斯·R.桑斯坦著,胡敏洁译:《实体行政》,即刊于《公法评论》第3卷,北京大学出版社2005年版。(本文由译者提供,在此谨致谢忱)

〔4〕 凯斯·R.桑斯坦著,宋华琳译:《烟草是药吗?——作为普通法法院的行政机关》,载《法大评论》第2卷,中国政法大学出版社2003年版,第351页。

谢弗林判例引起了现代行政国家下的权力位移,改变了行政机关和法院、立法机关之间权力的配置。因为目前法律中常常留下了为传统法律解释工具所无法解决的缝隙和含混,这些问题的解决需要由有更纯正民主谱系的立法机关和更具有解决能力的行政机关,而非法院去进行政策判断和政策选择。[1] 而宪法研究也应对立法和行政过程给予更多关切,这也与桑斯坦教授一以贯之的审议民主主张相契合,认为这样可以让宪法在国家政治生活中发挥更为重要的作用。(第13页)

在本书中,桑斯坦教授展示了自己这样研究进路的转向。他优裕自如地在宪法的巅峰和实体行政过程的低谷之间往复穿梭,例如在因现状而中立学说的背景下,桑斯坦教授先是对传统中对审查行政机关行为的"诉讼资格"(standing)的公民界别的限制,和对行政机关不作为不予审查的推定,给予了说明,继而又阐释了判例发展的新动向。(第87—90页)桑斯坦还讨论了政府风险管理的原则,讨论了对竞选活动节目、儿童电视节目的规制,讨论了言论自由原则对政治言论的保障,讨论了政府对暴力色情、科学言论、名人诽谤和商业言论在内的非政治言论的规制,讨论了为社会广泛关注的色情作品、堕胎和代孕的问题,等等。在这样的分析中,凸现出桑斯坦教授浓郁的现实主义关怀,以及对作为法律问题延长线的政治和政策问题的关注。

四

某种意义上,桑斯坦教授的这部著作是重构美国宪法学体系的一种尝试,作为自由共和主义的拥簇者,他对某些经典和传统的自由主义学说提出挑战,廓清了诸多宪法上似是而非的概念,并对

---

[1] 参见宋华琳:《作为宪法具体化的行政法——〈公法学札记〉的札记》,载《中外法学》2003年第5期;宋华琳:《行政国家下的权力分立——立足于美国法的初步观察》,载《首都法学论坛》第1卷,法律出版社2005年版。

最高法院的许多判决给出了精当的分析，更为重要的，他以审议民主理论为脉络，将宪法论争的展开，由法院转向民主参与的舞台，从而建造起一座美国宪法研究中的智识丰碑。而我们翻译这本书，也是想为我国的美国宪法研究，以及比较宪法研究，能尽可能地贡献一点知识上的增量。

这本书是由宋华琳和毕竞悦合作翻译的，桑斯坦教授的著作和论文，都是我们以及周围的一些朋友所喜欢阅读的。从2003年10月份起我们分别开始翻译这本书，由于诸事繁冗，因此大家更多的都是在利用寒暑假等相对完整的时间进行翻译，终于于2005年春节前后完成了各自承担的翻译任务，然后译者互校了译稿，尽管两人分别在杭州和北京，迢迢千里，但所幸在这样一个网络时代，可以就翻译中碰到的问题展开快捷的即时交流和沟通，可以通过电子邮件实现翻译文本的传递。对于我们而言，这也无疑是一次愉快的可资纪念的合作之旅，

错误在所难免，这样一句几乎每本译著中都会提及的话，写在这里，却感到几丝凝重。在翻译过程中，译者深感这部著作翻译的艰难，以及译者自己的浅陋。桑斯坦教授对美国整个公法制度和公共政策的谙熟，对实用主义哲学、行为主义经济学、政府规制理论、认知心理学等社会科学知识的娴熟运用，加之其身后的学术功力和精微深邃的分析，不仅让我们每每产生敬仰之情，更增添了我们翻译的难度。

尽管我们两人都对美国宪法怀有浓厚的兴趣，但主攻方向分别是行政法学和外国法制史，在这部著作的翻译过程中，常有如履薄冰之感，为了保证译稿的"信、达、雅"，我们已经尽了自己最大的努力。对于翻译中涉及的诸多陌生的词汇和典故，以及相关的制度和判例，以及纷繁复杂的思想源流，我们都尽量地通过求助于图书馆的工具书，求助于互联网上的搜索引擎，来一一加以查证。我们觉得，尽管有人说"译者即叛徒"，但我们还是争取尽量做到优先满足"信"的要求，从而有助于读者更好地把握作者的思路，汲取相关的信息。在保持"信"的前提下，也兼顾文字的通达与行文的优

雅。本书翻译的谬误之处，还敬请读者指正！（宋华琳信箱：songhualin@vip.sina.com；毕竞悦信箱：bijingyue@vip.sina.com）

　　同时译者希望感谢在翻译过程中，贺卫方教授、朱芒教授、林来梵教授等师长给予的关心和鼓励，学友田雷、苏苗罕、胡敏洁、税兵、高春燕、李学尧、骆梅英等提供的各种形式的支持和帮助。在此向他们表达我们由衷的谢意。

译　者
2005 年 4 月 13 日

目 录

导论 　　　　　　　　　　　　　　　　　　　　　　 *1*

第一部分　总　论

第一章　理性的共和国　　　　　　　　　　　　　　 *19*
第二章　1937 年的革命　　　　　　　　　　　　　　 *45*
第三章　当代法中的因现状而中立　　　　　　　　　 *78*
第四章　宪法解释:方法　　　　　　　　　　　　　 *108*
第五章　宪法解释:实体　　　　　　　　　　　　　 *144*
第六章　民主、期望与偏好　　　　　　　　　　　　 *189*

第二部分　应　用

第七章　福利国家中的言论:言论的新政　　　　　　 *233*
第八章　福利国家中的言论:政治审议优先　　　　　 *274*
第九章　色情作品,堕胎和代孕　　　　　　　　　　 *302*
第十章　"这是政府的钱":关于对言论、教育
　　　　和生育的资助　　　　　　　　　　　　　　 *340*
第十一章　补偿性正义的局限　　　　　　　　　　　 *368*

结论:不偏不倚的宪法　　　　　　　　　　　　　　 *397*
索引　　　　　　　　　　　　　　　　　　　　　　 *405*
附记　　　　　　　　　　　　　　　　　　　　　　 *429*

导 论

在上一个世代里，沃伦法院（Warren Court）*及其继任者伯格（Burger）法官在履任的最初几年里，让美国宪法的条款发生了位移。一个以公民权利和公民自由的新观念为基础的积极进取的最高法院，试图在宪法之名下，去引发重要的社会变迁。法院否决了学校和其他地方的种族隔离；为刑事被告人创设了新的保护；对州选举强加了一人一票规则；承认了不仅包括政治讨论，还同样包括商业广告、犯罪辩护、显著的色情文字以及诽谤言论在内的广泛的言论自由权利；它还将祈祷行为逐出公立学校；承认了包括选择流产权利在内的隐私权；并创设了有些类似于平义规则的针对种族歧视的规则，以及反对性别歧视的强烈推定，并禁止以种族和血亲为基础的歧视。

所有这些无异于一场宪法革命。在过去的世代里，无论是最高法院的拥簇者还是批评者，都是围绕这些案例而展开争论的。这场争论激起了就法院在社会改革中的角色，以及法院在宪法解释中所采取的进路等一般问题，而展开的广泛讨论。

浮现出的宪法论争

沃伦法院及其继任者所引发的讨论已经结束。早期所讨论的那些主题今天日益像是一场"时代倒错"（anachronistic）。一场新

---

* 1953年，新当选的美国总统艾森豪威尔任命厄尔·沃伦（Earl Warren）为首席大法官，沃伦出任大法官的时代（1953—1969年）被称为"沃伦法院"时期。——译者注

的,伴着新主题和新组合的讨论正在浮现。尽管它的轮廓依然模糊,但它提出了一系列新的具有普遍意义的问题,这包括自由与平等的关系;言论自由的原则;司法节制的整体观念;财产权和契约自由的作用;宪法和民主审议之间的关联;运作完好的宪政民主的性质。新的争论同样会引发某些更为具体化的问题,例如我们的政府在一定"条件"下提供美元、许可或工作职位的权力,而这可能会构成对宪法权利的侵害;还有包括高科技、竞选资金规制,以及政府为保证言论的质量和多样性而对广播电视频道、憎恨言论(hate speech)和色情言论的规制努力在内的新领域中言论自由的意义;还有法律上如何对待生育权,包括如何对待堕胎和代孕协议。沃伦法院的遗产——无论是其捍卫者还是诋毁者所持的姿态,都对解决这些问题越发殊少裨益。

也许,首要的在于,我们要对美国宪法最基本的组织原则的意义有所把握。该原则要求政府不偏不倚。在美国宪法下,政府不能去遴选出特定的人或团体来加以特别对待。中立(neutrality)是其首要责任。

这样的观念在政治讨论中也发挥着很大作用。它有助于我们去形塑政府可能适于做什么的观念。几乎在所有政治演说和政党讲坛上,都能找到如此观念的某些版本。不仅在美国,而且在全世界——在俄罗斯和英国,在南非和以色列,在罗马尼亚和伊拉克,在萨尔瓦多和秘鲁,对政府的诸多批评,都构成了对这些观念的和声。

这样的观念对美国宪法也颇有助益。许多宪法条款都被理解为要求中立且禁止有党派私见。如果政府征用了财产,在公民间有所歧视,介入了契约缔结,或者剥夺了自由,它必须表明其决定反映了某些旨在保护公共物品的努力,而并非徇私(favoritism)。这一基本原则涵盖极广,很突出的,它在相当程度上将那些似乎全然不相干的宪法保障连结起来。它甚至可以被视为是反威权主义的中心,或者是趋向法治动力的核心,但没准儿两者是一回事儿。

实际上,今天围绕宪法意义展开的所有最为重要的争论,都反映了对该原则意蕴认识的分歧。政府针对私人财产的权力;针对黑人和妇女所采取的纠正歧视行动*;政府提供食品、住宅或防范刑事暴力的责任;政府与艺术之间的关系;政府与宗教之间的关系;法律上如何对待残疾人;"消极"和"积极"权利间的区别;政府认为妥适就花纳税人钱的权利;色情作品和堕胎的问题;政府对竞选资金的规制以及接近媒体权(access to the media)**——所有这些以及其他更多的争论,都可以通过宪法上对党派私见的禁止及中立义务等相互竞争的主张而组织起来。

因现状而中立

在讨论当下美国宪政主义的问题时,我首先要谈的就是对党派私见的禁止和中立义务。我的首要目标之一就是要对中立要求加以确证,并对一个非常普遍的理解提出质疑。这理解将在政治争论中发挥重要作用,它对宪法中诸多领域里的推理和结果都起作用。

简言之,我拿一个特定的征用决定作为基础,来说明我对中立的界定和理解。在征用决定中,现状(status quo),或者不同的人和团体所现有的,被作为既定的基线:这包括既存的对财产、收入、法律权利以及所谓的固有资产和偏好的配置。对现状的偏离意味着

---

* 纠正歧视行动(affirmative action),该语词最早源自肯尼迪总统1961年签署的第10925号总统行政命令。这个行政命令要求为少数族裔提供更多的工作机会,不得有种族、信仰、肤色、祖籍等方面的歧视。约翰逊总统执政期间,联邦政府和国会出台了一系列包含范围更为广泛的纠正歧视行动,又称为"肯定性行动"。简言之,纠正歧视行动实际上是平等权益措施和法案,目的是帮助在美国历史上长期受到歧视的少数民族和妇女更快地改变政治、经济、教育和社会等方面的劣势地位。具体地说,就是在升学、就业、晋升、颁发奖学金以及接受政府贷款和分配政府许可时,在竞争能力和资格基本相同或相近的情况下,黑人、印第安人、拉美裔和亚裔以及妇女有被优先录取、录用、晋升或优先得到贷款和政府许可的权利。——译者注

** "接近媒体权"(the right of access to the media),是公众在一定的条件下可以要求媒体提供版面或时段,允许其免费或付费利用,藉以表达意见的权利。——译者注

派系偏见;对现状的尊重则昭示着中立。当政府不去干涉已有的配置时,它坚从了对中立的要求,它几乎就不需要来证明自己决定的正当性;但当它打破了已有安排时,它的行事或有偏颇,因而会受到宪法上的质疑。目前所有权并不完全被认为是法律的产物。

不仅于此,甚或关乎政府"作为"(action)与"不作为"(inaction)的分类,其内容也要由"现状"来赋予。法院也要去对既存的实践和已有的配置加以关照,来回答政府是否作为的问题。打乱这些已有实践和配置的决定被视为"作为";对于没有感到给事物性质带来什么变化的决定,就可以等同于压根儿不曾作为。在宪法中,我们对中立概念的主流理解应当是,它是对既存配置予以尊重,且未产生任何法律上争议的决定;而非那些有法律上存疑且打破已有配置的决定。

很不幸的,到目前我们的描述还是相当抽象。真正的论述还是在细节之中,从细节中我们可以发现诸多惊愕之处。在那些乍看上去并非仅仅是"现状"在起作用的案例中,法院不断的在用"现状"来划定中立和党派私见间,或者不作为与作为间的边界,这就是诸多惊愕的表现形式所在。实际上,我们会发现因现状而中立(status quo neutrality)居于某些至为重要的法律原则的核心,这些原则关系到言论自由、政府资金的使用、财产权和平等。

的确,实际上很少会有人宣称把"现状"当作区分党派私见和中立的基线。绝大多数律师和法官也会为这样的主张感到极度困惑。但事实上中立观念的存在却是如此广泛,以至于它的运作更多是反思性的,而非自省性的。很大程度上由于中立观念的反思性格,使得它对于理解许多宪法上的意义有助益。而且尽管我关注所在是法院和宪法,但讨论还将涉及对法庭之外的许多重要问题的处理。

因现状而中立:一个错误

我不仅想对这种中立理解加以确证,还要指出,在许多领域这是一个错误,还会产生严重的不公正。最狭义地看:因现状而中立忽视了一个很重要的事实,即既存权利以及现状,很大程度上是法律的产物。一个很简单的事实就在于,只是因为法律允许人们拥有物品,他们才能拥有。至少从我们目前理解的所有权观念出发,离开了法律,没有谁能"所有"(own)任何东西。从这个意义上说,因现状而中立的错误之处,恰恰就在于它忽视了包括所有权在内的我们的权利,都是由法律创设的。实际上许多重要的宪法判决也常常忽视这一事实。

如果许多权利被认为,也应当是,由法律授予的[1],那么这一点就显得尤为重要。因为无法一目了然看出这些权利是由法律创设的。我们倾向于认为这些权利是理所当然就有的。尽管如此它们的确是法律规则的产物,法律让人们不仅有了土地、报纸或汽车,还可以让他们在法律规定的疆域内行事:去特定的地方,雇用和解雇特定的人,支配自己的身体,缔结协议,说事情,允许特定的人(而非其他人)使用他们的财产,以他们所持有的物去作特定的事情。离开了法律的保护,这类权利就根本无法得到保障。

国家总是做好了捍卫我们自由行事和自由流动的权利(非常宽泛意义上的界定),以免于无论是来自私人还是来自政府的侵害的准备。例如,我们需要侵占法(the law of trespass),以防止他人侵入或征用我们的土地;我们需要契约法来保护我们缔约或拒绝缔约的自由;我们需要侵权法来容许我们在受保护的行为领域内行事,并在我们做容许范围内的事情时可伴有法律的保护,且由于法

---

[1] 想想那篇经典的私法论文中的言说:"对于因汽车意外事故带来的损失,并非因为是天意注定的,而是因为政府已经赋予了侵害者以免责的权利,而且还会干预,以阻止受害者的那些更为果敢的朋友们去向侵害者求偿……从根本上而言,必然有针对某一利益或其相反对应体的权利。在特定的情境下,我们或者有权沉默,或者有权咆哮;我们或者有针对自己财产或身体的权利,或者有分享他人的财产或身体的权利。我们可以通过买卖将自身陷于相反的境地,但是我们必须从某处开始。" Guido Calabresi & A. Douglas Melamed, "Property Rules, Liability Rules, and Inalienability: One View of the Cathedral," 85 *Harv. L. Rev.* 1089,1091,1100—1101 (1972).

律容许我们可科处他人以义务,因此可免于因过错或损害而带来的责任。国家还排除了人民所谓的"自助"(self-help)权——例如当人们遇到诸如工作遭解雇,被逐出家门等不幸结果时,就可能会去寻求运用自己的强制力量。

我举的所有这些例子,都是为我们的法律世界和社会世界给出一个简化的描述。当然也有可能去论证某些权利是"自然"的,或者恰恰是正义理论的产物。但如果我们试图去说明为什么我们被允许做我们所做的事,或者为什么我们的世界看上去就符合它的运行轨迹,至为重要的就在于,要理解法律规则的枢轴性(pivotal)角色和无所不在的作用。

一般的,为了自由和繁荣,法律赋予人们多种多样的权利,这当然再好不过。但如果我们忘记了这些权利首先都是由法律赋予的事实,那么就不一定这么好了,实际上还可能会变成相当程度的妨害。在思考宪法的意义时,我们经常会忘记这一事实。我们行动时就好似这相关的权利是来自自然,而根本并非法律的产物。

举一个熟稔且重要的例子:许多人觉得他们反对政府规制,我们也都常常听说政府规制"失败"。但没有人会真正这么想。只有在以侵权法、契约法和财产法等形式的政府规制下,市场才成为可能。抛开别的不谈,从制止人们做他想做的事情的意义上,这样的法律是具有强制性的。例如财产法阻止了某些人获得食物或庇护场所;契约法使得某些人无法保有自己的工作。完全有可能认为市场是一个可欲的人类秩序体系,但不可能去认为市场并非是法律的产物,而仅仅代表着所谓的"自由放任"(laissez-faire)。

更宽泛的:如果能够独立地来证明现状的正当性时,将现状作为基线的决定是完全可以接受的。然而,在许多情境下,作为原则和法律问题,现状都是具有高度争议性的。只有当既存配置本身是中立的时,对已有配置的尊重才是不偏不倚的。

当现状——比如说介于贫富之间、黑人和白人之间,或是男人和女人之间的现状——本身是法律的产物,但却与公正相去甚远时,若决定以此作为评判中立与否的基线,那么将是不具正当性的。现状很可能是法律所针对的目标，而并非作为法律一个必不可少的或自然的先决条件。举一个当下极其重要的例子，是法律赋予了对广播媒体的排他的所有权。让我们来假想表达自由体制若是没能带来太多对公共问题的讨论，以及观点的多样性，相反带来的却多是哗众取宠般的轶事；以"赛马"（"horse race"）*般的方式来报道竞选角逐，却对实体内容不加以关注；并非站在一个极开阔的立场上，却去选取一个传统道德观的减损版本。如果确然如此，全部问题都是由法律引起的。我们毋须去对"私人权力"加以责难，因为可以明了，广播系统是法律规则的创造物，而这些法律规则，和所有其他的规则一样，都要去接受是否合宪的评判。

因现状而中立的基本问题在于，它在错误的阶段，关闭了通向美国审议民主（deliberative democracy）体制的大门。它拒绝让已有的法律实践来接受民主的严格审查，它就压根儿没有把法律实践当作法，它拒绝让已有的配置或所有权状况成为审议的对象或目标。

事实上对美国的法律和政府而言，我对主流中立观念的质疑远非新颖。无论是在美国建国之初，还是在后继的内战时代，都可以找到某些类似的质疑，这些质疑在富兰克林·罗斯福的新政时期，显然扮演了一个至为重要的角色。对新政主事者（New Dealer）而言，现状是法律的产物，且常常是不公正的；他们认为，若将新政规划视为是对自发的且毋须法律介入的私域的"政府干预"，那么是错误的。这样看来，新政深化和巩固了宪法原初对审议民主的承诺。新政主事者认为不应再让现状处于这种承诺之外。在此，我试图去重新发掘新政的这一方面，回溯它对法律和政治文化的深远影响，并把它引入对当下争议的讨论之中。

在美国法研究中，我就因现状而中立所提出的质疑，也算不上

---

* Horse Race，原意是"赛马"，这里是指新闻媒体对有关竞选情况的报道。这类报道更倾向于突出候选人在民意测验中的所处位置以及展开的角逐，就好像他们是赛马中的马，而不突出候选人的实体主张。——译者注

8 偏颇的宪法

新颖。法律现实主义者中的最为杰出者——罗伯特·黑尔(Robert Hale)和莫里斯·科恩(Morris Cohen),他们的研究为新政改革铺平了道路。在美国的实用主义者中,尤以约翰·杜威(John Dewey)为最,坚持认为既存的配置是法律的产物,应根据它们间的因果关系来对这些配置加以评判(见第二章)。晚近布鲁斯·阿克曼(Bruce Ackerman)强调了新政对美国宪政主义的基础性重要意义;阿克曼还确证了,是新政主事者的坚持,使得法律无可避免地创设了所谓的"私域"。类似的,劳伦斯·却伯(Laurence Tribe)也强调了新政向"因现状而中立"所发起的攻击,他还详尽地指出了,许多新政前的假定是如何在今天宪法思潮的诸多领域仍发挥突出作用的。其他学者也给出了极其相近的观点。[2]

在此,我的主张,将在某些重要的方面同包括阿克曼、却伯和其他学者在内的现实主义者的主张有所乖违。[3] 但我将努力把自己的分析建立在他们的洞见之上,让这些成为对宪法中的中立问题所作一般性探究的一部分。

---

[2] 阿克曼观点的最详尽论述,收于 Bruce A. Ackerman, *We the People*, vol. 1: *Foundations* (1991);还可见 Bruce A. Ackerman, *Reconstructing American Law* (1981)。对于劳伦斯·确伯的观点,可见于他的两部著作,分别是 American Constitutional Law (1978 年第 1 版,1988 年第 2 版)和 Constitutional Choices (1985)。在歧视法领域的相关论述,包括 Owen Fiss, "Groups and the Equal Protection Clause," 5 *Phil. & Pub. Aff.* 108 (1976) 和 Catharine MacKinnon, *Feminism Unmodified* (1987)。就"政府行为"问题,参见 Paul Brest, "State Action and Liberal Theory," 130 *U. Pa. L. Rev.* 1296 (1982)。相关的私法领域的讨论,参见 Duncan Kennedy, "Form and Substance in Private Law Adjudication," 89 *Harv. L. Rev.* 1685 (1976)。

[3] 例如,在我看来,新政并非如阿克曼所界定的那样,是一次宪法修改。我也不认为宪法解释如阿克曼所看待的那样,是由建国、内战和新政三个至为重要的宪法时刻的"合成",见本书第四和第五章。而对于司法的侵入性(intrusive)角色,我比却伯和费斯(Fiss)持有更多的怀疑,具体讨论可见于本书第五章和第十一章。我也不相信针对因现状而中立的质疑,一定就会带来对肯尼迪所宣称的"个人主义",或是对他的"利他主义"替代进路的挑战。随着讨论的继续,许多这样的分歧都会凸现出来。

解释宪法

我的主题不仅是宪法的实体问题,还包括宪法解释问题。说到这个问题,已经证明有普遍存在且有着鲜明特色的中立观念。在此观念下,关于宪法意义的决定,多多少少成了一个机械过程,一个明辨那些作为至高者的宪法批准者命令的过程。

常常认为这个过程并没有授权解释者去运用自己的价值、约定或原则。解释中的中立,恰恰就包括了解释者对自身见解的放弃。有人则认为如此对个人责任的放弃,转而倾向服从于他人的原则,反映了法律鲜明的道德性。

这样的中立观涵盖了一个重要的真理:法官的确有忠诚于已制定的法律文件的义务。与其他法律文本一样,不能说法官认为宪法应是什么含义,宪法就是什么含义,那将是不合情理的。进一步的,任何通达的解释体制都必须试图既限制解释者的裁量权,又要抑制法官在民主过程之上的权力。

然而,如我前述的,解释中这样的中立观是难以令人信服的。它建立在一个概念错误之上,它所希冀的是一种从文义上看根本就不可能存在的中立形式。包括宪法在内的任何文本的意义,都无可避免的总是实体性约定的产物。当下主流的解释中立观念的问题在于,它否认了解释原则在赋予文本以意义中的作用,也将司法对实体性约定的必然依赖掩藏起来。

如果不去求诸解释原则,前解释(preinterpretive)中的意义或意义本身,也就根本无从谈起。在这层意义下,不应对个人责任予以否定——尽管不一定就说法律思潮是具"主观性"的,或者简单地把法律等同于政治。

尽管我花了相当篇幅来对法律中的中立加以确证,并提出疑义,但在此我的主张并非全然是否定性的。实际上,我将会去力陈许多一般性命题,并为当下法律界的争论给出特定的解决方案。我将指出法律中特定的客观性形式只是美好的理想,而在社会改革领域,有充分的理由要求司法节制。我还会主张,宪法既未禁止也未要求采取纠正歧视行动;政府对色情作品和竞选费用支出的限制,并未违反第一修正案;政府有相当的实体裁量权,去选择是否资助艺术项目;平等条款(要么就是隐私权规定)保护了妇女拥有流产的权利,实际上这迫使政府要为强奸和乱伦案件预留资金,以支持妇女这项权利;我们目前的教育体制违反了宪法,而总统和国会负有对此加以补救的宪法义务;如果政府创设了私人的接近媒体之权,或者对广播公司提出了保证节目多样性,并科以播出公共事务节目的义务时,不存在宪法上的问题;同时宪法并未对福利或其他的生存形式,来创设任何司法上可执行的权利。我的论述将同样会对管制法律的基础起作用,对于环境保护领域则尤其适用。

法院外的宪法

我还要指出的是,上一代学者对法院在美国宪法体系中的角色给予了太多关注。这样的法院中心论(court-centeredness)构成了美国宪法思潮中的持续问题,它实际上弱化了其他官员和普通公民的责任感,分散了对司法外其他策略的注意力。宪法所指引的是法官,这个观念植根于创立司法审查的马伯里诉麦迪逊案的无可抗拒的象征意义之中,而沃伦法院的实践又戏剧化地为此观念添加了燃料。但宪法所指向的应当不仅仅是法官,而是所有人。宪法上那些宽泛的措辞,应对立法者、行政官员以及普通公民都起作用。

这样的理解也算不上新颖。它可以从美国建国者原初的立场中得到强有力的支持,建国者也为司法问题备感痛苦困扰。詹姆斯·麦迪逊,在通过宪法和权利法案时发出了最强有力的声音,他是因为考虑到法案对审议政治的影响,才力促法案通过的。在他于1788年10月17日写给杰斐逊的那封极为重要的信函里,他问道,"那么,可能要问,在民治政府(popular Government)中,权利法案有什么用,有怎样的助益呢?"他的第一回应是"以这种肃穆风格宣示出的政治真理的多少,要取决于自由政府所奉行根本准则的性质。而当它们与公民情感结合在一起时,可阻遏单因利益和激情的冲动。"〔4〕因此麦迪逊所希望的并非是由法院提供的法律保护,而是对公民整体上的教化作用。

麦迪逊的第二点回应是当面对来自政府本身的压迫时,"权利法案将为诉诸共同体的判断,提供一个良好的背景"。在此,司法也同样并非提供宪法保护的首要装置。权利法案要在更为宽泛意义上合乎"共同体的意念"(sense of the community)。3 年后麦迪逊沿着同样的文脉写道:"要确定政府受意见影响的程度,就必须要探究究竟是什么因素影响了意见。这决定了关乎权利法案的问题,随着时间推移它日益受到尊崇,并融合了社情民意(public sentiment),从而获得了实效。"〔5〕这里的核心要点在于,不仅仅是最高法院,也包括"社情民意",来将自身同宪法保护关联起来。

对宪法在法院之外以及民主过程中的可能角色,给予的关注

---

〔4〕 见 The Mind of the Founder 156—160 (Marvin Meyers ed. 1981)。

〔5〕 14 The Papers of James Madison 162—163 (R. Rutland & W. Rachal eds. 1975)。一个有助益的讨论,可见于 Jack Rakove, "Parchment Barriers and the Politics of Rights," in A Culture of Rights 98,124—142 (Michael J. Lacey & Knud Haakonssen eds. 1992)。Rakove 写道:麦迪逊对权利法案最大的希望就在于其教化价值,"同前注,第 142 页。并援引了作为历史学家和政治学家的 Herbert Storing 的结论,"权利法案最根本的一点,就在于它可以是自由共和主义政府所可依赖的,对人民进行政治和道德教化的首要动力。"Herbert Storing, What the Antifederalists Were For 69—70 (1981)。

这样说,并不是说对司法就无所期望。杰斐逊提到了"[法案]将法律监控交付于司法之手。"麦迪逊受杰斐逊影响,也希望"作为这些权利的卫护者,独立的司法裁判机构将以特定的方式对其加以考量:它们将是一座难以逾越的,抵御任何对立法或行政权力推定的壁垒;通过对权利的宣示,它们将很自然地去抵御任何对于宪法中明确规定的权利的蚕食。"见 Rakove, "Parchment Barriers," at 141 中的引注与讨论。

实在是太少了。[6] 对下一代学者而言,将视线转向行政和立法机关,转向民主的竞技场,是有必要的。这样的转向将有助于重新发掘宪法上创制审议民主的原初目标,从而因代表和全体公众所进行的普遍讨论而受益。因此这里提出的许多宪法建议并不完全是针对法官的,而是面向在现代国家下所有对宪政自由有所思考的他者。

更为一般的,我还要指出的是,尽管中立观念始终并非完全妥帖,但对中立的热望既不过时,也不空洞。相反的,许多中立观念反而是我们法律体系中不可或缺的部分。与其说在现状中找不到中立,还不如说就不想给中立预留一席之地。解释可能有赖于解释原则,但这并不意味着法官就可以自由地去选择他所偏爱的原则。我的主要目标之一,就是要就法律中的真理和客观性问题说上几句;我还将对把机械解释的失败,作为完全放弃中立观念理由的观点,提出自己的质疑。

本书由两部分组成,第一部分讨论的是关乎宪法学实体法方法的一般性问题,第二部分则将这些一般性结论适用于特定领域之中。

在第一章中,我描述了美国宪法中对政治生活所采取的特色观念,说明了对审议民主的原初热望。我确证了许多宪法条款间的共性所在,并论述认为所有这些条款都是普遍化的中立原则的体现,这被我称为"无偏私"(impartiality)。无偏私原则要求,要为社会收益和负担的配置,说明其理由或者正当性。无偏私原则是建国者所缔造的,可能被我们认为是构成理性的共和国(republic of

---

[6] 可堪记述的例外,包括 Paul Brest, "The Conscientious Legislator's Guide to Constitutional Interpretation," 27 *Stan. L. Rev.* 585 (1975); Tribe, *American Constitutional Law* (2d ed. 1988); Laurence Sager, "Fair Measure: The Legal Status of Underenforced Constitutional Norms," 91 *Harv. L. Rev.* 122 (1978)。我从这些讨论中受惠良多。对于就宪法含义在司法之外展开审议讨论的悠久传统的记述,还可见于 Louis Fisher, "The Curious Belief in Judicial Supremacy," 24 *Suffolk L. Rev.* 85(1991)。

reasons)的不可或缺的重要组成部分。

在第二章中,我通过对19世纪末和20世纪初的三个最为重要的最高法院判例的探讨,引入了因现状而中立的原则。我试图表明,一个富有争议的且实际上难以置信的中立观念,却被用来证明种族隔离、性别歧视和自由放任经济的正当性。这样的中立观念是以现状为基础的,被视为是前政治(prepolitical)的和公平的,而现在看来这似乎显然是由国家创设的,且是不公平的。而我最想要论述的是,在所有三个领域的运作中,中立观念都是高度一致化的。

第三章讨论的是当代的案例。在此我试图表明,中立观念已弥漫于当下宪法之中,而它与19世纪和20世纪之交侵蚀法律的中立观念并无二致。很难说因现状而中立仅仅是一个作为过去时的实在。通过表明中立观念的弥漫,我意在为本书第二部分所进行的更为具体的讨论打下伏笔。

第四章所讨论的是宪法解释问题,并对解释中立的承诺予以了特别关注。我主张宪法解释必然要有赖于外生于宪法之外的解释原则,并要求有独立于创制文件之外的某种形式的正当性。因此,许多对解释中立所持的传统观点是不能被接受的。同时,当代对法律推理所更可能持有的怀疑论立场,以及当下对于法律决定是以棘手的(intractable)社会"习惯"(conventions)为基础做出的笃信,都是不完备的。我所探索的是一种具替代性的不同的宪法解释观念,将此过程更多的视为是实践理性的运作,而非演绎。我认为,这样的过程,更合乎中立的要求。

第五章和第六章是本书的精髓。在这两章里,我发展出来了审议民主的观念,并将其同宪法连结起来。在此我强调了在作为对特定民主观念高于一切的承诺中,良好解释实践所处的基础性地位。这种承诺引出了对法院适宜角色的重要限制。但它也间接表明宪政主义并不必然带来不受约束的多数主义,法院的确扮演着重要的但依然是第二位的角色。

第六章讨论了审议民主的基础,最主要的在于批评了普遍持有的认为民主应该总是尊重全体公民偏好,并将决定建立在已有的欲求和信念之上的主张。我认为,在某些案件中,关于偏好应成为政策基础的主张是站不住脚的,因为偏好本身恰恰是由法律规则所创设的。在此证明偏好是有赖于现状的。例如,某些妇女不去探求平等,是因为法律让她们无法得到平等,所以她们就只好去适应命运的安排。我还主张,在某些案件中,政府背离既存的私人偏好,更能反映出公民对民主的热望。

  本书的第二部分,将这些一般化的主张应用于某些特定的争议之中。在第七章,我指出我们当下的表达自由体系有赖于因现状而中立,从这个角度看它是受到严重扭曲的。这个体系对于公共问题给予了太少关注,太不重视观点的多样性。实际上,当下对于言论自由问题的进路,与新政之前财产权问题的进路极其相似。在这两个问题上,既存的配置和现状都被当作是中立的、自然的、公正的,或者在任何案件中都可以作为决定的基线;在这两个问题中,政府的"介入"都是不受欢迎的。当下的进路严重损害了表达自由体系。因此言论上的"自由市场"将言说的机会配置给了那些其他听众愿意为之付费的人——这根本并非民主社会中的一个富有吸引力的表达自由观念。特别的,我主张应将第一修正案理解为用以保障政治上势均力敌对手间的审议民主。这样的论说有利于支持当下的理解以及实践中所发生的位移——这涉及政府对广播的规制,首先包括对电视的规制,也包括对竞选活动的更多规制,削减财政支出所带来的扭曲效应,抵消会威胁到当下美国民主审议过程的"媒介隽语"(soundbite)*现象。

  在第八章中,我指出应透过民主的棱镜去观察言论自由原则。

---

 * 在此,Sound bite 是指插入电视新闻节目当中的一个和选举有关的片段。比如,有几个候选人同时在一个州进行竞选,当地的电视播音员就可能做一个节目介绍这几位候选人,其中包括他们的讲话片段。这些片段虽然很短,不会超过 15 秒钟,可是候选人却把这种机会看得很重要,因为全国各地的选民都能看到。为了要公平对待每个候选人,要给他们同等的时间。——译者注

政治言论居于该原则的核心，只有在表明有可能带来最强烈侵害的情况下，才能对其加以规制。而对于包括暴力色情、科学言论、名人诽谤和商业言论在内的非政治言论，规制起来就容易的多。政府对非政治言论的规制基础并非一时兴致所至，而是因其将带来较少损害。

第九章讨论了色情作品、堕胎和代孕等相互有着紧密关联的问题。在此我对法律和政治领域都颇为盛行的两个观点提出了质疑，一种观点认为"选择自由"(freedom of choice)应成为这三个领域里的支配原则，另一种同样盛行的但是相互对立的观点则认为，在这三个领域的实践中，如果要保证性生活和生育不受到侵害，应允许政府在必要时干预"选择"(choice)。我认为，在因现状而中立问题上，这两种见解的版本是一致的，它们都将既存的在男人和女人之间的权力配置作为决定的基础。我认为，相反，在这三个领域里，法律所关注的焦点应在于，要保证女性的性能力和生育能力，不会被变为他人控制和使用的目标。因此我反对以隐私权和选择自由为基础展开的宪法论说，其根本就在于，这些论说没能将对妇女性能力和生育能力的控制，同以性别为基础的不平等联系起来。色情作品、流产和代孕的问题，从根本上来说都是不平等的问题。

第十章讨论了一个日渐重要的问题：政府使用它自己的资源来影响某些人认为的宪法权利。例如，政府可以决定为某些艺术提供资金，但同时撤回对其他艺术的资助；或者给公立学校拨款，却不给私立学校拨款；或者解雇持有特定政治立场的雇员；或者将流产排除于医疗保健项目之外。我对于在该问题上占据支配地位的，以因现状而中立为基础的"违宪条件学说"(unconstitutional conditions doctrine)提出了质疑。我还提出了另一条替代进路，所聚焦的问题在于，当政府对相关利益加以干预时，是否有合乎宪法的正当理由？在这条进路下，政府可以给公立学校拨款，不给私立学校拨款；有着广袤的裁量权来将资金配置给不同的艺术项目；应为因强奸和乱伦所造成的流产提供资金，在这些情况中至少应为婴儿的分娩提供资金。这些结论，对于分析政府选择去如何花纳税人的钱,有着广泛的关联。这要求对当下法律的大规模重构。

在第十一章里,我论述了补偿性正义的原则——这是因现状而中立的具体体现——它无论是在包括环保在内的管制法律中,还是在宪法下的法律平等思潮里,都被赋予了生机。我觉得,在这两处,中立观念都被放错了位置。作为对补偿性正义的替代,我们需要两项崭新的法律基础:首先要植根于对社会风险的管理之中,其次在于社会等级制度的消除。围绕这些替代基础,我展开了一些思想历险。

我还论述了,相关的法律应由立法机关和行政官员来颁布和执行,法院只是发挥次要的角色。在此我暗示的是一种新的权力配置方式,将代议政府分支置于一边,而将法院置于另外一边。特别的,我主张让代议分支发挥更大作用,甚或可能是因为他们的行为,往往为他们对宪法要求的理解所驱策。因此我去探讨一个更为民主化观念的可能性,从而让宪法在国家政治生活中发挥更重要作用。在这样的观念下,一般会认为民选的代表和公民应介入到,围绕当下宪法原则含义所展开的审议过程之中。这样的审议过程并不仅仅是面向法官的。

本书的结论部分,对似乎应受普遍支持的几种中立观念加以讨论。我列出了这些观念,并为它们展开了扼要的声辩。在此我试图要将宪法中的中立理想放在一个合适的地方,并暗示这理想在未来将会对法律解释产生怎样的影响。而且我将这理想同美国的宪政民主连结起来。

第一部分

总　　论

第一部分

総　論

第一章
理性的共和国

在美国宪法中,政府无论做什么事,都要有个理由。如果它将某些东西配置给一个群体而非另一个群体,或者剥夺了某人的利益或受益,它必须为此给出解释。所要求的理由必须是关乎公众的(public-regarding)。政府不能单为私益所左右。

在本书中,我们将会碰到几个不同的中立观念。为了将此原则与其他原则区别开来,我会将它界定为无偏私的情形之一。如我所理解的,该原则禁止政府的行事建立在纯粹自利、权力或一时心血来潮之上。从这个角度看,因现状而中立迥异于无偏私原则,甚或是处于其对立一极。从无偏私的立场出发,因现状而中立的问题在于,它将现存实践视为是既定的,不要求作为其代表人的政府为此给出理由。因现状而中立拒绝按所需要的认真程度和深度来对待无偏私原则。它把现有的实践和配置多少视为不可动摇的冷酷事实,因此不让它们去接受法律的或民主的严格审查,也根本毋需进行审议。

然而,写到这里,在无偏私原则和因现状而中立间的关系,一定还是多少有些晦暗不明的。这里我要关注的是建国者们的期望,以及无偏私是如何就成为了民主审议的最低条件。

君主制、自利和派系

美国的制宪者试图想通过创设一个政府体系,来去自动抵御如下三重危险:即君主制的遗产;政府官员所代表的利己主义;以及派系的权力,或曰"多数人的暴政"。无偏私原则就是回应所有这些问题尝试的一部分。

任何对制宪时期的描述,都应注意到在这个时期,有许多来自不同阵营的有权势的人物粉墨登场,也满是形形色色的乃至冲突的观点。在那个时期的有影响力的著作中,我们可以发现,对贵族政治规则的笃信;对土地民粹主义(agrarian populism)的热望;接受利益团体冲突的意愿;认为有必要在中央政府推行激进集权政治的信念;在特定意义上接受奴隶制,并在一般意义上接受种族和性别上的科层歧视;加尔文主义;对自然权利的承诺;对商业的敌视;对商业的热望;以及坚持认为必须分权化的主张,认为这构成了民主政府的不可或缺的组成部分。由于这些有影响力的观点也实在是千差万别,因此任何对制宪者约定的描述也必然是选择性的,它无可避免地会忽略某些基本要素,却对其他要素予以强调。

对于我在此要作的一个简短叙述而言,其中选择性的问题就尤为复杂。我无意给出一个几似穷尽的历史记述。我的目标只是要去说明那些在建国时期的确发挥过特定的卓著作用,尤其适用于我们当中那些正在努力探寻一个有用过去的人们的观点。在此,无偏私原则是一个非常好的启程所在,它对许多制宪者关于政治和社会的主要观念做了限定,这有助于将它们的判断组织起来,来判定究竟哪些制度和实践是错误的,是美国革命所要抵御的。它对美国以及其他地方的循环困境也给出了有力的说明。

很显然无偏私原则是同欲望联系在一起的,它可以追溯到建国早期,对可能的国王恣意以及由君主制来规定一切所作的限制。[1] 对宪法应作这样的理解,它在撕开革命前的美国所设下的帷幕。在革命前的时代,弥漫着君主制的特征,包括已牢固确立的尊重和科层模式。这里的许多模式要归因于自然本身,这不仅包括废奴制度,还包括已有的家庭结构、雇主和雇员的关系、职业类

---

[1] 见 Gordon Wood, *The Radicalism of the American Revolution* (1992),还可见 Stephen Macedo, *Liberal Virtues* 38—77 (1990)。

别、教育等，以及至为重要的绅士观念，当然还有政府结构。实际上，这些结构被认为是以家庭为原型的，而且它也由同一自然来源生长而来。

美国革命中的一个很重要因素就在于对君主制遗产的激进反抗。这反抗的特别之处，在于对传统的"事物的自然秩序"观念的反对。因此，同英国遗产截然相反，美国人民坚持认为"文化"应是"人造的"[2]。在美国，要证明社会结果的正当性，不是要去谈自然或传统的实践，而是要以理性(reasons)为基础。

美国制宪者所要警惕的不仅是君主制的遗产，还要提防公共官员会以个人自利而非作为整体的公共利益为基础行事的普遍风险。实际上政府的腐败就是对此危险的最为生动的例证。但当官员试图去以牺牲作为整体的人民为代价，来集聚自己的权力和利益时，这种自利的代议官员几乎是随处可见。无偏私原则，要求公共官员必须为他们的行为征引出关乎公共的理由，这也作为对自利代议官员的监控。

最后，制宪者寻求去限制凌驾于政府过程之上的自利的私人团体或"派系"的权力。对麦迪逊而言，这是美国暗藏的最大风险："在我们的政府中，实际的权力在于邦联的多数，作为首要的忧惧是对私人权利的侵害，这种侵害并非来自与政府成员意愿相反的政府行事，却是来自政府成员多数派的行事。"[3]因此对制宪者来说，多数规则成了一个非常暧昧的东西。在他们看来，即便是一贯多数派，当它只能援引权力作为其行为的根据时，也不能去一意孤行。

与此有关联的在于，制宪者根据他们在邦联条款下的经历展开活动。在邦联条款下，强势的私人团体似乎会去统治州和地方政府，会去采取只会有利于他们自己，而非其他任何人的举措，这

---

[2] Wood, *The Radicalism of the American Revolution* 19, 272.
[3] Madison to Jefferson, Oct. 17, 1988, in 11 J. Madison, *The Papers of James Madison* 298 (R. Rutland & C. Hobson eds. 1977).

些只能通过求诸私人自利(private self-interest)来加以解释。新宪法试图来对此风险加以限制。

最重要的,美国宪法的设计是要去创立审议民主制。在该制度下,公众的代言人将在最大限度上对人民负责;他们也将去致力于一种不受派系支配的审议形式。[4] 一个单单建立在私人团体自利之上的法律,将构成对审议理想的致命侵害。

审议民主的最低条件是要求政府行为要有理性。因此我们可以对美国宪法作这样的理解,这部宪法首次建立起了一个理性的共和国。这类共和国既不同于以自利为基础所产生的共和国,也不同于仅仅以"自然"或权威(authority)为基础产生的共和国。尽管君主体制将政府视为特定的或自然秩序的生长,但建国者那一代将它视为"只不过是一件人工的法律杰作,同家庭或社会并没有多少自然联系"[5]。

建国制度

审议民主的普遍约束,以及对理性的共和国的笃信,在整个建国阶段都得到了回声。作为詹姆斯·麦迪逊最为卓著的政治思想贡献,在《联邦党人文集》第十篇中,代议制度被界定为这样一种机制,"通过某个选定的公民团体,将公众见解得以提炼与放大,因为他们的智慧最能洞察国家的真正利益所在,而他们的爱国心和对正义的热爱,使得他们似乎不太会为暂时的或局部的考量而牺牲

---

[4] 参见 The Federalist No. 10. (Madison); William Bessette, "Deliberative Democracy: The Majority Principle in American Government," in *How Democratic Is the Constitution*? 102 (Robert Goldwin & William Schambra eds. 1980)。

[5] Gordon Wood, *The Radicalism of the American Republic* 167 (1992). 因此颇有影响力的 Tillotson 大主教在 18 世纪初叶写道,"可以通过以下三种途径之一建议或说服某人做某事:要么通过恳求,要么借助权威,要么通过论辩。"在现代,除非人们"为充分的论述所信服……认为这样做是合理的",否则"想通过恳求让人们相信某事,或指令人民做某事,将是荒诞不经的"。见前引 Gordon Wood 书,第 158 页。

国家利益。"[6]这样看来,从辽阔领土上选出的国家官员,其活动的立场将一定是超越于私人利益的争执之上的。

在他们对审议型政府的热望中,在公民美德之下,制宪者革新了经典的共和信念。作为对拟制宪法的批评者,反联邦党人(Antifederalist)援引传统的共和观,来质疑麦迪逊式关于大国能同真正的共和主义相兼容的主张。从反联邦党人的视角看,一个真正的共和国需要有公民美德,或者对公共的善的承诺。他们坚持认为,只有在由利益相近且有高度同质性利益组成的小社群中,公民美德才能繁盛。

制宪者完全接受这样的目标,但对这样的界说予以决绝的否定。对他们而言,美德如同古典传统一样,绝对不可或缺;而且制宪者一直将美德理解为一种对普遍利益而非自利或私人派系利益的执著。因此汉密尔顿力主:"每部政治宪法的目的是,或者说应当是,首先要为统治者找到那些有着最多智慧足以明辨,且有着最多美德来追求社会公益的人;其次,当这些人继续接受公众委托时,要采取最有效的方法来保持他们的美德。"[7]但对制宪者而言,大共和国很可能可以更好地满足共和主义的热望。其原因恰恰在于在大共和国里,全国的代表们可以处于一个难得的极好位置上,以致力于政府的审议任务。如历史所揭示的,在小共和国中,将要同派系的操纵展开艰难的搏斗;在大共和国中,各种派系的力量间会相互抵消中和。

[6] The Federalist No. 10.
[7] The Federalist No. 57.(本书原注为《联邦党人文集》第六十三篇,核对文集原文后应为第五十七篇之误,现予更正。——译者注)

近年来,共和主义思潮已经有了非凡的复兴。[8] 复兴最主要针对的是两类团体:那些认为宪法的设计只是用以保护一系列确定化的"私人权利"的人们;以及将宪法文件视作提供给利益团体用以同利己的私人团体作斗争的规则的努力的那些人。[9]

制宪者的热望还要更广泛得多,他们努力去承继传统对共和主义美德的笃信——这也是在这个时期不断出现的词儿——但他们的做法并非是罗曼蒂克式的,而是去作现实化的回应,去回应真实世界中政治生活可能遇到的困难。他们继续坚持美德政治的可能性,他们试图去建立这样的政府,让由它所创建的政治不会沉溺于对人性不切实际的假定之中。我们可以将宪法理解为一系列复杂的先定的约束(precommitment)策略,因此公民可以创设出抵御民主治理中的政治自利、派系之争、代议制的失败、短视(myopia)以及其他可预知问题的制度安排。

从对这些观念的承诺中,可以对美国建国时期的许多制度加以解释。它有助于解释,为什么在原初的制度中,参议院和总统是由审议的代表选出来,而非由人民直接选出来的。它有助于理解神秘的选举团(Electoral College)制度,解释为什么在一开始,就是

---

[8] 最主要的历史文献源包括 Gordon Wood, *The Creation of the American Republic* (1972); Gordon Wood, *The Radicalism of the American Republic* J. G. A. Pocock, *he Machiavellian Moment* (1975); Bernard Bailyn, *Ideological Origins of the American Revolution* (1967)。在法学上,见 Frank Michelman, "Foreword: Traces of Self-Government," 100 *Hav. L. Rev.* 4 (1986); Frank Michelman, "Law's Republic," 97 *Yale L. J.* 1493 (1988); Cass R. Sunstein, "Beyond the Republican Revival," 97 *Yale L. J.* 1539 (1988); Cass R. Sunstein, "Interest Groups in American Public Law," 38 *Stan. L. Rev.* 9 (1986); Suzanne Sherry, "Civic Virtue and the Feminine Voice in Constitutional Adjudication," 72 *Va. L. Rev.* 543 (1986)。对于共和主义的影响,当然会有激烈的争议。对于其他观点,除了以上所引文献源之外,还有 Joyce Appleby, *Liberalism and Republicanism* (1992); Thomas Pangle, *The Spirit of Modern Republicanism* (1988); John Diggins, *The Lost Soul of American Politics* (1988)。

[9] 这样的"权利"观可见于 Richard Epstein, *Takings* (1985);而利益团体观出现于 Robert Dahl, *A Preface to Democratic Theory* (1959)。

由这样一个审议机构来讨论谁应当作总统,而不是单由登记选民直接投票决定。它有助于解释,为什么制宪者倾向于长任期制和大选举区。所有这些关于政府结构的观念都意在去实现同一个目标,就是去促进审议,限制公共官员成为其受托利益的代言人。正是沿着这样的脉络,麦迪逊在 1787 年指责国会成为了"其相应受托人利益的拥簇者",并责难"所观察到的是,包括县代表在内,无论是哪个层次的代表,都常忽略了社群的加总利益,甚或牺牲它们以屈就于他们相应受托人的利益或偏见"[10]。新宪法意在削弱这种风险。制宪者所设计的制度要让代表们能有时间和气质(temperament)以集体理性的形式介入其中。

这种普遍的热望,也为早期的两个至关紧要的决定给出了解释:即在制宪会议中,对"导引权"("right to instruct")的拒绝以及对公共见解(public view)的排除。在首届国会中,代表们拒绝了作为权利法案的一部分,赋予公民对官员的"导引权"的议案。导引权被认为与作为会议精髓所在的审议不相吻合。罗杰·谢尔曼(Roger Sherman)的陈述尤为清晰:"这样的词藻会向人民传递一个观念,就是他们有权去控制立法机关的争论,这被认为是给人民带来的误导。不能承认这样做是公平的,因为这将破坏他们会议的目的所在。我认为,当人民选择了一位代表时,他的职责在于和来自联邦其他部分的其他人会面,进行磋商,达成合意,以实现整个社群的普遍福祉。如果他们被这样的导引所支配,审议也就将是徒劳了……"[11]

这一点也可以同样用于说明,为何制宪会议会将公众排除在外。这是一个被杰弗逊公然抨击为以"对公共讨论价值的无知"为

---

[10] Letter to Jefferson, Oct. 3, 1785, reprinted in 8 *The Papers of James Madison* 374 (Robert Rutland & William Rachal eds. 1975); Remarks on Mr. Jefferson's Draft of a Constitution, in *The Mind of the Founder* 35 (Marvin Meyers rev. ed. 1981).

[11] 1 *Annals of Cong.* 733—745 (Joseph Gales ed. 1789)(楷体字为作者所加)。

基础的"可憎的…先例"[12]。但根据麦迪逊的观点，还是最好"关起门坐着，因为见解是如此多样，而且最初是如此粗糙，这样的话，在达成任何一致见解之前，都必须要进行长时间的讨论。其间，成员的想法也不断变化，要想有所进展，就得有一种能够屈从和包容的姿态……在秘密讨论中没有人觉得有必要再对自己的观点有所保留，他们为自己的言行感到满意，并将其求诸论证的说服力。"[13]

这些关于导引权利和制宪会议封闭性的评述是极具启迪意义的。首要的，它展示了如原初意义上所理解的政治审议的一个重要特征。在讨论过程中，并没有去努力简单地将既存的私人偏好予以加总，或者将这些偏好视为既定的。代表们不应机械地去将选民们的欲求改写为法律。他们也不应认为自己的信念和欲求就是一成不变的。这个过程不仅是要去保护某一特定类别的权利，过程中所涉及的那些人还要始终保有"一种屈从和包容的姿态"。

甚或是欲求，或者当下认为应采取怎样行为过程才是最好的信念，都不应是固化的。制宪者强调已有的见解可能是偏颇的视角、有限的体验或者是不完备信息的产物。因此置身于民主讨论之中的人们应当"和来自联邦其他部分的人会面，进行磋商"。人民应"求诸论证的说服力"。如果表明是为了"整个社群的普遍福祉"的话，他们就应做好放弃自己原初见解的准备。

因此，在这样的理解下，结果就是宪法基本制度意在鼓励审议，并要从审议中受益。而作为该制度根本基石的制衡体系的设计，也意在鼓励在不同政府机构（entities）间的讨论。同样的，两院制也是意在从不同视角向立法施压。也是基于同样的目的，要求法律要报呈总统，由总统来予以签署或否决；这样的机制将提供一个额外的视角。联邦政府将保证一个作为补充的对话形式，在这

---

[12] Letter from Jefferson to John Adams, Aug. 1, 1787, reprinted in 1 *The Adams-Jefferson Letters* 194, 196 (Lester J. Cappon ed. 1959).

[13] 3 Max Farrand, *The Records of the Federal Convention of* 1787, 479 (1911).

里是州和联邦政府的对话。[14]

司法审查意在创制进一步的制衡。其基本目的在于,如同作为特别法律的宪法中所表现出的那样,要保护人民经慎思考量后的判断,免于在颁布法律实施间,受到因作为人民代理人的官员的不当或短视考量而带来的侵害。[15] 如我们将看到的,最初的许多个人权利,都可被理解为审议民主观念的一部分。实际上,应理解到保护权利和促进审议的目标,是携手共进的。财产权地位的特别之处在于,它用以努力确保不会因仓促、短视或考虑不周而造成对私域的侵入。在制宪者的眼中,审议政府和有限政府两者完全是一回事儿。

我已经说过,制宪者对审议民主的笃信,源自传统共和思潮,但他们坚持大共和国要比小共和国好的观点,却又背离了传统。更戏剧化的偏离在于,引人注目的且新奇的,他们否定了认为异议(heterogeneity)和分歧会妨害审议过程的传统共和主义观念。对制宪者而言,异议是有助益的,实际上是不可或缺的;讨论必须在持不同见解的人之间展开。制宪者正是从这一点出发,对反联邦党人坚持认为均质性对共和国而言的必要性的主张,做出了回应。

从古典传统出发,反联邦党人借用了"布鲁图斯"(Brutus)*这样一个笔名,来对隐藏在拟议中的国家主义(nationalist)宪法背后的理论予以责难:"在共和国中,人民应有相近的习俗、情感和利益。如若不然,将会有持续不断的意见冲突;来自某一部分的代表将持续不断地陷入与来自其他部分的代表的斗争之中。"[16] 相反,汉密尔顿将异议视为审议过程的一部分,认为这将是极富创造性和建设性的动力。因此他指出"意见的分歧,以及[立法机关]部门内的派系冲突……常常会促进审议……"[17] 如制宪者所看到的,

---

[14]　见 *The Federalist* No. 78。
[15]　同上注;对这一观点的详细说明,见 Bruce Ackerman, *We the People* (1991)。
  *　Brutus,古罗马时期共和派的领袖。——译者注
[16]　2 *The Complete Antifederalist* 369 (Herbert Storing ed. 1980).
[17]　*The Federalist* No. 70.

公共领域中的理性交流构成了审议过程的前提条件。

无偏私,理性的共和国和利益团体多元主义

相对于这样背景下的解读,无偏私原则要求政府能提供出可为在不同前提行事的不同人所理解的理由。从这个角度,可将此要求理解为是对政府的制衡,也有助于普遍化地将威权主义拒之门外。从我们建国者的热望中,我们甚至可以将威权主义体制界定为——是所有那些政府结果的正当性要求诸权力,而甚于求诸理性的体制。作为威权主义的反面,自由主义传统的核心在于,要求必须能给出为所有公民所理解的关乎公益的解释,以满足正当性的要求。[18] 无偏私原则是美国宪法中这一承诺的具体表现。

按照这样的界定,无偏私要求可能看似无足轻重,也就不会有什么争议。但人们却发现它在同作为现代政府和美国立宪主义中最具影响的利益团体多元主义进路[19]之间,存在着严重的紧张。多元主义有着许多不同的形式,但多元主义者一项共通的主张在于,不应将法律理解为审议的产物,相反,认为法律有几分像商品,服从于供求驱动的一般规律。社会中的不同团体为了获得全体公民的信赖和支持而相互竞争。一旦团体被组织起来并且相互结盟,他们会向同样是自利的政治代表施压,这些代表还要作出回应。这样的利益加总与取舍(trading off)过程,最终带来了法律或政治上的均衡。

多元主义的观点是否能为当下的美国政治作出精确的界定,

---

[18] 见 Jermy Waldron, "Theoretical Foundation of Liberalism," 37 *Phil. Q.* 127 (1987); Stephen Macedo, *Liberal Virtues* (1990); William Galston, "Defending Liberalism," 76 *Am. Polit. Sci. Rev.* 621 (1982).

[19] 例如可见 Robert Dahl, *A Preface to Democratic Theory* (1956); Arther Bentley, The Process of Government (1908); George Stigler, "The Theory of Economic Regulation," 2 Bell J. Econ & Sci. 3 (1971); Gary Becker,"A Theory of Competition among Pressure Groups for Political Influence," 98 Q. J. Econ. 371 (1983).

依然是一个富有争议的问题。[20] 但并无太多疑问的是,美国的制宪者不是多元主义者。[21] 有些人可能认为当下真实世界的结果实际上是理性和正当性的反映,而这些结果不同于立法机关及选民的自利(除非将自利概念作如是普遍化平易的理解——就好比说利他主义是自利的反映,因为利他主义者对利他主义感兴趣)。如我们将看到的,利益团体多元主义并不是一个富有吸引力的政治理想。但是如果利益团体多元主义的确是对当下政治的描述的话,那么无偏私的要求就应被理解为要求政府行为结果一定要有关乎公众的正当化理由,而这恰恰是同政府的性质不一致的。这只是为政治施加了一个不可能实现的要求。

在接下来的讨论中,我将去探究无偏私原则和当代宪法之间的关系。我将指出无偏私原则非同寻常般地存续于这么多代际和这么多的宪法条款之中。在此,我的目的只是描述,而不是为无偏私原则展开声辩。我所主张的只是,被理解为是理性要求的反威权主义的推动,它居于美国宪法的核心。

对赤裸裸偏好的禁止

对宪法上许多重要条款的司法解释,揭示出了一个非常引人注目的共通主题。尽管这些条款有着不同的历史源流,而且最初所针对的问题也不尽相同,但如果将它们组合起来,似乎都怀着一个对作为首要之恶(underlying evil)的关切:即那些生疏的政治权力运作者,为了攫取他们所想获得的,而将资源或机会配置给一个团体,而非另一个团体。我将此称为首要之恶,它是对无偏私要求的违背,是"赤裸裸的偏好"(naked preference)。

例如就贸易条款*而言,只有当差别待遇是作为促进某些与促

---

[20] 例如可见,Daniel Farber & Philip Frickey, "The Jurisprudence of Public Choice," 65 *Tex. L. Rev.* (1987)。

[21] 见 Wood, *The Radicalism of the American Revolution*, at 252—259,288。

* 美国宪法第 1 条第 8 款。——译者注

进自利的本州利益不相干的目标的手段时,才容许一州针对另一州为贸易上的差别待遇。特权与豁免条款禁止一州给予本州人民相对于其他州人民的更多偏爱,除非这偏爱能为独立于保护本州人民之外的理由所支持。在平等保护条款下,只有当区别和正当的公共目的之间有着良好的关联性时,才允许法律对两类不同阶层的人为区别对待。正当程序条款要求对于所有的政府行为,都要求诸一定的公共目的以获得正当性。在契约条款下,只有行为是意在促进普遍的公共目标,而且并不单单是利益团体权力的反映时,才容许政府去终止或修改一个合同。征用条款(eminent domain clause)通过要求说明"公共用途"(public use)以证明私人财产权征用的正当性,通过在可容许的政府权力运作与被禁止的征用间的界别,以保护私人财产权不受自利的私人团体的侵害。

因此,对赤裸裸偏好的禁止,广泛地存在于许多宪法条款之中。其间相关联的原初观念,在于认为政府必须要对来自私人压力之外的某些东西作出应答,附带的相关观念在于,政治并非是特定利益间的调和,而是对公共事务的一定形式审议后的产物。当它运行于现代宪法之中时,就好似麦迪逊对派系问题的进路一样,对赤裸裸偏好的禁止,关注的是立法者而非其所代表选民的动机。因此这禁止中蕴涵了特定的代议观念。在这样的观念下,立法者的任务不是要去应对私人压力,而是要通过审议和辩论进行价值选择。

政府行为必须以除政治权力之外的某些东西为基础的观念,当然常常会与多元主义相冲突。在多元主义的观念中,在利益团体政治的邀约下,明显的偏好变得司空见惯。有理论主张司法的角色只是去维护代议过程,以确保受影响的所有团体都可以参与,[22]而对赤裸裸偏好的禁止,构成了对该理论的批评。从这个角度看,对赤裸裸偏好的禁止,所反映出的显然是实体化的价值,

---

[22] 见 Laurence Sager, "Fair Measure: The Legal Status of Undereinforced Constitutional Norms," 91 *Harv. L. Rev.* 1212 (1978)。

不那么容易为程序条款所俘获。首先,它假定宪法法院是以多元主义见解的批评者的姿态出现的,而并非只是作为为政治斗争努力"清理通道"(clear the channel)的追随者。[23] 在此,如果觉得这样的司法角色比较古怪的话,我们可以去追思建国一代,他们认为法院会超越于利益团体间对立之上,是代议制和保有共和主义美德的一个重要储库(repository)。[24]

基本框架

我们可以发现,就在不同团体或个人之间为区别对待的情况,可以有两类不同的基础。第一类是明显的偏好。例如 A 州可以对自己的公民比对 B 州的公民更好。例如,要求 B 州的公民为使用 A 州的公园而付费,而原因仅仅是自己州的公民有政治权力,并希望得到更好对待。或者一个城市可能给予黑人相对白人更不利的待遇——例如,拒绝向他们提供必要的警察和消防保护——因为白人有限制政府向黑人发放津贴的权力。在这些例子中,政治过程成为自利的个人或团体以他人为代价,而攫取财富或机会的机制。立法者的任务是去对这些利益体所施加的压力予以回应。

与这个政治过程相反,结果的正当性所要求诸的并非是未经矫饰的政治权力,而是它们所依归的某些公共价值。当下我们可以对公共价值作非常宽泛的界定,它包括了超出单纯政治权力运作之外的任何政府行为的正当化事由(后面我将陈述宪法是如何对可容许的公共价值予以限制的)。例如,州可以让某些人免除缔约义务,因为契约所引出的将是诸如销售海洛因之类的违反公共政策的行为。或者 A 州对自己的公民可以比对 B 州的公民更好——比方说,将福利支付限于本州的公民——因为它打算将社

---

〔23〕 在此问题上,富有影响力的著作是 John Hart Ely, *Democracy and Distrust* (1980),但这无论是同原初的宪法结构,还是同当下的法律,都不相吻合。

〔24〕 见 Wood, *The Radicalism of the American Revolution*, at 325。

会支出的对象限定于那些已经为或者未来将要为州赋税做出贡献的人。在这些例子中,代议的作用更多的是审议,而非机械地去回应选民所施加的压力。如果某人或某团体受到了不同的区别对待,则必须要能给出一个与公共福祉相关的理由。

对政治过程的竞争性素描,无疑成了对复杂现实的拙劣摹仿。政府行为很少单单建立于未加矫饰的政治权力之上。政治过程中的输家的失败理由可能与其对手所拥有的权力没有什么关系。应相信某些至少在观念上对公共的善有所推进的行为,在政府决定中也几乎总能发挥一定作用。有时,对某特定立法有投票动机的人们,不是很容易就能解开作为决定基础的私人的和公共的因素的绞结。

同样少见的,是政府行为以完全脱离了实体内容,且将对私人压力的考量完全排除在外的,对公共价值的洞察和贯彻的努力为基础的情况。代议代表们几乎总是知晓,他们的投票选择将在选举上具有重要意义的事实。因此所浮现出来的是政府决定的一个连续体,其范围从主要受利益团体压力驱动的决定,直到这样的压力只起到很次要作用的决定。在任何特定的案件中,都很难说究竟哪些是具支配性的。但不应把这偶发的甚或是常现的困难,用以去模糊这两者间实际差别的存在。毕竟,在一个代议代表试图为他们的决定给出某些正当理由的体制,和只有政治权力才会起作用的体制间,是始终存在区别的。

如果将明显的偏好作为政府行为合法基础的话,那么特定团体足以能去通过支配政治权力来获得它们所要攫取的。这也许是正确的。然而,如果对明显的偏好予以禁止,政府被迫要去征引某些公共价值以证明其行为正当性的话,政府行为就要受到约束。约束的程度要取决于两个考量:首先涉及,法院能在多大程度上接受将公共价值作为政府行为的正当基础。例如,当禁止政府去倚重那些对妇女或少数团体(minority groups)* 成员不利的观点行事时,约束就会得到强化。

与第二点考量相关的,在于能否发展出相应的机制,以确保让公共价值事实上对立法起作用。如果法院愿意将公共价值作为政府行为的基础,而且不要求在公共价值和被审查的举措之间有紧密契合的话,所有或几乎所有政府行为都将会获得支持。相反的,如果法院要求必须有满意的理由,以使人确信明显的偏好的确不起作用的话,许多法律将被判定无效。

让我们假定对公共价值的含义没有什么限制,对于以确保公共价值起作用的过程或结果,法院也不进行严格审查的话,那么这些假定所生成的是一个禁止赤裸裸偏好的"弱版本"(weak version)。在对政府行为的约束上,这个弱版本所起到的只是微不足道的作用,因为只要政府行为的基础并不单单是不加矫饰的政治权力的运作,它几乎总是会尽可能地支持政府行为的正当性。例如,有法律要禁止眼镜商但不禁止眼科医师销售眼镜,其背景在于要保护消费者免于欺诈和受骗,法院对此法律予以支持。[25] 在该案件的情境下,其正当性看上去有点似是而非。更具可能的在于,将这部法律理解为有完备组织的眼科医师的政治权力的反映。

但由于这一弱版本的确有超出不加矫饰的政治权力外的一定正当性要求,因此不应将其拒弃,认为其全无意义。它迫使那些要寻求获得政府扶助的人,去援引某些正当化理由作为寻求扶助的基础。这样做时,哪怕是这样的弱版本也能拨动起宪法的和弦。它通过要求为政府权力运作给出某些正当化理由,从而对于居于麦迪逊派所认为的邪恶的核心的派系暴政,构成了制衡。这个弱版本还反映出了这样一个观念,就是政府角色应更多地致力于对治理角色的某种形式的审议,而非对既存私人利益的贯彻或取舍。

---

* 少数团体,是指在社会上受到政治和经济的压抑与不平等待遇的团体,少数团体指的并不是社会中人口较少的团体,而是社会地位比较低微的团体。——译者注

[25] Williamson v. Lee Optical, 348 U.S. 483 (1955).

这样看来,仅仅是多数人支持某一特定措施的事实,并不能孤立地构成该措施的充分理由。

这样一个弱版本能为现代宪法中的许多问题给出解释。所谓合理审查(rational review)就堪称是作为极致的例子。法院已有的解释认为,正当程序和平等保护条款施加了政府行为必须"合理"的要求。这样的要求只是意味着,公共举措(public measure)必须是具有最低合理程度,以促成某些公共价值的努力。现代的合理审查以两个首要特征为标识。首先,正当目的的类别是非常宽泛的。其次,最高法院只要求在公共价值和受质疑举措之间有最弱程度上的勾联即可,而且就正当目的而言,有时它愿意提出一些并非对立法机关有现实促动作用的假说。其结果就是,很少有法律不能经受住合理审查的考验。

就已有的论述而言,弱版本实际上是最低限度的要求。例如,有人可能倾向于给穷人以优惠待遇,因为他们有着特别的获得救助的需要;而给富人以优惠待遇,其正当性可能在于作为对更多工作和投资的激励。简言之,一切都可能是适法的。要发展出一套更有力的对政府的约束机制,就有必要对以上所论述的弱版本有所超越。

根据历史的解读[26],宪法文本明确无疑地提供了一些,也只是一些作为更强有力的约束机制的要素。在特权和豁免条款及贸易条款之下,就不容许以牺牲其他州人民为代价,而给予本州人民以优待。同样的,在平等保护条款之下,也不容许歧视黑人。作为一个宪法问题,其他州人民和黑人都有受到特别保护以不受歧视的权利;不能将针对其中任一群体的歧视,理解为公共价值的体现。

然而,即使是在针对其他州人民和黑人的保护主义与歧视之间的狭窄领域,宪法也是暧昧不明的。如果某州认为,由于其他州人民构成了造就本州人民失业问题的主要归咎因素,因此对其他

---

[26] 至于相关的解释原则,参见本书第四章。

州人民的歧视是具有正当性的；或者认为，由于当黑人和白人被监禁在一起时，发生暴力的可能性会有戏剧化的上升，因此对黑人的歧视具有正当性时，又会怎样呢？在这些领域之外，这样的探究就更为开放。在这样的案件中，法院又如何将对赤裸裸偏好的禁止落到实处呢？要回答这个问题，有两个机制具有特别的重要意义。

严格审查标准

第一个机制在于，当政府主张其被审查的举措是适于公共价值时，要进行审慎的司法审查。当法院适用"严格审查标准"（heightened scrutiny）时，他们是抱着相当程度的怀疑，来对政府主张其行为动机源自公共价值的声辩加以检视。在此，我们看到，为了捍卫审议民主的利益，司法去积极地介入对政治的管束之中。

严格审查标准包含两个最主要的要素。首先，要求政府能够说明其主张的正当理由和立法者所选择的相应促进手段间的紧密关联。如果无法充分说明其间的紧密关联，那么就有理由对立法中事实上所声称的价值予以怀疑。第二个要素在于去寻找更少限制的手段（less restrictive alternatives）——在这样的方法下，政府能促进公共价值，而不会对相关的团体或利益有所妨害。这种替代进路的可得性，也提示将公共价值作为正当化的根据，或许只是浅表的。

当受司法审查的措施很可能是明显的偏好时，更会引发对严格审查标准的关切。最熟悉的例子当属在平等保护条款下对种族歧视的审查；在特权和豁免条款下对歧视外国人法律的审查，同样也落在此类。在这两类案件中，严格审查标准的正当性在于这样的理解，身陷其中的群体缺少保护自己免受派系暴政侵害的政治权力。

相反的，以合理审查为代表的更为温和的审查形式，所反映出的一个强烈预设就在于，认为公共价值在起作用。传统上可以通过求诸对司法能力和正当性（legitimacy）的考量，来支持这一预设。其根本要点在于，首先，法院缺少审查其他政府分支的事实认定决定的能力;第二,强有力的严格司法审查将与宪法上代议民主的规定不相容。

不容许目的理论

第二个机制,作为一个更严格的禁止赤裸裸偏好的版本,其理论构成意在去辨别政府行为的基础是合法还是非法。法院试图要将这样的理论植根于宪法的文本或历史之中。在这样的进路下,当然能对各式各样的关于政府可以做什么的观念予以包容。如我们将看到的,这里因现状而中立理论已发挥了很大作用。现代的平等保护学说则反映了另一个类似理论的发展:法院已经开始否认,那些让妇女、外侨、私生子和少数民族团体成员居于不平等的从属地位的政府目的。在本书的第五章和第二部分,我将讨论我们可以如何去决定,怎样的政府利益是不合法的。

现在,我要接着对此加以说明。但首先有必要作个限定,要假定现状本身是利益团体权力的产物,假定现状是赤裸裸偏好的体现。在这样的情况下,实施新举措努力的失败,恰恰是明显的偏好或是派系权力的反映。如果认为只有在作为对公共利益观念的回应下,对已有事务状态的改变才合宪,但对于未能立法,或者已有事务状态的情况,却根本毋须去说明其正当性,这样将带来重重困扰。如果我们作这样的思忖,我们将会接受特定的因现状而中立的形式。简言之,如果当禁令要求我们对法律规定加以怀疑时,或者或多或少地将已有的实践和法律结构,视为某种"特定的"无可辩驳的基础时,这样的中立观念将构成禁止赤裸裸偏好的基础。[27] 在后面的章节中,我将对这一要点详加论述。

---

[27] 有力的分析,可见于 Einer Elhauge, "Does Interest-Group Theory Justify Aggressive Judicial Review?" 101 *Yale L. J.* 31 (1991),指出利益团体理论,作为司法审查的基础,必须要依赖于对包括现状在内的不同事务状态的实质性评判。

示例：赤裸裸的偏好和宪法条款

在这一部分，我的目标是，对于在不同宪法条款下，对赤裸裸偏好的禁止是如何运作的，做一个简要的概观。当然随着时光的流逝，也会引发显著的变迁；在不同的条款间，也会有显著的差别。但其间共通的主题则更为引人入胜。

蛰伏的贸易条款（dormant commerce clause）

宪法第1条中的贸易条款，授予国会"规制州际贸易的权力"。这一条款既是对国会的授权，也是对实践中各州向州际贸易课处负担做法的禁止。在更具争议的所谓"蛰伏的贸易条款"之下，宪政上的首要之恶在于保护主义：即所采取的举措以牺牲其他州人民利益为代价，来让本州的人民从中受益。一个简单的示例就是，加利福尼亚州的一部法律禁止外州的销售商来与加州的售酒商竞争。这部法律由于违反了无偏私原则，被断然认为是违宪的。

对保护主义的禁止是以一个熟稔的观念为基础的。当州对它们边界之外的人民予以歧视时，对那些受损害的人而言，无法去适用通常的政治救济通道，因为他们又不在该州投票，也就无从去接近该州的立法机关。与此相反，当规制对本州和其他州人民课以同样的负担时，抵御偏私的政治卫护措施就会有更高的信赖度。如果州对在辖区内所有从事建设工作的人都施以规制，那么本州人民所受影响的方式会（略微的）与其他州人民相同，他们在政治过程中也就能去充分地代表其他州人民的利益。这样的规制就不会引出严重的宪法问题。

特权和豁免条款

宪法第4条中的特权和豁免条款规定，"每个州的公民均应享受与其他各州公民相同的特权与豁免权。"这一条款的基本主题与蛰伏的商业条款几乎并无二致。两个条款的目标都在于，防止以歧视的形式陷其他州人民于不公平的境地。两个条款都关注到代议的问题——当法院警觉到歧视有可能给没有代表的人民以妨害时,去采取一个积极的司法姿态,是正当的。

平等保护条款

作为宪法第十四修正案的一部分,平等保护条款规定州在辖区内不得对任何人拒绝提供"法律的平等保护"。这一条款所涉及的并不只是本州人民与其他州人民间的歧视问题,它所禁止的要广泛得多。实际上,从许多方面上看,可以将该条款理解为蛰伏的贸易条款以及特权和豁免条款的一般化,其禁止适用于对仅为本州人民要求而行赤裸裸偏好的各类情况。这样,无偏私的基本要求得到了普遍适用。

弱势团体、可容许的目的和严格审查标准。就好比贸易条款及特权和豁免条款所针对的是对其他州人民的歧视;类似的,平等保护条款所针对的首要之恶,为对黑人的歧视。当法律从字面上看就构成对黑人的歧视时,法院会去适用一个强有力的无效推定。[28] 要对其适用严格审查标准的原因之一在于,当法律从字面上看就已构成对少数种族团体的歧视时,就几乎一定有明显的偏好在起作用。少数团体在政治上也处于相对弱势,这一熟稔的观念也有助于用以说明这样的原因。核心观念在于,少数团体可能更少有获得通常的政治救济途径的机会。这些法律所带来的危险在于,将会相应地增加了不加矫饰的政治权力运作的可能。

目前的平等保护法律也将许多政府目的视为是不被容许的。需要指出的是,这些被禁止的目的包括了广泛的正当化理由,而不限于普通意义上的不加矫饰的政治权力的运作。在以性别、外国人身份和合法性为分类基础的案件中,这一点表现的尤为明显。例如,当法律规定男性员工的配偶自动的享有接受社会保障津贴的资格,但女性员工的配偶则必须要为依赖程度给出说明时,如作

---

[28] 例如可见 Palmore v. Sidoti, 466 U.S. 429 (1984)。

狭义的理解,这样的分类所体现的是关于女性参与劳工市场性质的某种观念,而根本并非不加矫饰的政治权力运作的反映。不能单凭归类要以除原初权力外的其他因素为依归的最低要求为基础,来对宣告法律无效的判决加以解释。尽管在此法院并未为它的判决给出一个清晰的基础,但其核心观点似乎在于,相关的团体在政治上处于弱势地位,而且传统的为歧视给出的正当性理由,都是既存不公正的反映和存续。

在极具争议的一系列判决中,法院判决,从诸如对雇工的中立立场的检查中,可能产生的对弱势团体成员的歧视效应,只要这些效应中不能反映出政府是依歧视目的行事,就不会引发什么宪法问题。[29] 这个结论构成了对反歧视原则的戏剧化的限缩。它要求原告去主张和证明政府的不被容许的动机,这带来的是一个非常困难的负担。这将使得诸多数量浩繁、范围广袤的对黑人和妇女带来不合比例的歧视效果的法案,能免于严格合宪审查。我将在本书的第十一章中,对其间的一般性问题加以讨论。

合理审查。甚或在未涉及传统弱势团体的问题时,可以通过对平等保护条款的解释,来适用于对归类是否"合理"的一般性评判。同样,如果只是孤立的政治权力的运作,不足以构成分类的充分基础。同样,合理审查是高度尊重性(deferential)的,其结果几乎总是对法定分类的确认。

正当程序条款

"未经法律的正当程序",不得剥夺任何人的生命、自由或财产的要求,通过第五修正案适用于联邦政府,通过第十四修正案适用于州。因为该条款和平等保护条款下的标准在实体上是一致的,所以在这里作个简短讨论,也就够了。

如果立法所代表的只是赤裸裸的将资源配置给一个团体而非另一个团体的决定,那么将被认为是违宪的。这样的观念在所谓

---

[29] 见 Washington v. Davis, 426 U.S. 429 (1984)。

洛克纳时代(Lochner era)表现的尤为明显,如我们将在第二章中所看到的那样,在洛克纳时代,许多管制法律被法院视为是赤裸裸偏好的体现而遭否决。原因在于,现状(status quo)处于一个优益的地位,因此对它的偏离,将被视为构成对他人福祉一定程度上的"征用"(takings)。

从新政以来,许多理由都被认为是正当的。允许政府来保护劳工、消费者及遭歧视的受害人的利益。因现状而中立的观念也遭到了部分的消解。这样发展的后果之一在于,使得那些赤裸裸的偏好与公共价值之间的界限变得十分模糊。如果将保护法律上的受益人(benificiaries)阶层本身视为一项公共价值的话,许多不加矫饰的甚至是被派系掌控的政治权力,也就自动具有了正当性。

现代的正当程序学说中,至少有一点是从洛克纳时代继受下来的。对于通行的尊重规则的一个重要例外是,法院对特定"基本权利"尤其是隐私权的保护。在此要适用严格审查标准。[30] 据此原理,法院将判决限制获得与使用避孕用具、介入床笫之欢以及禁止堕胎的法律无效。在 1980 年之后,法院对这类案件持相当的怀疑态度,似乎这些法律不会再得到扩展,甚至都会被否决。

契约条款

契约条款禁止州通过任何"侵害契约义务的法律"。在制宪者看来,契约义务经常遭到废止,因为那些缔约者后来获得了政治权力,转而发现协定对他们不利。债务减免(debtor relief)法律就是此关切的特别体现。因此,在契约条款背后的一个重要主题,就是关于政府是否会为派系所俘获的宪政关切。

长期以来,该条款是作为对政府行为的一个重要约束而存在。[31] 最终弄清楚约束的性质和程度,要取决于是否存在对侵害

---

[30] 见 Roe v. Wade, 410 U. S. 113 (1973)。

[31] 见 Geoffrey Stone, L. Michael Seidman, Cass Sunstein, & Mark Tushnet, *Constitutional Law* ch. 9 (2d ed. 1991)。

契约义务的普遍禁止的"警察权力"(police power)例外,换言之,取决于政府是否可以使用其一般的规制权力,去干预契约自由。在早期的法院判决中,认为的确存在这样的例外。[32] 当然该条款并不影响政府宣布谋杀或销售海洛因的合同为非法,哪怕这会带来法律回溯适用的妨害。

然而,即便是承认了警察权力的例外,契约条款依然构成了对政府行为的重要限制,因为警察权力本身也是受到高度约束的。现代政府并没有介入广阔范围活动的普遍职权,经典的现代案例是"住宅建筑与贷款公司诉布莱斯德尔"案。[33] 该案涉及明尼苏达州的一部抵押延期偿付法律中,给予了抵押债务人以30天的清偿免责权,该法的后果在于减损了债务人对借贷方的契约义务,而这也恰恰是契约条款原初所欲针对的恶行所在。

在布莱斯德尔案中,法院推理的关键步骤,在于去理解怎样的警察权才是被容许的,这样的位移可以导致政府可容许目的的戏剧化扩张。根据法院的判决,政府应该介入去保护其间诸如承租人或其他子团体的利益。因此警察权的限制,作为扩展排除适用契约条款的经典例外情况,可能会带来吞噬契约条款的危险。如果警察权的范围拓展到包括广泛的规制手段,那么对赤裸裸偏好的禁止将会以最弱形式的版本展现出来。如我们已看到的,这样的版本几乎就无异于根本没有禁止。

因此,契约条款的例子是又一个例证,证明在该领域,禁止赤裸裸偏好的弱版本,并未能为政府行为提供什么壁垒。一般而言,如我们在平等保护和正当程序条款下已看到的一样,司法的严格审查也同样是高度尊重化的。

征用条款

美国宪法第五修正案禁止"未经正当补偿,为了公共使用……

---

[32] 见 Manigault v. Springs, 199 U.S. 473 (1905)。
[33] Home Building and Loan Assn. v. Blaidell, 290 U.S. 398 (1934).

征用私人财产"。征用条款中,有两个核心方面同对赤裸裸偏好的禁止有关:征用法律要求征用必须基于"公共使用";它划清了不被容许的征用和警察权的正当运作之间的界限。

征用条款的首要主题,在于政府行为不能被用于纯私人的目的,这样的典型例子就是为了让 B 受益而征用 A 的财产。征用条款为这个观点提供了佐证,它的基本要求在于,在容许征用之前,即便是有补偿,也必须要表明其"公共使用"。该要求的功能在于避免纯粹的私人间财富转移,换言之,要防止赤裸裸的偏好去损害无偏私的要求。

很长时间以来,公共使用的要求被理解为,如果政府要征用财产,那么它必须为公众所使用。[34] 然而,最终证明这个标准是太过机械了。因为对于诸多政府对财产权的利用而言,哪怕公众实际上无法使用该财产,也依然是以公众的普遍福祉为归依的。征用条款中公共使用要求的变化,多少类似于 20 世纪里关于可容许政府目的观念的扩张。在现代社会,公共使用要求的标准,只要符合禁止赤裸裸偏好的弱版本即可。实际上,相对于正当程序和平等保护条款的合理要求而言,这个标准的尊重程度还要高,因为在此问题上的立法判断几乎堪称是决定性的,总是会被接受。[35]

类似的学说也适用于可容许的警察权运作和不可容许的征用之间的分别,这在当下的征用学说中占据至关重要的地位。当然,在许多年里,这个分别是将"征用"同"规制"相区别的关键所在。如果政府行为落在警察权范围之内,就不需要补偿。警察权的戏剧性扩张,引发了当前的一系列困境。征用必须出于公共目的的要求,已为对几乎所有政府行为的理解所侵蚀。因为哪怕是将财产由 A 转移给 B,也可以视作是对某些公共目的的回应。正因如此,在征用条款下,政府规制几乎从来算不上什么严重的问题。

---

[34] 一般的可见于 Alison Dunham,"Griggs v. Allegheny County in Perspective: Thirty Years of Supreme Court Expropriation Law," 1962 *Sup. Ct. Rev.* 63,65—71。

[35] Hawaii Hous. Auth. v. Midkiff, 465 U.S. 1097 (1984)。

当然,法院并非完全放弃了征用条款对政府行为所施加的约束。如果政府实质性地侵犯了某人的财产权,并将其移转到他人之手,即便表明了公共用途,也依然要有补偿。从这个角度,征用条款不仅仅是对赤裸裸偏好的禁止。即便是在那些毫无争议的政府动机的案件中,法院也依然要求给予补偿。

宪法上的无偏私原则

这个简短的评述,将足以说明,在许多不同的背景下,宪法学说吸收了无偏私观念,而舍弃了政治上的多元主义观念。它也揭示出在不同宪法条款下,对赤裸裸偏好的禁止,所发生的某些引人注目的变化。

在正当程序、契约及征用条款下,法院选用的是最弱的禁止形式。不加矫饰的政治权力并非政府行为的正当基础,但对于政府所可以追求的目的而言,就再没有其他理论上的限制。相比较而言,结果表明,平等保护条款的结构最为复杂。某些平等权案例反映出来的是最弱的禁止赤裸裸偏好的版本;但针对处于少数地位种族成员的歧视,也会引发出强有力的无效推定。因此在现代平等保护学说中,哪怕是连最弱版本的禁止赤裸裸偏好的学说都未违反,还是要禁止针对妇女、外侨、私生子及其他人的歧视。部分原因在于,因为感到这些群体缺少资源,因此担心赤裸裸的偏好会作用在他们身上。有些案件走的更远,那些似乎通过求诸公共价值而获得正当性的举措,也依然可能被禁止。

这些发展引出的一个重要问题,涉及新政时期由强有力的中立约束到弱的无偏私原则的位移的缘由,而且更为晚近发生的,是在平等保护条款下向着积极进取的反歧视原则的位移。特别是正当程序、征用和契约条款,都几乎同样的反映了对新政前的不可容许的政府目的的观念的偏移,转而倾向于现代的合理审查。如我将在第二章作更为详细讨论的,这样的位移的根本原因在于,现代宪法中因现状而中立观念的核心地位的衰颓。立法机关力图寻找替代进路来改变现状的努力,似乎不再被认为是赤裸裸的偏好,而是被认为是促进公共福祉的正当努力。

所有这些引出了一系列的问题。我们已经看到在大部分情况下,对赤裸裸偏好的禁止,至多也只能在相当弱的程度上得到实施。当赤裸裸的自利很可能在起作用的案件中,法院将立法机关放在优益的位置,让立法机关来为所有困惑去寻找正当性基础。也许,某些平等保护案例承载了这样一个理论的萌芽:有些公共价值成了私人权力的掩饰,对于政府而言,这样的发展依然多少是具有尝试性的。

然而如果这些问题都获解决,当下的法律学说拒绝将利益团体多元主义作为宪法教义,也就不存在什么问题了。作为替代的政治概念,要求政府的代表们进行审议,这审议能有一定程度的免于私人压力的自治。因此许多宪法条款都针对着一项罪恶之源:将资源配置给某个人或团体,而非另一个人或团体,原因却仅仅是为了从那些操控政治权力的受益者手中,获得政府扶助。

固然,对赤裸裸偏好的禁止,很少导致行为的失效。但是在这些案件中,对于被禁止目的的看法,有着惊人的一致。从这个角度看,无偏私原则居于美国宪法的核心。

第二章
1937年的革命

无偏私原则在宪法中发挥着主要的作用,但如我们已看到的,它并未对政府施加以鲜明的限制。然而,在许多案件中,一个更强有力的,也包含中立在内的原则,将这样的普遍要求转变为针对政府行为的真实壁垒。

我们已经看到,因现状而中立(status quo neutrality),作为一个更加强有力的概念,其特色就在于它将正当程序、征用和契约条款都联系起来。在19世纪末和20世纪初的法律思潮中,因现状而中立占据了支配地位。它包含了许多对自然和自然界的普遍观念,它将法律推理和法律范畴组织起来,它将"自由放任"体系转变为一个宪法要求。

在内战后"劳工自由"原则的激发下,并伴随着奴隶制的废除,法院试图去阻止政府,令其不要去规制劳资关系。这样导致的中立观念不仅对劳工市场上的权利有助益,还能对以种族和性别为基础的平等原则起作用。而且虽然在1930年代显然拒绝了对如此中立观念的适用,但同样的观念依然在当下的宪法中发挥着巨大的作用。

这样的更为有力的观念,将现状以及既存的对资源和权利的分配,视为决定何为派系偏见何为中立的基线。当政府扰动了已有的配置——扰动了人民现有的一切——就被认为由于是拿走了一个团体的利益来给另一个团体,所以违反了政府的中立义务。当政府对现有配置予以尊重时,它被认为似乎还是忠诚于这一至为重要的义务的。这样的观念并未把当下的所有权以及其他的法律权利,全然视为法律的产物。而因现状而中立的观念,使得人们有可能去认为,它们是反对"政府"的;或者确信尽管曾对使市场成为可能的由政府创设和管理的法律规则抱有极度的热情,但政府还是"无所作为"。

所有这些都太过抽象,但通过对19到20世纪之交的三个案例的剖析,就可以将其予以相当的具体化。这是最高法院历史上居于最为重要序列的几个判例。在普莱西诉弗格森案中[1],法院判决以种族为基础的隔离并不违反宪法。在洛克纳诉纽约州案中,法院判决规定面包房每天工作最高时限的法律无效。[2] 在穆勒诉俄勒冈案中[3],法院对规定妇女每天工作时间上限的法律予以支持。所有这三个判决都是在内战后获得批准的第十四修正案之下做出的,而且该修正案的设计至少在很大程度上,也是为了不让新获自由的奴隶们,在社会上处于从属的地位。

尽管这三个案例在历史时间上非常接近,但几乎从未对它们进行一并研究。一般认为所有这几个判决都判错了;它们哪个都无法去代表当下的法律,但是这三个判决间共同的假定,将它们密切联系起来。更重要的,也是更令人惊讶的,这些共同的假定,在当下的宪法和政治争论中,依然发挥着至关紧要的作用。它们将我们的中立观整备起来,甚或有助于我们界定对当下政府的理解。

在所有三个案例中,法院将既存的实践作为判定中立和派系偏见问题的基线。它这样做的前提是,假定既存的实践是前政治的和中立的,也就是说,它本身既非法律的作用,也不屈从于来自司法立场上的异议。在司法对包括种族隔离的世界、男女之间工作的分配以及劳工市场的条件在内的相关实践加以评判时,这样的假定将会发挥至关紧要的作用。

新政,特别是1937年的法律革命,首先应被理解为是对这些中立观念和行为的否定。这样的否定是外在的,也是自觉的。概念上的突破在于坚持认为当下的所有权利以及其他权利都是法律

---

[1] Plessy v. Ferguson, 163 U. S. 537 (1896).
[2] Lochner v. New York, 198 U. S. 45 (1905).
[3] Muller v. Oregon, 208 U. S. 412 (1908).

产物的观念。一个无须太过细致或敏锐的学生,都能领会到这一点。从这个意义上说,新政所代表的是一场真正的法律文化的革新,一场我们还要继续为之努力的革新。最主要的,不应将1937年的革命,单单视为是"司法节制"的背书,更不能将它视为对特定新政项目的接受,而是关于中立和作为的主流观念的戏剧化转移。

普莱西:作为自然状态的隔离

普莱西诉弗格森案判决支持了种族隔离,成了最遭诋毁的最高法院判决之一。这样的诋毁使得人们不再去关注判决中最高法院究竟说了些什么。这带来的更多是惊异,而非启迪。

普莱西案所涉及的是路易斯安那州于1890年颁布的一部法律中,要求铁路公司"为白人和有色人种提供平等且隔离的设施"。普莱西声称自己有八分之七的白人血统,他从宪法的立场对该法律提出了质疑。他主张隔离设施的规定,使得自己被排除于"法律的平等保护"之外。

最高法院通过将"公民"和"政治"上的平等与"社会"平等予以鲜明的区别,来撰写自己的判决意见。根据法院的判决,"就事物的本质而言",第十四修正案"不能被理解为是去取消基于肤色的区分,或实现不同于政治平等的社会平等,或是以两个种族都不满意的条款为基础的混合。"

就此区别而言,有必要停下来对"社会权利"(social rights)类别予以特别关注。对法院而言,第十四修正案只是要求公民权利和政治权利的平等。公民权利被理解为是与"法律能力"(legal capacity)问题有关的事项;其最重要的在于拥有财产的权利、缔结契约的权利以及诉讼与被诉讼的权利。政治权利所涵盖的是与政治过程有关的事项,最重要的在于选举权和出任陪审团成员的权利。相反,在包括教育、公共交通、公共设施等等在内的"社会"领域的平等,并未受到宪法的保障。显然,法院认为社会领域与国家全无干系。在法院看来,所有这些所因循的都只是"事物的本质"(the nature of things)。

　　如普莱西案中法院对宪法的理解，政府只要是在其"警察权"下行事，就是适宜的。警察权反过来允许"政府的行为，去求诸人民既存的习惯、风俗和传统"。而隔离制度恰恰可因这些既存的风俗习惯而获得正当性。在关键性的一段话里，法院指出"如果要让两个种族满足社会平等的要求，它必须是自然结合的结果，是对彼此价值的相互承认，而且个人必须自愿同意……立法者无权去根除种族直觉（racial instinct），或者去废止以体格差异为基础带来的差别……"

　　法院补充指出，种族隔离的感觉源自普莱西本人的反应，不应认为政府为此要负什么责任。"我们认为上诉人所提出的论证的根本谬误之处，在于认为强制种族隔离会使得有色人种烙上低劣的戳记的这一假定本身。即便这项假定确然为真，其原因也绝非隔离措施本身，而只是因为有色人种自己选择以此种假定去理解种族隔离措施。"

　　普莱西案判决意见的最显著特色在于，法院似乎将社会领域以及既存的人类风俗、习惯和传统，视为是免于、独立于且绝缘于法律之外的。在法院看来，社会领域是一个自由选择和自愿交互作用的舞台。"如果相对于其他种族而言，一个种族在社会上处于相对劣势的地位，那么合众国的宪法也无法把它们拉到同一个水平线上来。"因此，法院强调种族隔离法律所反映出的只是人民的风俗习惯。法院从这些方面，将普莱西案中所论争的社会领域，视为仅仅是人民欲求的反映，全然与影响这些欲求的强制性法律无涉。

　　这条进路是以一种历史悠久但富有争议的，对法律特别是对法官所造普通法的理解为基础的。在这样的理解下，普通法并非法官意志的强加，而是对社会传统和实践的反映。这样的主张，在19世纪末表现的尤为卓著。它有助于深化一个主张，那就是普通法上的侵权、契约和财产，多少都可以被视为是自然状态的产物。在普莱西案中，法院又将这个观点推进了一步，它认为规定种族隔离的州法律，只是社会习俗和实践的反映，而并非有助于创设这些实践的其他什么。

在某些情境下,这可能是理解问题的一条合理途径。但如将这样的分析适用于种族隔离,则会让人感到颇为困惑费解。在普莱西案中,法院所应对的是一部强制种族隔离的法律。法院认为不能以法律来废止种族本性或来强制种族融合的观念,即便以不那么直白的抽象主张表述出来,也当然是可以得到理解的。当种族间已自愿相互隔离时,作为对强制性的种族融合立法或私人促动种族融合努力的回应,这一点就变得有意义。

但普莱西案中并未涉及打破种族隔离的努力。而且该案的关键在于普莱西本人所提出质疑的,是一部规定了种族隔离的法律。甚至如果要征引"自愿交互作用"来说明强制规定种族隔离法律的正当性的话,都有点牵强,因为这样一部法律的整体要义在于禁止自愿的交互作用。实际上,只有当种族隔离制度多少被视为是前法律或前政治的自然状态时,它才能被视为是"自然结合"和"自愿同意"的反映。

这就是法院如何来审查种族隔离制度的事实。法院将这个制度视为一个自愿的和免于法律的"社会"领域,认为它只是促进私人约定和私人欲求的手段——好似这个制度所承载的只是此前的那些希冀。在普莱西案的判决中,似乎认为种族隔离全然是自然的,好似实际上它根本并不代表政府的行为。对现代的读者来说,种族隔离似乎显然不仅仅是赋予制度以实效,而且还构成或创设了这些约定和欲求。种族隔离制度是在废奴之后,以法律来创设种族分离和压迫的自觉努力。这个制度影响了社会协定和私人欲求,并将对它们的塑造有所裨益。它绝非中立的。但所有这些似乎都与法院无关。

最富启示的是,当美国最高法院捍卫了种族隔离制度使其免于宪法上的异议时,其原因并非源自第十四修正案的文本或历史,而是因为这样一个结论,即种族隔离制度纯粹是一个社会制度,而根本不是一个法律制度。在此我们可以去对普莱西案中法院所强调的一个也是紧密相关的观点加以考量,即任何因种族隔离法律而感觉到的所处的低劣地位,都应归因于个人,而非法律或政府。这样看来,这种感觉仅仅是严酷的社会事实,而不是因为创设了一个法律制度才引发的。

直到1954年的布朗诉教育委员会案[4]，这一系列的理解才告坍塌。它坍塌的如此彻底，以至于种族隔离世界应被视为自愿的和免于法律干预的社会领域一部分的观念，变得近乎不可理喻。但我们将看到在关于种族歧视问题的当代进路中，有些与普莱西案极其近似的东西还在持续起作用。

洛克纳案：作为自然性质的所有权利和普通法市场

洛克纳及其消蚀

最高法院在1905年的洛克纳诉纽约州案[5]的判决，以其非同寻常的特性，将从1905年到1937年的整个宪法时代，冠之以洛克纳时代（Lochner period）之名。最高法院在这个时期否决了大量的试图规制劳资关系的州立法。

这一时期常被认为是不具正当性的司法"积极主义"形式的象征：司法袭入了民主过程，却没有来自宪法文本和历史的足够支持。无疑，很多这样的说法都是站在传统智识的立场上。如我们将看到的，在洛克纳时代，部分的错误实际上是在于法院的进取性（aggressive）。但也应当理解到，洛克纳案实际上是植根于以对已有的财富和权利的配置为基础的，特定的中立观念之上的。洛克纳法院将这些配置视为前法律的和公正的，从这个方面来说，洛克纳案和普莱西案之间有着极其紧密的关联。

让我们从与洛克纳时代有密切关联的两个重要判决节选入手，将是有助益的。第一个选自阿德金斯诉儿童医院案[6]，这个

---

[4] 347 U.S. 483 (1954). 对普莱西案的基本评述还可见于 Planned Parenthood v. Casey, 60 U.S.L.W. 4795, 4803 (1992) (O'Connor, Kennedy 和 Souter 法官的判决意见)。

[5] 198 U.S. 45 (1905).

[6] Adkins v. Childrens Hospital, 261 U.S. 525 (1923).

1923年的判决宣告对妇女和儿童的最低工资立法无效。法院指出:"[最低工资法令]所确定的薪金基准,超过了该服务所应得到的公平价值,它无异于为了支持扶助贫苦之人,而强制性地抽取雇主利润,而在这样的情况下雇主对他们不应担负任何特别的责任。因此实际上这是强加给雇主肩上以负担,而这负担如果说应该属于谁的话,那么也应该属于社会整体。"

第二段案例节选则一般会认为标志着洛克纳时代的衰颓。在1937年的西海岸旅馆诉帕里什案[7]中,法院判决支持了关于妇女的最低工资立法,指出:"对在交涉权力上处于不平等地位的这类工人的剥削,使得当他们被拒发最低生活工资时,处于相对无助的地位……为了扶助他们,给社会带来了直接负担。当这些工人工资减少时,要让纳税人来支付……社会并非必定要为那些不受节制的雇主提供事实上的补助金(subsidy)。"

在阿德金斯案和西海岸旅馆案中,补助金的观念都发挥着至为重要的作用。如果没有一条度量的基线,就很难去明了这样的观念。我们说,不能强迫某些人去返还掠夺到的财产,来"补助"那些财产被征用的人。因此,是否要强迫某些人给其他人以补助,要看究竟是谁对所讨论的项目具有正当的请求权。只有金钱的支付者对此有权利时,才能将金钱支付视为补助。

因此,就很有必要发展出能解释谁有权利做什么的权利理论,将补助和单纯的责任相区别。当要求一个人做恰恰是他应当做的事情时,这并不是要强迫他给其他任何人以补助,因为他只是在做他应该做的。在1937年西海岸旅馆案发生之时,补助金的观念发生了彻底的转向。在阿德金斯案中,法院认为最低工资立法是强迫无辜(innocent)的雇主给公众以补助金。因此这样的立法在一定程度上构成了为了公共利益而对雇主的征用。根据法院的判决,即便员工陷入极度贫困,也应由全体公众而非雇主承担支付责任。这样的理解能够会,也的确会卷入对市场的广泛规制措施的

---

[7] West Coast Hotel v. Parish, 300 U.S. 379 (1937).

讨论之中。在这样的理解下,这样的干预被认为确实构成了干预,而且的确违背了中立的要求。

然而,在西海岸旅馆案中,实际上是无异于要求提供补助金的州最低工资立法的失败,但这次失败者不是公众,而是雇主。对西海岸旅馆案而言,法院认为自由市场和普通法体系,并不一定就要为"不受节制的雇主"提供补助。在阿德金斯案和西海岸旅馆案之间的15年里,这基线发生了位移。是什么导致了这样的位移呢?要回答这个问题,首先我们要先回过头来去检视洛克纳案自身。

洛克纳案所涉及的是纽约州的一部法律,该法禁止雇主允许或要求面包师每周工作60小时以上。法院指出契约权利,特别是劳工交易权利,是由正当程序条款所保护的自由的一部分。但是在普莱西案中,法院认为可以征引"警察权"来说明侵入契约自由的正当性,对警察权范围的界定,很大程度上要求诸19世纪的普通法。如果雇主犯有普通法上的过错,或者雇员有针对雇主的普通法上的权利,宪法就将允许政府来修正这一状况。例如,政府就可以去禁止卖淫和销售海洛因的契约。在这样的框架下,某些对劳工市场的规制的正当性在于,它作为"劳动法",防止弱者免于剥削;其他的规制也可以作为"健康法"而具有正当性,如果健康的确构成风险的话。

在洛克纳案中,法院的结论是不能将工时上限立法视为"劳动法",因为面包师有完全的法律能力,"绝不在政府卫护范围之内"。通过劳动立法要保护的是政府应卫护的。劳动法容许某些家长主义的举措,让人们不只是笃信自己的判断;它还是一种再分配举措,换言之,也是一种将资源或机会给予弱者的努力。然而,即便劳动立法的目的的确是家长主义的或者是再分配,除了保护没有法律能力的人的例外情况之外,它依然是不具正当性的。政府不能去通过法律来保护成年男性;在一个自由社会中,他们被推定能够自我保护。市场上形形色色的压力应凌驾于立法权之上的。

法院的另外一个结论,认为不能将该法律说成是一部健康法。根据法院的判决,州无法证明工作时间上限立法就一定能保护面包师或公众的健康;如果州对此能够给出充分的证据,那么其权力将是不受限制的。法院的结论是该法案"通过的……实际动机"并非是保护健康,尽管法院没有明确指明,但认为该动机是不合法的。面对所有的可能性,法院认为真正起作用的不合法的动机是不可容许的再分配:这将资源从雇主转移到了雇员之手。

因此法院认为中立是正当程序条款所要求的,而只有警察权包括普遍的或"公共"的目的,中立方适用。如果可以声称该法的确是一部劳动或健康法,那么可以有充分的理由认为它是中立的。由于该法中找不到这样的正当化根据,因此它被视为是不可容许的派系私见,而被判定无效。现在我们可能会把它称作特别利益立法。因此,工时上限立法是赤裸裸偏好的反映,它为了特定团体的利益,而将财富和利益从其他团体手中移转过来。

因此,在法院看来,立法的结果是缺少原则约束的;它更有赖于派系私见或是特别的恳求。雇主并没有犯什么应受普通法上救济的过失。普通法的地位在于它是自然的一部分,或者在无论任何案件中,恰恰都支持了应以普通法作为度量行为是否偏离了中立要求,或者是否是自利的"交易"[8]的基线。如果现状自身既非

---

[8] 在此有必要作三个限定。首先,至少在州层次上的税收体系,可以用以资源的再分配。其次,并非所有普通法上的权利,都有免于集体控制的地位。可以允许进行某些调整。虽然如此,普通法的基本框架构成了案件裁决的基线。实际上,可以向上追溯到只有提供了充分的替代救济,才允许立法机关对普通法权利的"核心"加以限制的时代。例如可见 New York Cent. R. R. v. White, 243 U. S. 188 (1917)(部分由于替代措施的存在,支持了劳工的补偿请求);还可见 Duke Power Co. v. Carolina Envtl. Study Group, 438 U. S. 59, 88 & n.32 (1978)(支持了普莱斯—安德森法中的限制责任条款,驳回了针对该条款的正当程序异议,但暗示存在着相关的替代措施)。

第三,对普通法权利的保护,不仅有赖于所争论的权利为普通法所保护的事实,还有赖于另一个不足为奇的事实:普通法也是对为普遍认可的政府适宜角色理论的回应。因此普通法上所保护的利益,可以追溯到自然权利的类别。对其的一个现代版的陈述,可见于 Richard Epstein, "A Theory of Strict Liability," 2 *J. Legal Stud.* 151 (1973); Richard Epstein, *Takings* (1985)。

自然亦非公正,那么再分配[9]的努力似乎就不单单是派别私见了。因此,这就是洛克纳案中法院依靠中立观念,将既存的配置作为分析起点的原因。从这个意义上说,普莱西案与洛克纳案之间的确有着密切的关联。

洛克纳案当然是对第十四修正案的解释,人们也将可能认为,法院全然不具备将一个本来旨在保护新解放奴隶的规定,转变为禁止以法律控制雇主权力规定的正当性。在此,事实上这很大程度上是个历史的嘲讽:一条旨在克服奴隶制遗产的宪法条款,却迅速转变为宪法上的权利,让政府不能去保护劳工。

然而,从某种意义上,在洛克纳和内战修正案之间有着实在的连续性。废奴运动因"劳工自由"这样的一般性口号而充满活力,劳工自由原则的具体体现在于要保护雇工市场上的"自我所有"(self-ownership)和"自我导向"(self-direction)。最低工资和最高工时立法同注定衰亡的奴隶制,违反的似乎是同一原则。如果说奴隶制招致反对的部分原因在于,它剥夺了职业自由,那么我们可以看到许多管制立法中体现了同类问题:政府干预了人们自己选择条款接受雇用的自由。因此,就无须为洛克纳案中的结果而感到困惑。

在这样对奴隶制恶行的理解下,其替代进路的要旨并非在于自由劳工市场的需要,而是不服从(nonsubordination)或自由的原则。在劳工市场上有时也会有强制,如果这里发现有强制和法律,规制将是一个具有正当性的矫正措施。当强制要求人们做低贱的工作,却给予微不足道的工资时;或者强迫人们每周工作 60 个小

---

[9] 注意这至多只能算是一个尝试。最高工时立法并不只是将资源由雇主转移到雇员之手,对于那些希望工作更长时间以获得更多收入的雇员来说,反而因该法受到损害。因此很难在事先预计到利益和负担的发生率。实际上暗示,成立了工会的大公司在努力通过最高工时立法,以期在同那些没有成立工会的小公司的竞争中获得优势。见 Bernard Siegan, *Economic Liberties and the Constitution* (1980)。如果确然如此,这样的立法可以被视为是赤裸裸的偏好。

时的时候,秉承了奴隶制下的同一原则,就要求政府为他们提供扶助。如我们将看到的,新政恰恰体现了这些观念。

在洛克纳案中霍姆斯法官的脍炙人口的异议意见,是对中立观念以及麦迪逊主义的一并拒弃。它接近于现代的利益团体多元主义,将政治过程视为自利团体间一场不受原则约束的争斗。霍姆斯的意见中,将政治过程多少看似一场强者胜利的内战;如果法院去干预,它们将占据支配地位,而且会以更具破坏力的形式表现出来。[10] 因此对霍姆斯而言,宪法并不要求法律的公共正当性,它并不阻止"主流意见的自然生长"。[11]

霍姆斯的意见之所以出名,也在于它所采取的谦卑的姿态:尽管霍姆斯本人赞同斯宾塞的《社会静力学》[12],但这份意见却摒弃了斯宾塞的主张。霍姆斯主张宪法不应是任何特定社会和经济理论的体现;而且为了对宪法做出不偏不倚的解释,霍姆斯甘愿将自己的个人立场弃之如敝屣。但与其将这份意见理解为谦卑的产物,毋宁说它是作为霍姆斯高度个人化立场而出现的。事实上它的主旨是要去拒绝宪法上的社会达尔文主义。在霍姆斯的利益团体理论下,他的关于政治的概念是以市场为导向的;他强调交易是必然的,而且胜者为王。霍姆斯对关于价值的讨论深表怀疑,这样的怀疑也导致了他同洛克纳案中以自由概念为基础撰写的多数意见的冲突。这些观念成了霍姆斯非常个人化的,建构让法律获得司法尊重(deference)热忱的基础,而这样的热忱几乎不可能来自宪法本身。[13]

---

[10] 见 Gary Becker, "A Theory of Competition among Pressure Groups for Political Influence," 98 *Q. J. Econ.* 371 (1983)(作了如此论述)。对于霍姆斯,可参见 Yosal Rogat, "Some Modern Views-The Judge as Spectator," 31 *U. Chi. L. Rev.* 213 (1964)。

[11] 198 U.S at 76.

[12] Herbert Spencer, *Social Statics* (1882).

[13] 例可参见 Rogat, "Some Modern Views"; Yosal Rogat & James O'Fallon, "Mr. Justice Holmes, a Dissenting Opinion—The Speech Cases," 36 *Stan. L. Rev.* 1349 (1984)。

洛克纳案所持理解的衰落,是缓慢且犹疑的。在某些案例中,法院发现在洛克纳框架下被认为是"公共"的目的与政府所选择的手段之间,有着充分的关联。在其他一些情况下,法院似乎渐渐归纳出一个结论,允许认为再分配目标是具有公共性的,而且在某种意义上它是中立的。这样就打破了普通法上的警察权力观念。[14] 但是在西海岸旅馆诉帕里什案这个新政期间的经典判决中,法院否定了洛克纳时代的基础,这才引出了我所说的1937年革命。

西海岸旅馆案所涉及的是一部规定了妇女最低工资的法律。或许,至少对现代读者来说,会感到奇怪的是,判决意见所强调的并非是法院此前进路的反民主性格,或者是司法对立法决断予以尊重的必要性。相反法院强调最低工资立法的价值时,所提到的是"剥削工人,给他们的工资是如此之低,以至于不足以保障他们的最低生活费用",还提到了"对在交涉权方面处于不平等地位的这类工人的剥削,如要让社会来扶助他们,则会给社会带来直接的负担"的事实。在判决意见中也许是最能打动人的一段中,法院提到了补助金问题,并补充道,"社会可以导引其立法权,令它来纠正因[雇主]的自私而漠视公共利益所导致的权力滥用。"

当然,在洛克纳时代里,对于使用政府权力以帮助那些在市场上不足以自我保护的人的活动,宪法也给予了明确的限制。西海岸旅馆案中这种权力的拓展,标志着一个极为重要的转向,实际上这就是对洛克纳时代法院对适宜基线观念的全盘否定。其关键在于,如果没有最低工资法,将无异于"对不受节制的雇主的补助"。在洛克纳的框架下,这里出现的概念应当算是政府"不作为"或者中立,实际上等同于乍看上去颇有点令人费解的"补助"。法院的主张是,未能强制规定最低工资,并非就是不干预,而只是另外一种形式的作为——一个有赖于一系列普通法规则作为规制基础的决定。

---

[14] 例如可见 Nebbia v. New York, 291 U. S. 502 (1934); Bunting v. Oregon, 243 U. S. 426(1917); Muller v. Oregon, 208 U. S. 412 (1908).

洛克纳时代的衰颓，是基于这样的理解：无论在怎样的案件中，政府无论是通过最低工资立法还是通过普通法体系，都是在进行选择，而且是通过法律进行这样的选择。法律创设了财产和契约权利，而且为这些权利施加了诸多限制。从这个意义上说，市场工资和工作时间是由法律所创设的，它并非是自然的，也并非是自由放任的产物。不能将普通法视为一条自然的或者是别无选择的基线。相反，普通法原则会创设出一个富有争议的规制体系，也不一定就能成为社会秩序的反映。

在这样的理解下，传统上对法律权利和警察权力的处理就站不住脚了。如果说普通法有助于社会秩序的塑造，而且并不仅是方便了私人的欲求，就不能再将最低工资和最高工时立法看做政府对私人的、免于法律的或者只是既定的体系的干预。现状也是法律的创设。对西海岸旅馆案中的法院而言，立法机关所能用于分析的基线不是普通法，而是一个所有工人都应获得最低生活工资的体制。

1937年的革命

我们应将1937年的革命，理解为是最高法院对新政的拥簇。其基础首先在于这样的理解，对于普通法和已有的资源配置，不应给予其在民主政治之外的额外保护。对已有配置和普通法规则的任何修正，都要根据它对社会效率和社会公正所产生的影响，来加以评判。似乎立法判断应受到司法的尊重。其最关键的一点，是所有权及与其相伴的一切，都是由法律体系所创设的。

这些观点有着悠久的源流。如边沁所写的，"财产权和法律是同生共死。没有法律之前没有财产权；拿走了法律，所有的财产权也就都终止了。"[15] 这个基本主张是法律现实主义运动的重要组成部分。最引人瞩目的现实主义者，当属罗伯特·黑尔和莫里

---

[15] Jeremy Bentham, *Principles of the Civil Code*, in 1 *Collected Works of Jeremy Bentham* 308 (Timothy Sprigge ed. 1968).

斯·科恩,他们坚持认为普通法规则是有着可预期的强制或分配效果的法律规则。[16] 人们能有什么,并非自然或习俗的作用,而是政府选择的反映。这始终都是一个事实。所有权是由法律来创设的。

因此,自由放任首先就会涉及概念问题。基本上认为自由放任是一个神话。如黑尔叙述的那样,"在目前的经济状况下,至少要部分的依赖于政府此前的相关公共领域分配政策,这一定是不言而喻的。自由放任是一个从未实现过,也永远无法实现的乌托邦式的梦。"[17]

普通法规则不只是对既存一系列分类的描述;人类将普通法作为机制,创设了这些分类,法官借此来感受法律和社会现实。因此,某种意义上霍姆斯可以被视为最早的法律现实主义者,在一份不太为人注意的判决中,霍姆斯写下了这样意思深长的箴言:"财产权,尽管事实上它是可交易的,但它并非源自其价值,而是法律的创设物。"[18]霍姆斯还主张财产权和价值都是法律规则的产物,并非纯粹的私人间相互作用而形成的,更非自然的作用。经济价值是由法律所创设的,它不能居于法律之先。而霍姆斯写的所有这些,都只是"事实"。在这样的洞见下,新政前的框架是站不住脚的。

对黑尔和科恩来说,财产、契约和侵权法是社会的创设,它们将特定的权利配置给某些人,并拒绝给其他人。它们代表了政府对经济的"干预";它们是强制性的,因为它们禁止人们从事想做的活动。不能以一种先验的方式将它们界定为自由,有时它们会构成对自由的妨害。

---

[16] 见 Robert Hale, "Coercion and Distribution in a Supposedly Non-Coercive State," 38 *Pol. Sci. Q.* 470 (1923); Morris Cohen, "Property and Sovereignty," 13 *Cornell L. Q.* 8 (1927).

[17] Robert Hale, 8 *ABAJ* 638 (1922).

[18] International News Service v. Associated Press, 248 U. S. 215, 246 (1918)(霍姆斯法官的协同意见)。

黑尔非常清楚地论述了这些观点。他特别指出，政府对市场价格的限制，应被视为是对私域的非法管制介入。黑尔认为，这一点让人多少感到有些困惑。

制造工厂中的所有权利是……运营这座工厂的特权，外加不去运营这座工厂的特权，外加不让他人运营这座工厂的权利，以及获得产品的全部所有权利的权力……该权力作为一项权力，可以释放出压力，财产法会借此影响到他人的自由。如果压力足够大，所有者可以能够迫使他人来为之支付一笔不菲的代价；如果压力是轻微的，所有者可以因自己的所有权来集聚起一笔微薄的收入。**无论在哪种情况下，所有者都因由政府和法律所施加的压力而收益。法律授予了所有者针对他人权利和责任的裁量权**。[19]

黑尔认为财产权来自政府公共权力的授权。而对这样授权的限制，是以诸如削减"财产所有者收入"的形式表现出来的，"实质上是削减了公务人员和退休金领受者的薪水"。更一般的，"这实际上并非自由放任，而是政府对于人为强制约束所产生后果的漠然，尽管这些约束部分是以政府本身为基础的。"因此，"在任何特定时候对财富的分配，都绝非是在政府居于中立的体系下，单凭个人努力的结果。"[20]而财产法的一个普遍结果，是对财产权所有者之外的其他人自由的限制。"要坚信'一个自由的美国人有无须他人的同意进行工作的权利'……就相当于坚信一个可能带来激进后果的危险学说，即要废除对生产设备的私人所有权；与之相反的

---

[19] Robert Hale, "Rate Making and the Revision of the Property Concept," 22 *Colum. L. Rev.* 209, 214 (1922).（黑体为本书作者所加）

[20] Robert Hale, "Rate Making and the Revision of the Property Concept," 22 *Colum. L. Rev.* 214 (1922); Robert Hale, 未发表手稿, 转引自 Barbara Fried, "Robert Hale and Progressive Law and Economics," ch. 3（未发表手稿）; Robert Hale, 8 *ABAJ* 638, 639.

同样危险的学说则主张,应保障每个人对这些设备的所有权。"[21]

或者要去考虑这些令人惊异却斩钉截铁的文字。在1935年的一篇学生论文中,黑尔这样写道:"可以到自由放任学说中,去追索拒绝对市场伦理加以监控的主张的正当性……一般而言,自由放任的拥护者所假设的免于规制的状态,显然是不存在的,而且实际上也是不可能的。只是因为政府对所交易的财产权的保护,所以才存在交易权力。而且它应被置于政府的适度控制之下。"[22]以下的论述也暗指到了同样的要点:"那些公然抨击政府干预的人,正是最常成功征引它的人。那些对自由放任的疾呼,主要来自那些如果真的让政府'袖手旁观',就会即刻失去吸纳财产能力的人。"[23]

这类观点是美国实用主义不可或缺的重要组成部分,而且通过实用主义,在哲学上展开了非常好的阐述。实际上我们可以认为新政是实用主义传统在真实世界中的具体体现。如果说富兰克林·西奥多·罗斯福是新政中最重要的政治家,那么约翰·杜威就是在其间最为重要的哲学家。

对实用主义者而言,对自然的、法律的、社会的和道德现实的审视,都总是要经过人类的滤过。我们不可能不通过任何中介就能直接通往自然的、社会的或道德事实;它们的创设要倚重于我们自身机制的帮助。[24] 如杜威所认为的,"旁观者知识观"(spectator

---

[21] Hale, 8 *ABAJ* at 639. 杰拉德·亨德森(Gerald Henderson)也持类似论点,见 Henderson, "Railway Valuation and the Courts," 33 *Harv. L. Rev.* 902 (1920)。(我引用了 Morton Horwitz, *The Transformation of American Law*, 1870—1960, at 162—163 [1992]中颇有助益的讨论。)

[22] Note, 35 *Colum. L. Rev.* 1090,1091—1092 (1935)。

[23] Lester Ward, "Plutocracy and Paternalism," 20 *Forum* 304—309 (November 1885),引自 Sidney Fine, *Laissez Faire and the General Welfare State* 262 (1919)。对该阶段最为出色的讨论,见 Fried, "Robert Hale and Progressive Law and Economics。"阿马蒂亚·森在对饥荒的论述中同样谈到这一点,见 Amartya Sen, "Ingredients of Famine Analysis: Availability and Entitlements," in *Resources, Values and Development* 452,458 (1984)。

[24] 见 William James, *Pragmatism* (1907)。

theory of knowledge)是一个失败;因为"心智总是夹杂其间"。因此实用主义者对"知识的使命在于揭示出居先的真实……的观念"提出了质疑。[25] 通过对实在的感知而得到的分类是人类的创设,而非自然的类别。特别是杜威,他在 1927 年的著作中,得出了这样的结论:"个人拥有居先的政治权利的学说"是"政治上的……幻想"[26]。

以上这些,构成了新政时代对洛克纳案予以抨击的最为重要的哲学基础。在法律中,实用主义的主张本身也表明,应认识到法律上的分类并非就是静止的或特定的,也并非只是对既存"类别"的描述。相反,它们是人类的创设,要根据它们对人类福祉所产生的影响,来予以评判。

实用主义者几乎从未想过,他们观点的隐喻在于,就没有标准来评价关乎自然、社会、法律或道德真实的主张。作为替代的,评判会以一种更切实的形式出现,来评估不同的主张是如何来适应我们的需求。用杜威的话说,就必须找寻出"这类不可或缺的理解,来应对所出现的问题",以作为对"居先的真实"的替代。[27] 这类理解将以经验为基础,是自觉的经验性的。它远远遁离了教条主义,它所探究的焦点在于,怎样的进路才似乎是真正起作用的。对实用主义者而言,问题在于:"假定某一观点或信念是真实的,那么对于每个人的实际生活,又带来了怎样的具体差异呢?"[28]

新政和宪法

新政是这诸多观念的结果。[29] 而在西海岸旅馆案中,最高法

---

[25] John Dewey, *The Philosophy of John Dewey* 370, 366 (John J. McDermott ed. 1981).

[26] Dewey, *The Public and Its Problems* 102 (1927).

[27] Dewey, *The Philosophy of John Dewey*, at 366.

[28] 见 William James, "The Meaning of Truth," in *Pragmatism and the Meaning of Truth* 169 (A. J. Ayer ed. 1978).

[29] 这部分的讨论,我受惠于以下两部著作良多。Bruce Ackerman, *We the People*, vol. 1: Foundations (1991), 以及 Laurence Tribe, *American Constitutional Law* 567—586 (2d ed. 1988).

院认可了新政。但是西海岸旅馆案只是诸多类似发展中的最引人注目者之一。例如,支配财产权的法律,一定是与洛克纳案有着紧密关联的。在 Miller v. Schoene 案中[30],涉及的是一部要求砍伐染病的香柏树以防止其传染给附近苹果树的法律的合宪性。香柏树的所有者诉称法律实际上构成了对他们财产权的征用,因此应给予宪法上要求的补偿。反过来这样的请求所有赖的事实在于,香柏树的所有者并没有犯普通法上的过失,因此这里就不存在政府干预的基础。

在判决的最重要一节里,法院这样回应,"在保护一类财产权和同时存在的毗邻处于危险态的另一类财产权之间,政府必须做出选择。如果政府不是去颁布现行的法律,而是什么也不做,容许给苹果树带来严重的损害,而对其界限不加以规束,这将也是一种选择。当政府被迫做出这样的选择时,选择为了保护另一类财产权而摧毁这一类财产权,它并没有超出自己的宪法权力边界。"[31] 如同西海岸旅馆案中一样,在 Miller 案中,对普通法或者现状基线的坚守,不再认为似乎就是中立的,而且对这些基线的偏离,也不再被认为一定就是派别私见。无论普通法还是制定法都是法律的选择。

类似的观念可用来说明对契约条款所施加限制的戏剧化缩减。如我们所看到的,该条款的最初设计是为了保护契约自由不受州的侵害。在 1934 年的布莱斯德尔案判决中,[32] 支持了明尼苏达州的抵押延期偿付法律,它是对政府再分配举措的认可,象征着政府"警察权力"的戏剧化增长。从这个意义上说,布莱斯德尔案和西海岸旅馆案应属于同一类案件。

作为 20 世纪最富戏剧化的法律发展之一,伊利铁路公司诉汤

---

[30] 276 U.S. 272 (1928).
[31] 276 U.S. 279 (1928).(楷体字为本书作者所加)
[32] Home Building Loan Ass'n v. Blaisdell, 290 U.S. 398 (1934).

普金斯案(Erie R. R. Co. v. Tompkins)[33]也昭示了类似的转向。在著名的斯威夫特诉泰森(Swift v. Tyson)案中[34]，最高法院判决对于涉及不同州公民的案件,联邦法院不应受州确定的普通法的拘束;相反,联邦法院可以自由地去判断什么是普通法的要求。斯威夫特原则对美国法律的生长甚或还对美国经济的发展都发挥了至关重要的作用。这是建立在法律学的预设和政治热望的基础之上的,应对这两者作整体上的理解,是它们将斯威夫特制度和洛克纳制度联系起来。

  法理学假定普通法是被发现而非制造出来的。它与其说是主权者的意志,毋宁说是自然的一部分。正是在这样的前提下,才会把州法院的判决视为只是普通法所要求的证据,而非普通法本身。也正是在这样的假定下,最高法院可能会认为,可以通过联邦法官的理性适用来发现普通法。其政治热望在于,联邦法院将创设一个显然易为商业利益和商业发展所接受的,普通法的统一体。最终将由联邦法院和联邦普通法取代褊狭的州司法。因为各州的司法会对公司利益抱有敌视态度,会用普通法来阻碍商业活动的进行。

  沿着这个维度,斯威夫特诉泰森案和洛克纳案有着密切的亲缘。在斯威夫特案中,联邦法院常常要在自由放任的基础上,来发展普通法原则,以避免州法院做出对商业不利的裁定。在洛克纳案中,联邦法院多少是将普通法原则,作为调整商业关系的宪法基础来适用的。在这两个案例中,普通法都承担了经济自由原则卫护者的角色,这对于商业共和国的发展也是不可或缺的。

---

[33] 304 U.S. 64 (1938).该案的评论者通常更强调作为伊利案基础的联邦主义理解。法院的确主张宪法规定是由州而非联邦来规制州内的相互贸易;部分出于此原因,认为斯威福特案是违宪的。但对联邦主义的强调,忽视了一个同样重要的因素:在1930年代末期,一个不可抗拒的观点在于,以(完全错误)的自由放任原则为基础的,由司法在全国实施的普通法体系,是同经济整合的需要不一致的。

[34] 41 U.S. (16 Pet.) 1 (1842).

到了1938年的伊利案时期,斯威夫特案的法理基础和政治热望都遭到了剧烈的质疑。在大萧条时期,有些州采取措施以补救该境况,有些州则没有;有些州修正了普通法,有些州则没有。将普通法视为是自然的,而非显见的一组社会选择产物的观念,似乎变得越来越难以成立。同时,斯威夫特诉泰森案中,至少暗示了法律规则能反身性的为商业利益所接受,而这代表了一种中立的或者必定是可欲的社会性规制方法。这似乎蕴含了荒谬的热望。在西海岸旅馆案后的两年内,在伊利案中对斯威夫特案予以否定,也就不足为怪。在1938年,普通法不复再如霍姆斯那著名的、富有启迪且多少带有些蔑视色彩的语词中所说,"在天际中低笼弥漫",而被评定为是人类的创设。

洛克纳的衰颓,有助于谢利诉克莱默案的解释。[35] 这是20世纪最具争议的判决之一,在谢利案中,法院指出由司法来执行进行种族限制的契约,违反了宪法第十四修正案。案件的困惑,源自一般并不认为由司法来执行自愿协定的事实,会构成违宪。宪法所针对的是政府行为,而非私人行为。如果由司法来执行私人协定会构成违宪;那么不让黑人进私人住宅或私人俱乐部,本身也将是违宪的——这样的立场将会带来法律的彻底变革。

但谢利案只是判决普通法规则是"政府行为",并没有判决宪法就完全支配私人行为。正是在此前的西海岸旅馆案、马洪案、布莱斯德尔案和伊利案的判决中,都涉及了大体一致的问题,法院才会在谢利案中为普通法作这样的定位。面对这些判决,普通法原则似乎不再只是对私人欲求的促进,或者也不再是中立的,而是作为自觉的社会选择而浮现。1937年的革命,为谢利案的结果铺平了道路。

我们还可以走的更远。事实上谢利案是在西海岸旅馆案和20世纪最为著名的最高法院判决布朗诉教育委员会案之间的架桥。在普莱西案中,我们已经看到,法院将种族隔离视为是前政治性

---

[35] Shelley v. Kraemer, 334 U.S.1 (1948).

的,认为种族隔离的社会意义——黑人所感受的凌辱和贬低——是黑人自己创设的,并非种族隔离法律所创设的。在普莱西案中,法院认为法律并不能去创设社会交互作用,也不能对其产生影响,而只是有助于它的实施。所有这些都与洛克纳时代的观点有着全然的吻合,建构市场的规则,被看作纯粹是对既存个人欲求的推动。

同财产和契约规则类似,新政之后的种族隔离制度也显然是法律的产物。似乎更为显而易见的在于,它有助于社会关系的创设。大约各州都应为种族隔离的社会意蕴担负些责任。此层意义将不再单单归因于单个黑人的个别化的感知。因此最高法院在布朗案中就这样明确写道:"仅仅因为种族的缘故,就将[黑人儿童]与其他类似年龄和条件的儿童隔离开来,将给他们带来社会地位上低人一等的感觉;还可能会以从未曾企及的形式,影响他们的心智。"

谢利案是西海岸旅馆案和布朗案之间的桥梁,因为是在新政时将普通法去自然化(denaturalization),才使得谢利案成为可能;而反过来谢利案又让布朗案中,将种族隔离的世界去自然化成为可能。这样在新政改革和民权运动之间就有了直接的关联。事实上,如果说新政后必然会有民权运动,这可能并非言过其实。

新政变革

洛克纳的失败,在于它被遴选为宪法分析的基线,这是一个由政府创立的根本谈不上中立的,而且在许多重要方面都是不公正的体制。这些认识构成了新政时期要对法律权利加以重构的最为根本的原因。

当然与建国时期类似,新政时期也包含了许多束脉络,有些束脉络之间是相互冲突的。有的关心的是要将资本主义制度从彻底的威胁中拯救出来;有的是要通过政府对寡头资本的保护,来实现企业的卡特尔化;有的要对经济进行彻底重构;有的要保护包括银行家和农场主利益在内的特定利益;有的要促进更大程度的民主化;有的则要去利用中立的专业技能的优势;有的要积极进取地执行反托拉斯法,等等。我的意思是,通过主张所有权和现状(status quo)都是政府的产物,来引起对新政时代里诸多重要概念重构的关注。

在此,有必要引用罗斯福自己对新政的叙述:

> "政"(deal)这个词隐含的意思是,政府自身将采取纠正歧视行动以实现其公开声称的目标,而不再是袖手旁观,单单希望通过一般的经济法律就可实现它。"新"(new)这个词隐含的意思是一个设计的,旨在让最大多数的农民、工人和商人从中受益的事物新秩序;用以取代一个在现有配置下已经彻底让人生厌的,在国家里拥有特权的旧秩序。
>
> 从根本上看,新政的意蕴,是150年前美国宪法序言中所宣称理想的现代版表达——"一个更完美的联盟,公正,国内安定,共同防务,普遍福祉以及对我们自由和繁荣的赐福"。
>
> 但我们并不仅仅满足于,对这些理想抱有期待。我们要积极地借助政府的手段和权力,来为这些理想而战。
>
> 只要公平竞争规则得到了遵守,就无须努力去限定个人创制(private initiative)的范围。对于正当合理的私人谋利的激励,不应对其设置任何障碍。
>
> 由于美国的制度从一开始,就以个人自由、财产的私人所有权以及从每个人的劳动或资本中获得合理的私人利益三点预设为基础,并努力去维持这样一个制度。新政将对所有这三个因素予以固守。但由于美国的制度栩栩如生地展现了,保护个人以抵御私人经济权力的滥用,因此新政将坚持对这样的权力予以约束。[36]

在罗斯福的建议中,明确地对因现状而中立的观念予以抨击:

---

[36] 2 *Public Papers and Addresses of Franklin D. Roosevelt* 5 (1938). 对于新政可以被视为宪法的结构性修正的论述,可见 Ackerman, *We the People*。我不接受这样的刻画。但即使是要同意和新政相关的发展是同解释实践有关的,也无须走得像 Ackerman 这样远。见本书第四章和第五章。

"我们应该抓住这样的事实,经济法律并非自然制造的,而是由人类制造的。"同样的,想想罗斯福在论述社会保障立法时强调的"这个我们人造的世界"[37],罗斯福是在强调,贫穷并非一个无可避免的或自然的事实,而是由一个人力所创设的制度所引起的。这个基本立场在新政时期最为重要的劳工立法——诺里斯—拉瓜迪亚(Norris-LaGuardia)法的序言中,被予以成文化:"然而在普遍的经济条件下,在政府权力的帮助下,财产权所有者发展组织出公司以及其他的所有制结合形式,劳工个人通常是十分无助的,他们很难实际上拥有缔约自由,保护自己的劳工自由,从而为其工作获得可接受的要求和条件……"[38]

财产权在市场安排中必然会发挥一定的作用,这些安排是实定法特别是财产法的创设。是财产法让某些人有权将他人排斥于"他们"的土地和资源之外。[39] 市场工资和工时是赋予所有权利的法律规则作用的结果。最低工资法并非是对一个纯粹私人自愿相互作用的领域所附加的规制,而是以一种规制形式取代了另一种规制形式。

从这个意义上,可以揭示出自由放任观念流脉的荒诞不经。

---

[37] 1 *Public Papers and Addresses of Franklin D. Roosevelt* 657 (1938); Franklin D. Roosevelt, "Message to Congress," June 8, 1934,重印于 *Statutory History of the United States: Income Security* 61 (Roberts B. Stevens ed. 1970)。还可见 Morris Cohen, "Property and Sovereignty," 13 *Cornell L. Q.* 8 (1927),也论述了类似的要点。

[38] 29 U.S.C § 151 (1982)(加了着重号)。

[39] Amartya Sen, *Poverty and Famines* (1981),是在当代对类似观点的鲜明例证,说明了饥荒并非食品供给短缺的结果,而是社会选择的结果。特别是决定在那些法律上有受领资格的人中,谁有权得到什么。特别的可见该书第165—166页:"最后,对受领资格的关注,将会产生强调法律权利的作用。可以认为诸如市场动力之类的其他相关因素,都是通过诸如所有权、契约义务以及法律交易等法律关系体制起作用的。法律矗立于食品的可得性和食品受领资格之间。作为报应的饥饿乃至死亡,可能是合法性的反映。"这个主张也可被视为新政对"自由放任"理解的一个个案。还可见 Jean Dreze & Amartya Sen, *Hunger and Public Action* (1991),表明饥荒和饥饿都是可确证的人为社会政策的产物,而非自然的"结果"。

一个自由市场体系的存在,要依赖于一套界定谁能做什么,而且要能通过法院来执行这些原则的法律规则。在这样的体系中,自由市场体系是建立在政府干预基础之上的。回想起一个学生在1935年发表的一篇习作中的大胆评论,自由放任体系"确然是不存在的,实际上也是令人难以置信的"。

对于既存配置并非是自然的或前政治性的事实,并无什么异议。市场依赖于法律,但这并不构成反对市场的理由。而且当一个管制制度附加于另一个制度之上时,并非意味着一切都难以预测(all bets are off),并非说我们就不能根据宪法条款对其加以评判,或者就无法对其在减少或增加人类自由中的作用加以估量。私人财产权制度是政府的创设,但也是一件重要的个人和集体物品。它由社会创设的事实,并不暗示着其他什么。至少一般而言,市场体系的确对于自由和繁荣都有所促进,市场体系在法律上的必然缘起,并不能对这个事实有所减损。

然而,新政者又在这些基本点下,添加了一个主张,即既存的配置有时是无效率或不公正的。不同形式的政府将根据会给社会效率和社会公正所带来的后果,采取不同的实用主义、民主主义的进路。如黑尔写到的,"下一步要……必须根据其实际价值来判断,是维护还是改变我们制度的问题,而不应将其单单放在作为自由市场必然结果的立场下考虑。"莫里斯·科恩在新政前不久的作品中,也提出了类似的观点:"将私人财产权承认作主权的一种形式,本身并非与此相悖……有必要将财产法适用于在任何合理的政府形式下,对社会伦理及开明公共政策的所有考量和讨论之中。"[40]

这样的评判将是自省的且是经验性的。这样将杜绝那些未经经验检验的教义和前约定。它将去关注究竟是哪一类项目在实际起作用。在罗斯福一次显然是即席的却是极具启迪的记者招待会上的谈话中,很好的反映出这个特征:"很显然这个农场法案具有试验性质。我们都认识到……如果所补缀的这些都徒劳无功,我们会很坦率的去承认,但至少要去尝试。"[41]

新政者根本算不上社会主义者。一般而言,他们重视市场对繁荣和自由的贡献。但是就权利方面而言,在普通法之下的不受限制的市场和既存的配置,对权利的保护一方面太多,一方面又太少。普通法保护的太多,因为它将既存的对财产的持有排除于民主控制之外。但并非人们所拥有的一切都有资格受到真正的法律保护。既存的权利体系保护的又太少,因为它并未能针对市场经济所蕴含的诸多危害,而提供充分的卫护。它并不包括获得食品、住宅、衣服、医疗保健、教育的权利,以及在老年或健康状况不佳时获得扶助的权利。在罗斯福总统1944年的国情咨文中,对这些权

---

[40] Robert Hale 未发表的手稿,引自 Fried,"Robert Hale and Progressive Law and Economics,"的第三章;Cohen,"Property and Sovereighty,"8.14. 作为重要的导引性判例,在1992年的凯西案判决意见中,强烈地认可了这些洛克纳时代里提出的基本主张,支持了罗伊诉韦德案。判决的主要论断在于,洛克纳法院对自由的理解,并不能真正适应人们的需要。因此法官在凯西案判决中指出,洛克纳时代"对契约自由的解释"的根本问题在于,它"是以一项完全错误的事实假设为基础的,认为相对不受规制的市场具有满足人类最低限度福祉的能力。"Planned Parenthood v. Casey, 60 U.S.L.W. 4795, 4803 (1992)(判决意见由 O'Connor、Kennedy、Souter 大法官撰写)斯卡利亚法官在反对意见中详尽阐述了自己的主张,他认为洛克纳时代的问题完全在于过于积极地使用正当程序条款。而这个观点遭到了判决中多数法官的拒弃。

[41] 2 ublic Papers and Addresses of Franklin D. Roosevelt 72. 还可见 Rex Tugwell, The Struggle for Democracy (1935),几乎在该书的每页都强调了试验的作用。

利予以了明确认可,这被称作"第二权利法案"[42]。

一般而言,我们可以将新政理解为对原初审议民主约定的发扬与深化。我们已经看到在早期美国历史上,随着一个崭新的却是革命性的坚持认为"文化"的确是"人造的"主张,此前认为科层制度是天然具有的观念受到了围攻。[43] 对于美国独立战争时期而言,君主制遗产所伴随的问题在于,无法在理性的基础上,来说明接受这些实践及所带来的不公正的正当性。在美国独立战争和建国阶段,美国的共和主义很大程度上都是在求证这个问题。

无论怎样的制度,只要将现状视为未经分析的存在,就会给审议民主的承诺造成严重的损害。新政者坚持主张任何对既存配置的尊重,都必须有赖于能提出来的原因。因此,经由民主机构的审议过程,就包括了对既定的法律规则是否适合于自由、福利或民主本身的判断。这样,新政时期所提出的其实是美国历史上一个历久弥新的主题。

这样的理解还会带来许多变化。特别的,作为美国公法制度的三个基石,联邦主义、司法审查以及分权制衡,都戏剧化地被修正。联邦主义体系似乎是民主的重要保障,它促进了地方政府的自治;还通过让受压迫公民的自由迁徙,对暴虐的法律提供了有益的制约。但对于新政的改革者而言,地方政府似乎根本并非是民主自决的舞台,在更多时候它们容易受到强有力的私人团体的侵袭,成了必要社会变迁的绊脚石。

也许更为糟糕的在于,公民可以自由迁徙的事实,并非成为对自由的保障,而成为必要社会规划所难以逾越的障碍。一个提供了充分福利或就业规划的州,很快将发现该州人口中穷人的比例变得更大,富人的比例变得更小。如果这些计划将要付诸实施,那么一定会认为政府在其中扮演驱动角色,也就不足为奇了。

---

[42] Franklin D. Roosevelt, "Message to the Congress on the State of the Union." Jan. 11, 1944, in 13 *Public Papers and Addresses of Franklin D. Roosevelt* 41 (1969).

[43] 见 Gordon Wood, *The Radicalism of the American Revolution* 272 (1991).

对司法的笃信似乎也是不能接受的。法院的宿命是反民主的,它对社会变革无动于衷。而且法院缺少协调、分散化的结构,使得它们不适于担当起必要的创设之责。它们甚至都无法自行发动诉讼程序。对于那些法院根本算不上专家的事项,它们也不会有太多助益。作为结果,新政时期见证了一个大规模的从法院撤离开来的社会秩序体系。

最后,传统意义上理解的监督和制衡体系,似乎成了新的社会项目的障碍。现在政府内的协调,而非公共机构之间的竞争,已经变得必不可少。这三个分支都不具有相关的专业技能。在一个政府的不同分支相互拮抗对立的体制里,很难作出积极进取的政府创议。这些批评的结果,就使得总统权力有了极大的扩张,以及新的"独立"管制委员会的发展。所有这些创新,都是对因现状而中立加以批判的结果。[44]

洛克纳案错在哪里?

可以从三个不同的但是紧密关联的方面来理解洛克纳时代的缺失。从最狭义的形式上看,问题在于在普通法的标准下,决定将市场秩序作为决断宪法案件的基线。更为宽泛的,在洛克纳案中,法院将对处于劣势地位的群体的考量,视为是不被容许的党派私见;这不具有充分的公共性或普遍性,也根本算不上中立。

还要更加宽泛的,法院将一个法律上建构的并没有有力主张说明其正义性的体制,视为是中立且不可侵犯的。当 A 乍看上去就没有权利时,不能将把资源从 A 转移到 B 之手的决定视为征用。整个"征用"观念要以对所讨论的财产权观念的笃信为基础。一旦普通法本身被用于权利和财富的配置,而配置似乎充满争议时,不

---

[44] 在此我不对新政的制度加以评判。但是我相信,在某些重要的方面,这些新的安排已经失败。见 Cass Sunstein, "Democratizing America through Law," 20 *uffolk L. Rev.* 221（1992）; Cass Sunstein, "Constitutionalism after the New Deal," 101 *Harv. L. Rev.* 421（1987）; Cass Sunstein, *After the Rights Revolution*（1990）。

能因此就说一个创设新配置模式的决定就是不能被容许的。

这些对洛克纳时代的理解,将司法能动主义只是看做画卷的一部分。这个核心问题非常普遍化地影响着新政前的宪政主义。它同中立及不作为的概念,以及适宜基线的选择都有关系。

穆勒案、自然和性别

在1908年的穆勒诉俄勒冈案(Muller v. Oregon)[45]判决中,法院支持了一部限制妇女工作时间上限的法律。对该法的质疑,在于认为它干预了契约自由,这个质疑援引洛克纳判决以获得说服力。尽管有这么个先例,法院还是认可了这部法律。

根据法院的判决,该法的正当化理由在于"性别差异"。这些差异包括"妇女的生理结构和母亲职责的履行"。法院强调,经验性的资料表明,由于"(a)妇女的生理结构、(b)她作为母亲的职责、(c)对儿童的抚养和教育、(d)对家庭的维护",因此有必要减少妇女的日工作时间。因此法律上的相关差异因素不仅包括生理上的,也包括妇女所担负的一系列特有社会角色。对法院而言,"差别构成了立法上差异的正当化事由";对法院而言,在男人和女人之间存在着"固有的差异"。[46]

对现代的观察者而言,穆勒案有几处引人瞩目之处。首先在于法院假定男女之间有着如此巨大的实在差异,巨大到足以证明一部专以妇女为对象立法的正当性的地步,这也为路易斯·布兰代斯在该案中那精巧的却充满日常轶事的辩护词所支持。也许这些差别并不足以支持法律中的差别,这事实上是当代宪法学给出

---

[45] 208 U.S. 412 (1908).

[46] 208 U.S. at 412, 420 n.1, 422—423. Wood, *The Radicalism of the American Revolution* 27.

一般的可见 Carol Horton, "Constitutional Equality and Racial Difference: The Political Construction of African American Citizenship, 1870—1900" (1992年美国政治科学年会上提交的论文)。

的普遍答案。最高法院认为穆勒案判决支持的这类举措,所反映出来的是过于宽泛刻板的性别成规,在平等保护条款下这是不能接受的。[47]

但穆勒案中的问题比这还要深入得多,而且这些问题都同因现状而中立有关。法院将男女之间的差别视为是"固有的",而事实上有些差别是由社会习俗所创设的,实际上是法律体系本身的创造物。当然在性别之间存在着生理差别。但如我们将看到的,在对儿童的培养和教育、或者"母亲的职责"、或者对家庭的维护等方面,法院将一系列本由社会所产生,部分也是法律的产物的任务,归因为"自然的"。实际上,对穆勒案中的问题而言,这些任务部分是法律的产物。这样的法律将有助于把女性逐出劳动力市场,因为这将使雇主支付更多的成本或者获得更少的利润来雇用女性雇员。这当然会有助于男女之间社会角色的鲜明差异。这将使得女性忙于家庭内务,却鼓励男性远离这些场合。

因此,穆勒案中的问题在于,法院将作为社会和法律产物的差别,视为是固有的。也许更为严重的一个问题在于,法院将性别差异作为那些将女性陷入不利地位的立法的充分正当化理由。想想法院的主张:"差异构成了立法差异的正当化理由。"但即便男女之间是有差异的,将任何差异转变为劣势地位的决定,比如帮助迫使女性离开劳动力市场的举措,都是一个法律的因此也是社会的决定。必须要为这个决定寻找正当化根据。只是存在差别的事实,不足以构成将她们处于劣势地位的正当化根据,甚或都不能构成充分的解释。

在人们之间存在许多差别,包括身高、视力、气力、荷尔蒙、性别,而这些差别很大程度上都要通过社会的和法律的决定才能起作用。这些决定将差别转化为优势地位和劣势地位。有时只是由于社会和法律的决定,性别差异才具有了重要意义;实际上,有时甚至只是因为有了这些决定,性别差异才受到注意。将差别转化

---

[47] 见本书第三章。

为劣势地位需要理由,但这不能只是一个孤立的理由。[48] 一部规定蓝眼睛的人的最低工资的法律,恐怕不能因为说这些人是"有差别的",而获得正当性。

在穆勒案中,法院以差别为基础来说明不平等的正当性。好似先有这些差别,然后才有不平等。事实上有时却确然相反,实际上是因不平等才创设出来许多相关的差别:包括男女之间社会角色的差异,男性更专注于公共领域,女性更多地则着重于私人领域。是不平等让这些差异与社会和法律产生了某些关联。

无论是社会起作用之前还是之后,我都不主张男女之间就不存在差异。他们之间一定存在着重要的生理差别。这些差别对社会究竟有着怎么样的意蕴,这个问题很可能并非处于我们这个位置的任何人所能回答的。我也没有表明男女之间所有的社会或法律的差别,都是不被容许的。但现在应该清楚的是,即便的确存在这些差别,也不构成法律将男女不平等对待的正当化根据。

于是,穆勒案中的问题在于这样的结论:认为既存的女性和男性的社会角色差别是自然的和公正的,而趋向于创设这些"差别"乃至让其不朽的法律,可以通过求诸此以获得正当化根据。在此因现状而中立发挥了至为重要的作用。

因现状而中立和新政前的宪政主义

在普莱西案、洛克纳案和穆勒案之间,存在着非常相近之处。尤为明显的,普莱西案的推理和穆勒案有着很大程度上的交迭之处。在两个案例中,法院将性别和种族差别分别都视为是自然的、前政治性的,而事实上在一些很重要的方面,这些领域的差别是法律的创设物。在两个案例中,受质疑的法律分别是以种族为基础的种族隔离法律,和以性别为基础的在公私领域的分野,而法院认为这两部法律并没有帮助创设社会实践,只是对社会实践有所促

---

[48] 见 Catharine MacKinnon, *Feminism Unmodified* ch.2 (1987)。

动而已。在两个案例中,法院都将"差别"作为法律上区别对待的正当化根据。法院将这些差别作为区别对待的合适理由,而不是说这些差别是从以既存的区别对待的体制中浮现出来的。

种族隔离制度在普莱西案中所处的分析地位,就与穆勒案中男女不同的社会地位相类似。两者都用于作为支持法院决定的正当化根据,都被视为是前法律的"既定的",或者都被作为遭怀疑实践的缘起,而有时它们更像这些实践所带来的结果。(一个开始求诸传统智慧找到答案的晚近例证,在于饥饿和贫穷,甚或饥荒本身,很大程度上都是包括法律在内的社会实践的产物,而非仅仅是食物的稀缺。[49])

如果说在普莱西案和穆勒案中这些判决要点是错误的,应该不会有什么争议。显然种族隔离制度是法律的创设,今天很少会有人主张女性在"教育孩子"方面的责任是自然的。法院认为种族隔离制度是自愿的或私人间交互作用的结果的主张,堪称是奇异的刺耳之音。而认为女性就应该自然地待在家里的观念,也同样如此难以理喻。然而,如我们将看到的,在今天的宪法中这类理解也依然在很大程度上发挥着作用。

然而,现在让我们回归到洛克纳案和阿德金斯案的判决意见。在此法院否决了最高工时和最低工资立法,认为这多少无异于赤裸裸的财富转移——为了某些其他人的利益来征用某些人的财产。这个框架基础在于,确信市场秩序代表了一个中立的、前政治的以及公正的自愿相互作用的体制。因此在阿德金斯案中,法院认为最低工资立法干预了劳动的实际"价值"。然而,如果认为市场秩序中弥漫着法律,或者实际上它就是法律的创设物,这样的理解就很难成立了。

当然市场秩序恰恰就是这样创设出来的。契约法、财产法和侵权法设定了劳工和雇主相互签订协定的规则。它们配置权利和资格。固然,工资和工作时间是由交易所确定的,但要受到法律已

---

[49] 见 Dreze & Sen, *Hunger and Public Action*; Sen, *Poverty and Famines*。

经创设的权利资格的约束。劳动的"价值"是但并非完全是自愿相互作用的结果,也在于用法律规则来告诉某些人而非其他人,告诉他们能拥有什么,能有什么特定的权利。

如果确然如此的话,不仅在普莱西和穆勒案之间,而且在普莱西、穆勒和洛克纳案之间都建立起了多重关联。正如在普莱西案中法院将种族隔离的现状视为是前法律的,是自愿协定的产物;正如在穆勒案中法院也是同样来对待男女之间工作的配置;正如在洛克纳案中法院将劳工市场视为一个自由选择的私人相互作用的领域。对洛克纳案中的法院而言,劳工的"价值"就恰恰同穆勒案中的性别"差异",以及普莱西案中的种族"差异"和隔离居于相同的位置。然而,应合理地将市场的"价值"理解为法律安排的人工创设物,它本身并非为其给出正当化根据或说明;因此种族和性别差异也是人工的创设,在这些案件中,这些差异是种族隔离制度和劳工性别歧视拙劣的借口,而非有力的正当化根据。

对当代的观察者而言,穆勒案可能是一个比普莱西案更为复杂的案例。在男女之间工作的分配,是否是而且在多大程度上是法律的产物,而非自愿的选择,这至少是一个有争议的问题。实际上,今天关于性别平等问题的最重要进路,有赖于认为男女的社会角色应是自由选择,而非强制产物的观念。从这个意义上说,穆勒案中法院的论断在今天将会成为引起许多论争的对象。

从这一点上看,洛克纳案和阿德金斯案就更为复杂。法律是否可以并且如何去架构市场,而非单单是提供一个自愿相互作用的背景,某种意义上至少直到今天还没能就此形成共识。但就法律的作用而言,三个案例都是一致的。饶有兴趣的是洛克纳/阿德金斯案率先假定劳工市场现状的前政治性质,并且首次作为法律问题遭到拒弃。即便是对性别和种族差异的自然属性最初步的质疑,也都要等到许多年之后了。

传统见解认为,洛克纳时代的缺失在于,法院愿意去干预民主。对于那些——包括许多当代的观察者在内——认为普莱西案和穆勒案是错判的人而言,这样的观点无疑会引起一些困惑。如果假定要让法院来废除种族隔离法律或者以性别为基础的歧视法律,那么就不得不推定法院要在美国政府中发挥着巨大的作用,这样它会让民主的结果失效。对于确信洛克纳判决是一个被扭曲的判决的人们来说,通常会认为普莱西和穆勒案是错判的事实至少给他们提出了一个问题,因为这代表了司法对政治的介入。

这三个案例,如果说都不怎么传统的话,但它们都蕴涵了关于"政府"给自由和平等所带来风险的教训。这样看来,普莱西案和穆勒案的确是错误的,而实际上却对洛克纳案有利。这三个案例的共同问题在于政府限制自愿选择的角色,缺乏正当化根据。解决办法在于否定任何形式的政府对市场安排的介入,无论这介入是以种族隔离立法还是以最高工时立法的形式出现。

但如果我们更为缜密地去检视历史,如果我们去探究支撑起洛克纳案及摒弃它的判决背后的理解,可能就会浮现出完全不同的观点。第三点主张既不是强调自由市场,也并非反对"政府",而是完全不同:在洛克纳案中,是使用现状作为判定党派私见和中立与否,或者判定政府作为与不作为的基线。

新政时期否定了这样的主张,从而强化了原初对审议民主的宪政承诺。它认为现状同其他东西一样,都应以审议和民主为依归。如果以这种方式去理解洛克纳案的缺失,我们也同样可以将普莱西案和穆勒案联系起来。在这三个案例中,最高法院将事实上由法律创设的制度,视为自然的和前政治的。从公平的角度看,这是极富争议,或者说是站不住脚的。

第三章
当代法中的因现状而中立

现代宪法很大程度上是以因现状而中立为基础,而这实际上是以新政前时期的理解为基础。所有权利并非完全被视为是由法律创设的;它们似乎是自然的一部分。已有的配置往往要在作为和不作为之间,或者在派系偏见和中立之间加以区别。已经证明如同20世纪初期一样,现在这些区别依然在最高法院的宪法解释中发挥着至为重要的作用。

我在本章中的目的是要说明宪法是有赖于因现状而中立。在此我不会对这些判决加以评判;其中的许多案例将在后面的章节详加讨论。然而重要的在于理解,某一实践或配置并非是自然的事实,并不能构成反对它的理由。种族平等、私人财产权或是契约自由制度的存在,很大程度上要倚重法律的作用;但这并不意味着这样的制度就是一个坏主张。因此,同样也不能因为某项实践是自然的或前政治的,就去认可它。对许多人而言,听力弱是自然的,但这不构成拒绝用助听器的理由;事实上对他人身体的侵害也很可能是自然的,但这不能构成摒弃刑法的理由。

约翰·斯图亚特·密尔在很久以前为自然的力量作了如下的辩解:

> 如果人工的东西不如自然的好,那么生活的各种目的又是什么呢?采掘、耕作、建房、穿衣,都直接违反了要遵从自然这样的教令……所有对文明、艺术或发明的赞美,都是对自然的责难,对其不完全性的承认;人类的天职和光荣,在于总是要致力于对它的修正和减缓……一个审慎的真实,在于几乎

所有人们向他人犯下的杀头之罪或监禁之罪,都在自然界日复一日的运作之列……依然真实的在于,人性中几乎所有值得尊重的品性,都并非本能的结果,而是本能的胜利;除了能力之外,在自然界中几乎没有什么有价值的东西。在这样一个充满了各种可能性的世界里,所有的一切都端赖于有待实现的非凡的人为规训……无论对于人自身的天性,还是对于所有其他万物的本性来说,人的任务都是相同的,即改进它而不是顺从它……对自然界的遵从,与任何正误之分并没有什么关联……无论为语词赋予什么附加的确切含义,这样的事物依然是不合自然规律的,但这并不是说它就应受到责难。[1]

自然,并非是一个认可或否定任何社会秩序体系好的理由。某一实践有赖于由人类设计的政治结构的事实,并不能构成反对该实践的论据。另一方面,对自然性的理解,有时使得制度变迁的发生更为不易。如果法律试图是在改变自然,可能最终会被证明是劳而无功或适得其反的。无论如何,已经努力揭示出来,政府在实践中的存在常常是前政治性的,这有助于驱除那些必须将这些实践作为决定基线的笃信。然而要替代这条基线,我们所作的是要去进行更多论述,而非去探究自然。

---

[1] 见 J. S. Mill, "Nature," in 10 *The Collected Works of John Stuart Mill* 373 (J. M. Robson ed. 1967)。还可见 Jean Dreze & Amartya Sen, *Hunger and Public Action* 46—47 (1989)中关于"自然"在饥荒产生中作用的评述:"就算饥荒的动因在于洪水或旱灾等自然事件,但它对人们所产生的影响,还是要看社会是如何组织起来的。例如,一个拥有发达灌溉系统的国家,受旱灾影响的程度,就比没有这个系统的国家要小得多……进而,旱灾、洪水以及其他等等的事件,都并非独立于社会和经济政策之外的。许多沙漠都是因人们不计后果的行为产生的。而因为社会又能对自然环境起作用,因此又从根本上模糊了自然同社会之间的因果关系……当然,去责难自然,可以带来慰藉和安怀。对于那些执掌权力和责任的人来说,这非常有用。然而典型的,他们将为这怡然自得的不作为,付出极其高昂的代价——而这是由他人常常以自己的性命来埋单。"

消极和积极权利:福利及其他

在最近二十年间,围绕最高法院是否应该认可获得政府扶助的"积极权利",存在着相当的争论。[2] 根据传统的智识,宪法是保障免受政府干预的消极权利的宪章,而积极权利或者说肯定性的权利(affirmative rights)是作为例外存在,或是不存在的。政府不能侵越私人权利,但如果政府只是不作为,则没有请求其作为的权利。[3]

这个重要的结论已经帮助法院来拒绝许多关乎公共服务的请求,范围从最基本的生存到教育,到警察为家庭暴力提供的保护。最重要的一个例子是 Harris v. McRae 案[4],原告指出政府未能为贫穷妇女流产提供医疗上必须的资金。最高法院判决,尽管政府不可以对选择是否流产的决定设定壁垒,但它没有义务去驱除"并非自己创设的"壁垒。这样的观念在于贫穷就是在"那儿"(there)的;它并非政府行为的产物。

然而,说宪法不保障"积极权利",还是有点奇怪。征用条款通过侵害(trespass)法律,保护私人财产权不会被全部或部分的撤销。当一州排除了侵害法的适用时,它撤走了对财产权利的"积极的"保护;但并非因为这样的理由,该行为就是能为宪法上所接受的。私人财产权利是有赖于政府才能存在的,从此意义上说,它全然是积极的(这一点上,东欧人民学的真是太好了)。离开了法律,就不会有侵害法上的保护,从这个意义上,也就没有了如我们所理解的私人财产权。

---

[2] 例如可见 David Currie, "Positive and Negative Constitutional Rights," 53 *U. Chi. L. Rev.* 864 (1986); Frank Michelman, "Welfare Rights in a Constitutional Democracy," 1979 *Wash. U. L. Q.* 659; Ralph Winter, "Poverty, Economic Equality and the Equal Protection Clause," 1972 *Sup. Ct. Rev.* 41。

[3] 例如可见 Deshaney v. Winnebago County, 109 S. Ct. 998 (1989)。

[4] 448 U.S. 297 (1980)。

也可将对私人契约的保护理解为一项积极的权利。契约条款无异于让政府执行契约协定的权利。如果政府拒绝执行这样一个契约,没能提供保护,就违反了契约条款。因此,原初对契约和财产权的宪法保护,创设了针对政府有力的积极权利——而且很明确的,在制宪时期对这些条款就是这么理解的。[5]

无论在哪里,将宪法理解为是对"消极"权利保障的主张,是误导的。宪法保护某些权利,而不保护其他的权利。已经证明,要将权利视为是"消极"或是"积极"的,要以对基线的推定为基础——即要看政府自然的或者可欲的功能是什么。我们可以推测政府对私人财产和契约的保护常常似乎是"消极"保障,因为这实际上是如此寻常,它正是建立于这样的财产和契约概念之上。对财产和契约的保护很大程度上是既存配置的重要组成部分,政府几乎从不去干预这些配置。

相反,福利的规定,或是政府保护个人免受种族歧视的规定,被认为牵扯了"积极"权利,因为这些权利构成了对既存配置及普通法原则的干预。因此,它们似乎涉及政府对一个否则就是界限分明的自发私人领域的侵越。因现状而中立以及新政前的基线,恰恰能用来说明当代宪法中对"积极"权利的思考。但已经证明在"消极"和"积极"之间所划的界限,并没有太多助益。

与此要点紧密相关的一个暗示在于,宪法上积极权利的主张,常常会遭到法院的否定,法院认为这同我们的法律传统完全不一致,因为传统中只是包含了免于政府干预的"消极自由",而非请求政府扶助的权利。让我们来设想,尽管我刚刚说了这些,但我们的制度仍只是关注消极自由。那么这是否意味着我们应该拒绝那些诸如想在广播电视频道上发表自己政治见解的人,或者是那些无

---

[5] 因此"为政府所保护"(protection by government)是社会契约的一部分。对此论点的经典评述,可见于 Marbury v. Madison, 5 U. S. 137 (1903)。援引了诸多引证,对历史上学说的详尽讨论,可见于 Steven Heyman, "The First Duty of Government: Protection, Liberty and the Fourteenth Amendment," 41 *Duke. L. J.* 507 (1991)。

家可归者的宪法诉求呢？

事实上并非如此。那些主张应有接近频道权利的人们，实际上所主张的也并非是"积极"自由。他们是在主张，不应援引民法和刑法来规制他们本可随心所欲的行为，认为这样做侵犯了他们的消极自由，因此也违反了第一修正案。他们并非要寻求政府的扶助，而是在埋怨政府通过财产法的手段，来干预最为基本的消极自由。

类似的可以认为，无家可归的人们，所控诉的并不仅仅是政府未能给他们提供庇护，还包括民法和刑法的涵盖范围阻止了他们获得否则就可得到的庇护。[6] 当这些无家可归的人们想使用公共或私人住宅以获得庇护时，政府的限制当然会起作用。这样，法律上的限制影响了，实际上也是建构起了无家可归者的地位。在此根本无需主张积极自由。

因此在现行法律下，关于积极和消极权利的界限，要求诸既存的配置。其中至关重要的因素就是财产法，它当然是这些配置的组成部分，但是却常常不当地根本不被看做法律。

政府行为

所谓的政府行为学说（state action doctrine）构成了美国宪政主义的基石。这个学说是基于如下理解的产物，即宪法所针对的是政府而非私人个人的行为。该学说本身并没有多少争议。除了极少数的例外情况，宪法文本都清楚无误地揭示，它的要求只适用于州或联邦政府。私人个人和组织被允许自由行事，他们无需对宪法加以关切。

政府行为原则有着极其重要的实践意义。例如，它使得私人

---

[6] 有益的讨论，可见于 Jeremy Waldron, "Homelessness and Freedom," *UCLA L. Rev.* (1991)。类似的论点，见于 Amartya Sen, "Ingredients of Famine Analysis", in *Resources, Values, and Development* 452, 458 (1984)。

企业免受宪法上关于禁止种族歧视和剥夺言论与宗教自由的限制。就宪法所及的范围内，私人机构可以为差别待遇，或者解雇民主党人，或者只雇用基督徒。

但我们如何决断政府是否在"行为"(acting)呢？从理论上，法律上的检验标准可以有赖于，去看在所争议的行为中，是否有政府雇员涉入其间。但这将太过宽泛，政府官员每天都要执行契约，保护财产权利；而他们愿意这样做，也构成了每日和私人相互作用的重要背景。这能否意味着宪法就禁止某人不许信仰她所蔑视宗教的人进入其住宅，禁止她只同共和党人缔结契约或约会呢？当然不是。如果单凭有政府官员介入(involvement)的背景，就足以构成"政府行为"的话，那么整个类别将变得惊人的庞杂。政府官员实际上或可能的对私人契约、侵权法和财产法执行的介入，并不意味着要将所有的私人协定都置于宪法约束之下。

事实上法院并没有通过去追问政府官员是否介入到所争议问题之中，来处理涉及政府行为的案件——尽管有时他们说自己是这么做的。相反，我认为，他们是依赖一条确立政府正常的、自然的或可欲的功能的特定基线来处理这些案件。这些政府功能一般不被认为是政府行为；而其他功能则被认为是政府行为。提出了这样的理论，并将它作为探究的基础，法院并不仅仅是在探寻什么是政府行为，而是要依赖于既存的配置，在此基础上，并不把正常的政府功能视为干预(interfere)。甚至对正常政府功能的界定，也要求诸既存的配置。因此因现状而中立也在案件中发挥着至为重要的作用。这个学说不仅仅是关乎"行为"，相反它更有赖于中立的概念。[7]

抽象地看，这可能是令人困惑的。但如接下来对案件的俯瞰所揭示的，政府对侵害法律的废止或者拒绝执行契约，被视为政府

---

[7] 这里，我从以下著述中受益良多，见 Laurence Tribe, *American Constitutional Law*, ch. 15 (1st ed. 1978); Laurence Tribe, *Constitutional Choices* (1985); Paul Brest, "State Action and Liberal Theory," 130 *U. Pa. L. Rev.* (1982).

行为——然而对反歧视法的废止以及对契约的执行,则可能不会被视为政府行为,对于这些事实无须更多的解释。这些古怪的结果模式显然同政府行为无关,而且同因现状而中立只是有着些微的关联。

让我们来看 Prune Yard Shopping Center v. Robins 案[8],该案涉及的是一个加利福尼亚州法院的判决,该判决延伸了州宪法下的言论自由权利,允许人们站在私家经营的购物中心门口进行示威抗议。在联邦最高法院的审判中,购物中心的所有人主张,联邦宪法中的征用条款构成了阻止州剥夺他们财产权利的屏障。但最高法院判决认为,州法院判决并没有违反联邦宪法。州法院无疑将侵害法律的部分废除,是否构成足以接受宪法上严格审查的"政府行为"的问题,完全搁置于一旁。实际上对该判决意见的合理解读是,大规模地去废止侵害法律实际上无异于违宪的征用。

对此结论不应有什么争议。财产权是由州法律界定的,财产权征用的核心意义之一,就在于侵害法律适用的排除。如果我们说某人的财产权不再受侵害法的保护,我们是在说,财产权就不再真正是他自己的了。

或者去考虑这样的事实,反歧视法的执行无疑是政府行为(当然从法律意义上看它也是合法的),然而通常情况下,不认为侵害法的执行,或者由法院所发动的契约的执行是政府行为[9]。当私人财产权的所有者否认对其财产的公共利用时,不会引起什么宪法问题。如法院在休金斯诉国家劳资关系委员会案(Hudgens v. NLRB)判决中所指出的[10],土地所有者可以援引州的侵害法律,来拒绝集会示威的人在私人建筑物前聚会并发布讯息。另外一个

---

[8] 447 U.S. 74 (1980).

[9] 对将侵害法的废除视为是政府行为的主张,可见于 447 U.S. 74,82—85 (1980);关于反歧视法,可见于 Reitman v. Mulkey, 387 U.S. 369,374—377 (1967)(暗示"单单"废止不构成一个政府行为)。

[10] 424 U.S. 507,512—521 (1976).

可资比较的有趣判决是,在谢利诉克莱默案中[11],法院判决一个带有种族限制色彩的,禁止人们将房产出售给黑人的协定无效。如在本书第二章中指出的,法院判决司法对此协定的实施,实际上是政府行为,同样也是违宪的。但这个判决是颇具争议的,似乎较为清楚的是,司法对契约的执行,通常不足以扣动宪法的扳机。迄今为止的案件表明,通常不把侵害法和契约的执行视为政府行为;但是对侵害法的废止,却明白无疑地构成政府行为。

现在让我们转到对私人间种族歧视的处理。通常达成的共识认为,如果州未能为私人间的种族歧视提供保护,或者州废止了提供这样保护的法律,都不会引起什么宪法问题。这样的理解在雷特曼诉马尔基案(Reitman v. Mulkey)[12]中得到了最为清楚的体现,作为引起最多无尽纷争的当代政府行为判例,雷特曼案中所争论的问题在于,加利福尼亚州宪法修正案中,禁止州颁布任何法律来干预财产权所有者同自己所选择的人进行财产交易的私人权利的规定。法院以5比4的微弱多数,否决了这个修正案,原因在于认为该法的目的和结果都是在鼓励私人间的种族歧视。但法院也在谨慎地强调该修正案有着完全不同的立足点,它并非"仅仅"是为私人间种族歧视所提供保护的废除或失败。这样的废除或失败,根本就算不上是政府行为。

就宪法上的目的而言,Prune Yard案看上去是一个简单的案例,未能提供针对侵害法的保护的行为,显然是政府行为。但雷特曼案则要困难得多,未能提供抵御种族歧视的保护,并非显然就是政府行为。

如何对此加以说明呢?为什么在Prune Yard案中,侵害法的废止就构成一个政府行为,而同样一部法律,在休金斯案中就作不同的理解呢?我们已经看到了一个非常古怪离奇的结果:侵害法律和协定的执行,并非政府行为;而反歧视法的执行,则是政府行

---

[11] Shelley v. Kramer, 334 U.S.1 (1948).
[12] 387 U.S. 369 (1967).

为;对侵害法的废止以及拒绝政府契约,构成政府行为;而未能制定反歧视法,或者废止这样的法律,则并非政府行为。但是在这些案例中,哪些真正涉及"作为",哪些涉及"不作为"呢?乍看上去,相较于侵害法律的废止或拒绝履行而言,对侵害法的征引要引人瞩目得多,它更可能被视为是"作为"。

在这些确证了政府行为的案例中,法院的推理并非是在探究政府是否"作为",相反,而是去检视它是否偏离了相关的宪法规定下,被认为是正常的和可欲的那些功能。这样的检视受到了来自普通法的强有力影响。普通法界定了法律上相关的基线,对普通法上承认的利益的保护,并非政府行为;然而对其他利益的保护,则被看做是政府行为。正是由于这个原因,为普通法上所熟稔的侵害法的废止而非实施,才构成政府行为。同样也是因为这个原因,才将反歧视法的执行而非废止或"只是未能"颁布,看做是政府行为。反歧视法并不曾为普通法所熟知,因此它似乎更像是政府对现状的"干预"。

现在我们可以对案件中似乎令人颇感困惑的模式予以说明。可以通过选择普通法的似乎是中立的和自然的,在新政前即出现的政府"不作为"基线,来解决此问题。此结果不仅仅是归因于政府行为的要求,而且还要求诸一个对(宪法上有些棘手的)作为和派系私见,以及作为必然结果(在宪法上无可辩驳)的不作为和中立予以界定的实体理论。政府对侵害法和契约安排的执行,被认为只是对既存配置的认可。财产和契约权利的法律执行,是建立在既存配置基础上的,并非对这些配置的干预。相反,作为反歧视法的首要目的之一,又会被认为是对既存配置的破坏,这无异于政府对一个否则将界定完好,不受规制的自发私域的"干预"。

是这些观念而非政府行为的要求,说明了上述案件的结果。当然这些观念中也可能存在着误解,侵害法同反歧视法一样都是政府的侵扰。我并非主张要放弃政府行为的要求;实际上,我说了它是几近完美的。我甚至未曾主张,要将侵害法和反歧视法的废止或不予实施同样对待。所有这些都有赖于占支配地位的宪法原则,它很可能是对侵害法而非反歧视法提出了要求。很可能宪法要求政府要为针对私人的财产侵害而非种族歧视提供保护。当然这涉及对其中是非曲直的评判,并非是一个政府行为问题。

只是因为新政前假定的存续以及因现状而中立,才使得在 Prune Yard 案中可以无可争议地去使用政府行为学说,而在雷特曼案中则困难的多。在 Prune Yard 案中,存在着对普通法基线的偏移;而在政府未能针对种族歧视或者侵害法的执行提供相应保护的案件中,不存在这样的偏移。在当代的政府行为学说中,如同新政前的基线一样,既存配置和普通法提供了度量政府干预的基准。就连政府是否要在法律体系中发挥有形的作用,都要取决于对此问题的回答。

种族歧视

种族歧视法律,主要是受因现状而中立的影响,实际上也是为新政前的预设所左右。这里的主要争议,都是对新政时那些争论的重访。然而,两者间的类似之处,不仅在于普通法的使用,还在于以现状为基础的作为与不作为观念。

在此我将对当下三个反映了这些要点的歧视法领域加以探讨。但是更早些的时代里,在最高法院对布朗诉教育委员会案的判决讨论中[13],在那些宪法学者最为有名的使用"中立"这个词进行的论述中,也可以发现类似的问题。在《走向宪法上的中立原则》一文中,赫伯特·韦切斯勒(Herbert Wechsler)批评了布朗案的判决意见,认为法院未能为该结果提供一个"中立"的正当化根据。[14] 在韦切斯勒看来,判决带来了两种附随偏好之间的冲突:即黑人要和白人同校上学的欲求,和白人不愿与黑人同校上学的欲求之间的冲突。就韦切斯勒所关切的部分而言,法院没能提出

---

[13] 347 U. S. 483 (1954).
[14] 23 *Harv. L. Rev.* 1 (1959).

中立的原则，从而为它在这两类偏好间的选择提供正当化根据。对韦切斯勒而言，没有什么能表明布朗案的判决是中立的。法院不能只是偏爱黑人。

这样的批评是以因现况而中立为基础的。在韦切斯勒看来，法院应该认为在黑人和白人之间的机会和资源的配置，就是在"那儿"(there)的；中立就在于它被视为不作为。当法院更愿意"支持"(takes sides)处于劣势地位一方时，中立就受到了威胁。某些布朗案的批评者认为，与洛克纳案中的最低工资立法类似，而且理由也类似，对种族隔离教育的攻击，看上去似乎只是不被容许的派系私见。

进而，在这两个案例中，正确的应答都源自新政时期。既存的配置并非是自然的，也并没能提供出一个中立的基线；它部分源自政府决定，对于奴隶制和种族隔离制度而言，尤其如此；不应将改变处于劣势地位群体命运的努力，视为是不被容许的党派私见。这样的努力甚或可能是为宪法所驱策，特别是在根据平等保护条款来向对黑人的种族歧视政策提出挑战时，尤其如此。

实际上，韦切斯勒关于对白人和黑人间优劣的偏好应"同样"对待的主张，似乎还有着另外一层超然世外(otherworldly)的品性。这些偏好有着完全不同的缘起和结果。认为中立就意味着要受到"平等"(equally)尊重的主张，是对历史语境和本非平等的背景的忽略，换言之，种族压迫(racial subordination)体制反映并帮助创设了这样的欲求，且令其长存。

因此，韦切斯勒的中立原则是建立于特定的可以度量党派私见的基线观念之上的，这条基线就是种族的现状。因此从更宏大的范围看，这篇论文更多似乎是韦切斯勒尖锐主张的实在体现——饶有意味的是，许多论述已经脱离了他对布朗案的批评——文章谈论到著名的黑人律师查利斯·休斯敦被拒于哥伦比亚特区餐馆门外的事件，认为休斯敦的"痛苦不会比韦切斯勒本人更多"。

当然，在一定程度上，韦切斯勒更多的是对制度而非实体内容提出异议。就如洛克纳时代法院要求立法机关的那样，他要求法院需要为这类中立原则给出正当化根据。按照他的理解，这类中立原则就与洛克纳时代法院对警察权的理解相类似。而其间存在的区别，也不会转移人们对同一普遍基础的注意力。在两类情况下，"偏袒"倾向于处于劣势地位的一方，似乎是不被容许的党派私见。

在现代的种族歧视法律中，也可以找到类似的观念。

纠正歧视行动

现在很清楚的是，无论是有利于少数种族群体的"纠正歧视行动"，还是针对他们的歧视行为，法院都几乎抱有同样的怀疑态度。[15] 特定纠正歧视行动方案的有效性，要有赖于诸多因素：包括做出决定机构的性质；方案的柔性与刚性；对多数成员所造成伤害的性质；而最重要的，也许是对实施纠正歧视行动的机构过去曾为差别待遇"认定"的存在。

最后这个因素引起了法官最为激烈尖锐的争议。争议的核心在于，如果有的话，那么何时过去的"社会歧视"可以构成纠正歧视行动方案的一个充分理由；或者是否非得要不厌其烦地详述相应机构所为的歧视行为，才能构成纠正歧视行动的正当化根据。目前的迹象表明社会歧视从来不足以构成纠正歧视行动的正当化根据。

来自宪法上的许多形式的对纠正歧视行动的攻击，都有赖于这样一种理解，认为中立的或者自然的过程通常都要有赖于市场化的机制，认为这样就可以避免因种族歧视带来的扭曲。认为宪法要求政府应以与种族毫不相干的标准为基础，来配置职业及其他机会。这样看来，将对黑人的歧视同对白人的歧视相区别，就不

---

[15] City of Richmond v. Corson Co., 488 U.S. 469 (1989); Johnson v. Transportation Agency of Santa Clara County, 107 S. Ct. 1442 (1987); Wygant v. Jackson Bd. Of Educ., 476 U.S. 267 (1986); Fullilove v. Klutznick, 448 U.S. 448 (1980); Regents of the Univ. of Calif. v. Bakke, 438 U.S. 265 (1978).

再是中立的。这条进路使得这个问题要依赖于在某种程度上违反了法律的"平等"保护宪法要求的派系私见。在此,特别重要的一点在于,不应单单把一部分人凸显出来,让他们承担起本应由公众全体来担负的负担。(回想一下第二章的讨论,这个建议在新政以前的时期也同样发挥着重要作用。)

但这些论述是因现状而中立的反映。如果当下黑人的地位被认为并不单单就是在"那儿"的,而是过去和现在的社会和法律选择产物的话,容许纠正歧视行动的论述将会变得更加有力。这样将不会再将"中立"理解为要求去采取那些同种族无关的举措。如果可以预见的结果,是使得某一确定的团体依然沦为二等公民位置的话,那么只有法律才会使得这成为可能,不会再把市场的使用视为是中立的举措。许多宪法上支持和反对纠正歧视行动的论述,都可以追溯到那些此前支持和反对最低工资立法的论述。[16]

实际上,颇具嘲讽意味的,对于纠正歧视行动实践的卫护者来说,这个词是以因现状而中立为基础的。这个词暗示对种族差别的无动于衷构成了自然的常态(在此这被理解为是对市场的信赖,接下来被理解为是不作为),那么因肤色规则所带来的歧视效应就是"在那儿的",而与这些效应相对抗的某些事物应被贴上"积极"的标签。与之相对的在于,市场机制看上去是"消极的",且是"不作为"。积极和行动两个词都有赖于因现状而中立。他们认为对现状和市场秩序的尊重,已经接近了宪法分析的起点。在所面对的语境下,对纠正歧视行动的质疑,将"种族歧视"观念撕开了一个口子——认为歧视的目的和结果是同对社会等级制度的维护相联

---

[16] 这同样也是出于实用主义的论述。纠正歧视行动和最低工资立法可能会伤害那些打算去帮助人的人。我并未着力于对这些实用主义关切的讨论。这些论述构成了有力的驳论,但它们似乎更应交付政治过程而非法院去进行讨论。

系的,这赋予了种族歧视观念以意义,并令其臭名昭著。[17]

因此是新政前的假定,左右着围绕纠正歧视行动展开的争论。我不否认可以为对种族偏好的关切给出很好的理由,但是至于将色盲作为宪法上的一种归类,我们可以去看一下约翰·杜威的提示:"哪怕还是同样的语词,当它是由那些针对压迫措施进行斗争的少数人之口讲述出来时,同由那些已掌握权柄,并用这些曾作为解放武器的观念,来保持自己已获得权力和财富的人之口讲述出来时,可能有着完全不同的意味。当曾经作为引发社会变迁的观念,被用于作为阻止社会变迁的手段时,它可能会呈现出另外一副面孔。"[18]

歧视效果

在第一章里我们看到二战后最为重要的法律发展之一,就在于最高法院判决,有必要表明种族歧视意图以确证违反平等保护条款的情况。单单存在歧视效果是不够的。例如,如果对警官的看似中立的测试,却将太多比例的黑人排除在外,或者警务、防火和福利服务的调度将给黑人带来有害的影响,哪怕就算是测试与履行职务的能力没什么关联,哪怕很难在种族中立的背景下为调度给出正当化根据,也依然都不会产生平等保护的问题。法院得出这样的结论,其部分关切在于,如果单因歧视效果就可认定违反

---

[17] 威廉·詹姆斯将这个现象界定为"邪恶的抽象主义":"我们通过挑选出其间蕴藏的某些突出的或重要的特性,并加以归类,来认识某一具体情形;然后,并非在它的已有性质上迭加所有实际的后果,从而有可能产生新的理解方式;我们开始去缺性(privatively)的使用这些概念,将原初非常丰富的现象,削减到只剩下概念的名称,将它视为'只是'一个概念,好似概念在被抽象化时,其他的所有特性也随之被一笔勾销。这样一来,抽象化远非是促进思想的手段,相反成了阻碍思想发展的手段。它损毁了事物的筋骨……" William James, "The Meaning of Truth," in *Pragmatism and the Meaning of Truth* 302 (A. J. Ayer ed. 1978;初版于 1909 年).

[18] John Dewey, "The Future of Liberalism," in John Dewey, 11 *Later Works* 291 (1935).

平等保护条款,那么将有广袤范围的看似正当的政府决定,会受到来自宪法上的质疑。太多比例的黑人贫穷,缺少教养,不能很好地通过标准测试,往往是刑事犯罪者或受害人,等等。

这个理解的基础还在于,认为歧视效应就是在"那儿"的,因此中立过程的基础就在于对种族的漠不关心(这看上去似乎也被视为是不作为)。但是如果把歧视效果看做部分是政府过去歧视行为的产物,就很难再将它们视为是自然的且无可厚非的。如果将现状理解为过去的非中立状态所致的结果,歧视效应很可能就是成问题的。

法律上的/事实上的

长期以来,一直不清楚事实上的种族隔离,即未曾通过明确种族隔离立法的隔离,是否构成引起宪法关切的原因。[19] 事实上的隔离,主要是在美国北方,据说是源自黑人和白人的自愿选择。相反,法律上的种族隔离是因法律带来的种族间的分离。在纠正歧视行动个案中,对术语的界定有赖于人为预设的前提。事实上隔离的观念暗示种族隔离只是发生了,它只是在"那儿"而已。但如果种族隔离形式的存在,始终部分都是归因于种族歧视的结果,那么似乎就更有可能针对事实上的隔离提出质疑。有着充分的理由让某些类别的隔离免于宪法控制之外。但法律上的界别还是要以因现状而中立为基础。

性别歧视

在过去二十年里,最高法院否决了许多歧视妇女的法律。有时法院这样做,是因为这些法律是以不准确的刻板陈规为基础

---

[19] 见 Geoffrey Stone, L. Michael Seidman, Cass Sunstein & Mark Tushnet, *Constitutional Law* 558—559,567—575 (1986)。

的。[20] 但是当法院面对反映了实在的性别差异的举措时,案件就变得有些棘手。例如卡利菲诺诉古德法勃案(Califano v. Goldfarb),牵涉到一部允许让夫妻中的男方自动获得受领社会保障金资格,却要让女方必须证明对男方的依赖程度的法律;在克雷格诉博伦(Craig v. Boren)案中,禁止不满21岁的男孩饮用酒精饮料,却允许满18岁的女孩饮用;在密西西比女子大学诉霍根案(Mississippi Univ. for Woman v. Hogan)中,涉及一所护士学校只招收女生的行为;在Rosker v. Goldberg案中,法院支持了一部要求男性却不要求女性进行征兵登记的法律。[21] 在所有这些案件中,为受质疑法律所作的回应,哪怕多少有点粗劣,也都是求诸男女间的"实际差异"。那么在怎样的基础下法院否决了前三个举措呢?

在克雷格诉博伦案中,可以找到这样一条线索,统计数据表明男性酒后驾车而遭传唤的频率要比女性更多,法院认为统计说明"同平等保护条款下的规范哲学存在紧张关系"。在所有这些案例中,就算这些差别是"实在的",它至少也在一定程度上是社会的创设物[22]:它是包括法律制度在内的文化驱动的产物,这使得那些性别差异存续下来,或者将这些差异转化成了社会地位的优劣。

因此在古德法勃案中,并不认为男性比女性更多的靠工资为生的事实,会独立于法律体系之外。实际上古德法勃案中所涉及的法律,让男性比女性能从工作中得到更多的收益,从这个意义上来说,这使得男性更愿意去工作,这实际上至少在最低限度上强化了前述这个事实。这样的法律将保证劳动力市场上有更多的男性,因此它有助于创设性别间的"实际差异"。在霍根案中,法院认

---

[20] 见 Mississippi Univ. for Women v. Hogan, 458 U.S. 718 (1982); Reed v. Reed, 404 U.S. 71 (1971)。

[21] 430 U.S. 199 (1977); 429 U.S. 190 (1976); 458 U.S. 718 (1983); 453 U.S. 57 (1981)。

[22] 没有必要去追问性别差异在多大程度上是生理成分。即使有这样的成分,在大多数案件中也很难将其作为支持相应举措的正当化根据;并不清楚法律制度是否应将生理上的差别,转化为社会中的优劣地位。见本书第11章。

为至为重要的在于,所争议的法律"做出的假定在于,护士是一个让女性自我实现其所预见能力的职业"。规定护士学校招生限于女生的法律,将确保发挥女性在护士领域的天赋,男女之间的确存在着实在的差异。

因此所讨论的这些案例摒弃了认为性别差异是独立的变量,而中立的基础在于对这些差别要做出合理应答的观念。从这个意义上说,性别歧视法律放弃将现状作为基线,相反依赖于针对既存现状进行批评的性别平等原则。

然而许多性别歧视法律领域,还是有赖于因现状而中立。法律对性别歧视几乎无能为力的事实,正是这个事实的直接结果。例如在会以实际的或可能的怀孕,或是以对生育功能的控制为基础的歧视案例中,根本并不认为生育会引发平等的问题。这些判决是以男性和女性就是"不同的"观念为基础的。男女之间的确有所不同,但由于法律的和社会的决定,将这些差异赋予了社会后果。以规制妇女生育能力为目标的法律,很可能会被视为是一种性别歧视形式(在本书第九章和第十一章我将返回来讨论这一点)。

让我们再去看有诸多记述佐证的刑事司法体系中的偏见,[23]它并未能恰到好处的去处理家庭暴力、性骚扰以及强奸。根本不难想像,由于警察在实践中未能保护女性免受家庭暴力和其他形式的虐待之苦,因此可以以法律上的"平等"保护原则为根系,对其合宪性提出质疑。再去想想当下的家庭法规则,保证离婚后大部分男性的福利会增加,大部分女性的福利会相应的减少,在这个规则下,女性不仅未因抚养子女从事家务所作的贡献而得到回报,相反还尝尽了苦头。不难想像可以得出结论,这些问题都会引出性别歧视的问题。

---

[23] 一般的可见 Violence against Women: Victims of the System, Hearing before the Committee on Judiciary, U. S. Senate, 102d Cong., 1st sess., on S. 15 (1991)。

作为替代,会认为在所有这些领域,男性和女性都存在着"实在的差别",因此也就没有了对此提出合宪性质疑的基础。从这个意义上说,因现状而中立影响了性别歧视立法。

界定自由和财产

正当程序条款规定未经正当法律程序,任何一州都不得剥夺任何人的"自由"或"财产"。在界定"自由"和"财产"时,最高法院遭遇到了相当大的困难。

最困难的问题在于,如果存在的话,如何决定哪些才是法律上规定的应受程序保护的利益;从这个意义上,政府不得未经某种形式的听证(some sorts of hearing)就剥夺了这些利益。[24] 而许多年来,法院强调某些利益,特别是就业、福利和社会保障,是由政府所"创设"的,而其他的利益则不然。只有后者才有资格受到宪法的保护。

两者的分野,很大程度上有赖于利益是否受普通法保护。普通法上权利的精义在于,不得未经完全听证(full hearing),就拿走人们当下所拥有的私人财产和自由。然而由政府给予的福利、就业、许可和社会保障等法定利益被视为"特惠"(privilege),政府可以任意地取消。前新政风格的因现况而中立,为这样的区别给出了说明。

20世纪60年代见证了对这个主张的攻击。[25] 许多人警告说,传统主张的结果,将陷公民于要接受政府任意裁量的危险境地。对于公务人员、社会保障和福利利益的受益人,以及被给予公共许可的人,对于如此重要的利益,都不得不听由政府裁量的支配。这又将使得私人财产权制度原初所打算卫护的一切,变得危

---

[24] 见 Clevland Bd. Of Educ. v. Loudermill, 470 U.S. 532 (1985); Arnett v. Kennedy, 416 U.S. 134 (1974); Board of Regents v. Roth, 408 U.S. 564 (1972)。

[25] 见 Goldberg v. Kelly, 397 U.S. 254 (1970); Charles Reich, "The New Property," 73 *Yale L. J.* 733 (1963)。

险和无助。

从1968年到20世纪80年代末,法院接受了这个主张,判决认为可以将某些法定的受益视为"自由"或"财产"。但前提是要存在作为对提供受益的行政裁量权施加限制的"法定权利资格"(statutory entitlement)。[26] 如果立法机关不去限制行政官员的裁量权,也就没有获得听证的权利。例如,一部容许任由政府裁量去解雇公务人员的法律,就没有创设权利,因此也就不存在所谓的"财产权"。一部规定只有在表明"原因"之后才能解雇公务人员的法律,的确创设了财产权,因此在试图解雇公务人员时,要求举行听证。

在某些可将法定利益视为财产权的情况下,法院试图要让宪法来适于卫护现代政府活动的需要。但这样的调适只是部分的。更多情况下,还是要求诸既存配置甚或是普通法,来界定自由和财产。[27] 不言而喻的,为普通法所保护的利益,尤其是私人财产权和保持个体完整性的权利,自然应受到保护。困难来自包括免受歧视的权利、要求政府雇用的权利以及获得福利的权利在内的其他权利类型。法定权利资格的进路,是将某些座落于普通法之外的利益视为"财产权",这是对早先理解的重构。但法院无法将据说由"政府所创设的"利益,同前政府(pregovernmental)的"既定的"利益作等量齐观,这完全是新政之前思潮的继受。如同洛克纳

---

[26] 见 470 U. S. at 538—542。
[27] 例如可见 Ingraham v. Wright, 430 U. S. 651 (1977)(个体的完整性)。还可见 Frank Easterbrook, "Substance and Due Process," 1982 *Sup. Ct. Rev.* 85,这篇文章对普通法上以及法律规定的利益作了鲜明的区别,并且以洛克纳式的术语,对由政府所创设的和来自其他渊源的利益间的区别,作出了回应。

然而,有时法定权利资格的进路甚至被用于,去移除自由和财产类别之外的其他普通法上的利益。见 Paul v. Davis, 424 U. S. 693 (1976)(将名誉作为财产利益)。还要注意普通法上的利益,只有是因为达到了可以被归类为"权利资格"的程度,才有可能被保护。这样看来,法定权利资格和普通法案例之间就有了比它们乍看上去还要紧密的关联。但这类关于自由和财产的实证主义者的进路,是对正当程序条款所预期功能的误解,因为该条款意在保护重要利益免受无规可循程序之苦,而不管是否存在由政府创设的权利与否。

案中法院的理解一样,其间的区别在于,认为普通法创设的事物是未经选择的,而将制定法上的利益视为是"干预"的产物。另一条替代进路将求诸一定程度上独立于普通法,至少并非为普通法上的类别所左右的标准,来在自由和财产利益之间加以选择。

至此我所讨论的都是程序性正当程序,或者说是听证权利。而在涉及正当程序条款下的"实体"保护的案件中,也会浮现出类似问题。也就是说不管举行听证会与否,都要有去防止政府作为的权利。在某些案件中人们主张"政府津贴"应受到宪法上的实体保护。在 Flemming v. Nestor 案中[28],法院判决不将社会保障津贴作为"财产"来保护。政府可以随时取消这样的津贴,只要它的决定达到了最低限度的理性要求即可。

法院的推理认为,政府津贴并非是正常的或者说自然的为受领者所享有,因此它同普通的财产权有着完全不同的基础。法院的判决常常认为政府可以取消它自己所创设的津贴,而这要求诸普通法来对此观念予以界说。[29] 由于普通法上利益同其他授益之间的鲜明区别,因此无法为法定的授益提供实体上的保护。

也可以在类似的前提下对合众国宪法第 3 条加以解释。该条款的承诺,保障了联邦法院体系的可得性,法官的独立也得到了多种形式的保障。当由国会立法创设的权利危如累卵时,最高法院不太可能要求由宪法第 3 条所规定的裁判机构来处理;但如果牵涉的是普通法上的权利时,情况就完全相反。因此,普通法很大程度上决定着宪法第 3 条要求的适用范围。[30]

竞选资金规制

许多人认为今天的竞选资金制度通过让富人攥走穷人,而扭曲了表达自由体制。而竞选资金立法的拥簇者主张这样的立法是

---

[28] 363 U.S. 603, 608—611 (1960).
[29] 见 United States R. R. Retirement Bd. V. Fritz, 449 U.S. 160 (1980).
[30] 见 Thomas v. Union Carbide, 473 U.S. 568 (1984).

有必要的,因为它通过减少私人财富对政治的影响来促进政治平等。实际上认为,竞选资金立法通过确保在政治对手之间的一个功能完好的审议过程,来促进表达自由体制目的的实现。(当然该法是否在事实上适合于该目的,或者是否会成为保护在位者的法案,都是有争议的。)

巴克莱诉瓦莱奥案(Buckley v. Valeo)[31]牵涉到根据第一修正案对竞选资金规制提出的异议。遭质疑的规制为候选人和政党的竞选支出规定了最高限额。政府辩称,该法律旨在努力去消除个人和团体在影响选举结果能力方面的不平等。对富裕者言论的限制,有助于从不同的且相互对抗的渠道来传播信息,因此促进了政治对手之间的审议过程。在巴克莱案中,法院判决认为这样的理由是欠缺正当性的。

在判决最引人瞩目的段落中,法院写道,"认为政府为了相对提高社会中一些人的声音,就可以限制另外一些人言论的观念,是同宪法第一条修正案格格不入的。"[32]就第一修正案所涉及的范围而言,政府根本就不能去重新调整财富上的差异。实际上,政府应将某些人比其他人更具有"发言权"的既存事实,视为毋须让政府负责的现状的一部分。否则,对巴克莱案中的法院而言,这就构成了某种意义上的第一修正案下的征用——为了钱财更少的人的利益,而遏制富人的声音。正是因此平等化的努力并不在政府可容许的目标之内。

法院在巴克莱案中的推理是以因现状而中立为基础的。在巴克莱案中,如同在洛克纳案中一样,既存的财富配置被视为是既定的,而未能作为,这被界定为是对市场的依赖,被视为根本没有作出决定。中立是不去作为,它的反映是不去干预市场,或者是不去改变既存的对财富的配置。尽管市场事实上显然也是一个规制体系,而对市场选择的依赖也是一种规制选择,并且仍是如此。与洛

---

[31] 424 U.S. 1 (1976).

[32] 424 U.S. 48—49 (1976).

克纳案类似,巴克莱案源自宪法意义上的理解,认为必须将既存的财富配置看做就是"在那儿"的。

违宪条件

在福利国家产生之后,立刻引发出来的问题在于,政府是否可以以影响宪法权利运作的方式,来运行这些新规划呢？政府是否可以说,人们只有放弃了言论自由的宪法权利,才能得到福利津贴呢？如果这样的放弃看似是自愿的,那么还会成问题吗？这样的情况是否算是强制性的呢？

在许多场景下都会出现此类的问题,包括同政府雇员签署秘密协定；要求福利津贴受领人的住所向政府官员开放；将人工流产排除于医疗保健项目之外；要求周六工作,影响了人们宗教信仰的失业保险项目；将福利津贴的发放对象限于至少在该州工作1年以上时间的人。[33]

起先的最高法院判决认为这类情况不构成宪法问题。[34] 因为这些是为公民自愿接受的,所以就没有再提起控诉的理由。因此在霍姆斯法官简约的判决意见中,就因与第一修正案不一致的理由解雇警察一事,做出了回应:"请求人可有言论自由的权利,但他没有成为警察的权利。"[35]

这类观念的基础在于,在现代国家下直接使用包括普通法和现状基线在内的,如洛克纳时代般的观念。在这些案例中,政府没有按照它所熟悉的方式强迫任何人行事,它并未侵入私人自由或私人财产权的疆域。它只是提出了要约,人们有拒绝它的自由。

---

[33] 见 Sherbert v. Verner, 374 U.S. 398 (1963); Shapiro v. Thompson, 394 U.S. 618 (1969); Snepp v. U.S., 447 U.S. 507 (1980); Harris v. McRae, 448 U.S. 297 (1980).

[34] 见 Doyle v. Continental Insurance Co., 94 U.S. 535 (1876); William Van Alstyne, "The Demise of the Right-Privilege Distinction in Constitutional Law," 81 Harv. L. Rev. 1239.

[35] McAuliffe v. Mayor of New Bedford, 155 Mass. 216, 220, 29 N.E. 517, 517—518 (1892).

最终,法院放弃了这一立场。尽管并未能贯穿非常清晰的理念,但在许多案例中,法院还是判决特定的情形违宪。[36] 法院似乎常常是在执行政府中立的要求,对为财政开支和规制项目所附加条件的目的和效果加以监控。法院所做的这一切,实际上已经修改了宪法的理解,以适应现代实践的需要。而当评判政府中立与否的基线本身就是有争议的时候,就会引出涉及"违宪条件"的最为困难的案件。在这些案件中,新政前的理解作为绵延不绝的遗产,在确凿无疑地起作用。

例如,让我们去看哈里斯诉麦克雷案(Harris v. McRae)[37],法院在判决中支持了海德(Hyde)修正案,拒绝了向贫困且需要流产的女性提供医疗资金。哈里斯案的问题之一在于,海德修正案是"仅仅"不提供资金,还是作为对堕胎这项宪法权利运作的"惩戒",要想让此区别起作用,就要先确立一条用以评判度量的基线。除非我们了解在去除了相关条件下,世界将以怎样"不同的"方式存在,否则我们就无法清楚什么才算得上"惩戒"。在哈里斯案中,法院认为基线是一个没有医疗保健(Medicaid)项目的世界;因此结果就是,拒绝提供资金仅仅是不提供资金而已。但如果新政后的基线,是一个穷人普遍都可获得医疗补助金的体系,那么拒绝提供资金实际上就构成了一种惩戒。这样看来,哈里斯案与洛克纳案有着紧密的亲缘关系。

或者让我们去看最高法院在 Lyng 案中所作的判决[38],在该案中政府拒绝向参加罢工的工人提供食品券(food stamp)。法院对此予以了支持,认为这是促使让政府在劳工纠纷中保持"中立"的手段。然而,在一个需要者都可以普遍化的得到食品券的体制里,有选择性地拒绝某些人的请求,所充当的不再是中立的卫护者的角色,相反,它成为了一个强迫人们不去履行作为宪法权利的罢工

---

[36] 见 Barron v. Burnside, 121 U.S. 186 (1887); Frost & Frost Trucking Co. v. Railroad Commission, 271 U.S. 583 (1926).

[37] 448 U.S. 297 (1980).

[38] Lyng v. Int'l Union, 485 U.S. 360 (1988).

权的工具。

更为晚近,在鲁斯特诉苏利文案(Rust v. Sullivan)[39]中,法院支持了禁止诊所和医生向患者提出流产建议的规定。有主张认为规定限制了津贴的受领,造成了对宪法第一修正案权利的克减。法院的回应认为:"在此政府并不是拒绝给任何人以津贴,而只是主张公共资金的使用,应符合授权的目的。"因此这是"政府为接受补助者设定的条件,而非针对特定计划或服务设定条件,因此有效地禁止了接受者从事在联邦资金计划范围之外的受保护行为。"如果该案牵涉到"受领人的条件",那么事情将变得完全不同。

但是如何能够告诉是否存在"受领人的条件"呢?法院的进路认为,关键要看规制之前受领人的状况。哪怕受领人因选择性的资助决定而感到压力,只要她的境况不是比该计划实施前更糟,就不存在提起诉讼的基础。这显然是将现状作为评判政府是否违反其中立义务的基础。但如果法院判决实际上认为,政府可能只是将资源给予那些表示愿意发表有利于执政方言论的团体时,那又当如何呢?

这些议论并不是要说明哈里斯案、莱恩案和苏利文案就判错了。重要的在于,在这些判决中,法院将规制前的状况和普通法,作为判断是"惩戒"抑或中立的基线。

对行政机关不作为的司法审查

现代公法中最为重要的问题之一,在于法院是否应该对行政机关的违法不作为提供救济。例如在职业安全和卫生、环境法、公民权利及劳动法领域中,受法律委任的规制机构常常被认为不是十分充分有力地履行职责,因此这个问题就更加引起了特别关注。如果环境保护署拒绝对危险污染物采取行动,那么法院可以要求它采取行动吗?

在传统的进路下,一个强有力的推定,倾向于要对机关的作为

---

[39] 111 S. Ct. 1759 (1991).

(action)进行司法审查。而机关的不作为(inaction)则毋须面对这样的推定,它一般是不可审查的(unreviewable)。行政法中的许多内容,都源自这样的理解,只有在已获立法机关授权的情况下,政府才可以去干预普通法上的权利。[40] 有必要以司法审查来检测授权问题。到此应很明了,这基本的观念是从因现状而中立生长出来的。

在这样的框架下,并没有为包括消费者、那些呼吸着空气的人们、工人、歧视的受害者等等在内的管制法律的"受益人"(beneficiaries),留下多少司法保护的空间。在这样的诉讼中,并不存在得失攸关(at stake)的普通法上的权利。这个框架能够对传统上对获得审查行政机关行为的"诉讼资格"(standing)的公民界别的限制,对行政机关不作为不予审查的推定,作了解释说明。[41]

在20世纪70年代,对此传统理解有了实质性的背离。[42] 开始允许管制项目的受益人去挑战行政机关的违法行为。这一植根于新政理解的趋势,代表了将制定法上的受益(statutory benefit)和普通法上的利益置于同一水平线上的努力。

然而,作为一个极其重要的案例,最高法院在海克勒诉钱尼(Heckler v. Chaney)案的判决中[43],认为应推定机关的不作为是不可审查的。为此,法院强调"当机关拒绝作为时,这一般并非是它针对个人的自由或财产权利的强制性权力的运作,因此并没有构成对常常要求诸法院保护领域的侵害。"

这样的理解恰恰是洛克纳时代最高法院判决的现代类似版。在这两个情境下,对现状的背离,都需要有特别的正当化根据。在

---

[40] 见 Joseph Vining, *Legal Identity* (1978); Richard Stewart, "The Reformation of American Administrative Law," 88 *Harv. L. Rev.* 1667,1672—1673 (1975).

[41] 例如可见 Alabama Power Co. v. Ickes, 302 U.S. 464, 478 (1938); Vaca v. Sipes, 386 U.S. 171,181—183 (1967).

[42] 例如可见 Dunlop v. Bachowskim 421 U.S. 560 (1975): Adams v. Richardson, 480 F.2d 1159 (D.C. Cir. 1973); EDF v. Ruckelshaus, 439 F.2d 564 (D.C. Cir. 1971).

[43] 470 U.S. 821 (1985).

海克勒案中,如同在洛克纳案中一样,都是政府对受法律关切的普通法上权利的干预。甚至可以把政府的"强制"界定为对私人自由和财产权的侵害。如果秉承普通法的原则,那么政府的"不作为"将会被视为是中立的,在法律上也是无可厚非的;实际上,它并不能构成司法干预论断的基础。

在行政法的语境下,这个现象就更加不和谐。如我们已看到的,现代行政国家的兴起,很大程度上是以对普通法秩序的拒弃为基础的。对于那些行政机关的拥簇者而言,普通法的体系绝非未经选择的(unchosen)或者中立的,相反具有高度的派系私见。个人可能会受到贫穷、环境恶化以及难以容忍的工作条件等等的威胁,这其间都蕴含了强制的成分。因此在行政国家兴起的过程中,以传统私法为基础的行政法学说,在不断地对那些显然应受批判的假说予以反思。

诉讼资格

类似的主张也适用于诉讼资格的问题,即谁可以对行政决定提起司法审查的问题。起初,只有那些普通法上利益将遭到即刻危险的人们,才有对行政行为提出挑战的诉讼资格。这要求有"法律上的利益"(legal interest),而法律上的利益最初意味着,受普通法所保护的利益必定是正处于风险之中。[44] 这个检测标准是建立于以私法为基础的类推之上,而在私法中,受非法行为侵害的人,并非总是能提起异议。一个作为局外人的C,不能去执行A对B负有的契约义务;不仅要说明针对C行为的违法性乃至对C所造成的侵害,还要说明某人违反了对C的某些法律上的义务。其结果就是成就了一个从缘起到形态,都从普通法的理解和因现状而中立学说中受益良多的公法体系。

最终最高法院的判决认为受制定法所保护的利益,也可以成

---

[44] 见 Alabama Power Co. v. Ickes, 302 U.S. 464, 478 (1938); Stewart, "The Reformation of American Administrative Law," at 1723—1724.

为诉讼资格的基础。[45] 这是一个至为重要的发展,特别在于它给予了受益人和受规制对象相同的权利。最终,在数据处理服务组织联合会诉坎普案中[46],最高法院完全摒弃了"法律上的利益"标准,要求只要有"事实上"的侵害,而且可以"证明落在制定法保护的区域之内",就可以提起对行政行为的审查。自数据处理案之后,许多管制项目的受益人,被容许针对歧视、贫困、污染以及其他法律上的损害来提起诉讼,以保护自己的利益。

但现代诉讼资格学说依然包含了从普通法中引出的原则。法院经常依赖于司法节制的观念,来作为限制诉讼资格的正当化根据;当实施这些限制时,它明确区别了规制受益人的利益和被规制产业的利益。有时认为,前者更多的要求诸政治过程,而非法院:主张法院的独特角色在于对传统私人权利的保护。[47] 这样的推理事实上并非以对司法节制的普遍笃信为基础,相反它以某种反映了因现状而中立学说的方式,来对两类利益加以区别。被规制产业的利益,当然无可争议地构成司法审查的基础;但反之,规制受益人的利益则不然。司法节制的观念很大程度上只是层矫饰(camouflage);真正起作用的还是因现状而中立。

当法院适用"关联"(nexus)要求以作为诉讼资格的基础时,私法观念也浮现出来。[48] 它要求原告必须表明所受侵害归因于被告的行为,而且在有利于他的法令之下,侵害很可能获得救济。在这样的案例中,法院一般要求原告来说明他所受侵害在传统私法上所归属的类型。有时发现,那些国会打算来保护的新的规制利益是欠充分的。

---

[45] 见 Chicago Junction Case, 264 U. S. 258 (1924)。
[46] Association of Data Processing Service Organizations Inc. v. Camp, 397 U. S. 150,153—157 (1970)。
[47] 见 Allen v. Wright, 468 U. S. 737,750—752 (1984)。
[48] 见同上注;Eastern Kentucky Welfare Rights Org. v. Simon, 426 U. S. 26 (1976);Worth v. Seldin, 422 U. S. 490 (1975):Lujan v. Defenders of Wildlife, U. S. (1992)。

在一些典型的案例中[49]，原告尝试把他们所受侵害界定为体制性的或是盖然性的,这些并不一定都是普通法样式(common law-like)的侵害。如我将在第 11 章展开更为详尽讨论的,若以规制法律的通常目的为根据,那么法院拒绝容许这样的诉讼,将是颇具嘲讽意味的。这些规制法律的特色在于,要设计用以减少风险、重构激励或增加机会。它们同普通法上离散的对侵害的分类特征并不相干。对侵害的这些要求,说明诉讼资格学说还是以因现状而中立为基础的。

偏好和法律

公法和私法一般都将私人偏好作为社会选择的适宜基础。在私法中,家长主义(paternalism)是不受欢迎的;而在公法中广为人知的观念,是将立法的目的理解为私人偏好的加总。[50] 从这个角度上看,偏好被视为是独立的和固定的变量;而法律对这些偏好的干预,被认为是派系私见,是不具正当性的。偏好形成的过程,以及那些被扭曲因素存在的可能性,不在法律探究的主题范围之内。

然而,法院的结论有时认为偏好是法律的产物,而且实际上遭到了一定程度的扭曲。例如事实上自由择校计划并不能为学区隔离制度提供充分的宪法救济。[51] 乍看上去很难明白个中原委,因为该计划允许黑人和白人都可以将自己的孩子送到更想去的学校上学。如果该计划的结果依然是学区的隔离,那么问题可能就不是出在法律制度上,而是在于自由的私人选择。

法院对自由择校计划的敌意,部分在于认为是歧视的历史铸

---

[49] 见上注 47 和 48 所引的案例。

[50] 见 Robert Bork, "Neutral Principles and Some First Amendment Problems," 47 *Ind. L. J.* 1, 2—3 (1971); Robert Dahl, *A Preface to Democratic Theory* (1956); Richard Posner, *Economic Analysis of Law* (3d ed. 1986).

[51] Green v. County School Bd., 391 U.S. 430 (1968). 见 Paul Gewirtz, "Choice in the Transition: School Desegregation and the Corrective Ideal," 86 *Colum. L. Rev.* 728 (1986).

造出黑人和白人的不同偏好。[52] 黑人由于担心种族敌意和对立，可能不愿把自己的孩子送到白人占大多数的学校上学；而由于部分是通过法律形成的种族偏见，白人可能也不愿意把自己的孩子送到黑人学校读书。在这些情况下，偏好就不仅仅是就在"那儿"，也不能再将其视为是中立的；它们部分是法律规则的产物。真正的救济举措应该考虑到这一点。

在帕尔默诉塞德提（Palmore v. Sidoti）案[53]中，最高法院倾向于让同一种族的父母获得对子女的监护权，从而废止了一个此前的监护权判决。法院的推理认为政府不能通过法律去惩处种族偏见。但不清楚为什么宪法应该禁止政府去考虑那些在私人领域的种族主义现实。在此答案的基础也在于，认为种族主义部分也是法律选择的产物，对此应当给予适当的法律救济（同样的考虑也适用于性别歧视领域）。因此浮现出来的是一个通常将偏好视为是固定的独立于法律之外的，社会选择的合理基础。但在特定的有限情形下，除了其他事物外，偏好是因法律规则的扭曲而产生的。

征用和契约损害

有些宪法条款似乎是将既存的配置作为决定的基线。征用条款对私人财产权加以保护，构成了洛克纳案本身的分析基础。如果不接受或者至少在一定程度上接受因现状而中立，就很难去解读征用条款。征用条款禁止对财产的再分配，而似乎只有从既存权利的视角出发，才能更好地去理解再分配。

契约条款和征用条款源自同样的框架。但在最近五十年里，随着警察权的戏剧化扩张，对契约和征用条款的承诺有了显著的限缩（见本书第一章）。这扩张是部分放弃了因现状而中立要求的产物。然而，如果不把契约和征用条款请出宪法之外，就很难完全放弃这些基线。但是这些条款几乎根本不能被忽略，在新政中的

---

[52] 见 Gewirtz, "Choice in the Transition," at 745—748。
[53] 466 U.S. 429 (1984).

一切举措，都无法为如此激进的举措提供正当化根据。但很有趣的，应该看到契约条款的限缩，使得它几乎成为了宪法上的冗余；征用条款依然重要，但更多时候只是在身体受侵害的情况下才起作用。

因现状而中立在现代公法中发挥着卓越的作用。但是我在本章的结论部分，要指出一个重要的区别。有时因现状而中立构成了司法判决政府举措无效的基础；有时法院用这样的中立概念来支持政府的举措。如我们将看到的，当法院用现状概念来判决政府举措无效时，结果似乎将引发更多的争议。

第四章
宪法解释：方法

我曾经说过宪法中弥漫着因现状而中立，但这只是个描述。这并未为变化给出任何理由。要探究这个问题，我们必须去检视宪法学中的方法问题。可以非常简要地概括我在本章中的论点。宪法解释无可避免地要求我们去使用外在于宪法的原则。在宪法中不存在有所谓不脱离解释原则的解释。但这并非意味着我们就处于混沌无序或无底深潭之中，或者说法律只是政治而已；相反它只是意味着必须要对这些外生的原则予以确证和卫护。在第五章中，我将开始对这些原则加以确证和卫护。

尽管宪法解释问题已经引发了纷至沓来的复杂的，有时几乎是令人费解的理论上的难题，但从某种意义上说这个问题又是非常简单的。每个人都同意认为宪法是法。如果宪法是法，那么它超越政治之上而矗立。所有的公共官员，无论他是民主党人，还是共和党人，或是其他党派，都必须遵守。并非特定的人们认为宪法的含义是什么，它的含义就是什么；否则，宪法就根本不是法了。

另一方面，宪法文本往往是非常含混的。理性的人们对宪法的含义纷争不休，有人认为一部保障"法律上平等保护"的宪法，要求采取纠正歧视行动政策，以驱除过去和当下因歧视而带来的影响；但其他人却认为致力于纠正歧视行动的州违背了宪法上的这一保障。有人认为一部保护"言论自由"的宪法是禁止竞选资金规制的，但有人则认为这样的规制同宪法上的保障相吻合，甚至还促进了宪法保障。双方都能非常好地阅读英文，双方都认为他们的主张为宪法所驱使。对于很多核心的宪法问题而言，宪法语词所能告诉我们的,比我们需要知道的要少的多。

如若宪法的语词确然对困难的宪法案件无能为力的话,那么似乎无可争辩的,解释宪法文件的人们就不得不去求诸宪法语词之外的某些东西,来完成他们的使命。这样的观念似乎既是无可避免的,也是不能容忍的。之所以说不能容忍,因为这危及了宪法作为法律的地位。它意味着宪法解释必须要以在宪法语词之外的原则为基础。这些原则与其说是发现的,毋宁说是创设的;宪法中不包括对其本身如何加以解释的指令(即便是包括,我们也需要用原则来弄清楚指令的意思)。如果说解释原则一定是由法官来创设的话,那么似乎对许多人而言,宪法将意味着什么都不是,就连法律都不算了。

在宪法史上,许多人试图去回应这个问题。在这里中立的概念也扮演了更为重要的角色。在这样的概念下,宪法上的判断与政治上的判断迥然不同,因为前者不要求我们去求诸关于原则或政策方面的见解。许多为大众所理解的"法律",包括了由他人所作的,中性的或者演绎的,甚或是机械的判断适用。

这样的观念采取的是速记的形式,其观念在于我们有一个法治的而非人治的政府。近年来,这种对解释的主张,作为对沃伦法院的解释和推理方法加以攻击的典型形式,已经对联邦司法在绩效和自我认知(self-conception)上的转变有所裨益。而且就某些方面,在法律判断和政治判断之间所作的区分,还是颇有助益的。

我本章的目的有二。首先是要对法律解释中的三个看法提出挑战。第一条进路,也是我将倾注最多笔墨的进路,是形式主义(formalism)。按照我这里的理解,形式主义信条(creed)认为文本的意义通常是或者永远是简单的事实,解释的任务是去揭示这些事实。[1]错误的解释中的许多错误,都是如此解释努力的结果。

---

[1] 对这个观点的确证和批判,可见于 Ronald Dworkin, *Law's Empire* (1986);还可见 Ronald Dworkin, *Take Rights Seriously* (1976)。显然,我从德沃金对此问题的论述中受益良多,尽管我们之间的进路还是有些不同。

这个观点的一个颇有影响的版本是,宪法所担当的基础,应是在一方面中立的与政治无涉的对制宪者原初理解的援引,同另一方面法官主观的负载着价值的(value-laden)对自身偏好的运用之间,作出鲜明的分别。这个观点是在罗伯特·博克法官的《美国的诱惑:法律的政治诱惑》一书中提出的。[2] 我关注博克法官的这本书,并非因为它观点怪诞,而恰恰相反,是因为它恰恰以这种形式,完全表明了对宪法上的中立所持的一种普遍见解。

　　近年来,无论是形式主义的还是博克法官的解释进路,都遭遇到了许多尖锐的批评。我所特别关切的,也是对我而言似乎最感兴趣的是,宪法中形式主义的缺陷。也就是说,在对包括宪法在内的任何法律文本或者其他文本的解释中,拒绝承认解释原则的必要性的做法,遭到了失败。对任何书面文本的解释,要想不求诸文本之外的原则,都是不可能的。在运用这些原则之前,就不会有宪法意义上的"事实"。宪法中的分歧往往是对适宜解释原则的分歧,而这正是所需要讨论的。在坚持解释原则的必要性的前提下,我将对法律实证主义以及罗纳德·德沃金的替代性的法律概念,发表些批判性的品评。

　　同样我还要指出对解释原则理解的不完备之处在于,那些对宪法中反形式主义(antiformalist)进路所怀热望的失败。在极具影响力的"传统主义者"(conventionalist)看来,法律文本的含义仅仅是在法律共同体内掌握权力者对解释所持见解的作用。由于意义只是来自惯例的作用,而惯例是权力的产物,而且没有什么会落在惯例之外,因此宪法的意义只是其应有的意义,也就无须对此再说更多。对于那些强调不确定性(indeterminacy)的人们而言,宪法的意义则是开放式的。他们认为并没有解决解释争议的什么理性标准,相反有的只是意志的运作、主观的看法,甚或是权力及一时兴致所至。我认为,持如是种种主张的人们,同作为他们对立面的形式主义论者,在很大程度上都有相通之处。

---

[2]　Robert Bork, *The Tempting of America* (1990).

我的第二个目的,是要针对宪法推理的性质,给出些更为一般化的主张。我主张推理过程不单单是演绎的或者是纯逻辑的;但它毕竟也是一种推理形式,因此它不应遭到贬损,相反还要作为一种有价值的甚至是必然的评判人事的方法。在一个既存配置有时被认为是不公平的世界中,当解释原则被理解为赋予法律文本以意义的过程的一部分时,我也发表了一些关于法律推理的概括性评论。然而,不可能脱离开任何支撑,去创设出解释原则。我是对宪法解释中文本、历史和结构的作用加以讨论之后,做出这样的结论的。

"原旨主义"及其后果

在《美国的诱惑》一书中,罗伯特·博克展示了一条独特的宪法解释进路。他的论述是率直的。认为有些法官是"中立"的,他们遵循着法律;有些法官是政治性的,他们参加到"一个主要的异端邪说"(a major heresy)之中;也就是说,他们否认"法官要受法律拘束"。这两者之间的界限,有赖于法官是否"只受被称为法律的东西的拘束,无论对于宪法还是法律,都按照制定时的理解去把握文本中的原则。"对此观点没有异议的人,"才应得到提名或批准"[3]。

根据博克的观点,否定上述观点的法官"不仅分享了国会和州立法机关的立法权,违反了权力分立和联邦主义原则,而且他们还假定立法权实际上高于任何立法机关。"这样的异端学说更为"那些将宪法视为关乎社会和政治价值的阶级斗争武器的人们"所沉迷,他们是"平等主义的,在社会上也是被容许的","只是对应受尊重的政治的局限表示轻蔑",或者去援引"有几分扰动且无主题的激进主义,这并非是对传统价值和推定的分享,而是攻击"。作为"判断中的政治中立","原初理解的哲学"有着相当大的价值。[4]

---

[3] Bork, *The Tempting of America*, at 4,5,9.
[4] Ibid., at 6—7,8,10—11.

有人可能认为中立的"衰落",是一个晚近的现象。但按照博克的记述,自宪法甫获批准之时,就在某种程度上开启了这种趋势。不只是布伦南法官,也不仅仅是沃伦法院中的"自由派",还包括首席大法官马歇尔,大法官霍姆斯、布兰代斯、法兰克福特、杰克逊(Jackson)和哈兰(Harlan),他们都曾受到了以政治代替法律的诱惑。他们也都曾受到要放弃宪法的诱惑。

因此博克开始了他的主张,认为宪法是法律,而那些忽视了宪法的人是在无法无天的行事。在此无可争议的主张之上,他又附加了一个关于解释的论题,认为解释是对那些批准宪法的人所理解的宪法意义的确证。这样看来,那些排斥了对宪法原初理解的法官,也就放弃了宪法自身。或者实际上在自由落体般地坠入万丈深渊,因为这样法官将会根据自己的偏好或价值判断来给出宪法的含义。对这样的法官来说,只有他自己的观点才是有价值的,宪法就变得毫无干系了。这样的法官不再扮演中立的角色,因此也就欠缺了正当性基础。博克认为,法律任务中至关紧要的部分,就是要避免价值判断。之所以对原初理解加以信赖,也是以这样的功能为依归的。

这种观点见解的后果也并非晦暗不清。这样一来隐私权就不存在了。实际上,自由权也就无法受到第十四修正案的实体性保护。理性审查将适用于对所有歧视形式的审查,而不仅仅限于以种族和种族区别(ethnicity)为基础的歧视。因此,尽管博克在这里没有完全说清楚,但是以性别或者其他为基础的歧视,很有可能得到支持。违反一人一票原则的人头税也将是被容许的。联邦政府实际上可以以种族或者以其他任何背景为基础来进行歧视。如果它选择这样做,它可以实施种族隔离,或者将黑人排除于联邦雇员之外。对某些罪犯的强制消毒将成为可接受的。许多新政时期和之后的联邦项目将被认为是违宪的。国会将不能宣布政府对于读写能力(literacy)的要求无效。纠正歧视行动也将遭到禁止。

也许最富戏剧性的是,这样权利法案也很可能无法在各州适用,尽管对此博克还是稍有点谨慎的。你不必对以上所有结论都持异议,因为要认识到这将导致对宪法戏剧化的理解,从而与今天的主流理解大相径庭。

在去考察博克法官论断的是非曲直之前,有必要先暂停对其后果的讨论。令人惊异但却千真万确的,许多最常为美国人民所颂扬的宪法自由原则,并非由建国者所创设,而是由 20 世纪的最高法院所创设。至少,将那些原则赋予今天的生命的诸多理解,都是相当晚近才创设出来的。实际上,对于 20 世纪的大部分历史而言,我们权利法案中规定的自由都受到了明确的限制。这至为重要的原因在于现代最高法院的解释实践。

如果让当代的美国人去看 1940 年时美国的宪政自由,或者让他们致力于对(东欧)正在浮现中的民主加以想像,他们所看到的将是一个远远达不到自己理想的制度。这是因为在沃伦法院时期的宪政自由包括免受种族歧视的普遍权利;除了受到明确限制的"明显且即刻的危险"(clear and present danger)例外之外,对政治言论的广泛保护;包括平等投票权利在内的政治参与;那些从政府获得包括职业、许可和社会保障在内的受益的人们的听证权利;免于性别歧视的自由;以及对宗教良知的普遍保护。

如果展开一个大胆的推测,那么向狭义界定的"原初理解"的回归,将导致许多宪法上的卫护被克减。所有这些可能无法构成支持 20 世纪法院角色的充分论断,但至少这是一个有用的序曲(prelude)。除此之外,结果的问题也同解释原则的选择相关,这并非因为我们应该是"结果导向型"(result-oriented)的,而是在更为普遍的意义上,如果不根据结果,我们就无法在解释原则之间做出选择。

为什么一定要有(如何有)外部的正当化根据

认为宪法的意义是由其批准者所持的原初理解所决定的,这可能是正确的,但要让人接受这一主张,就必须要有论证。或许,因为法院中如此之多占主导地位的成员都对此表示反对,而且这个主张在很大程度上将会削弱已经广为接受的宪政自由原则,因此对此就更需要论证。

实际上那些认为原初理解并非决定性的人,并非是要拒弃宪法,他们并不认为宪法是没有拘束力的。他们并非只是执着于"实际宪法"(actual constitution)一端。相反,他们认为对宪法的合理解释,要求诸在狭义的原初理解中所未曾包括的考量。他们常常宣称,自己所偏好的解释观念本身也是历史性的。在任何案件中,他们都不打算去放弃宪法,而是要去征引除了狭义的原初理解之外的某些东西,以明辨宪法的含义。[5]

博克法官为自己的观点给出了怎样的论述呢?在一段非常富有启迪的章节中,他率直的谈到了这个问题:"有人认为……原初理解的拥簇者关于政治中立的主张,只是一个矫饰,因为这样的哲学选择本身也是一个政治决定。这当然如此,但是选择的政治内容又不是由法官作出的,而是由那些设计和颁布宪法的人在很久以前作出的。"[6]

这个观点认为,原初理解是有拘束力的,因为原初的理解就认为原初理解是有拘束力的。这样的历史性的主张本身就是有争议的。[7] 有观点认为宪法语词外延是如此广袤,因此要求宪法含义可随时代的变迁而改变。有证据表明制宪者并不认为他们的原初理解就将会控制未来。但我们应把这放在一边,博克的主张在于,原初理解的拘束性质,是由原初理解所决定的。这根本就算不上一个论证,它只能算是一个循环论证,或是个战斗口号(rallying cry)。对于那些坚信有必要去维护原初理解拘束力主张的人而言,这是不具有说服力的。

博克的确采取了多种不同的策略,来为对原初理解的信赖提供正当性。在某些场合,他转移了论证要点,指出:"为什么法院,由9个人组成的委员会,会是超越一切民主结果的惟一代理人?

---

[5] 见 Ronald Dworkin, "Bork's Jurisprudence," 57 *U. Chi. L. Rev.* 657 (1990).

[6] Bork, *The Tempting of America*, at 176.

[7] 见 Jefferson Powell, "The Original Understanding of Original Intent," 98 *Harv. L. Rev.* 885 (1985).

那些偏好这一过程的结果的人们,找不到可用以说明法院比其他掌握权力的机构更具正当性的理由。如果他同法院的意见并不相合,为何不能向其他的某些团体提出异议呢?譬如参谋长联席会议(Joint Chiefs of Staff)之类,这样的团体有着更好的执行决定的手段呢。这不存在答案。"[8] 在此博克所论证的似乎是,一个决定如果能与"人民"(the people)的判断联系起来,则值得尊重;如果不能的话,则不值得尊重。

在弗兰克·伊斯特布鲁克(Frank Easterbrook)最近的著述中,对这个简约的论点给予了更多关注。[9] 伊斯特布鲁克主张的出发点在于,任何围绕司法解释的见解,都必须关注它发展有赖的语境(context),也就是说,要关注民主政府下司法角色的界定。依照伊斯特布鲁克的主张,围绕解释的见解,必须要对司法审查自身正当化的需要予以关照。如果说所代表的宪法解释体系,不能同让法院担负起对宪法文件的最后解释之权的特定原因相匹配的话,那么也就没什么可说了。到此为止,伊斯特布鲁克似乎完全是正确的。宪法解释的观念,不能简单的从譬如文学或神学等其他已发展出来的解释体系中借用而来。

伊斯特布鲁克从这里开始展开论述,认为从根本上来说,如果说司法审查是有正当化根据的,那只是因为"人民"(the people)对此有特别的授权。伊斯特布鲁克主张任何站得住脚的解释体系,都必须从此洞见展开。其结论就是,任何不依赖"人民"特别授权的体系,首先就逾越于司法审查的正当化理由之外。接下来非原旨主义者(nonoriginalist)的审查是不具正当性的。在这个至关重要的问题上,博克和伊斯特布鲁克是一致的。

但对于正当性问题而言,这条进路是不完备的。仅仅因为法院的决定是根据人民的判断为前提做出的,就要对其加以遵从,其

---

[8] Bork, *The Tempting of America*, at 201.
[9] Frank Easterbrook, "Abstraction and Authority," 59 *U. Chi. L. Rev.* 349 (1992).

正当性是欠缺的——特别的,相关的人已经死了很久,而且这实际在很大程度上将包括所有黑人和妇女在内的社会团体排除在外。这类先前的同意,并不能为对法院的遵从提供道德正当性基础。遵从法院的正当化理由,如果有的话,也是要求诸含有某些实体性政治理由的混合体:总的说来,我们的宪法是一部好宪法;无论从它最初的通过还是后来可能的历次修正,都有着民主的谱系;将宪法弃之一旁的决定,所引发的是难以忍受的失序;不受限制的司法裁量,也将是难以被接受的。这些因素放在一起,实际上就说明了遵守宪法的正当性。然而,宪法文件是许多世代之前所达成的共识的事实,并不足以支持其正当性。也不能单凭这个理由,就让最高法院的判决得到遵从。

如果确然如此的话,最高法院的判决不会因未受到那些宪法批准者的特定决定所驱使,就失去信赖度。出于一系列复杂的原因,大致上就好似会对受宪法本身拘束的决定予以支持一样,对一切司法决定也应予以信赖。将它同此前特定制度决定的紧密连结,既非正当性的必要条件,也非正当性的充分条件。

以上都是在谈正当性的问题。博克还赞成原初理解,其背景在于,他认为如果放弃了这样的理解,将导致法官去作"道德选择"。博克指出,面对显然存在于大众之中的意见争执,很难做出这样的选择。这样看来,似乎也是得到普遍支持的一个观点,就是对于任何中立的宪法解释而言,其核心任务之一都是要避免进行道德选择。对博克而言,一个要点在于,所有持"修正论"(revisionist)的学者都要求法官"去做出主要的道德决定",但相反一个正统的法官,只是人民的代理人而已。

一个核心要点在于,人民不可能"都认同一个单一的道德体系"。因此法官根本无法去恰当地援引道德:"为什么性愉悦要比道德愉悦更有价值?为什么更便宜的电价或更高的收入所带来的愉悦,要比清洁空气带来的欢欣更有价值?"[10]

---

[10] Bork, The Tempting of America, at 258—259.

按照博克的解释,无法以中立方式来回答这些问题的事实,意味着甚至都不要去问法官这些问题;道德或政治问题是经不起理性论辩的。确切地说,是因为它们包含了理性的人之间都会意见相左的价值问题,这些问题除了求诸偏好之外,无法以其他任何方式来加以解决。

然而,对于那些宪法解释者而言,难免要做出道德决定甚至是那些主要的决定。如是关于原初理解有拘束力的见解,需要有道德或政治理论上的根据,也就是说要以某种民主理论为根据。要接受这样的见解,本身就有赖于某些富有争议的道德基础。因此博克自身的进路也有赖于政治和道德决定。这些决定一定是落在宪法之外的,并需要为之进行声辩。尽管为此所作的声辩的确是妥当的,但这并不构成反对原旨主义的一个决定性的论点。但它暗示将不得不以一种完全迥异的形式,以某些历史之外的因素,来作为论述原旨主义的基础。

在此最为一般化的论点是,任何文本,如果离开了那些解释者所持的原则,都会失却了意义。离开了这些原则,解读也就无从开始。在此我们必须要对两类原则加以区分:即语义(semantic)的和实体(substantive)的原则。

语义原则部分的接受了在相关语言辞典中所作的解释。这揭示出,对于那些抵制语义原则的人而言,他们只不过是不理解特定词汇的意思而已。譬如,如果有人说德国牧羊犬(German Shephard)不是狗,这表明他不知道什么是狗,或者是不知道什么是德国牧羊犬。因此同样的,宪法条文要求宪法修正案必须获得四分之三州的批准,总统必须至少35岁的规定,其含义也是很清楚的。这是因为所居于支配地位的语义原则,也是为英语读者所众所周知的。这里围绕语义展开的争论,表明某些争论者并不说英语,他们需要来自说英语的人的指引。

实体原则则不同。这样的原则所需要的并不是一门语言课或者一本字典,而是一个实体上的政治正当化根据。认为原初理解有或无拘束力的观念,都落在实体原则的类别之内。因此也有主张认为对宪法条文的解读,总是应能对民主过程的运作有所促进。围绕这些主张展开的争议,并非因为某一方不懂英语,而是因为围绕如何以更好的方式理解宪法的意思存在着分歧。宪法中的语词并未说原初的理解是否就控制了宪法的意思。类似的,并不能根据宪法中平等保护的词语,在不同的作为纠正歧视行动项目基础的相互竞争的观念之间,做出决断。在这些情况下,不存在不求诸有争议的实体观念就能揭示出来的单纯的前解释(preinterpretive)事实。

实体原则的核心特色在于,必须要以道德和政治术语来证明选择它们的正当性;我们不能脱离实体性的论说,来为整个法律解释体系加以声辩。这些并不意味着宪法的文字就没有施加任何约束,或者说历史就是不相关的,或者说宪法的意思就只是由解释者决定。但必然要有已经超出了语义学范围的解释原则。[11]

在任何案例中,对原初理解的承诺都是个实体原则。必须要为这个承诺而声辩。如果不依赖于道德考量,甚或都不可能来决定如何去刻画原初理解的特征。历史本身是不完备的。让我们来

---

[11] 此处有必要做出某些重要的限定。有时并不易将语义原则同实体原则相区别。就一定的普遍意义上而言,每个语义原则的运作,都必须以实体原则为背景;这些原则似乎是看不到或是不存在的,但这只是因为人人都接受它。关于总统任职年龄必须要至少 35 岁的主张,是清楚无疑的,这不仅是因为句法和词典上意义的问题,也是因为在如何解释宪法文本的实体观念上,已达成的共识。例如,在这样的语境下,我们不会认为包括教育或寿命在内的情境的变化,会被视为授权法院舍弃语词字面含义的理由。甚或当从其他的角度,变化的情境要求做出这样的拒弃时,亦仍是如此。想想我们有一支海军,虽然宪法上并没有容许它。只有放弃了文本论(literalism),国会才能允许海军的创立。因此在案件的最早期,同变化情境及其他事项相关的实体原则就开始起作用。因此似乎可以断定只有我们在实体上达成共识的时候,这才会成为一件纯粹的语义学意义上的事。但是实体——作为解释原则所必须依赖的政治基础的形式——始终都在那儿。然而表面上会有实体上的争议,而在此道德和政治上的论证显然是必要的。

W. V. Quine, "Two Dogmas of Empiricism," 60 *Phil. Rev.* 20 (1951),做出了一个很有名的论断,就是一个为人们所耳熟能详的区分语义规则和实体规则的版本,被证明是站不住脚的。在法律的语境下,这样的论述可能会沿着本注释中所暗示的方式来展开。语义和实体原则的区分,应被理解为协定之一。

对某些熟稔的要点加以重述[12]：我们需要去决定涵盖了某一普遍概念的条款是否能随着时间的推移而变化，抑或相反，要秉承那些批准者所持的特定理解。我们需要了解是否要按照制宪者的希望、期待或信念来进行选择；这些都可能是千变万化的。我们还需要对他们在短期目标和长远计划中的不同期望加以区别。也许就某些事项而言，历史能为我们提供帮助；譬如，或许我们可以发现，批准者所要探寻的是一个普遍化的概念，还是一个特定的理解。但在这个问题上，我们又要去决定是否要受他们主张的拘束，因此一个实体上的而非历史性的论述，又再次成为必要。

我们还需要将原初的理解适用于宪法的批准者所不能预料到的情形。例如如何将第四修正案上对"不合理的调查和扣押"的禁止，适用于窃听实践之中？我们是如何将对"言论自由"的保障适用于电子广播的？在此，有必要将宪法上的禁令转植于新的情形之中。要实现这些任务，解释者必须要援引历史记录之外的某些东西。目前还没有找到什么最终的答案。

博克有时通过求诸民主，来为自己的主张展开声辩，对此他有着坚实的基础。任何似有道理的宪法解释理论，都必须对美国宪政传统中的民主热望，给予相当程度的重视。但是就普遍的民主原则自身而言，其太过含糊，不足以来证明任何关于司法角色构想的正当性。民主和多数统治（majority rule）并非同一概念。如果我们是真正的民主党人，当确有必要保护政治参与的权利时，有时可能会主张要采取异乎寻常的富有进取性的司法努力。[13] 民主的目标有可能要求法院去超越原初理解，以确保这个目标的实现。要回答这些问题，我们就要对民主观念下的具体要求详加说明。

---

[12] Paul Brest, "The Misleading Quest for the Original Understanding," 60 *B. U. L. Rev.* 204 (1980)，以及 Ronald Dworkin, "The Forum of Principle," in *A Matter of Principle* (1985)。是特别有助益的。对于在新的条件下对法律文本的"转译"问题的有力说明，可见于 Larry Lessig, "Fidelity and Restraint," *Texas L. Rev.* (forthcoming 1993)。

[13] John Ely, *Democracy and Distrust* (1980)，是对此影响的拓展性论述。

《美国的诱惑》一书，并不像所声称的那样，对书中的主张展开了充分的论证。这并不意外，如果真的要展开对这些主张的论述，那么这本书的核心主题将呈现出一个完全不同的新的维度。那么将不得不放弃为异端学说和诱惑所作的巧言矫饰；中立和道德判断之间的边界将会变得悬而未决；所作的论辩将不得植根于道德和政治判断之中。对原旨主义或是对适当司法角色的论述（两者不是一回儿事），将不得不谈及政治理论，而非仅仅是制宪者自身。

对本部分作个小结，对要点予以约略的概括，将是有助益的。每一法律文本都要求解释者以他们必须提供的背景原则为基础。的确一个文本常常会有其"平义"(plain meaning)，或者说这没有为解释留下多少空间。但如果说有这样的情况，是因为在此并不存在什么针对解释的妥适背景原则的歧见，而不是因为存在什么可以不求诸实体原则就可以揭示出的作为前解释的"事实"。

那些否认原则存在的人是缺少自省的。他们确信自己的见解是如此的不证自明，以至于根本就不需要求诸解释原则，相反认为这只是文本的"一部分"。但解释原则总是起作用的，这实际上并非是给宪法或法律带来困窘，相反是在对人类事务的推理运作中不可缺少的一部分。问题并非在于是否存在解释原则，而是在于能否以实体条款为其展开声辩。

原旨主义只不过是一个最为重要的法律形式主义版本。[14] 形式主义是在这样的矫饰之下展开的，认为只需求诸某些人的价

---

[14] 在此我并未涉及为弗雷德里克·绍尔(Frederick Schauer)所持，并展开有力论述的不同的形式主义见解。见 Schauer, *Playing by the Rules* (1991); Schauer, "Formalism," 97 *Yale L. J.* 509 (1988)。绍尔将形式主义理解为，哪怕是通过对法律条款目的，或者其适用于特定情况的合理性的探究，表明我们不应受这些拘束，但还是心甘情愿地受法律条款字面意思的约束。这样可以去捍卫法律中的文本主义解释。这类对形式主义所展开的论述本身就是有政治色彩的，因为它是建立在有必要限制司法裁量权的基础之上。在某些个案中，愿意去遵循"平义"或者字典上的意思，可能会是十分荒唐的；但总的说来，这样可以对法官产生拘束作用，从而带来一个更好的法律体系。这样的法律观念将是法治的一个有益组成部分，不应将它同我在此所批评的形式主义类型相混淆。

值判断,就可完全对疑难案件加以处理。那些沉迷于这样矫饰的人,最后往往不是放弃价值判断,而是将其置于隐秘之处。他们将对语词意义的理解,更多地视为是一堂语言课而非推理。博克法官的原旨主义版本的真正缺失,在于他试图对自己主张的真正基础予以遮掩。

脱离实体论述的解释?

博克法官所持的中立解释的观念,是一个宪法上普遍趋势的极端版本:背离了解释原则,还不承认他们自己将不得不作出实体性的论断。同样的问题也出现在约翰·哈特·伊利(John Hart Ely)的著作《民主和不信任》[15]之中,这本书对这个主题的讨论作出了卓著的贡献。伊利主张司法审查应是去努力强化而非取代民主过程才好(见第五章)。但是他论述所依赖的基础在于,坚持认为法官不应将他们"自己的价值"强加其间。一个程序性的,作为民主增援(democracy-reinforcing)的进路与"价值导向的进路有着显著的不同",因为它是建立于作为民主增援的文本之上,而且"同作为美国代议民主制度的根本前提并没有什么不一致,而且全然相反……是对此的有力支持"。因此伊利认为他的进路是从"美国宪法的性质"中生长出来的。[16]

在此我们遭遇到了一些严重的困难。[17] 宪法规定了许多实体价值,它并不限于对公平程序的确证。更为根本的,代议民主的普遍观念,要求从实体上为其加以论辩。这样的观念不仅仅是程序性的,就连作为其程序特色的获得听证的权利,以及获得政治参与的权利,都有赖于对实体的笃信。

---

〔15〕 John Ely, *Democracy and Distrust* (1980).
〔16〕 John Ely, *Democracy and Distrust*, at 72,73,88.
〔17〕 已经在许多地方指出了这一点,例如可见 Dworkin, "The Forum of Principle"; Laurence Tribe, "The Puzzling Persistence of Process-Based Theories of Constitutional Law," 89 *Yale L. J.* 1063 (1980).

甚至是更为根本性的，任何特定的代议民主概念，都是从诸多可能性中加以选择的结果。这些特定的概念，必须是对一般观念自身所展开的论述，而非仅仅是对它的确证。伊利自己的概念就是颇具吸引力的，但是在任何简单意义上，这个概念都不在美国宪法"之内"；这个观念是伊利自己追加的，宪法文件本身并未力倡这个特定的概念。如果要通过解释，认为宪法是受到了伊利所持特定概念的影响，那么必须要为此给出好的理由——就需要一条恰恰是伊利所试图避免的"价值导向"的进路。

对于那些认为这是对伊利提出的决定性的反对意见的人们来说——为什么我们要接受他的概念？——重要的在于铭记，无论是怎样的司法审查进路，都必须要以实体理由为基础展开。不会说因为依赖了这些理由，主张就站不住脚。但伊利并未给出所需要的论述；相反他只是求诸程序上的主张，因此，总体来说，中立的主张是非常重要的，却也是不必要的。

在一本由劳伦斯·却伯(Laurence Tribe)和麦德福(Michael Dorf)晚近撰写的著作《阅读宪法》中，可以发现类似的问题。[18] 却伯和麦德福坚持认为，任何宪法进路都应对文本和结构予以关注。他们还表明这两者有助于对解释的组织和引导。最后却伯和麦德福对 Bowers v. Hardwick 案[19]予以了特别关注，并提出了异议，最高法院在该判决中支持了一部禁止成年人在合意下发生同

---

[18] Laurence Tribe & Michael Dorf, *On Reading the Constitution* (1991). (此外本书两位作者都是美国宪法学界颇具影响的教授。却伯是美国哈佛大学法学院宪法学教授，关于其人其著的中文述评，可参见苏力：《读劳伦斯·却伯的〈美国宪法〉》，载苏力：《法治及其本土资源》，中国政法大学出版社1996年版，第254—267页；麦德福是美国哥伦比亚大学法学院宪法学教授，关于他学术思想的中文介绍，可见于强世功：《司法独立与最高法院的权威——与麦德福教授关于宪政的对话之一》，载《读书》2003年第5期；强世功：《司法审查：技艺理性与法治——与麦德福教授关于宪政的对话之二》，载《读书》2003年第8期；强世功：《宪政的正当性：自由主义面临的挑战——与麦德福教授关于宪政的对话之三》，载强世功：《法律人的城邦》，上海三联书店2003年版，第230—251页。——译者注)

[19] 478 U.S. 186 (1986).

性性行为的法律。

却伯和麦德福试着通过对宪法结构的探究,从宪法第一修正案(保护言论)、第三修正案(禁止军队驻扎)和第四修正案(保护免于不合理的搜查和扣押)中,概括出对于在住宅中的自愿合意下成立的亲密性关系,有免受政府干预的广泛权利。当然似乎也有可能说,法院就是来保护自由的;但应通过去审视究竟对哪些给予了宪法保护,来规训其探究过程。却伯和麦德福是如此论述的,而且他们主张如果我们按照这样的方式去规训探究过程的话,我们会认识到,在相互达成合意的成人之间,有进行亲密性行为的宪法权利。

但这实际上是一个形式主义版本。似乎同样可能的,是从宪法的这些修正案中,特别是第五修正案(保护未经公平补偿就征收其财产)中,解释出有免受政府的再分配(redistribution)规制的普遍权利。诸如最低工资和最高工时立法都可以被归为再分配之列。例如我们可以说,第一修正案表明了对政府干预私人行为的憎恶;第三修正案则是植根于努力让财产免受公众侵犯的传统;而第四修正案也反映了同样的观念;第五修正案则试图确保让财产征用必须在补偿之下进行。根据所有这些,"自由"也许应包括,免于让政府为了他人福祉,而拿走自己手中资源的权利。而最低工资和最高工时立法显然是同这样的原则相冲突的。实际上,这样的权利,将危及新政以来联邦政府所作的许多行为。[20] 却伯和麦德福基本上对此持反对立场。

从宪法文本和结构中的推演,有时涉及相当程度上的裁量权。在使用这些法律渊源时,我们必须要经常求诸文本和结构之外的观念。一个推演出有在住宅中进行同性恋行为的权利,却没有免受政府再分配规制的自由的决定,很大程度上要不得不依赖于关于同性恋和再分配规制的实体主张,而不仅仅限于宪法明确保护

---

[20] Richard Epstein, *Takings* (1985)中,力陈了新政所受到的合宪性攻击。

的内容。[21] 然后,有必要的是,为这些实体主张给出全面的论证,还要说明为什么要由法院在宪法的名义下来执行贯彻这些主张。

这个要点使得许多围绕宪法含义的争论变得更为清楚明了。例如,在一场非常重要的争论中,在讨论言论自由,同诸如私人财产权和契约自由的保护等其他宪法权利相较而言,是否居于"优先地位"(preferred position)之时。有些人认为所有的权利都应受到"同样"对待,不应容许法官对某些权利给予更多的保护。在这样的主张之下,所有的权利都应受到平等尊重。[22] 其他人则认为特定的权利,特别是言论自由,实际上应居于优先地位,因为它在民主过程中占据着无与伦比的核心地位。但这两派的讨论中,似乎宪法条款都有着一个前解释的平义。所以问题只是在于是将所有这些都"平等"对待,还是"让某些权利优先于其他权利"。而这样的主张是站不住脚的。

如果意义(meaning)无可避免的是解释原则的功能之一时,那么当下的进路——对于对财产权的立法干预予以更多宽容,而大多对言论自由的立法干预,予以更为严格的审查——是对某些宪法条款作了与其他条款"不同"的处理呢,还是偏爱某些权利胜过其他权利呢,都不是那么清楚。作为替代,最高法院使用了一套总是为探知解释意义所必须的解释原则。从实体理由方面看,这些原则可能是错的。但如果说因为它们偏爱某些权利胜过其他权

---

[21] 在许多令人惊异的所在,可以发现形式主义的身影。布鲁斯·阿克曼在 We the People (1991)指出,我们应当将宪法解释理解为将建国、内战和新政这三个宪法时刻加以合成的努力。这是一场相当引人入胜的努力,它赋予了宪法解释以历史深度。对此见解的更为深入的探讨,将远远超出我们当下讨论的范围。但目前应该清楚的是,对于如何"合成"这三个时刻,可能还存在着相互对立的见解,对此的任何看法,都注定带有几个人判断的成分在其间。几乎就不存在什么一锤定音般的对阿克曼进路的反对意见。但这暗示解释的任务,如阿克曼自己所界定的那样,还有很大一部分是沿着非历史的维度展开的。但迄今为止,他的记述中还没有提到这一维度。

[22] 见 Richard Epstein, "Property, Speech, and the Politics of Distrust," 59 U. Chi. L. Rev. 41 (1992)。

利,就说这些原则是错的,可能会徒增困惑。

这种形式的批评,涉及对宪法文本平义的援引,实际上是以一个有争议的且未予以清晰说明的,如何解释宪法条文的理论为基础的。这个批评所依赖的基础在于,解释原则无法构成对宪法的确证,相反它"本身"都要归因于(ascribe to)宪法。在当下的情形,主张对某些宪法条款作相对更为认真的对待,被证明是利用了形式主义的理解。它假定存在有关相关条款的前解释性的理解,而这为最高法院所忽略。但是不能为这个假定给予很好的说明。

理性和权力

《美国的诱惑》是一部非常生动的,可被称为"法律威权主义"(legal authoritarianism)的记述。法律威权主义是一个我打算在特定意义上使用的,多少有些倾向性的术语。我准备用这个词来指代所有不能求诸理性来展开论辩的法律进路。这样的进路,最终将法律上的正当性追溯到权力的运作,认为这可能让它变得正当;或者是溯源到那些握有政治权力者先前所作的某些安排。这样看来,用不着而且实际上也根本不需要求诸什么是恰当,什么是好的实体主张,来说明法律上的正当性。最终的也是惟一的真正的正当化根据,就是实力(force)或交易(bargaining)。威权主义主张的一个更为深沉的基础,在于相信法律之所以能被称之为法律,一定会有某些在人类目的和活动(agency)之外的源流。[23]

因此可以对威权主义的类型作宽泛的理解。我在这儿使用这个词,是因为它同最初宪法上对专制王权恣意运作的敌视之间,有着紧密的关联。这敌意部分源自国王无须为自己行为给出理由的

---

[23] 一个简略的讨论,可见于 David Estlund, "Book Review," 102 *Ethics* 871—874 (1991),引用了约翰·罗尔斯(John Rawls)的博士论文,"A Study in the Grounds of Ethical Knowledge" (Princeton University, 1950), pp. 1—2。还可见 David Estlund, "Making Truth Safe for Democracy," in *The Idea of Democracy* (David Copp, Jean Hampton, &John Roemer eds. forthcoming 1993)。

事实,他也无须对谁负责,他只要诉诸自己的威权即可。今天我们可以对威权主义的法律体系作这样的描述,法官认为无须为他们的结论来给出理由,或者撰写意见。

这样看来,威权主义的进路可能是高度民主的。一个民主主义者会坚信,如博克法官显而易见的做法,最好要将法律权威寄托于多数统治之上,而非寄托于国王或暴君。而我使用的"威权主义"标签,指的是这样的事实,如博克法官所赞同的,也为许多其他人所坚持的,多数统治应该占优,不是因为有怎样的论述可以支持它,而是"原因几乎就在于,他们是多数"[24]。据此,宪法上对赤裸裸偏好的禁止,似乎是难以接受的反民主的。如我们在第一章中所看到的,那些反对禁止赤裸裸偏好的人,认为这近乎不可理喻,也就不足为奇。

法律中的威权主义并没有什么政治纲领;它不一定就同自由主义、保守主义或者其他什么主义有关联。能找到的最为瞩目的对民主威权主义的表述,是小奥利弗·温德尔·霍姆斯(Oliver Wendell Holmes)和胡果·布莱克(Hugo Black)的著述,他们都强调自己法律进路的核心,在于法官要让那些掌有政治权力者此前达成的协定起作用。对霍姆斯来说,"主权最根本的原理在于实力"[25]。对布莱克来说,解释原则似乎是不必要的,而且实际上是过于夜郎自大的,因为它将相当程度上的裁量和非中立(nonneutrality)引入法律之中。对布莱克来说,宪法文本通常在解释上是自足的。因此作为美国历史上最为著名的对言论自由的守护者,布莱克宣称可以直接从宪法文本中觅得他主张的踪迹。第一修正案规定"国会不得制定剥夺言论自由的法律";布莱克大法官反复强调,他将"不得以法律剥夺"(no law abridging)解读为"没有任何法

---

[24] Bork, *The Tempting of America*, at 14. 颇具嘲讽意义的,博克将此见解归功于可能会对此感到最多困惑的麦迪逊。见本书第 1 章。

[25] 引自 Mark D. Howe, *Justice Oliver Wendell Holmes: The Proving Years* 40—41 (1963)。一般的可见 Yosal Rogat, "The Judge as Spectator", 31 *U. Chi. L. Rev.* 213 (1964)。

律可以剥夺"(no law abridging)——好像这些语词自身就能处理困难的宪法案件一样。[26] 然而这些条款并非就是一清二楚的；围绕哪些内容落在"言论自由"之内，许多人是有分歧的。那些持歧义的人，一定会对布莱克法官所认为的解释意义予以拒弃。

因此第一修正案字面上的文义，并不能肩负起布莱克所宣称的那些工作。这是法律威权主义的特色之一：求诸某些外在的法律渊源，来获得确定的解答，并拒绝那些私密的、不清楚的判断。

法律威权主义有着许多独有的特征。在它看来，法律无论是合宪还是不合宪的，都是自利的行为者之间的交易。它通常会对所有社会和经济问题都试图加以推理的努力，予以怀疑和鄙视，因为认为这只是对自利的掩饰，或者说它所依赖的前提太过固化，而且作为审议对象而言又太难以量度，因此无法来解决社会和政治上的争议。（因此一到了1960年代，当基本的前提开始受到攻击，许多人开始怀疑推理不足以调和所产生的分歧时，这个主张就开始激增，也就不足为奇了。1960年代的一个特色反应，就在于向形式主义的复归——坚持依赖未经雕琢的法律"文本"，因为显然其他方法无法解决冲突。）只有通过自利的交易者之间的交锋与妥协，才有可能解决冲突。

围绕道德和政治问题的分歧，并非是引入推理的时机，相反只是证明了推理的不可能性。如某些褊狭之见所理解的，推理的后果就是"价值判断"。如果将法律结果直接追溯为一个具有正当性的决定的话，那么通常会是实力的运作；但如果我们抛弃这项事业的话，则将会陷入评判的失序之中，因为这其间是社会深层次的断裂。这是我在此理解的形式主义的一个至为重要的面向。没有法官会主张自己有能力或者有正当理由，对此断裂说些什么。

同样的，在宪法中也存在着独特的威权主义风格。威权主义

---

[26] 例如可见 Brandenburg v. Ohio, 395 U.S. 444 (1969)（Black 大法官的不同意见）；Cohen v. California, 403 U.S. 15 (1971)；Cox v. Louisiana, 379 U.S. 536, 575—578（Black 大法官的不同意见）。

为司法节制的观念提供了基础。因为普通的立法成果所反映出来的是社会实力的角逐,因此不应去干预它,除非干预是由社会实力所驱使的,某些其他更高层次决定的结果。威权主义还用于对作为语言学上支柱的"文本"的确证。这是基于两个独立的原因。首先,文本反映出来的是有权威的权力配置,是这样的配置,才将法律职权的运作予以正当化。第二,脱离了文本,会将解释者置于一个充满了不受拘束的价值判断和偏见的世界。法律将听任个人偏见来自由支配,这样会坠入价值判断或者奇思怪想的深潭。

最后,也许是最为根本的,威权主义的立场,将它的大多数主张视为公理,而不需要为其给出真正的论辩。认为要为此进行论辩,则是将人们视为异教徒(heretic),或者将他们排除于相应的共同体之外。当从实体上展开论辩时,威权主义的主张就会以一个全新的维度展开,也就根本不再是威权主义了。因此,譬如,认为原初理解是有拘束力的主张,在于我们把它视为是有拘束力的理由,是因为它所处的地位应有资格获得认真的考量和尊重。这与我在此确证的观点是完全迥异的。

对法律实证主义的评述

我在此已记述的见解,同法律实证主义有着密切的关联。法律实证主义是一种非常有影响力和感染力的关乎法律概念的学说。并为奥斯丁(J. L. Austin)和哈特(H. L. A. Hart)以不同的形式展开论证和详述。[27] 我在这里所说的,显然要针对围绕实证主义及其反对派之间的争论展开,因此将会为这些争论给出某些有助益的评述。对于实证主义的观点,以及传统上对它的批评,我在

---

[27] 见 John Austin, *The Province of Jurisprudence Determined* (1832); H. L. Hart, *The Concept of Law* (1961)。(此外,奥斯丁和哈特的著作被翻译成中文的有奥斯丁:《法理学的范围》,刘星译,中国法制出版社 2002 年版;哈特:《法律的概念》,张文显、郑成良、杜景义、宋金娜译,中国大百科全书出版社 1996 年版。——译者注)

此会给出一个高度压缩版本的记述。在此过程中,我将给出一个简略的但可能是独具特色的对法律实证主义的挑战。

实证主义的核心主张,在于关于法律是什么和法律应该是什么的陈述之间,存在的区别。例如说宪法禁止纠正歧视行动,并不等于说宪法就应该这样作;说每小时时速不应超过 55 英里,不等于说超过这个时速的车辆就应被禁行,如是等等。对实证主义者而言,最主要的困惑在于解释某些东西(something)是如何成为法的。奥斯丁将法律视为主权者的意志。尽管这很简洁,而且一般而言似有道理,但这个概念无助于我们去确定谁是"主权者"(the sovereign)。这是一个至为重要的缺失,因为现代社会中,有许多机构都自称是法律的来源。由于事实上奥斯丁将法律视为是为实力所支持的命令,因此其非常重要的意义在于,无法去确证谁是"主权者",也很难对某些不同类型的命令来加以区别。例如,让我们去考虑,在将时速限制为每小时 55 英里以内的法律,同一个持枪者告诉你要按时到教堂的指令的区别。

哈特试图对奥斯丁在对法律的记述中遇到的这些困难及其他困难,予以回应。哈特在直接向公民施加义务的"原初规则"(primary rules)和解释原初规则如何实施、修正或废除的"次级规则"(secondary rules)之间作了区别。包含原初规则的法律可能是有拘束力的,或者因为它符合了次级规则;或者因为受规则统治的人们,愿意接受该规则,将其作为对他们行为的正当化约束。一个非常基本的次级规则被称为"承认规则"(rule of recognition),它矗立于所有其他规则之上,解释某些东西为什么被视为法。承认规则只是因为它被接受,所以才被视为法。

哈特的进路是对实证主义中存在的诸多困惑的补救。它容许我们对为实力所支持的不同类型的命令加以区分,说明为什么只有其中的一部分才被视为法。而对原初规则和次级规则所作的区分,伴着对规则的社会接受程度的理解,使得不必再去对"主权者"的身份予以探究。当然哈特承认在某些案例中,法律规则是不确定的,或者有着"开放结构"(open texture)。哈特指出,在这样的情况下,法官要行使自己的裁量权。

对宪法意义的形式主义记述,试图建立于某种版本的实证主义之上,特别是以实证主义者所坚持的对法律与道德所作的区分为基础。哈特的进路有助于说明为什么这样的区别是有意义的。对哈特陈述所作的最有力的攻击来自罗纳德·德沃金。德沃金在早期作品中给出了如下的回应。[28] 任何法律体系中都包括着在司法决定中扮演着重要角色的原则和标准。例如,这些包括,任何人不得因他自己所犯错误而获利的见解;那些没能在签署前读到合同的当事人,不应在其后承担因合同所带来义务的见解。这些见解并非真正的规则——它们并非以"全有或全无"的样式来运作——但尽管如此,还是要必须把它们视为法律的一部分。

在困难的案件中,法官求诸这些原则。德沃金因此主张,如哈特所主张的,在案件中的规则不及之处,法官就有完全裁量权的说法是不正确的。此外,原则的使用,给原初规则和次级规则体系带来了严重的困难。很难去说明,如何从次级规则或是为社会接受的规则中,推演出能为法院所运用的原则。

在更为晚近,德沃金作出了一个相关的但又约略有些不同的论述。在此他所针对的目标是认为法律是事实昭然(plain fact)的观点,例如一个"法律是 X"的陈述,实际上就是当我们去正确的地方找寻时,可以发现某个陈述"X"。德沃金论述道,当围绕法律是什么产生分歧时,实际上这并非是围绕昭然事实的分歧,而是关于怎样才是对某些过去的法律事件的"最佳建构性解释"的分歧。换言之,例如,德沃金认为,围绕平等保护条款是否构成对纠正歧视行动的禁止的分歧,其实际分歧在于如何解释这个条款,才能让该条款"达致它所能达到的最好程度"(the best it can be)。这样看来,"法律是 X"的陈述,部分是描述,部分则是评判,不可将该陈述

---

[28] 见 Dworkin, *Taking Rights Seriously*。(本书的中译本可参见罗纳德·德沃金:《认真对待权利》,信春鹰、吴玉章译,中国大百科全书出版社 1998 年版。——译者注)

化简为其中任何之一。

评判的维度旨在努力让法律尽量达到最好(best);而描述的部分则尽量努力让法律(law)达到最好。因此实证主义的观点是不正确的,因为它主张在有权威之处,能发现昭然的事实。德沃金认为,实际上法律不是事实,而是通过多方面的努力,将已有法律材料按照它们最好的或是最有利的方面组合起来的产品。因此,不应将"法律是什么"的陈述,同"法律应当是什么"的陈述来严格的截然分开。"法律是什么",部分的会是人们认为它应当是什么的产物。这样的结论,相当程度上是放弃了法律是"事实昭然"的主张才得出的。

在此,无论是实证主义的主张,还是德沃金的回应,我都很难对其加以公平妥当的处理。但这似乎已经清楚多了,实证主义的正确之处在于,不得将关于法律是什么的陈述,变为关于法律应当是什么的陈述。似乎不会有人否认,在这些陈述之间,常常存在着鲜明的区别。进而,对描述性和评判性探寻的区别,有着非常重要的实在益处,在许多场景下,这可以消除不必要的混淆。但论述至此,实证主义主张中存在的一个关键性问题,在于它似乎忽略了,需要以解释原则来赋予法律文本以意义。这些原则是无可避免的居于文本之外的。无法从任何权威来源中找到这些原则。即便是能找到这些原则,我们也将需要解释原则来理解这些原则本身。

在简单的案件中,也就是说在大多数案件中,实证主义的设想似乎是极有可能成立的。但这只是因为对处于支配地位的解释原则不存在异议(因此也看不到异议),人人都对这些原则表示同意。在疑难案件中,这些原则将处于争议之中,法律中将涉及围绕究竟应适用哪个原则而展开实体上的论证。无论将这些论证界定为对某些命令的揭示,或是"裁量的运作",或是努力找到某些能为社会所接受的事物,都是不够充分的。

到此,我对实证主义的批评已经与德沃金的意见相当接近。但其间还是有重要的区别。我说过意义(meaning)是解释原则的功能之一,而且我们所必需的是好的原则,而非坏的原则。但这绝

113　不是说法官要让而且应让法律"达致它所能达到的最好程度"。这样的主张假定,在对什么是"最好"(best),以及什么是"它"(it)的探寻之间,存在着明显的区别。但就法律而言,并不存在一个漂浮不定(freefloating)的语境化(contextual)的"它";既存的法律并非是无情的事实,而永远注定是解释原则的产物。德沃金对"它"的勾勒,似乎是在重复实证主义者的错误,多少将法律看做是被发现的。而且法律人也不会去从很抽象的方式,来让法律"达致它所能达到的最好程度"。实际上,他们对什么是"最好"的探寻,是评判性的,而这也受到了相当的规训,因为从某种意义上来说,它是从本已处于法律文化之外的原则中导出的。德沃金有时会在著述中认为,对什么是"最好"的探寻,有时大约会是一个政治哲学问题。但对于法律人而言,某种意义上与之迥异的,是一条更为内部化的承载价值(value-laden)的进路,探寻在当下的法律文化下,怎样的主张才能得到充分论证的支持。

　　我们可以通过求诸平等保护条款,来更清晰地说明这一点。纠正歧视行动方案是否就否认了对人们"法律上的平等保护"?如果认为律师和法官都是从"它"("平等保护条款")中开始推演,然后努力将该条款"达致它所能达到的最好程度"的话,那么将是不完全正确的。相反他们是应用各种不同的解释原则,来对该条款的意义加以决断。有时对于这些原则没多少争议,那么我们遇到的就是一个简单的案件,宪法文本的含义也被认为是清楚明白的。有时这些相关的原则都是有争议的,这样我们将必须去决断,根据哪个原则才能得出最佳的正当化根据。在法律中找寻最佳正当化根据的运作过程,很大程度上是内生的,因为某种意义上它通常是从有着相当丰富资源的、既存的法律文化之中推演出来的。当然在少数案例中,由于来自外部的袭扰,这些资源是不够用的;在这样的案例中,诸如政治哲学之类的因素,就的确在法律中发挥了显著的作用。

　　这幅图景在某些主要的方面,脱离了德沃金的两步法式的探寻,德翁的追问在于,如何使某些显然无须解释帮助即可发现的文本上的"它",成为规范意义上的"最好",认为这成了一个需要从政治哲学上来加以决断的问题。在反对法律实证主义方面,这两类记述之间结成了同盟;两者之间的区别,或许只是所强调重点以及细微之处的不同。

受挫的形式主义者:因袭主义和不确定性

现在我要转向两条极富影响力,乍看上去也是同形式主义截然相反的进路。我认为,这两条进路都是 20 世纪 60 年代社会运作的直接产物。但是这些运动让许多人回归到形式主义——因为显然无法用推理来解决争议——他们劝告许多人对所有的解释方法都予以拒弃,因为在他们的理论中,每种方法都是"政治性"的,因此这些方法都是以价值为基础的,而且无法通过思考得出价值问题的结论,而只能是对其加以确证。

因袭主义(conventionalism)是法律中反形式主义的一类。[29] 因袭主义者将语词的意义视为是那些处于权威地位的人所持解释原则的作用。语词的合理意义究竟是什么,只是交由那些有权决定语词意义的人来决定。确定语词意义的惯例(conventions)无可避免地构成了对解释的控制和约束。它们并不服从于任何诸如实体的或经过推理的辩护。

第二个主张,有时会被贴上"解构"理论的标签,或者是从当代文论中的特定形式借用而来,认为文本的意义是不确定的,不可判定的,或者不可约简为"政治性"(political)的和"主观性的"(subjective)。[30] 持此主张的群体的成员,认为围绕解释展开的争议,处理起来是相当棘手的,强调语言的开放性(open-endedness)。这样看来,语词的意义与其说是发现的,毋宁说是创设的,因此它是

---

[29] 见 Stanley Fish, *Doing What Comes Naturally* (1989)。
[30] Alan Hutchinson, "Reading Rorty Radically," 103 *Harv. L. Rev.* 555, 569—573 (1989); Anthony Cook, "Beyond Critical Legal Studies," 103 *Harv. L. Rev.* 985, 1042—1044 (1990)。

某些人某些视角的作用。不同的意识形态,带来的是不同的立场,并创设出不同的意义。面对相互冲突的立场,常常要跨越诸如种族、阶层和性别之类的分野,强迫接受某种解释意义,而非另外一种因恣意(arbitrariness)、权力或一时兴致所至产生的解释意义。

与那些强调不确定性和不同立场的人不同,对因袭主义者来说,意义总是受到约束的。但他们就一个重要的问题达成了共识,他们都否定了能通过推理或论证来解决解释争议的主张。他们都坚信,相互竞争的承载价值的原则的存在,总体上为放弃求诸推理来解决问题提供了基础。从这个意义上,两派和形式主义的共同之处在于,应以某些在代表了此种或彼种立场给出的推理之外的其他因素为基础,来对包括宪法在内的法律文本的意义加以决断。例如权力的运作,或是已存在的约束,都可能构成最终的正当化根据——这也以另外一种方式说明了正当化根据是不可得的。

正是因为这个原因,两个阵营的人都倾向于认为,在矫饰和其他任何论证形式之间,在宣传布道式的论证和推理详尽的论证之间,在说服和强迫之间,在控制(manipulation)和以证据为基础的主张之间,并没有什么区别。[31] 对那些法律文本的解释者而言,真理和客观性是虚假的,甚或那只是来自那些坚持怀有时代倒错般虚幻信念的人们,所持有的天真热望,他们才会认为存在着一种完全处于世界之外的,作为论证支撑或基础的方法。

现在我们可以看到,在形式主义者同那些援引惯例或强调不确定性的人们三者之间,达成了一个重要的共识。[32] 三者对于应如何理解解释中的客观性,才能使其具有客观性,对于应当将怎样的推理考虑在内,都有着类似的见解。三者都强调,解释者要想通

---

〔31〕 Stanley Fish, *Doing What Comes Naturally*; Stanley Fish, book review, 57 *U. Chi. L. Rev.* 1447 (1991).

〔32〕 见 Hilary Putnam, *Renewing Philosophy* 123—128 (1992); Martha Nussbaum, "Sophistry about Conventions," in *Love's Knowledge* (1990); and Martha Nussbaum, "Skepticism about Practical Reason"(未发表手稿,1991);还可见下注 33 和 34 中所引的文献。

第四章 宪法解释:方法 **135**

过讨论和论证,来对围绕应援引哪个原则展开对宪法意义的考量而产生的分歧,来加以调处,是力不从心的。

　　让我们来对最为晚近且最具影响的解释进路予以思考,它将解释中必定蕴涵承载价值的特性,作为完全放弃真理和客观性观念的理由。在矫饰和富有推理的论证之间的区别,与所有其他将正当化根据同实力相分离出来的区别一样,也坍塌了,因为我们无法找到作为推理自身支撑的外部基础。从这个意义上可以说两派都是受挫的形式主义者(disappointed formalists),也就是说,他们对于围绕关于真理和客观性所必须的意蕴,有着相同的且是先验的观念。但是在我们所有人都生活的这个世界上,根本找不到这个观念所赖以存在的条件,所以最终就完全放弃了真理和客观性。

　　实际上,因袭主义者和那些强调不确定性的人们,似乎非常执着于同古老的形式主义的推理观念的联姻。对于所限定的推理本身,我们需要完全外在的或先验的判断背景。离开了这些,留给我们能用的,就只是惯例或权力了。

　　但在此并没有什么结论。应该说外部视角是不存在的,因为解释原则是必然存在的,而且法律的意义离不开语言或文化的基础。但这并不意味着所有的论证都是受操纵的产物,或者从此种立场而非彼种立场出发,来给出良好的推理。人类不会不经中介就去利用现实、科学或道德;我们总是将解释的棱镜应用于我们的感知之中。[33] 但这并不是说给出推理的过程就是一个文字游戏(charade),或者说人们现在碰巧正在想什么,就留给我们什么。一边是先验的基础,另一边是失序或恣意,没必要在两者间进行选

116

---

〔33〕 以下的文献都以不同的形式反映了这一点:William James, *Pragmatism* (1907); John Dewey, *Experience and Nature* (1926); Ludwig Wittgenstein, *Philosophical Investigations* (1953); Hilary Putnam, *Reason, Truth, and History* (1981)。

择，因为这实际上与法律以及其他领域中推理所运作的方式不符。[34]

例如，让我们来看围绕宪法中原意作用的争论，是如何展开的。让我们来推想，似乎很有可能的，布朗诉教育委员会案的结果并不曾为美国宪法的制定者所预料，那些批准了第十四修正案的人也没有想过要废除种族隔离制度。如果这样的话，那么每个坚信布朗案判决是正确的人，就必须要放弃一种此前的主张，不要再去固守原意实际上的要求。由于对于所有参与者而言，布朗案都必然要受到美国宪法传统的约束。这些参与者就必须要主张，第十四修正案的原意实际上并非决定性的，必须要以广义而非狭义的方式来界定原意，或者宪法的解释者应有权在新的情境下对原意加以"转译"，以令其同特定的意义相吻合。而伴随那些拒绝所有这些路径，并坚持要固守宪法原意的人们的是一个相当机械化的任务，他们要去检视宪法的批准者们，如果预料到了后来否定种族隔离的特定做法的话，是否会否定布朗案本身（因为几乎所有人都将我们的宪法传统，作为宪法中许多问题的基础）。如果他们确然对此加以否定的话，则必须要解释这样的解释观念将如何引出一个更优良（superior）的宪法体系。绝对有必要为这类主张给出一定的正当化根据，从而可以明了他们的主张，或者解释为什么任何

---

[34] 对于不同角度的讨论，例可参见 Putnam, *Renewing Philosophy* 176—179, 186—200; John Rawls, "Constructionism in Moral Theory," 77 *J. Phil.* 515, 554—572 (1980); John Rawls, "Outline of a Decision Procedure for Ethics," 60 *Phil. Rev.* 177 (1951); Donald Davidson, "On the Very Idea of a Conceptual Scheme," in *Inquiries into Truth and Interpretation* 183 (1984); T. M. Scanlon, "Contractualism and Utilitarianism," in *Utilitarianism and Beyond* (Amartya K. Sen & Bernard Williams eds. 1982)。因此杜威抱怨，"我们在为了拯救价值判断客观性，而将其从实践和性质中分离出来的理论；以及为了保全它们对于人类具体且重要的意义，而将它们简化为只是对我们个人因感触而记述的理论之间，而游弋不定。"在他看来，"是将我们送向永恒的且固定化的价值王国，还是将我们送向譬如能实际得到的欢欣［或笃信］，无需在其间进行往复交替。"见 John Dewey, *The Philosophy of John Dewey* 582, 598 (John McDermott ed. 1981)。

人都应会对此表示认同。

也许他们会强调因放弃原初理解所导致的司法裁量的危险；然后我们将要去讨论，怎样的解释策略类别才能为生活在其中的人类创设一个更好的宪法体系。这并非一个物理学或数学问题，但并不是说就几乎无法为此给出某些理由。

实际上现在我们有许多问题，包括要设法应对的事实和价值问题。假设遵循了原意，我们的社会将会变成什么样子？对法官还有什么其他的约束？民主是否一定要求多数统治规则？不然的话，在怎样的情形下，法官可以不受拘束的，来对文本作广义的理解，来否定民主结果？假设法官想尝试去引发社会变革的话，这样做又会有多大效果呢？

我们可以将布朗案的例子予以普遍化，任何关于解释原则的争论，都可以通过探究此类原则而非彼类原则将产生怎样类型的宪法体系来获得解决。因此，一个解释理论也必定是一个宪政民主理论。这样理论的创设，很大程度上要看替代的进路能为世界上的人们究竟带来怎样的体系。要想很好地理解法律中的真理和客观性观念，就必须要直率坦诚地去处理这类问题。

在本章中，我对认为法律解释方法本质上是机械性的中立观念提出了质疑；在前面几章里，我讨论了中立观念，认为派系私见构成了对既存配置的破坏。乍看上去这两个概念之间似乎并没有多少干系。第一个概念——形式主义——是关乎解释意义的理论，它更多的是关乎语言，而非正义。它力倡中立解释原则(principle of interpretive neutrality)。第二个概念——因现状而中立——若将其置于宪法的形式之下，至少隐含着一个实质正义理论；它是关乎政府应该作哪些事情，才是被容许的。这显然并不关乎意义或语言，是一个实体中立原则(principle of substantive neutrality)。

实体中立原则有着可确证的源流。当它起作用时，通常是因为某些既存配置的反映或约束。但对于中立解释原则的信奉者来说，就不存在这样的源流，因为在不同的语境下，无论是从那些接受还是拒绝既存配置的人那里，都可能导出中立解释原则。然而，这两个主张有着共通的社会和心理流脉。

因现状而中立的源流,常常在于认为有必要确保决定不会陷入混乱失序,不能让凡事都变得"唾手可得"(up for grabs)。放弃现状的基线,要么就陷入没有基线的无底深潭,或者在某种程度上,让那些怀有偏见的掌权者来不受拘束地创设基线。对现状的信赖,似乎会为决定系上稳定之锚。同样的,对形式主义的诉求,在于它允诺要把个人偏见抛在一边,让那些执掌权柄的人将他们的决定,同某些稳固的而且首先是外生的因素联系起来。

两类中立观念似乎看上去都会带来更高的确定度,都可以逃逸对价值的开放判断。实际上在这两种情况下,法律上中立原则的首要目标,都在于避免去做这样的判断。在这两种情况下,认为可以通过推理、会话或者其他途径,来对价值判断予以调处的观念,似乎会流于空想。

但是我认为,这两类观念之间的联系,还是要比这紧密的多。两类中立观念遭遇到了类似的甚或从某种意义上说是同样的失败。在赋予法律文本以意义时,形式主义的进路对由人类创设的,承载价值的,而且可能是不公正的解释原则置之不理。类似的,因现状而中立漠视了,既存的配置是以人力建构的,承载价值的,而且可能是不公正的法律的产物。这两类观念都埋藏了争点,更确切地说,是埋藏了在任何意义或正义理论的创设中,所存在的实体面上的争论。

进而,当相关的解释原则承认了这些重要的假定,或者以另外一种更为激烈的形式表现出来,认为它们作为选择或者原则已经完全消解了,相反成为了"文本"意义必不可少、密不可分的一部分时,形式主义的解释理论才能够最好地发挥作用。[35] 如果说法律的平等保护一定就禁止纠正歧视行动,或者说无法律可剥夺一定就意味着保护色情言论,那么这就要避免依赖于那些有争议的政治原则,因此禁止它们受这些原则支配。

当既存的配置被视为是无情的社会事实,而且实际上绝缘于探究过程之外时,实体中立理论可以最好地发挥作用。这样我们实际上根本就无须从任何理论或者视角中,推演出什么才构成行为和派系私见的观念,相反可以以无须任何媒介的形式,直接去探究事物在法律体系中居于怎样的地位即可。因此这常常可以作为对因现状而中立所遭批评的回应,认为这样的批评将使得客观事物被政治化,或者引入了本来根本就不存在的争议。同样的,也可以此来回应对形式主义的批评。

问题在于,无论是对概念意义的形式主义理解,还是实体的中

---

[35] 对包括斯坦利·费什(Stanley Fish)在内的传统主义者来说,永远都是这么认为的。因此他错误地把语义解释原则类别,同实体的解释原则当作一回儿事。尽管后者实际上是从这个世界里发展出来的,但是对费什来说,也把它完全当作是语义上或者修辞上的。见 Fish, *Doing What Comes Naturally*。

一个相关的问题可见于理查德·罗蒂(Richard Rorty)的颇具影响力的著述。我无法去讨论罗蒂的许多复杂见解,但他有时似乎暗示如果人类并没有无需中介就可直接去探访世界的途径,如果人们所思考的东西只是停留在思考的层面,那么对于为通常理解所必需的普遍主义、本质主义、理论和哲学,就可以被放在一边。因此罗蒂有时暗示,多少有些讽刺意味的,我们要和自己的见解保持些距离,或者不要"哲学"和"理论"也可以。例如可见 Richard Rorty, "Feminism and Pragmatism," 30 *Mich. Q. Rev.* 231 (1991)。

但所有这些都没有得到遵循。例如,普遍正确的是,认为女人从属于男人是一件不好的事情;或者每个人活着都需要空气、食物和饮水;或者存在普适的论述,认为黑皮肤和白皮肤的人应该在工作中得到同样的待遇;或者理论可能表明,如果人们能够对不同的善的观念有着反思和自省,那么将能过上更好的生活。人们认为一切事物都是人造产物的事实,与这些主张是不一致的。有时罗蒂似乎会令人惊异地,私密地执著于某一先验的或是基础性的真理观念;有时他的著述会认为,这些观念的失败,似乎会对发展出来普遍的哲学或理论的可能性,产生很大的负面影响。罗蒂崇拜备至的杜威和罗尔斯,只是针对如此主张的诸多反例中的两个。

立理论,都否认了它们最终还是要依赖于一个有争议的观点;而随后产生的关于解释意义和法律正义的理论,也都将这个观点掩藏于视线之外。从这个意义上看,两类中立观念很大程度上是一回事。类似于正义理论一样,解释意义的理论模糊了它对实体性约束的依赖,它的最终目标在于逃逸责任。然而我们不能把这个目标同法治等同起来。

文本、结构和历史

通过对作为宪法决定根本基础的,文本、结构和历史所扮演适宜角色的勾勒,将有助于来终结这场讨论。迄今为止,还没有谁暗示说这些源流是无用的,或者说是不相干的。相反,其中的每一个因素,对于解释而言都是至关重要的。哪怕我们承认,如我们应作的,认为这些法律源流的意义是解释原则的作用,也仍依然如此。

任何漠视了宪法文本的解释体系,都不会得到支持。这并非仅仅是一个公理。它所倚重的是某些实体性的政治论证:要求忠实于文本,是规训法官防止司法权恣意运作的一个至为重要的方法。当然,如果所讨论文本是暴虐的(tyrannical),或是压制性的,对忠实于文本程度的要求就要弱许多。在美国宪法中,对文本论(textualism)的论述部分在于,一般而言,如果对我们的宪法文本予以合理解释的话,的确是促进人类自由的。无需将一个概略性的保护奴隶制或经常容许施以酷刑(torture)的文本,视为是有拘束力的。除了其他缘由之外,文本的暴虐性质,也为行使革命的权利提供了一个机会。这还相当于对否则就具权威性的书面文本的拒弃。但遵照美国宪法文本作出的决定,是不会提供这样机会的,因此将美国宪法文本视为有拘束力的,是恰当的。

如果根据达成普遍共识的语义原则和实体原则,来对宪法文本加以解读,可以发现宪法文本实际上构成了对解释所施加的约束。但我们也会经常看到文本是开放的,不能提供完全的导引。有时文本的意义不能仅仅依赖于语义的或普遍适用的解释原则,还有赖于那些明显要求诸实体论证的原则。如果这样的原则能在宪法自身的帮助下建立起来的话,将是幸运的。但这可能吗?

宪法结构的确为此提供了一定程度的帮助。例如,似乎是正确的,根据美国宪法中对联邦结构的规定,推演出存在从一州去另一州旅行的一般权利。对这个权利的否认,将同宪法中对于国家至上(national supremacy)和国家公民权的结构性承诺不符。如果不存在这样旅行的权利,这些承诺也就将被拆解掉了;州可以限制公民出入州的边界。可以通过这类一般形式的推理,产生出相当多的宪法解释。[36]

似乎同样正确的,在于坚持认为不能孤立地展开对宪法条文的解读,而是要以条文之间的相互关联为根据。总体上说,在文件之外所作的有意义的解释,有助于促进宪法中的一致性(coherence)和理性。在可能的条件下,一定要努力达致一致性和理性。随之而来的,例如,不得以将对私人财产权和契约自由的明确保护构成根本威胁的方式,展开对平等保护条款的解读。在美国,一个社会主义制度实际上将是违宪的。

同样根据独立而充分的论证,可以说明任何认为平等保护条款将必然引发社会主义的主张,都为宪法文件所拒斥。通过这类解释策略,可以取得许多进展。根据宪法文件中的其他价值,可以去更好的理解那些宪法上的承诺。

然而,结构分析也有着其局限性。宪法结构中的教训之一在于,有时推理相互间是竞争性的,有时则根本不存在推理。对于那些尝试去判定宪法对科学言论的规制、政府为艺术和公共教育的资助、纠正歧视行动、堕胎、竞选资金规制或是色情作品等引发的问题,将会持怎样立场的人们而言,宪法结构本身并没有为此提供多少助益。在这类问题上,文本和结构都留下了显而易见的罅隙。

面对罅隙,对历史给予关注,似乎是合理的。实际上,任何对

---

[36] Charles Black, *Structure and Relationship in Constitutional Law* (1965); Laurence Tribe & Michael Dorf, *On Reading the Constitution* (1991).

宪法含义的理解，都应是同我们的历史相关的。在此，正当化根据自然是也必定是政治性的。如果文本有拘束力的原因在于，它对法官科以约束，限制了司法权的恣意运作的话；那么当文本含义不清楚时，解释者也应对历史上对文本意义的理解给予一定的权重。

这样的设计，是规训司法判决，并对过去全体公民所作的慎思判断予以尊重的手段。它反映了适宜的谦抑度，以及对过去牵涉到太多太多人的民主过程的（几分）尊重。从这个意义上说，那些坚持"原旨理解"的人们，在诉诸一个永恒的而且几乎毋庸置疑的真理——这并非是因为建国者就这么看问题的，而是在于能为这么看问题提供充分的政治论证。

但对于历史在宪法中的功用，有着重要的限制。首先，随着时间的推移，宪法文本背后的历史，所能起到的助益也越来越少。随着年复一年的时光流逝，对于宪法批准者原初理解所作的更为特定化的记述和宪法含义的相关程度也很可能会次第减弱。[37] 就更为特定层次上所做的原初理解而言，它常常会谈及今天甚或都已不再相干的问题。例如在制宪者脑海里，对言论自由构成最首要威胁的是许可制和出版前审查制度，而这在今天几乎已经不复存在了。那么是否因此就将第一修正案视为一场时代倒错呢？

此外，面对我们所遭遇到的两难，原旨主义者所给出的答案，可能被证明是错误的，因为它们是建立于对当下特定事项的不完备思考的基础上的。如果我们对这些答案深信不疑的话，我们必须将它们转化应用于事先无法预见到的不同情形之中。想想第十四修正案的批准者打算容许隔离制度的可能性，以及他们打算容许性别隔离的确定度。我们必须要受他们这些打算的限制吗？

在此，以及其他情况下，只有在受历史影响的解释原则将会增进宪政民主的情况下，历史才被视为是有拘束力的。许多光阴已经流逝，狭义理解的历史，是不大可能做到这些的。

这并不意味着法官就可以随心所欲地行事，或者说历史就变

---

[37] 见 Richard Posner, "Bork and Beethoven," 42 *Stan. L. Rev.* 1365 (1990)。

得不相关。它在继续充实着文本的意义。特别当能以相对更为普遍化的水平上,对相关的宪法目标予以界定时,则尤其如此。例如,我们能做好的是,将平等保护条款视为消除美国等级制度的努力(见本书第11章);将征用条款视为对既存财产权的保有的约束(见本书第5章);或者将第一修正案理解为民主自治的核心(见本书第8章)。所有这些主张都恰恰因为得到了历史的支持而巩固。采取这些立场的人们,其裁量权受到了限制,可以通过先前政制(polities)所作的慎思判断来阐明其立场。在宪政民主中法院应发挥着有限的作用。限制法院角色的途径之一,就是要创设一个要让法官试图依赖于历史的体制。

然而,在这样的事业中,对历史的最佳定位——如同对文本的最佳定位一样——将有着评判性的维度,这将是实体性解释原则的功能之一。对正当化根据的探究,不应该是全无束缚(untethered)或是完全开放的;它也不应只是"法官在想什么"。若要忠实于文本、结构和历史,那么始终要有充分的理由为其施加一些至为重要的约束,这些也规训着探究正当化根据的过程。但这规训并非是一件束缚手脚的紧身衣(straitjacket)。理性的人之间也会有分歧。解释原则要想去解决这些依然存在的分歧,就必须求诸某些其他的来源。

第五章
宪法解释:实体

当宪法并不能总是将既存的配置作为分析的基线时,宪法将如何继续呢?如果任何所有权都是法律所创设的话,那么是否应该放弃当下宪法对其的理解呢?相关解释原则的基础何在呢?

对此我最为一般化的回应在于,应从对审议民主的普遍承诺中,推演出这样的原则。这个承诺为原初的宪法结构提供了一条线索。它为内战修正案和新政所深化和强化。这个承诺有助于去解释,宪法应扮演怎样的进取角色,才是最适宜的。它还可以解释为什么法院一般不愿意侵越到政治之中。在本章中我将解释审议民主的承诺,是如何被用以解决包括纠正歧视行动、福利权、教育、合理审查和政府行为学说在内的具体争议的。

抽象的看,很难为因现状而中立展开论辩。既存的配置部分是法律的产物,而它们常常是不公正的。对此有三条最主要的求诸现状的反思性替代进路:要么完全放弃所有基线;要么通过给出迄今为止尚未提出的其他主张,来为既存配置的使用而声辩;或者通过一条不一定和既存配置有关联或以之为基础的进路,来发展出宪法中所使用的基线。

没有基线的法律?霍姆斯及其他

一种充满诱惑的想法,认为在决定是否应改变既存配置的问题上,最高法院不应发挥任何作用。这样的主张有着高贵的谱系。它与新政及法律现实主义运动中的脉络相勾连,也为霍姆斯法官在洛克纳案中撰写的判决意见所清楚预兆。而在勒尼德·汉德(Learned Hand)法官就权利法案所作的脍炙人口的讲座中,在詹姆斯·兰迪斯(James Landis)极富影响力的行政法著作中,以及弗朗西斯·法兰克福特(Felix Frankfurter)大法官的判决意见中,都凸现了这个主张。[1] 在20世纪90年代,这个主张又得到了复兴。

在我们可将其称之为霍姆斯式(Holmesian)的主张下,在宪法的目的下,政府无论是对普通法予以重申或是拒弃;无论它是戏剧性的不断发生变化,抑或还是去保护当下的法律权利状态,都没有干系。至少对于宪法而言,放弃普通法基线,意味着完全放弃基线。在此不要求中立,因为这实现不了。法律规则所面向的更多是政治,而非司法决断。

有时这个主张的基础在于利益团体多元主义。中立,被理解为是关乎公众(public-regarding)立法的一个要求,而这恰恰与充满了自利交易的政治的真正性质相矛盾。从根本上说,司法的侵入是反民主(undemocratic)的;民主本身就需要有不为任何真正的正当化根据所支持的"交易"。我们已可以看到,霍姆斯自己也受到对政治所作如是理解的约束。

更为晚近的,也是更为戏剧化的,那些对客观性观念以及任何关于理性和权力的区别持怀疑立场的人,也在力主要放弃基线。[2] 对那些对客观性、中立以及相关观念表示怀疑的人而言,这反映出,他们标识出自身是政治化的并有可能多少反映了社会利益的努力的失败。后者所持立场的最为极端的形式,反映于许多对启蒙运动(the Enlightenment)的遗产提出质疑的作品之中,这些作品在文学批评领域是格外有影响的。

---

[1] Learned Hand, *The Bill of Rights* (1958); James Landis, *The Administrative Process* (1938); West Virginia State Bd. Of Educ. v. Barnette, 319 U.S. 624, 646 (1943)(法兰克福特法官的不同意见)。

[2] 参见本书第四章; Barbara Herrnstein Smith, *Contingencies of Value* (1988); Stanley Fish, *Doing What Comes Naturallyi* (1989); Gary Peller, "The Metaphysics of American Law," 73 Calif. L. Rev. 1151 (1985).

让我们依次去审视霍姆斯式的以及更为极端的主张。追随霍姆斯的进路,其好处在于一定会让行政感到宽心,因为他们告诉法院要放弃政治领域。这样的进路甚至在契约条款、正当程序条款和征用条款之下的当下的某些法律中,都有所反映;如我们已看到的,这样的进路对立法机关给予了相当大的尊重。因为他们建议要尊重政治,因此同样他们也可以主张这是对民主价值的妥当评价。当然,在对洛克纳时代和新政本身成败得失的传统理解中,已经反映了霍姆斯式的立场,这常常被用来支持法院要屈服于民主共识的要求。

然而,这个相当宽泛的主张形式是不能被接受的,其原因恰恰在于它是以对美国的宪政主义和多数政府(majoritarian government)的生涩理解为基础的。麦迪逊式的架构从肇始之初,就同对利益团体政治观念的认可相去甚远。相反,它的目的就在于,确保政府体系免受利益团体交易所扰。霍姆斯式主张的历史谱系,是有些苍白无力的。

在霍姆斯式的架构中,也很难以原则为基础,来为多数主义(majoritarianism)而声辩。例如,假定政治的目的实际上是私人偏好的加总,而且这是我们希望的政治体系所能最终实现的目标。若要是通过多数统治来实现这样的加总,那么在实践运作中,甚至在理念形式上,都一定会遭遇到严重的困难。集体行动的问题——有的团体组织完好,有的团体根本就没有组织的事实——将使得很难保证政治能精确地反映私人偏好。[3] 在选民压力和立法结果之间,存在着明显的游移。国会中所发生的一切,并非总是能够追踪到"人们想要什么"。

肯尼斯·阿罗(Kenneth Arrow)缔造社会选择理论,并因相关

---

[3] 见 Mancur Olson, *The Logic of Collective Action* (1965); Russell Hardin, *Collective Action* (1982)。(此外,奥尔森(Olson)著作的中译本有,曼瑟尔·奥尔森:《集体行动的逻辑》,陈郁等译,上海人民出版社、上海三联书店1995年版;曼库尔·奥尔森:《国家兴衰探源》,吕应中、陈怀庆等译,商务印书馆1993年版。——译者注)

工作获得了诺贝尔奖。在社会选择的理论域中,提出了另外一个问题。在一个多成员的机构中,没有哪一个结果能代表人们的欲求。按照问题发生的次序,循环问题、策略行为以及偶然性,将使得偏好加总过程受到阻却,无法产生任何单一的解决方案。[4]

对霍姆斯式的主张而言,更糟糕的在于,对于政治应试图成为偏好加总的主张,也很难对其加以卫护。例如,不应将诸如虐待狂和种族偏执狂等某些偏好,纳入考虑范围之列。民主和司法审查两者的功能之一都在于,将这类偏好的作用减至最小,或者确保它们通过了包括政治讨论和争论在内的审议过程的"涤荡"(laundered)。政治的中心任务之一,就在于对那些为不同因素所扭曲的,或者一旦移入法律中就会遭致反对后果的偏好的确认。[5]

当然,霍姆斯式的进路也必然导致,打算执行宪法条款以作为限制政府来重构(或者不能重构)既存秩序的能力的失败。这导致的结果将无异于完全放弃宪政主义。它对民主的强调固然是重要的;但它这样生涩的概略性的去求诸于选举结果的至上性,是不足以支持对宪政主义的放弃的。

这些就是霍姆斯主义(Holmesianism)。更为极端的现代版的对基线的抨击,又是怎样的呢?我们可以宽泛的将这场抨击视为是一个后现代版本——要认识到其中后现代立场有着许多不同的具体体现,而且并不总是很容易理解——所正在主张的究竟是什么。在法律中,后现代立场同本书第四章所讨论的当代对"不确定

---

[4] 见 Kenneth Arrow, *Social Choice and Individual Values* (1963);还可见 Brian Barry & Russell Hardin, *Rational Man and Irrational Society*?(1982)。(此外,阿罗[Arrow]著作的中译本有肯尼斯·阿罗:《社会选择与个人价值》,陈志武、崔之元译,四川人民出版社1987年版;肯尼思·约瑟夫·阿罗:《社会选择:个性与多准则》,钱晓敏、孟岳良译,首都经济贸易大学出版社2000年版。——译者注)

[5] 在第6章中将对这一主张展开论述,还可见 Robert Goodin, "Laundering Preferences," in *Foundations of Social Choice Theory* (Jon Elster and Aanund Hylland eds. 1986)。

性"的强调是交迭的。在此我发表几点简单的评论。[6]

首先,任何值得坚持的关于法律和政治的主张,都必须通过诉诸推理(reasons)以获得正当性。我们不应将"推理"的种类视为是狭义的,或者将其严格限定为笛卡儿主义(Cartesian)的;一个不为推理所支持的主张,不太可能会受到认真考量。然而,后现代的立场似乎在很大程度上,以许多形式来从总体上摒弃了给出推理的过程,在推理的位置上,摆放上的却变成了游戏、权力或惯例。[7]对于法律和政治而言,这些替代物很可能是徒劳无功的。后现代主义者注定"无法为[他们]自己的巧言令色,给出规范基础上的说明"[8]。

其二,不存在完全外部立场的事实——找不到跳出世界之外来看世界的位置——并不意味着留给我们的就是一顶无底深潭,伴着的就是在各种冲突面向下的自由搏击,或是各说各话的通天塔(Tower of Babel)。相反,不存在一个全然外部的视角,只是意味着那些法律和政治的参与者,必须要去讨论那些他们总是要去讨论的问题:不同的制度,将对那些受法律和政治影响的人们的生活起到怎样的作用。就宪法的目的而言,应从这样的探寻中去生成基线。

其三,稳定性并非就是一种内生的社会之恶,而流变性也并非就是一种内生的社会之善。一切要取决于在特定情况下是应令其稳定(性别平等?),还是令其流变(言论自由权?)。有时候后现代主义自身对流变和转型予以赞美,并将其作为宪政实践的基础。[9] 从这个意义上说,它这样作,似乎指向了错误的方向。

---

[6] 相关的讨论,可见 Martha Nussbaum, "Sophistry about Conventions," in *Love's Knowledge* 220—228 (1991)。

[7] 例如可见 Michel Foucault, *Power/Knowledge* (1981)(谈的是权力); Fish, *Doing What Comes Naturally* (谈的是惯例); Jacques Derrida, *On Grammatology* (Gayatri Spivak trans. 1976)(谈的是游戏)。

[8] Jurgen Habermas, *The Philosophical Logic of Modernity* 294 (1986)。

[9] 例如可见 Robeto Unger, *False Necessity* (1987),他要"粉碎语境"的热望,让人感到最为困惑。

更为一般化的,有价值的后现代主张,似乎也根本并非后现代,相反,它只是实用主义哲学遗产的一部分。实用主义的遗产存在于对形而上学现实主义的批评之中,该主张认为人类无需通过自己的解释滤器(filter)的帮助,即可接触世界。[10] 实用主义几乎从未对人类要发展出区别党派私见和中立的基线的努力予以抨击。相反,它有助于让这样的努力有更好的定位。它坚持认为,在法律中以及其他所在,人们的分类是人为建构的。考虑到我们的目标和需要,实用主义将这一点理解为努力建构好我们的分类的起点,而并非作为放弃整个事业的理由。

为因现状而中立所作的声辩

以上我把法院对现状的使用,看成是反身性的或是缺少理性的,或是在有机会思考之前,就已经内化的一种思维模式的产物。这通常是对境况的确切描述,但如果认为从未为这样的中立概念而声辩,那么就错了。有四个声辩理由似乎是特别有道理的。然而,它们都不像自己所宣称的那样确定。

实用主义的考量

有时会强调对现状的改变将是徒劳无功乃至更可能是事与愿违的。这种关切并非是以对自然或私域(private sphere)的笃信为基础。其担心在于,任何改变都会有不曾料及的坏的后果——而这或许恰恰会伤害那些需要帮助的人,或许会对某些并不曾在法庭露面的团体构成伤害,或者还会带来一些其他的伤害结果。[11]

这样的关切反映在许多不同的观念之中。最低工资制度可能会提高失业率,因此会对那些在社会中处于相对劣势地位的人构

---

[10] 对于此主张的不同版本,可见于 John Dewey, *Experience and Nature* (1926); William James, *The Pragmatism* (1928); Ludwig Wittgenstein, *Philosophical Investigations* (1953);以及 Hilary Putnam, *Reason, Truth and History* (1981)。

[11] 在 Albert Hirschman, *The Rhetoric of Reaction* (1991)中,抨击了这些观念。

成损害。积极的废除种族隔离制度,可能会增加种族间的敌视情绪。为政府雇员创设出听证权利,可能会导致他们薪水的削减。为反对性别歧视而提供的司法保护,可能会消解了妇女运动,并刺痛了反对者。

任何对现状的改变,都可能会有不曾料及的结果,这样的警示无疑是正确的。这个事实的确构成了保持审慎(caution)的一个重要理由。但变化有可能事与愿违,这也太过抽象,从逻辑上不足以构成一个支持因现状而中立的普遍理由。当然任何对现状的干预,无论是由法官还是其他人做出的,都有可能无法实现他们心中的怀想。当然这也是一个让我们停下来思考的理由。也就不过如此而已。

植根于既存配置的规定

当将现状作为案件判决的基线时,可以对某些宪法条款加以更好的解释。的确既存的配置并非是前政治性的,有时会是不公正的;但这并无损于宪法要对其加以保护的主张——无论它们是否是前政治性的,甚至无论它们是否公正。

例如,让我们回归到第五修正案中的征用条款。我们应该坚持认为,若是没有最起码的某些文本之外考量的帮助,任何州都根本不应对"未经公正补偿,因公共用途征用私人财产"来发表太多见解——甚至都不能去宣称必须要将既存的配置作为分析的基线。是否存在征用,有赖于"谁拥有什么"(who owns what)的理论。而征用条款的语词中,并不包涵所有权理论。

实际上,如果州不能确保每个人都有财产权,而且还以法律来阻止那些无产者(unpropriated)获得物事的话,可以被视为是"对私人财产的征用"。让我们去想像,一个在假定存在普遍生存权利的主流理论作用下的社会。在这样的世界里,征用条款甚至都有可能为宪法上获得福利的权利提供基础。这样,除了该条款的语境和文化之外,这些语句可能也构成了对合乎宪法要求的,大规模的对既存权利资格的重新配置计划的支持。

许多人会觉得这个主张是难以置信的。他们这样做是正确的,这并非因为征用条款语词的空乏(bare),而是因为这个主张同自征用条款制定之初既存在于法律文化之中的理解,有着诸多迷乱的相异之处。最初的理解是把该条款当作保护让人民当下所有的一切,免受政府侵扰的手段。此后一直对该条款作如是的理解。因此,不再用征用条款来支持维系既存的配置,将是对大量已经长期存在的法律的否定。法官在这样做之前,会感到踌躇不前。

当然,如果长期以来存在的解释显然是难以置信或者不公正的,那么就可不必再踌躇。但宪法条款应保护让既存财产的所有权免受政府的侵扰,这似乎并非不可能,相反它有着充分的正当化根据。这个观念也是保护个人和整个体制的稳定状态的一种重要形式。同时它还创设和捍卫着期待(expectations),其结果将会促进经济计划、投资和繁荣。也许更为根本的在于,它能确保在一定程度上独立于政府的奇思怪想之外,这也是公民权得以付诸实践的前提。一个开放的,任由政府随心所欲的对私人财产权作再配置的制度,可能会迫使所有公民要接受没有边界的广泛政府权力支配。此种不安全的形式,所带来的将是一条会让民主本身衰颓的奴役之路。

这样看来,对征用条款所作的与历史相契合的理解,绝非荒谬或不公正的。因此对该条款最好的解读方式,在于要将现状作为决定的基线。应沿着类似的路径,对其他条款特别是契约条款加以解释。但我所说的这一切,并不意味着这样的解释就是错误的。

稳定和期待

将既存配置作为决定的起点,可能具有普遍的正当化根据。其背景在于,尊重当下配置的系统,要比不尊重当下配置的系统,有着高的多的稳定度。这类稳定度对于个人和社会整体来说都非常重要。如制宪者都已了然于胸的,一个既存财产权配置不断被重新检视的体制,有可能会沿着派系争斗的轨迹而坍塌,而且这还会削弱对个人的保障及其对未来的规划。[12] 缺少保障的公民不太可能有能力作规划。绝非偶然的,他们也就不太可能会去投资。而对于繁荣而言,在不同类别上的投资是绝对必要的,而且这也当然是人类的福祉之一。最具一般性的,连贯的改革具有选择性,无论在何时,绝大多数的事物都应保持未经改革前的原状,以使得改革运动能有所成就。

现状,无论是否是自然的,都可以作为正当期待(legitimate expectation)的基础。而勾勒出应受政府保障领域的法治,本身就是与这类观念相联系的。[13] 正如已指出的那样,对既存配置的保护,是以加强保障和独立的目标为依归的,恰恰是对公民权利的促进。

所有这些都表明,任何政府都不应让既存的配置陷入频繁的或是持续的修正之中。征用条款就是这个基本要点的具体体现。但这并不足以支持更为极端的,认为应将既存配置作为判定是否存在党争与中立基线的主张。保障也只是许多目标之一,保障有可能受到政府决定威胁的事实,本身并非决断性的。对期待的保护无疑是个好主意,但问题常常在于相关的期待是否是正当的。奴隶主是否可以根据受法律保障的期待,来反对废除黑奴制度呢?很难弄清楚那些雇主和体格强壮者是否有要求劳工持续工作,从而将残障者排除在外的正当期待。

特定案件中的法律问题,常常要涉及在稳定度和保护期待之间的利益权衡。在权衡评判中,很难明了宪法通常应持怎样的立场。

伯克式的

最后的也是最为复杂的,为将现状作为基线所作的声辩,是将

---

[12] 见 Jon Elster, "Introduction," in *Constitutionalism and Democracy* (Jon Elster & Rune Slagstad eds. 1988)。

[13] 见 Lon Fuller, *The Morality of Law* (1964)。

第五章 宪法解释:实体 153

其溯源于埃德蒙·伯克(Edmund Burke)的著述;这在弗里德里希·哈耶克(Friedrich Hayek)的著作中也有详细论述。[14] 今天安东尼·斯卡里亚(Antonin Scalia)法官似乎也对该主张作了最为清楚的说明。[15] 核心要点在于,现状和既存配置中,蕴涵了太多复杂性和智慧在其间,因此很难找到合适的立场来对此展开批评。当下的实践至少是通过数百年来数百万人发展而来的,因此它们受惠于太多智慧的集合,而这将超越任何单个人或者特定界别的人们的心智,所期望能达致的结果。

这类传统是以市场形式起作用的,它同时将似乎相互之间各自为战的欲求,和长期以来许多人对不同问题的艰难思考都网罗在一起。正如单由一个政府来决定商品的准确价格,就远远不如市场上人们各自为战的努力结果;单由法院或政府来对既存实践加以评判,可能会带来可怕的结果。

这样的见解也给出了一个颇有价值和警示意义的评述。它提出了恰如其分的建议,认为改革者可以对既存实践的某些价值予以忽略。我们可以去挫一挫那些由少数人或在短期内拟就的改革建议的锐气;因为既存实践可能会有比乍看上去更多的蕴涵。但伯克式的论说往往太过宽泛并流于一般化,因此很难提供出来一条有用的宪法进路。有时既存配置并非是富于理性的产物,相反更多的是归因于偶然的原因,或是经济、自然和社会权力的作用,或是不公正的或恣意的事件作用的结果。

举一个最明显的例子,很难在伯克式的背景下,为已经存在了很久的种族隔离制度提供正当化根据。种族隔离制度代表的远非是对复杂社会关系的明智应答,而是一种让白种人永远保持优越地位的机制。这么说并不是认为伯克式的论述就没有用武之地,实际上这样的论述是太过普遍了。在这样的背景,所揭示出来的

---

[14] Edmund Burke, *Reflections on the Revolution in France* (1970); Friedrich Hayek, *The Road to Serfdom* (1944).

[15] 一个很好的例子是 Burnham v. Superior Court, 2105 S. Ct. (1990)(Scalia 法官所撰写的意见)。

共通之处在于,伯克式的主张,常常代表了那些实际上很难对其展开很好论述的实践。这尤其是用于在上一个世代里对性别歧视制度的论述。这样一个制度是否改革,不仅要看这个制度是否已长期存在,还要看这些论述是否能得到制度的支持。

同样,将对人类理性的限制作为现状的正当化根据,或者认为当下的实践里多少包含了想对其加以评判的人们无法获知的智识的主张,也是错误的。当然,改革努力必定植根于这个世界之内,但这不是说改革者就没有能力去思考另外一个世界将是什么样子。说每个人在评判体系的文化中都居有一席之地,并不是说在这样的文化下,就没有人能对其意义加以评判。

至少在法律中,现代版的伯克式主张一方面对当下的实践抱有过于乐观的态度,另一方面又对理性的力量感到过于悲观。而且尽管可以把某些宪法条款解读为是对传统的理解,其他的条款却是对传统的自省的限制;而应当要对那些摒弃传统的热望予以尊重。

角色分化

可以说因现状而中立来自在立法者和法官之间权限的妥当分配。我们可以用以下简易的方式,开始论述法律与政治的差别:有充分的理由把某些问题留给法官解决,哪怕其他政府官员也可以把这些问题解决得很好。处理契约案件的法官通常不会去关注当事人财富的多少,尽管财富可能会成为其他官员决定其他问题的相关因素。这是最为基本的角色分化观念,它对于因现状而中立有着重要意义。例如我们可以得出这样的结论,应由能担负政治上责任的官员,来回答是否改变现状的问题。至少法官应该对既存的实践予以尊重,无论其是否在根本上具有正当性。因现状而中立是正确的,不是因为现状就是好的,而是因为这是由民主过程而非法官所作的评判。

这个一般化的见解蕴涵了许多真理。无疑正确的在于,认为在法律和政治之间的界别,包含了限制法官做出某些考量的判断

（尽管总是对此展开论述）。同样正确的还有，在许多案件中，法官不应认为自己就有权介入对现状的全面评判。实际上应当坚持对许多事务都是始终如一的。但这些要点无论多么重要，都还不足以说明因现状而中立的正当性。

第一个问题在于，某些宪法条款，应该从整体上或者部分上被视为是现状的自省式的修正。因此如果还用既存的实践作为确定这些条款意义的基础的话，将是有悖常理的。平等保护条款就是最好的例证，如我们已看到的，该条款意在修正在黑人和白人之间既存的权力配置；因此不应再求诸这些配置去界定该条款。第二个问题要更为深入一些，即便在不能使用宪法来修正既存实践的情况下，法院也应允许立法机关这样做——而实际上法院的确经常援引宪法，将对它的解读作为捍卫因现状而中立的壁垒。例如，可以去想想看，在第一修正案之下，禁止国会为了增加观点的多样性和对公众的吸引力，对广播电台进行的规制。（见本书第七章）几乎无法将角色分化的观念，作为禁止这类试验形式的司法决定的正当化根据。这样的观念太过一般化，因此无法作为对因现状而中立的有力论述。

如果摒弃了霍姆斯式的进路，那么只剩下一条实在的替代进路。这条进路将试图通过某种不一定植根于现状之中的宪法含义理论，来创设出基线。这类进路可能将宪法理解为一个单位，将它视为某一个别支配性理论的反映。然而更为明智的是，面对一条条的条款，去承认不同的条款有着不同的目标。因此就有必要为每一宪法条款发展出来不同的理论。宪法文本将有可能成为独立于现状之外的进路的基础，并且可以作为对现状加以评判的基础。

这样的进路将迫使我们去追问自然性是如何与法律问题相关联的问题。在此重要的在于理解，使用"自然"或"自然性"作为评判社会实践基础的某些复杂之处所在。在经典哲学中，自然是一个规范观念；它的弦外之音在于，人类的繁荣同特定类型的活动有关,并且不能存在相应的阻碍。[16] 在现代政治和法律理论里,有时会将把自然等同于繁盛的观念,与另外一种完全不同的,实际上以对没有社会或法律行为时将发生什么的探究为基础的自然观念混为一谈。

这样的混同,是一个未曾在法律理论和哲学的历史上加以讲述的故事,这将带来相当程度的纷乱。实际上很难为离开社会或法律行为人类能更加繁盛,或者在法律和社会不予以干涉的情况下,事物才能达到最佳状态的观念给予说明。戴眼镜并非是自然的,但不能因此就去反对它。法律禁止违背自然驱动的暴行,但这并不构成废止它的理由。几乎不能因为某一实践是人为的事实,就一定要去改变它;而事实上从某种意义上说,自然也不一定就构成尊重它的理由。自然与道德的或法律的见解是不相关的。

有时认为对从自然中生长出来的实践的干预,注定是徒劳无功的,失败的。有时这是正确的,法律不能将男人变成女人,反之亦然。但当既存的实践只是一个特定的社会秩序体系或法律体系时,它们本身并非是自然的,这样的反对意见也就变得不相关了。例如,如果揭示出来偏好只是对法律现状的适应,那么新的法律规则可能就不再是无用的了;在新的规则下,可能浮现出新的偏好。因此实践是政府的创设物的事实,可以移除去某些要求保留它的论证,尽管这本身很难算的上要求改变它的理由。

审议民主

我们应从保证审议民主的成功运行的目标出发,来发展出解释原则。这个目标可以追溯到美国共和国建立之初的那段日子。从建国后,它为许多重要的发展所拓展和深化。支配审议民主的理想,和在我们历史上那些重要时期所理解的宪政热望之间,有着紧密的关联。因此,在这样的理想下建构解释原则努力的好处在

---

[16] 见 Aristotle, *Physics* B25—27 (Hippocrates G. Apostle trans. 1980)。

于,它同宪法的文本和结构有着紧密的关联。这样的理念还有着许多相当独到的吸引人之处。

在此,我并不打算为审议民主给出一个完整详尽的记述和论证,或者将它与解释原则的其他许多替代源流加以度量权衡。要完成这样的任务,有必要建立一套政府应作什么的完整理论。不幸的却也是真实的,要想做到这一点,首先就必须要发展出一套充分完备的宪法解释理论。我这里的目标要比这谦卑的多。我只是希望来说明审议民主的承诺,说明其可能性、历史源流及一般主张,并且来审视在不同的法律领域里,审议民主是如何作用于解释原则的发展过程之中的。

在美国,对审议民主观念的理解,应求诸三个最显著的源流。[17] 首先是从建国初期就成为美国公法特色之一的自由共和主义(见本书第一章)[18];第二是内战及其后果;第三是新政时期对宪政体系的重构。通过对这几个时期的强调,可以保证尽管时间流逝,宪法解释者依然会保持对于基本文件及其基本原则的忠诚。

政治审议

作为美国宪政主义体现的自由共和主义,从一开始就建立在

---

[17] 对于沿着这样的脉络对民主所作的记述,见 S. Hurley, *Natural Reasons* (1989)的第 15 章。关于当代相关的宪法著作,见 Bruce Ackerman, *We the People: Foundations* (1991)。按照 Ackerman 的理解,美国有着三个各具特色的宪法"时刻",即建国、内战和新政,相应的也有着三种不同的政制(regime)。当然如果看到内战修正案和新政同宪法解释有着持续的关联,那么也就不一定非要同意上述主张。

[18] 从这样的记述中,可以看出在美国传统中经常勾勒出的自由主义和共和主义之间的对立,是一个很大的错误。这样的对立似乎是对这两种传统的讽刺。它认为自由主义要服从于利益团体多元主义或对已有私人权利的保护,而这样的自由主义观念几乎为包括贡斯当、康德、罗尔斯、麦迪逊和杜威在内的所有重要的自由主义思想家所拒斥。而位于相反面的共和主义主张,好似又完全摒弃了权利保护,显然这类观念也不适应于现代民主的要求。美国的传统并没有将自由主义同共和主义相分离。

几个承诺之上。其中最为重要的就在于对政治审议的笃信。如我们在第一章所看到的,政治结果不应仅仅是对组织完好的私人团体的自身利益的反映,也不应仅仅是对特定的或是前政治(prepolitical)的权利的保护。相反,它们是由拓展开来的审议和讨论过程而产生的,这样将会带来新的信息,产生新的视角。

这样看来,不应将多数统治理解为只是将既存的欲求转植于法律之中。如杜威所写的那样,"更为有意义的是,要事先求诸讨论、咨询和说服等方法。"这些方法包括"事先的争论,修正主张以满足少数人的意见,让他们感到相对满意,因为事实上这将使得他们下次有机会可以成功的变成多数意见"[19]。因此,政治目标不单单是既存偏好的执行,有时也是既存偏好变化的反映。偏好并非是静态的,而是交流和争论的对象。人们可以通过求诸理性来证明社会结果的正当性。

如我们在第一章讨论中所看到的,应把审议政治原则理解为是原初麦迪逊式政治观念中的重要组成部分。它成为同包括代议制、分权制衡、联邦主义以及司法审查在内的政府制度的和声。与之相关的信念在于,美国人民认为对于一个功能完好的共和国而言,分歧与异议是不可或缺的富有创造性的动力源泉。

我们还要看到,新政通过坚持主张不能再反身性的接受现状和既存的所有权,或再将其视为自然的一部分,从而拓展了对审议政治的承诺。只有当存在有代表性的理由时,才能去接受现状。从这个角度看,新政者将现状归依于一个特定版本的无偏私原则之下,在反威权主义的背景下,一定要求诸推理,来对社会利益和负担的配置加以论证。在共和党人对君主制的攻击,同新政时期对因现状而中立的质疑之间,有着非常紧密的关联。

在这个框架下,不存在任何对权利的敌视,实际上权利居于美国宪政主义的核心地位。权利常常是审议过程的前提,因此不会

---

[19] 见 John Dewey, *The Public and Its Problems* 207—208 (1927)。还可见 Hurley, *Natural Reasons* ch. 15。

遭到质疑。言论自由只是其中最明显的例子。权利有时也可能是审议的结果,但为此必须要给出相应的推理。

公民身份

从对审议政治的笃信中,可以导出三个附加的承诺。自由共和主义者对公民身份(citizenship)予以颂扬。当然这并非要求所有的决定都由市镇会议做出;但它否定了认为政治参与只能是由某些人去"品味",或者在架构完好的民主社会中是可有可无的主张。因此,它试图努力确保政治结果会因公民的普遍参与而受益。因此缺少了政治参与的制度,一定程度上可谓是个失败。

对公民身份的承诺,要求能保障人民在相当的程度上独立于政府之外。原初对私人财产权的宪法保护,很大程度上就是在这样的背景下获得正当化根据的。如我们所看到的,个人财产不受国家干预的自由,是确保公民独立地位不可或缺的前提条件。如果政府能凭一时兴致所至就征用财产,公民不仅要屈服于政府之下,而且可能还要感恩戴德。在这样洞见的驱策下,"美国革命成了一场对(公民)依赖性的全面攻击。"[20]

这类观念并非暗指一定要禁止对财产的再分配。对于一个要有最起码保障的社会来说,不一定让所有的财产都免受民主制度的修正和干预。只举一个例子,累进税制几乎不会构成对公民权的威胁(哪怕它可能会因其他的原因而遭到反对)。实际上,对依赖性的攻击的隐喻在于,对财产权及社会规划的设计,都要确保任何人都不得依赖他人。但无论是对于穷人,还是那些财产经常要受到政府随意调配的人来说,贫穷都给他们带来了同一类的依赖度问题。因此,从财产权创设的正当化根据出发,同样可以生长出对贫穷的持续攻击。如以下将讨论的,麦迪逊和杰斐逊都坚持主张,对私人财产权和再分配两个制度都加以捍卫。

---

[20] Gordon Wood, *The Radicalism of the American Revolution* 178—181, 234 (1992).

公民身份的承诺，也有助于解释第四修正案对不合理搜查和扣押所做的禁止。类似于私人财产权利，这样的禁止让公民免受政府的裁量和控制。它创设了一个政府不可以进入的自治领域，这个领域反过来帮助保障公民所需要的安全。当然，宪法第一修正案对言论自由的保护，显然也是对公民权利的卫护。

具有广泛包容性的内战修正案，是对此原初承诺的印证。它们对于所有以与道德无关的特征为基础，将某些特定的团体排除于政治之外的努力，从宪法上提出了质疑。第十五修正案对选举中种族歧视的禁止，就是这个目标的最好例示。但第十四修正案让所有出生或归化于合众国的人都成为"公民"。而第十三修正案则废除了强制性的奴隶制度。因此拓展开来，至关紧要的一点在于，宪法上所创设的让个人免受他人意志支配的努力，构成了公民身份的前提条件。

作为协调理想的合意

自由共和主义带来的另一个承诺是，作为政治协调理想的合意。自由共和主义者拒绝接受认为政治分歧仅仅是立场、境况或品位问题的主张。他们认为政治争论中还是常常存在正确答案的。而惟一可能的评判正确答案与否的依据，只能是平等公民之间的协定。[21] 只有根据这样的承诺，才能够理解原初的审议民主观念。如果我们所有的仅仅是立场上的异同，那么审议就变得没有意义了。

---

[21] 在自由主义传统中，这也是一个熟稔的主题。见 John Rawls, *A Theory of Justice* (1971); Habermas, *The Philosophical Logic of Modernity*; T. M. Scanlon, "Contractarianism and Utilitarianism," in *Utilitarianism and Beyond* (Amartya Sen & Bernard Williams eds 1982)。当然对于人民可以决定什么，存在着宪法上的限制。然而在一个宪政体制下，这些限制本身早在事先就已为全体公民所规定。见 Bruce Ackerman, "Constitutional Politics/Constitutional Law," 99 *Yale L. J.* 453 (1989)（批评了那些"权利的基础主义论者"[rights foundationalists]对美国宪政主义的理解）。同样正确的在于，有时不可能达成真正的合意。

政治平等

最后一个承诺是政治平等,这点更为复杂。而通过审议政治的棱镜,可以看到对政治平等的最基本承诺在于,禁止不同的社会团体来施加明显不同的政治影响。因此麦迪逊将共和国定义为"它的所有的权力都由最大多数的人民手中直接或者间接的导出;并由某些自愿出任公职的人在一定时期内或者能忠实履行职责期间进行管理。对于这样一个政府来说,最为根本的,在于它应来自社会中的最大多数人,而非其中的一小部分人,或是社会上某个幸运的阶层……这样一个由人民直接或间接任命的人来进行管理的政府,才是有资格的……"[22]

因此在麦迪逊看来,应禁止剥夺公民权利。这也是内战修正案的一个核心教训,它给予了麦迪逊式的主张以崭新的更为具体的含义。政治平等的承诺同许多问题都有关联。首先,它对言论自由就有影响。如我们将在第七章看到的,我们当下对言论自由的认识,常常会危及政治平等的理想。

这样的承诺也作用于接受良好教育的问题。它暗示,尽管法院应该只是扮演有限的角色,但教育的获得还是同宪法上的热望有着密切的关联。如我们在以下将看到的,正是在政治中立的宪法原则之下,政府在偏好和价值的形成过程中,存在着自主创议的主动空间。

然而,无法将对政治平等的保障解释为对经济平等的保障。作为一种政治信仰的平等主义(egalitarian),始终是被排除在美国公法传统中对自由共和主义的理解之外的。平等主义始终努力避免出现在财富和资源分配之间的悬殊,而对它的拒弃,是基于这么三个目标:促进自由、[23]为有价值的劳动提供激励、对成就和优点予以认可和奖励。但迄今为止几乎没有哪个宪法方案会将平等主

---

[22] *The Federalist* No. 39, at 241 (J. Madison) (1961).
[23] 平等主义同自由之间的不一致,是《联邦党人文集》第十篇所讨论的主题。

义作为它的基础,实际上那样做也是同作为美国公法基石的自由共和主义不一致的。内战和新政时期的举措,并未曾让这样的理解有所减损。

另一方面,对政治平等的坚决主张,的确同经济领域中所可能发生的事件有关联。而这样的关联,有助于对在美国法中的确发挥重要作用的三个更为狭义的平等观念,加以确证和理解。

第一个原则是对免于陷入绝境的自由(freedom from desperate conditions)的笃信。任何人必要的警察保护、食品、住宅或者医疗保健都不应被剥夺。这是在任何公正社会都应满足的普遍人类需要。[24] 这个原则绝非平等主义的,因为它承认在生活水平上的相当程度的差异,但它的确可以使得人们生活水平不会下降到特定基准之下。这个承诺实际上是同对审议民主的笃信以及公民身份的承诺紧密相关的。对于那些希望获得公民身份的人来说,必须要有适当的最低限度的食品、医疗保健以及住宅。如果得不到这些利益,人们就无法获得这样的地位。这样看来,恰恰是支持着私人财产权利的观念,也要求政府保护人民避免陷入绝境。

对这类自由形式的笃信,并非是20世纪的创设。它得到了杰斐逊和麦迪逊热忱的支持。对于每每认为福利国家同我们建国者的热望不一致的主张而言,这一点尤其值得着重强调。杰斐逊写道:"我知道财产的平均分配,是不切实际的。但是如此极度的不平等为人类带来了巨大的苦难,立法机关无法为可细分的财产设计太多的机制,所能关照的,只是让这些可细分的财产偕同起来,听由人类心智的自然作用……另一个可悄然减缓财产不平等的方法是,对于低于一定水平的财产,免征所有税赋;而随着财产水平几何级数般的递增,即课处以更高比率的税收。无疑,无论在哪个

---

[24] 见 Amartya Sen, *Commodities and Capabilities* (1983); Martha Nussbaum, "Aristotelian Social Democracy," in *Liberalism and the Good* 203 (R. Bruce Douglas, Gerald M. Mara & Henry S. Richardson eds. 1990)对偏好内容所产生重要影响的经验证据的讨论,可见于 Norman Frohlich & Joe A. Oppenheimer, *Choosing Justice: An Experimental Approach to Ethical Theory* ch.7 (1992)。

国家,财产法的作用已经蔓延到了未开垦的土地和失业的穷人,这构成了对自然权利的侵犯。这是人们工作和生活所要面对的现实。"[25]

让我们去对麦迪逊开列出来的那些防止"党派之恶"的方法予以考量:"(1)建立在所有人之间的政治平等。(2)通过遏制那些不必要的,可能产生不相匹配的过度财富聚敛的机会,来防止财产不平等的加剧。(3)在法律的悄然运作下,无需侵犯财产权利,即可削减近乎常态的过度财富聚集,让过度贫困者趋向安适状态。"[26]

在第二章中已经作了概略勾勒的罗斯福的第二权利法案,是这类自由在规范形式上的表现。值得注意的,第二权利法案的设计,是让立法机关而非司法机关去执行它。在此法院注定发挥着有限的作用,因为法院自身缺乏民选的正当性,以及介入和管理社会福利国家的基本工具。但宪法与法院并非是毫无关联。

即便法院不能去保障这样的自由形式,国会和总统也会谨慎地将其作为自身宪法义务的一部分。而法院对制定法的解释,常常也是在宪法的遮蔽下运行的。可以根据宪法规定的背景原则,

---

[25] Thomas Jefferson, 8 *The Papers of Thomas Jefferson* 681—682 (1953)(楷体的强调字为作者所加)。

[26] James Madison, 14 *The Papers of James Madison* 197—198 (1983). 这是自由主义思潮中一个熟悉的主题。因此孟德斯鸠在一段美国建国者也应感到熟悉的段落里,写道:"政府的富庶要以工业的繁盛为前提。在诸多贸易分支中,某些人必然会遭遇苦难,随之而来的,这样的机制必须要在瞬时发挥作用……当这些发生时,政府有义务给予他们及时的扶助,或是让人民免受苦难,或是防止叛乱。" Montesquieu, *The Spirit of the Laws*, vol. 2 at 26 (1949;初版于 1748 年),密尔沿着同样的文脉写道:"应当承认,除了关于道德或社会联盟的基础等形而上学的考量之外,人类之间的互助是正确的;要求越是紧急,就越应如此;而没有什么人比正受饥饿之苦的人更为迫切的要求帮助。因此,穷困产生出来最强烈的对于帮助的要求,从表面上看就有丰富的理由,通过可以做出的社会协定,来为极其紧急的事件提供救助。" J. S. Mill, *Principle of Political Economy* 468 (1899). 在 Stephen Holmes, "The Paradox of Democracy"的第九章(未发表手稿)中,对自由主义者关于福利规定的见解,作了很好的讨论。

去解读制定法中那些模棱两可的术语。因此法院应对此作宽适的而非狭仄的解释,这些举措反映了立法机关执行第二权利法案的努力。

第二个原则是对社会等级制度的反对(opposition to caste system)。美国的传统不欢迎社会等级制度,第十四修正案是此热望最为鲜明率直的表现。实际上,反对社会等级制度,是内战后修正案的明确特色所在。但这样概略的观念,可以追溯到合众国肇始之初。[27] 而这个观念也同更为宽泛的审议民主的承诺紧密相关。社会等级制度否认了公民身份和政治平等原则,是同审议民主的承诺不一致的。

最后一个原则同机会上的大致平等(rough equality of opportunity)有关。尽管我们摒弃了平等主义原则,但是我们还是可以坚持认为,在出生在美国的不同地区的不同家庭中的两个孩子之间,其生活未来不应有什么根本的不同。这是美国建国时期的核心议题之一。对君主制传统的抨击基础就在于,认为人们之间的差异常常是机会上的差异所造成的。因此应当消除机会上的差异。[28]

当然在一个自由社会里,不同的家庭在资源和教育程度方面必定也有差异,而这样的差异构成了对机会平等这个基本原则的鲜明限制。然而,政府还是可以作许多有助益的事情,它能够保证任何人都可以接受良好的教育,增进对公共问题的理解与认知,使得所有公民都有能力去实际影响公共问题的结果。政府还创设了培训项目,从而为那些生于平常家庭或贫贱之家的人们提供实在的未来。它不会增加因不同公民间经济差异而使其未来生活产生悬殊差异的风险,而只是会将这样的风险降至最低。

法院在这个过程中只是发挥了有限的作用。但某些案件中也引出了相关的问题。关于这样的关联,可以去看二战后最重要的一个判决 San Antonio Independent School District v. Rodriguez

---

〔27〕 见 Louis Hartz, *The Liberal Tradition in America* 3—32 (1960)。
〔28〕 见 Wood, *The Radicalism of the American Revolution* 233—238。

案。[29] 在这个案件中,法院所要面对的是一个由地方学区来征收财产税的教育财政制度。这就造成了在不同学区间,每个学生在支出费用上的实质差异——每个学生的费用从 248 美元到 558 美元不等。法院否定了根据平等保护条款对该制度的异议。在这个过程中,法院暗示教育机会上的大致平等,并非宪法上的必须要求。但教育和宪法上特定的权利有着密切的关联,而基本生活前景上的平等,无疑是内战后宪法修正案的主题。这样看来,法院的错误至少在于,没能为得克萨斯州的教育财政制度提供一个坚实的正当化根据。

更为重要的是,在法庭之外,宪法的含义将科以政府要提供大致上平等的教育机会的义务。应当鼓励总统、国会和政府,去遵守这个在当代美国正被普遍违反的原则。也许由于制度的原因,法院应当扮演次要的角色;这是对罗德里格斯案判决的最好论证。但如果法院要根据罗德里格斯案的判决去定位其他机关的宪法义务的话,那么将有些离奇,因此,宪法提出了要努力促进公共教育的改善和平等的要求。

包括审议、公民身份、作为规制理想的协定及政治平等在内的自由共和主义承诺,都是审议民主原则的体现。这些承诺的起点不一定相同,其间也不一定就有学派之争。密尔和罗尔斯的自由主义论说,与我所给出的记述是完全相容的。特定的功利主义(utilitarianism)[30] 形式高度颂扬政治平等,并不将既存的偏好和配置作为社会选择的基础,这是对审议政治的额外鼓励。这样看来,功利主义同自由共和主义是完全相容的。

约翰·杜威强调有必要发展出一套自由观念,以作为审议政治的社会先决条件。[31] 这样的实用主义形式同我正在描述的宪法传统有着密切的关联。当下亚里士多德学派[32] 复兴的源流在

---

[29]　411 U.S.1 (1973).
[30]　例可参见 Jonathan Riley, *Liberal Utilitarianism* (1988)。
[31]　见本书第 6 章的注释 28。
[32]　见 Habermas, *The Philosophical Logic of Modernity*。

于，认为无须创设社会制度，即可满足所有公民发展自身能力的需要。将这条进路应用于政治生活之中，引出的就是我前述的这四个承诺。能从诸多不同的传统引出这些承诺的事实，无疑也增加了这些承诺的说服力。更为重要的在于，这些承诺为美国宪政主义的界定和塑造提供了导引。

我们还可以看到，审议民主的基本要点之一，在于要努力发展出良好的个人品性。有时自由宪政主义被颂扬，原因在于它并非是对"人性"的拙劣的修补，而是对其准确的回应。这样看来，面对不同的人性可能，它是处于中立的地位。想从根本上来修正人性的努力，通常会终结于暴政发轫之处，因此常常注定是失败的。但对自由宪政主义的最好的理解和论辩，并不在于它是中立的，而在于它对人性会产生积极的影响。民主本身倾向于要通过谆谆教导来将那些好的价值植入人们的心智之中。约翰·斯图亚特·密尔就坚持这个观点，而约翰·罗尔斯则认为自由制度影响着"人们内心最深处的热望"，而且"无疑会对社会产生长期的影响，而且非常重要的在于，它塑造着社会成员的品性和目标，明了他们自己是什么样的人，又想成为什么样的人。"[33]

审议民主和解释原则

是否有可能从这些观念中推演出解释原则呢？这项事业将会从对历史的密切检视中得到裨益，也将作为一个原则问题而得到相当的支持。一个实际上认识到了自由共和主义承诺的体制，同时也会是对包括自由主义和共和主义在内的我们伟大传统的促进，这将是能赢得当下支持的最有力的主张。这样的体制将使得自由观念更富吸引力，它也是某些平等观念有力的具体表现。一

---

[33] 见 J. S. Mill, *Considerations on Representative Government* (C. V. Shields ed. 1861); John Rawls, "Kantian Constructivism in Moral History," 77 J. Phil. 515, 539, 538 (1980).

个独到的美德在于,在这样的理解方式下,在宪政自由同平等之间,根本就不存在着紧张。

当然还需要大量的工作,来对这些见解予以论证,并加以具体化。在本书的第二部分,我将试图至少初步地开展这项工作。而且任何关乎司法的定位,不仅要考虑到实体原则的因素,还要照应到在美国政府体制中法院所扮演的恰当且有限的角色。但至少我们可以从这儿开始。

在这样的主张下,经常被谈及的在宪政主义和民主,或者权利和民主之间的紧张,似乎就趋于完全消解。[34] 对于民主及其审议过程而言,许多权利都是不可或缺的。如果我们通过宪法保护了这样的权利,这根本不会危及到政府的自治。相反,政府的自治有赖于受到稳固保护的民主权利的存在。因此,宪政主义通过限制多数人去削除这些民主先决条件的权力,而为这些先决条件提供了保障。[35]

---

[34] 例如可见 Jennifer Nedelsky, *Private Property and American Constitutionalism* (1990)。

[35] 见 Ronald Dworkin, *Law's Empire* 364 (1986),德沃金持有类似的观点,否定了认为民主必定要求司法扮演消极角色的主张。德沃金有力明澈的论述影响了我。然而他的论述还会引出几点疑难所在,在此将这几点勾勒出来,是有益的。

  1. 德沃金反对司法"消极主义"的论述,似乎太过平易。在他看来,消极主义者一定"主张从长远看,相较于法院试图去对抽象宪法规定中的暧昧语言所作的解释,立法机关更有可能发展出来为正义所需要的更为可靠的权利理论"。前引 Dworkin 书,第 375 页。但消极主义者可能转而求诸这样的见解,认为代议制政府是独立的善,或者是人们已有权利系列的一部分,因此哪怕法官更有可能发展出更为可靠的权利理论,还是要尊重立法机关的结果。一个完整的司法审查理论,应该将代议制政府的潜在独立价值考虑在内。这样看来,这包含了许多消极主义的信条。(在本章的后面部分以及本书第十一章将展开对消极主义形式的声辩。)

  2. 在德沃金为司法角色所作的声辩中,他很大程度上倚重于这样的见解,认为我们没有理由认为"与政府立法者或律师相比",法官就是"相对欠缺能力的政治理论家"。但我们没有来自理论或实践方面的决断性的证据,为作为理论家的能力问题给出说明。消极主义者没能说明法官的比较劣势何在,因为这个问题本身就没有定论,所以这根本算不上消极主义进路的什么软肋。但很难因为这场争论没有定论,就轻易的去摒弃消极主义。

进而,对于一个功能完好的民主制度而言,以权利为基础对政治过程的约束并非是站在它的对立面,相反是必不可少的。民主无法为不受监控的多数主义提供确证。我们几乎不能说一个容许多数人去压制异议者主张的制度会是民主的。

从审议民主的承诺出发,法院将在两类案件中扮演积极进取的角色。第一类是同民主过程休戚相关,在减损后不太可能获得政治救济的权利。要针对政府对选举权或者言论自由权利的干预,提供积极的司法保护,因为这构成了政治审议、政治平等和公民身份的背景前提。这暗示,我们的解释原则要同表达自由以及政治参与和代议制度相协调,以防止造成有害结果。在这些案例中,法院不应套用一般的态度去对立法过程予以尊重。

也可以从审议民主的承诺中推出,对于教育机会上的大致平等而言,司法至少也要扮演一个补充的角色。因为对私人财产权的保护是保障免受国家干预,乃至保证公民身份的前提条件;即使

---

3. 德沃金的一般进路,包括他对使用原初理解的攻击,并不能说明司法存在的诸多制度缺失。我们关于法官应该作什么的论述,必须要关注到这些缺失,这包括法官是由来自特定的狭窄的社会阶层的法律人组成;法官缺少良好的事实认定工具;他们往往被绝缘于相关的团体和事件之外;他们往往只是关注案件的枝节;他们无法去应对该决定所带来的方方面面的影响等事实。德沃金恰当地指出了我们实际民主过程中存在的困难。有些困难完全归因于同民主之间的关联,有些困难则是因为在这样的过程中,有限的对原则问题展开审议的能力。但这只是画卷中的一面。指出相比较而言法院存在的缺失,具有极其重要的意义。

4. 德沃金关于解释的原则过于游弋不定。比如特别是在对种族歧视的讨论中,所提出的相关原则似乎抽取自抽象的道德理论,而并未关注内战修正案背后的历史,也没有去探究美国人对于奴隶制的罪恶及其后果的特定看法。前引Dworkin 书,第381—387 页。德沃金没有说清楚,历史或者在美国历史上的主要结构转型,在争议案件中所发挥的作用。相反,我在这里主张解释原则是源自对审议民主的具体宪法承诺,并说明了如何通过历史和独立的政治正当化根据,来从这些承诺中推演出解释原则的内容及其诉求。在种族歧视的情境下,作为普遍约束子部分之一的相关原则,是同等级制度相对立的——这个原则有着独立的诉求,它的源流可以直接追溯到内战修正案,它的浮现与之有着非常紧密的关联。

对于一个从共产主义中浮现出来的制度而言,对财产权给予坚定扎实的保护,依然具有其正当性。但是在盎格鲁—撒克逊文化中,私人财产权制度和市民社会都分别处于相对稳定的位置。在当前的条件下,似乎不太可能将民主作为积极保护财产权的正当化根据。[36]

第二类涉及的群体或利益可能不会有在立法过程中接受公平听证的权利。当一个群体(比如同性恋者)组织起来有困难时,或者要面对弥漫的偏见或敌意时,不应为了民主结果,就去迁就于普通的推定。只有当特定的团体在施加政治影响时面对过度壁垒,法院对政府决定的严格审查才成为可能。这样的严格审查,可以通过求诸于民主本身而获得正当性。在这样的评判中,反等级制度(anticaste)发挥了至为重要的作用。

在《民主与不信任》一书中,[37] 约翰·哈特·伊利提出了与此颇为相似的建议,我在此也借用了他的论述。伊利的理论受到了来自许多方面的批评。与之相反的似乎也是正确的观点认为,选择民主作为解释原则的来源,本身就是一种实体价值的体现。而在熟稔的中立解释观念之下,伊利显然趋于混淆了这一点;因为如果认真深究的话,他的处理反映出对价值判断的几分怀疑,而最终证明这将构成对他自己事业的毁灭性打击。因此我们必须要证明民主的实体价值,以去支持将民主作为解释原则基础的主张。

与伊利相反的似乎也是正确的观点,认为民主绝非是一种能够自定义的观念。必须为任何特定民主概念给出恰当的论证,而不仅仅是以一般的观念对其加以界定。在伊利论述中存在的一个普遍问题在于,他自己从未对民主的概念予以论述,而只是将民主理解为对普遍理想的必然解读。法院需要有一个非常特定的民主概念,用以判决案件。这些概念总是难免有存在褊狭和谬误的

---

[36] Cass R. Sunstein, "Constitutionalism, Prosperity, Democracy: Transition in Eastern Europe," 5 *Constitutional Political Economy* 450 (1991).

[37] J. H. Ely, *Democracy and Distrust* (1980).

可能。

同样也是正确的,就是在于坚持认为任何关于宪政主义地位的理论,都不能仅仅关照到政治上处于劣势地位的团体或者偏见的存在,把这些当作纯粹的无情事实。因为任何关于不利地位、偏见或影响不足的主张,都承载着价值,且需要为此给出论证。我们需要发展一套自省的实体理论,无须求助于劣势地位、偏见或者充分影响的主张,即可对制度特征予以确证。"对政治影响的过度壁垒"的观念,在程序面上是容易给人误导的。当我们说某个人受到了"偏见"损害时,我们往往是对他的主张在作一个道德判断,不能因偏见这个词,就模糊了需要为我们的道德判断来加以论证的事实。有时伊利用这个词去填充,一个没有充分论证或正当化根据的道德理论的位置。

最后似乎正确的,与伊利的观点相反,在于强调不应将美国的制度视为是利益团体多元主义的模型,像伊利所推测的那样,法院在政治竞争中扮演着"反垄断"的角色。审议的热望要求法院不仅仅是去设计一个公平的交易规则。一个审慎的司法角色,并非是在竞争遭拒斥时,而是在审议受损害时发挥恰如其分的作用。

然而所有这些,都没有从根本上危及到,解释原则首先应以对民主的考量为基础的主张。我们应该认同,这是一个需要论证的实体选择;对此要进行公开讨论,而非秘而不宣。说需要对某一民主观念进行论证,意在对如何将民主作为任何宪法解释体系的起点,来进行进一步探究。说需要审议,只是去看法院和其他机构如何来促进这样的热望。

我将在本书的第二部分对这其间的许多问题展开讨论。在此,我需要暗示的一点,只是在于对美国宪政主义的民主特征的固守,为解释原则提供了妥当的源流。在大多数案件中这个主张将导致审慎的司法;在其他案件中则使得司法去扮演更为积极的角色。而它将对所有案件的定位都有所裨益。

如果说解释原则通常是从民主承诺中生长出来的话,那么也就常常无法去证明社会变革中司法角色的正当性。我们甚至可以针对在宪法之名下的司法的积极角色,来提出一系列的批评。这些批评将会有助于解释原则的发展。

法院的制度局限

法院有着重要的制度局限,这些论述反对司法在社会改革中发挥主要的作用。有三个问题引起了特别关注。

民主、公民身份与妥协

对法院的信赖,可能会从两方面削弱探求变迁的民主途径。它可能会将精力和资源由政治中转移出去,而且最终司法判决可能会将政治结果排除在外。

从这两方面看,都可能会给民主带来非常严重的损害。求诸政治可能会调动起公民对公共问题的积极性,而这对于个人和社会整体而言都是有益的。会在人们心智中种下对政治约束的更开阔理解,以及对公民身份感和对共同体的奉献感的认知。对司法的强调常常会危及这些价值。司法对政治结果的拒斥,同样会对民主过程有侵蚀作用。可以去想见这其间的关联,相对于任何的乃至所有的沃伦法院的种族问题的判决而言,马丁·路德·金的主张可能会成为更重要的宪法变迁来源。[38]

无论如何,对于通达有效的改革而言,政治途径都是更为有效的。在政治结果中更容易反映出个别的价值,其结果对不同的团体和利益都会有助益。而如果道德性问题趋于成为一个宪法问题的话,求诸9个大法官来解决道德问题,可能会损害公民身份的实践。这其间的某些作用,在关于堕胎问题的争论中已显端倪。最高法院在罗伊诉韦德判例(Roe v. Wade)中的局部退却,极大程度

---

[38] 普遍的观点认为,法院的判决有助于政治行为和主张的动员,或者为没有多少经验支持的马丁·路德·金的主张铺平了道路。见 Gerald Rosenberg, *The Hollow Hope* (1991)。

上刺激了妇女运动。而当下联邦法院的冷漠态度,使得民权的拥簇者在考虑如何去寻求更具创造力、想像力和更为长久的解决方案。法院则往往缺少相匹配的观念与手段。

在一部颇有影响的著作中,罗纳德·德沃金主张司法应扮演积极的角色,他的理论在于最高法院是一个"原则讲坛"(forum of principle),从而对利益团体政治的交易性质予以阻遏。[39] 但法院从未打算成为美国政府中关乎原则问题的惟一机构,在历史上它也从未成为这样的惟一机构。相反,在美国历史上,对原则的慎思明辨,更多的是来自国会和总统,而非法院。20 世纪的劳工运动、新政、环境运动、放松规制运动以及妇女运动,只是其间的几个示例。

在从 20 世纪 60 年代到 70 年代的宪法学者的讨论中,变得司空见惯的是,将受原则规训的审慎司法,同反思性的受价值支配的政治过程对立起来。这样的主张有些发展成为针对法院的若干学术评论。[40] 该主张的问题之一在于,它几乎无异于是一种自暴自弃的态度;在没有多少证据的情况下,它就太过迅速地放弃了民主政治的可能性。它也会常常漠视,那些时常本可以观察到的政府慎思明辨的丰富实践。我们已经看到,自美国宪政主义肇始之初,审议政治就居于核心的地位。现在放弃这样的信念,是没有充分理由的。

我并不否认司法审查可以弥补多数政治过程中的体制缺失,而在这样的多数过程中引入原则,将会徒增困难。但一个积极进取的法院,同明确的善行相去甚远;即便法院的目标听起来是合理的,也依然如此。

---

〔39〕 参见 Ronald Dworkin, *A Matter of Principle* (1985)。
〔40〕 例如可见 Alexander Bickel, *The Least Dangerous Branch* (1958); Michael Perry, *The Constitution, the Courts, and Human Rights* (1982); Dworkin, *A Matter of Principle*.

实效性

令人惊异的,司法判决常常很难引发社会变迁。这个结论也被一项又一项的研究所证明。[41] 经常举的一个反例就是布朗诉教育委员会案。常常认为法院在布朗案中的判决,表现出联邦法院在推进大规模社会制度变革方面的非凡能力,而且这实际上已经废除了美国的种族隔离制度。

然而,事实上布朗案只是证明了法院在制度地位上的羸弱。[42] 在判决的10年后,只有大约1.2%的南部黑人儿童在废除了种族隔离的学校就学。直到1964年国会和行政分支介入之后,种族隔离制度才被普遍废止。

当然,如果没有布朗案的刺激,也许就不会有立法和行政机关的举措。但即便如此这也是高度不确定的,并没有什么直接或间接的证据表明,布朗案为政治行为提供了什么推动力量。这个例子表明,至少就通常情况而言,法院所更能发挥作用的,在于否决某个决定,而非自己去推动社会变迁。

罗伊诉韦德案判决可能是对于法院界限问题的另一个例证,尽管这副图景多少有些庞杂。毋庸置疑,这个判决增进了妇女进行安全堕胎的权利。[43] 然而,令人惊讶的,这并未导致堕胎妇女的实际人数和比率的戏剧性增长。因此,认为作为最高法院判决的结果之一,堕胎数量有了显著的增加的说法是不准确的。

事实上在罗伊判例之前,许多州正在沿着自由堕胎法则的方向行进,导致每年的合法堕胎数量达50万件之多。足堪惊讶的是,在罗伊判例之前的3年里,合法堕胎数量的增长率要比罗伊判

---

[41] 见 Donald Horowitz, *The Courts and Social Policy* (1977); R. S. Melnick, *Regulation and the Court: The Case of the Clean Air Act* (1983); Rosenberg, *The Hollow Hope*。

[42] 见 Rosenberg, *The Hollow Hope*,我对布朗案以及罗伊判例的讨论,很大程度上借重于他的论述。

[43] Rosenberg, *The Hollow Hope*。

例之后的3年还要快。即便是没有罗伊判例,各州通常可能还是会将堕胎合法化。也许更为根本的在于,这个判决很可能会促成"道德多数"的创设;让平等权利修正案胎死腹中;阻遏就堕胎问题的解决形成最终的共识;而且通过由堕胎问题去界定妇女运动,加之受到驱策的反对派的组织,以及对那些可能拥簇者的遣散,从而严重削弱了妇女运动的基础。

有许多证据可以来支持这些主张。想一想最高法院在韦伯斯特(Webster)[44]案判决中,跟罗伊案相比作了部分退却,从而引起公众不同寻常的反响。法院的部分退却,可能恰恰会激发起妇女运动的兴起,对于性别平等而言,这某种意义上可能会带来更为有利的也是更为根本的长远结果。这并不是说作为一个宪法解释问题或者原则问题,罗伊判例一定就错了;事实上,在本书的第九章里,我将以平等保护而非隐私权为背景,为这个判决加以声辩。但很大程度上由于司法资源的原因,判决的实效性是有限的。而实效性反过来又作用于适宜解释原则的发展。

限缩的聚焦于判决

在大规模社会变革的实现过程中,判决只是起着非常微不足道的作用。法院往往并非这些领域的专家。进而,对诉讼案件的关注,使得法官很难去理解法律干预所带来的那些复杂的且常常是难以预料的结果。对这些结果的理解是至为重要的,但有时也是很难达致的。例如,一个要求支付校车开支的决定,将致使资源由同样的甚至更为重要的,诸如包括穷人的医疗和福利项目在内的公共资源领域中,转移出来。创设针对污染的法律上的权利,可能将会产生许多有害的以及不曾预期的后果,包括更多失业,更多贫穷以及更高的物价。

法院不太愿意去承认所谓的积极权利,而这类观念为法院提供了一些支持。司法对这类权利的执行,可能会给其他项目带来

---

[44] Webster v. Reproductive Services, 109 S. Ct. 3040 (1989).

许多相当重要的有害后果,这些问题通常应是由立法者和行政官员而非法官来考虑的。

此外,法律思潮和法律程序同在补偿正义(compensatory justice)传统下生长出来的观念最为相契,很难将它们用于实现重大的社会变革。在这个补偿模型下,如果 A 损害了 B,那么必须通过偿付让 B 回复原状。如将在第十一章中更为详细讨论的,很难说这样的思维方式能对社会变革的进程有多少推动。比如,歧视问题通常并非是由可确证的行动者在可确证的时间里,针对可确证的受害者所作的特定行为。相反,是因为等级制度的类似物的存在。宪法判决很难担当起推进必要社会变革的重任。

这些考量关系到,如何发展出赋予模棱两可宪法条款以明确意义的解释原则。它们暗示,当法院赋予具有开放含义的词语以意义时,如果这样的语词意义将有可能要求法院自身来推动大规模的社会变革时,应该格外审慎。显然应试图以解释原则来削减司法裁量权。这些要点暗示,在宪政民主下,不应寄太多期望于司法以实现变革任务。

在此有必要作些界别。对言论自由权利的坚实保护,很大程度上从审议民主的热望中获得支持。而且它几乎不会与法院的制度界限相冲突。限缩的看,判决并不会成为保护言论的主要障碍。如果法院干预了对表达自由民主的侵害,那么这不会对公民身份的实践造成多少严重的有害后果。

另一方面,法律层面上生存权的创设将导致一系列的问题。也不清楚司法是否可以成功地去执行这样的权利。政治过程必须对此加以回应,但是它也可能拒绝予以回应。法院缺少在实现生存权的不同可能途径间进行选择的手段。在评判生存权同其他包括培训和教育项目在内的可欲的社会目标之间的关联时,法院也处于劣势地位,就更遑论对有创造性工作的激励了。司法对生存权利的认可,可能会给围绕不同帮助穷人脱困方法所进行的民主审议,带来有害的结果;它甚至可能会抢占了民主努力的位置。类似的分析也适用于对防止环境恶化的宪法权利的讨论。

司法节制的持续重要意义

我已对霍姆斯式的宪法进路予以反驳。法院不应放弃这个领域。但一个不那么极端的观点,可能会以前述的那些论点作基础,暗示在所有的宪法案件中,一个非常重要的问题就在于,法院是允许还是禁止政府作为。一般而言,法院将倾向于支持那些不影响既存配置的法律举措;同样的,法院也倾向于否定那些试图去侵扰既存配置的立法。对尊重代议制政府益处的论证,有力地支持了这条进路。当法院在现代的判决中援引现状作为基线,去否定经民主过程颁布的立法时,这与洛克纳判例最相近似。

简言之:一般而言,不应将现状绝缘于民主审议过程之外,它应以民主为依归。只有在极少数的案例中,法院才能去否定已为民主政治所认可的既存配置。同样的,法院通常也会允许以民主政治来改变既存的配置。

因此在巴克莱诉瓦莱奥案(Buckley v. Valeo)的判决中,为支持竞选资金法案给出了非常有力的论证。这个案例与洛克纳时代的那些判决非常相像,因为立法机关似乎也是在以似是而非的理由去侵扰既存的配置。此外,一个相当有力的主张认为,竞选资金立法实际上促进了民主目标(见本书第七章)。

一般认为"纠正歧视行动"并不会引发什么严重的宪法问题。当立法机关通过了一个纠正歧视行动项目时,它并不曾站在任何中立或公正的基线的反面。目前沿着种族界限对利益和负担的配置,部分是歧视的产物,甚或是一个多少带有等级制度色彩的产物。并不能根据宪法第十四修正案的文本和历史,就去否定纠正歧视行动。相反,历史强烈暗示这些项目是可以被接受的。[45] 几乎不能将废除黑人作为二等公民地位的努力,与试图令其长存的

---

[45] 参见 Eric Schnapper, "Affirmative Action and the Legislative History of the Fourteenth Amendment," 71 *Va. L. Rev.* 753 (1985)。

努力作等量齐观。该主张中并不存在什么派系私见或偏袒。

固然,许多理性的人还是会认为纠正歧视行动是一个糟糕的想法。这些项目会在那些受益人身上打下烙印,产生不公,带来许多其他的社会危害。[46] 通常的甚或是惯常的,最好是设计出与种族无涉的,能给处于劣势地位的族群以利益的政策,而非是直接将利益留给特定族群的成员。但这是政治过程的问题,而非法院的问题。法院应该把这个复杂的问题留给民主手段来加以决断。

对于以平等保护条款来否决纠正歧视行动项目,的确存在着实在的嘲讽。许多批评纠正歧视行动的宪法学者,强调宪法解释应关注历史;但第十四修正案的历史强烈暗示,制宪者并不曾打算要规避纠正歧视行动。实际上,提出该修正案的联邦政府自身在致力于纠正歧视行动。如果我们对历史作精密的考察,那么将会倾向于容许这些项目的存在。

此外,批评纠正歧视行动的宪法学者通常会倾向于让司法保持更为节制的姿态。但由司法来集中的否定由总统、国会和数以百计的州与地方政府发展出来的项目,这压根儿就不能促进司法节制的目标。在这样的背景下,对民主因素的考量,对积极进取的司法角色进行了有力的批驳。通常,当文本和历史都暧昧不清,而且即使求诸基本原则也仍不清晰时,法院则不应当去介入州和联邦的立法过程。

类似的考量,也适用于在契约和征用条款之下实施的再分配举措。虽然近来有很多批评意见[47],但总体上说在这两个条款下的法律框架还是站得住的,它给予了立法机关广泛的行为空间。面对文本的模棱两可、公民不言自明的欲求、变化的境况以及作为原则问题的真真切切的复杂性,这无疑是一个正确的结论。在所有这些语境下,依然要将类似于西海岸旅馆案(推翻了洛克纳判

---

[46] 见 Shelby Steele, *The Content of Character* (1990); Stephen Carter, *Reflections of an Affirmative Action Baby* (1991)。

[47] 见 Richard Epstein, *Takings* (1985)。

决;可以回想第二章中的讨论)的理解,作为去抵御质疑立法合宪性的"盾牌"。这恰恰可以被视为是新政的结果。

以上我论证了,法院通常应尊重立法机关改变现状的努力。但当要求法院自己去质疑因现状而中立时,就会引出更为困难的问题。在这个范畴中,将所有的努力都系于让法院去打破当下的配置,原因在于这些配置是不公正的。这里最主要的观点是,在平等保护条款下,如果没有差别待遇的意图,那么差别待遇的结果将是无效的。在种族和性别领域的许多论述,都试图使用针对因现状而中立的攻击,作为请求法院去强迫政府沿着特定方向行事的基础。

一个有力的论述是,在目前刑法的实施中,的确否认了对黑人和白人的平等保护。因为黑人没有得到与白人相同的针对刑事暴力的保护,而女性也没有得到与男性相同的保护。很想说明的是,这实际上是一个私域里的暴力问题,宪法对此并没说什么。然而,事实上是政府的资源调度未能提供所需要的平等保护。当下的情形实际上违反了宪法原则。

对包括家庭暴力在内的性骚扰缺少坚持的保护,引出了非常严重的问题。在此妇女被剥夺了法律上的平等保护。国会和州立法机关有必要对此予以回应,使其服从于第十四修正案的保障。但法院有理由驻足不前。司法卷入该境况,将会导致因在社会改革中司法所扮演的积极角色,所引发的所有关于公民身份和实效性的问题。我不是说法院一定要驻足于这一困难领域之外,而是说他们完全有可能这样做。

作为同一类型的主张,还认为福利权,以及给予私人接近媒体权利的"公平学说",都是为宪法所驱策的。在这样的案例中,原告认为民主的结果不利于对这些权利的主张。法院应该更主动地去支持竞选资金规制、公平学说、纠正歧视行动以及针对色情的立法,而非单单去暗示这些都是为宪法所驱策的。

我并非主张这些关切应该控制宪法问题。这些只是相关的考量,而非决定性的因素。对法院起作用的宪法,是一个不稳定的关于实体理论和制度约束的混合体。宪法的结果大约并非一个恰当的普遍原则的产物,必须要对司法的独特地位加以考量。法院的制度约束,迫使它去限制对政府行为所施加实体约束的范围。

这类理解也有助于为那些否则就可能令人颇感困惑的,最高法院对宪法第十四修正案第五款加以解释的重要案例给出说明。这个尚未被充分利用的重要条款,允许国会去"执行"由"适宜立法"所作的修正。在莱西特诉诺萨姆普顿选举委员会案(Lassiter v. Northampton Election Board)[48]中,最高法院判决读写能力的测试并没有违反第十四修正案。这个标准引起的差别待遇效果并非是不能被容许的。然而在卡特茨恩巴切诉摩根案(Katzenbach v. Morgan)[49]中,法院支持了国会对读写能力测试的禁令。

在判决最具争议的部分,最高法院指出国会有权对宪法第十四修正案做出不同的解释。法院将愿意尊重国会的解释。这个结论似乎会威胁到与马伯里诉麦迪逊案相构连的基本原则,即更具权威性的终局的宪法解释是由法院而非国会做出的。

可以将卡特茨恩巴切案理解为是对制度理性的认可。法院有时会支持特定的实践,哪怕未曾面对法院所受那些约束的其他机构,能找到正当的理由来说明其违宪所在。如果确然如此,哪怕读写能力测试没有遭到法院否决,但它依然是违宪的,这就完全不足为奇了。法院很难甚至就不可能执行对自己的禁令,离开了这个事实就不能理解,站在法院立场上,差别待遇在宪法上可能是没有问题的这个观念。但其他的政府机构就不会面对这些困难,这些机构可能会有宪法上的权利甚至义务,来对平等保护条款做出比法院更为充分的理解。

第十四修正案的缔造者认为,应由国会而非法院作为第十四

---

[48] Lassiter v. Northampton Election Bd., 360 U.S. 45 (1959).
[49] 384 U.S. 641 (1966). 我从以下著述文字的有益讨论中受惠良多,分别是 Laurence Tribe, *American Constitutional Law* (2d ed. 1988); Laurence Sager, "Fairness Measure: The Legal Status of Underenforced Constitutional Norms," 91 *Harv. L. Rev.* 1212 (1978).

修正案的首要执行机构,这是完全正确的。在最高法院对该修正案持有非常审慎进路的时期,所有至为重要的责任都由国会担当起来了。在未来,我们将看到立法对第十四修正案的更多关注,法院应友好地接受立法机关的这些动议。

法律人的回应:权利的性质

我们如果不去对宪法条款进行逐一解读的话,也就无法就因现状而中立的意义达成共识。最好应将某些条款理解为是因现状而中立的具体表现;而其他的条款则不然。

(最妥帖的被视为)植根于既存配置的条款

征用条款建立于对保护私人财产权重要意义的笃信基础之上。对于这个条款,我们可能会有许多争议;但是无论它含义如何,都要求政府为所征用的"财产"付费。鉴于本书第4章中所讨论的原因,我们很难以既存配置之外的其他任何基础,来解读征用条款。同样的结论对于契约条款也是妥适的。契约条款禁止损害人们已创设的契约义务;从这个意义上,它也是将现状作为基线的。最起码的,不能轻易地认为征用和契约条款创设出了在现状之外的其他宪法基线。

因此,通常会很自然的认为,征用和契约条款体现了因现状而中立。无论是从缘起还是到司法判决中的发展,它们都通过求诸现状的基线,而非通过独立界定的适宜权利概念来对财产权加以界定。

我并不是主张,从语言上就不可能将作为这两个条款基础的因现状而中立移除出去。在由独立的权利理论,以及对私人所有权所特有社会功能的品评所构成的背景下,法院可能会认可财产权的社会建构,并理解了"征用"的含义。所有这些都将是非常复杂的,但最终是否构成征用,不仅要单纯依赖于此前的所有权事实,还要看是否存在针对所讨论财产权的正当请求。在独立界定的权利理论作用之下,征用甚至都无需提供一个基本限度的生存保障。

这类变化自然要求当下法律的根本性转变,很难为此展开声辩。也需要为如此鲜明的对既往实践的背弃,给出非常好的正当理由。这类原则将构成对司法裁量权的规训,它使得那些此前实践并无明显不公的体制,变得臻于完善。此外,我们已经看到,的确存在很好的理由去保护既存的所有权免受政府征用。

摒弃既存配置的条款

与征用和契约条款形成鲜明反差的,很容易将平等保护条款解读为是自省式的,对因现状而中立的摒弃。该条款原始的出发点在于,要去打破黑人居于从属地位的制度。最好应将该条款解读为,既存的在种族间的权力配置,不仅是人造的,也是违法的。该条款是对有着社会等级制特征的当下制度的攻击。这也是对现状的攻击。

不足为奇,对因现状而中立的质疑,始终在宪法中有一席之地;而平等保护条款永远都是这类判决的源流所系。事实上许多平等保护的法则都直接生长自对既存配置的挑战。这不仅包括对种族歧视的挑战,还包括与贫穷、违法性、外侨身份以及可能最为重要的性别有关的反歧视法。非常明显的,正如征用和契约条款是因现状而中立原则在宪法上的最好体现一样,平等保护条款则是对因现状而中立原则的摒弃。

中间的情形

某些条款落在了中间的类别。第一修正案就是最重要的一个例子。如我们将在后面做更为详细讨论的,法院的解释通常认为言论自由条款是因现状而中立的体现,因此认为竞选资金法以及试图校正不公平的接近媒体使用权的努力,通常都是无效的。

为什么法院在第一修正案中再度就因现状而中立作了有声有色强调,同时却在正当程序条款下对其予以摒弃呢?通过宪法文本,就可以很容易地回应这个问题。固然,第一修正案保护的是"言论自由",但有时需要决断的问题,在于对强有力私人言论的规制,是否会促进言论自由。另一方面,就如同在20世纪更早一些时候,正当程序条款下对既存财产权学说的摧毁一样,整体上放弃因现状而中立,可能会摧毁既存的第一修正案学说。但当下我们对于言论自由的理解,还存在着诸多改进的空间。我将在本书第七章和第八章中对此展开更为详尽的讨论。

后果

迄今为止,我暗示在判定是否要将因现状而中立拒之不理时,很重要的在于要对民主的考量,对决定让司法所可能扮演的角色,对所争论特定条款的性质予以探究。但最好还是站在更为开阔的立场上,对相关决定所产生的社会后果予以审视。

例如我们可以去审视,对获得福利的宪法权利的认可。我们应达成的共识在于,某种意义上贫困是政府创设的产物。无论在怎样的情况下,都不能将现存的贫困界定为"自然的"或是公正的,以使其免受责难。或许可以将拒绝提供最基本的生存保障,视为对法律上平等保护的摒弃。但如果说福利是受宪法保障的话,那么其结果可能是在对公共扶助的诉求下,给其他项目以负担;引发失业和通货膨胀;削弱劳工的激励。

当然围绕这些问题,都存在着激烈的争论;但实在的风险在于,权利可能恰恰会给那些法院试图保护的人造成伤害。我们已经看到,获得福利的权利可能会给法院的界定和执行带来很大的难题。这些考量暗示,即使存在获得福利权利的话,它也可以被归为不能为司法很好实施的候选权利类别。

另一个例子是差别待遇。如果这类结果的出现,将足以证明其无效性的话,那么将会引出巨大的社会后果。机会和收入通常都是和种族相关联的。作为结果,测试、税收、医疗保障以及许多其他项目,都可以被置于宪法的云端之下。积极权利将是为宪法所准许的;关于差别待遇的决定是可以被容许的,但何以如此则是一个非常复杂的问题;而获得福利的权利,将会让司法陷入极为紧张的境地,在救济过程中尤其如此。而且宣布差别待遇举措无效的决定,可能会带来一系列附加的社会和经济负担,例如包括相对不够得力的警力,更高的物价,以及质量更为低劣的社会项目等。

因此,放弃因现状而中立所引发的社会后果,包括执行问题,都是和宪法上的探寻相关的。它们趋于在政府的其他分支对被质疑实践予以支持的情况下,发挥更大的作用。例如当国会颁布了一部放弃了因现状而中立的法律时,例如颁布了一部福利立法,一个纠正歧视行动计划,一部保护残疾人的法律,出台了家长带薪育儿假期(parental leave)＊举措时,法院的考量将居于次要地位,应由民选的分支对所产生后果予以决断。任何司法执行的问题都应被削减至最少。然而,当民选的位置站在相反的立场上时,就更要对这些问题进行合理的考虑。

迈向新政后的宪政主义

通过我前面说的这么些,应该清楚我们不能抽象地去谈论,是否应该放弃,如何去放弃因现状而中立。这个问题有赖于混合的考量。没有什么适宜的普遍规则;解释原则并非如算术一般运作,法律不是数学。

但是我们也没有完全弄错,某些归纳和示例可能还是有助益的。就洛克纳案本身而言,该判决几乎并非为文本所驱策;而法院达致的结果,要面对沿着另外方向的有力的和不断攀升的国民合意。至为重要的在于,有很好的理由去支持这合意。因此在正当程序条款之下,法院应该对那些至少有可能给人民带来利益的管

＊ 1993 年美国通过了《家庭和医疗休假法案》(FMLA: Family and Medical Leave Act),规定了 Parental Leave 制度,指父母双方因为需要照顾新生婴儿或新收养的孩子而需要的休假。——译者注

制立法予以尊重。

至少从一个粗线条的勾勒中,可以用类似的考量来说明法院当下对征用和契约条款所持进路的正当性。这些条款是以因现状而中立为基础展开的,不能也不应脱离宪法展开对它们的解读。但在这两个条款下,对政府权力采取一条宽宏的进路,是妥当的。

作为法律问题,针对种族和性别的纠正歧视行动都是相对简单的。遭异议的举措已为民主机构所接受。最好应将平等保护条款视为是对在黑人和白人间现状的攻击,它旨在去消除黑人好似在等级制度下生活的地位,而并非要去消除在黑人和白人间的所有法律上的差别(见本书第十一章)。从特定情境看,平等保护条款的文本和历史并没有为反对纠正歧视行动给出扎实的论证。平等(equal)这个词解决不了问题,因为存在着许多似是而非却不尽相同的平等观念,对纠正歧视行动予以反对或支持。来自历史的有力论述,倾向于容许纠正歧视行动。而且,并不能将唯结果论的关切当作反对纠正歧视行动的有力理由,而且没准儿这还可能是对纠正歧视行动的确证。面对不确定性,法院应对立法机关予以尊重。

至少,如果没有什么特别非同寻常的情况——例如,当配额制同可能适格的申请者之间没有什么现实的关联时——纠正歧视行动不会引发什么严重的宪法问题。哪怕这些项目的确引起了困难的关于道德和政治的问题,也依然如此。这些问题不应被陈封于法院之内,而应交付民主过程展开争论。

对行政不作为的司法审查,以及规制项目受益人的诉讼资格问题(见本书第三章),也是相对简单的。国会在此创设和认可了许多有利于法院可得性的普遍推定,而且更为重要的,审查只是去用宪法和法律规定,来证明对行政分支提出疑义的正当性。不再有什么很好的理由,在普通法上的利益和法律所创设的利益之间做出鲜明的界别。因此公共开支和规制项目的受益人的听证权利的浮现,是适宜的。

牵涉到平等保护条款和福利权的差别待遇案件,会引出更为困难的问题。透过对因现状而中立提出质疑的棱镜,这些决定的推理似乎并非正确,结果似乎也是成问题的。所有这些都有赖于,那些已在新政时期遭到摒弃的,关于适宜基线的假定。

然而,如我们已经看到的,有着充足的理由要求司法保持审慎。在可预见的未来里,法院不应承认在宪法上有获得福利的权利以及免于歧视效果的权利。但同时在宪法的帷幕下,对于立法机关对这类权利的认可,应给予宽大的解释。可以认为国会努力在这些方面得分,是为了去实现国家所担负的宪法义务,而毋须交由司法执行。

也可以对教育展开类似的分析。在当代美国,当下的教育制度体制性地违反了一项植根于平等保护条款下的宪法原则。也许最高法院应该对某些存在的不公正予以救济。但无论最高法院是否愿意这样做,宪法都施加给了其他分支不间断的义务。

一个还要困难的多的问题在于,指控刑事司法制度违反了法律的平等保护,因为它没有给予黑人和白人相同的保护,也没有给予女性和男性一样的保护。我们已经看到这些指控似乎是正确的,但也有很好的理由,让法院面对如此宽宏的主张而踌躇不前。如果能够表明警察没能去回应家庭暴力,或者拒绝将性骚扰案件视为是重罪的话,就可以打消这样的踌躇。如果对警察的调配保护了白人免受重罪威胁,却任由黑人遭受攻击,这就违反了宪法。如果法院拒绝采取行动,那么其他政府官员应该去实践它们的宪法职责。

合理审查的持续正当性

我们已经看到在新政之前,法院通过"理性"标准来执行对正当程序条款的限制。现代法律框架保留了新政前对代议机构的构想——面对选民的压力他们必须进行商谈,而非单单应答——但这实质上放弃了既存的配置有权受到来自多数决过程保护的观念。对资源或机会进行再分配,或者改变既存权利资格和偏好结构的决定,其基础应在于促进公共福祉的努力。因此,如果代议机构选择去重构既存的对财富、权利资格或偏好的配置,他们的选择通常并非是违宪的。

自洛克纳时代终结以来,最高法院不再致力于认真和持续的维护利益团体政治运行的努力。它不断主张应禁止基于原始(raw)权力做出的决定;应接受再分配并将其视为可容许的目标;在检视法律是否在事实上只是对利益团体压力的回应时,对国会予以高度尊重。应将对赤裸裸偏好的禁止,视为是非常重要的无需司法执行的宪法规范类型的一员。

然而,一条真正的麦迪逊式的司法审查进路,让法院要多少更为严苛地去执行合理要求。并不难为法律中这样的变化给出论证,适度且更为积极的司法审查,旨在确保能够通过求诸某些在政治权力运作之外的因素,让立法结果获得正当性——或者,去实证地说明这个问题,以确保代议机构进行一定形式的判断,而非对利益团体的压力进行机械的回应。

作为例证,让我们去看合众国铁路退休委员会诉弗里茨案(United States Retirement Board v. Fritz)。[50] 这里讨论的是一部旨在通过削减特定津贴,来改进与社会保障制度多少有些类似的,铁路退休金体系财务状况的法律。大部分的既得权利者未受这部法律的影响,受到不利影响的主要团体,是那些有限的未能参与立法协商的人。最高法院支持了这样的归类,认为"衡平法上的考量"(equitable consideration)支持了差别待遇的正当性。

但是立法史揭示出来的却是一个大相径庭的故事。所有可得的证据都表明,国会成员坚信没有哪些受益人团体会因该法律而受损害。国会想要保护所有雇员的信赖利益。事实上这部法律是由私人团体起草的,他们是铁路管理者和劳工的代表,他们都没有兴趣保护原告的利益,让那些前铁路雇员的津贴不受削减。弗里茨案是一个引人注目的例证,它有几分见证了麦迪逊式进路的梦

---

[50] 449 U. S. 166 (1980).

魇:由于强势私人团体的压力,国家立法者放弃了自己的职责。[51] 像弗里茨案这样的案例,为发展出来某些适度的有助益的步骤,以证明麦迪逊式理解的正当性,提供了可能。

重思政府行为问题

迄今为止的讨论暗示了一种处理棘手政府行为案件的方法。[52] 在我们的宪法下,只有政府行为而非私人行为才受宪法的约束,这样的说法是完全正确的。除了第十三修正案禁止强制性奴役的例外以外,宪法条款都是直接针对政府的。就因现状而中立所引出的教训,并非是强调在公共行为和私人行为之间不存在界限;也不是强调私人行为就为宪法所禁止。其教训在于,契约法、侵权法和财产法都是法律,应按照评判其他法律的方式,来对这些法律加以评判。

如果这是正确的,政府行为学说要求去探究,在相关案件中所讨论的政府行为是否违反了宪法的相关条款。始终有必要去确证政府做了什么,并在原告援引的宪法条款下对其加以评判。再重复一遍:宪法并不支配私人行为。但当政府实施一个限制种族的契约时,它当然是在行为。当以侵害法收回某些人的私人财产权时,政府被卷入了。

实际的问题在于,决定执行这样的契约,或者这样的收回,是否违反了平等保护条款或者其他宪法条款。这是一个恰当的问题,但并不总是一个容易回答的问题。当州废止了一部禁止私人领域内的种族歧视法律时,问题不在于政府是否行为,而是在于这部法律是否为宪法中的某个条款所要求。当州废止或废止了侵害法时,无疑是某种类型的政府行为。问题在于该行为是否违反了宪法。

---

[51] 见 Richard Stewart, "Madison's Nightmare," 57 *U. Chi. L. Rev.* 335 (1990)。
[52] 对于有助益的相关讨论,可见 Laurence Tribe, *Constitutional Choices* ch.16 (1985); Paul Brest, "State Action and Liberal Theory," 30 *Stan. L. Rev.* 1296 (1982)。

因此第二章所讨论过的谢利诉克莱默案,是一个引人注目的但也是简单的政府行为案例。政府如何可以通过法院来执行限制种族协定呢？这只是政府行为。这个案件的困难之处,只是因为不清楚宪法是否禁止政府显见的中立地使用法院,来执行包括对不同种族的财产权加以限定的协定在内的契约。这并非是一个关于政府行为的困难问题,而是一个关于平等保护条款含义的困难问题。

因此,同样使用侵害法将政治示威者逐出购物中心,也无疑是政府行为。同样的,使用配置广播许可的联邦法律,来遏制人们的广播言论,也是政府行为。购物中心所有者以及广播公司的决定本身并未同宪法有牵连,它们的确纯粹是私人的行为。但法律的使用的确引出了第一修正案上的问题。要回答这个问题,我们需要对第一修正案有所了解(见本书第七章)。政府行为问题也就帮不上什么忙了。

我强调这个观点并非暗示"一切都是政府行为",或者说普通人的决定都要接受宪法约束。当某人将他人拒于自己的家门之外时,这不是政府行为;政府行为只是存在于可以或者实际使用了侵害法的情况。不可能去论证这些法律的可得性或使用,违反了任何宪法规定。因此契约的执行和契约法的可得性是政府行为;但通常契约法没有违宪。私人之间协定的签署,并非政府行为。只有政府的行为才是政府行为,这也是我的分析所打算的位移方向。

这样的重构本身并不能去决断案例。但会让我们的注意力聚焦于恰当的问题。我们不是要去使用政府行为学说,反思性地将现状作为区分"作为"和"不作为"的基线,而是要有理由去支持,特定宪法条款是允许还是禁止政府所做事情的主张。将这个命题予以大规模的普遍化,可以为我在本章中已做的诸多暗示给予很好的说明。

第六章
民主、热望与偏好

我们已经看到宪法解释必须有赖于在宪法文本之外的原则,而审议民主的承诺则是这些原则一个富有希望的来源。我们还已看到这承诺所要求的并非是平等主义,而是政治中立原则;要求的是许多都由公民身份观念推演出来的,特定类别的特定权利;而更一般的,是要求一种"讨论的政府"的形式。

但此前只是对审议民主的承诺作了一个粗略的勾勒。在本章中,我将对这个承诺的某些基础加以探究。为此我要问三个相关的问题。私人偏好是否应该成为政府行为的基础?政治和法律决定,是否总是应建立在对人们"想要"什么的探究基础之上?我们如何去确证人们"想要"什么,他们的欲求又将在政府结果中扮演怎样的适宜角色呢?

依赖既存偏好的诱惑,以及时常对政府去干预既存偏好的反对,体现了一种富有影响力的中立观念。这样看来,政府将公民的欲求视为既定的,而且并不试图去评判或者改变它。政府在其间要做到不偏不倚。就状态而言,政府行为与派系私见都时常被界定为对既存偏好的摒弃,不作为和中立则常常被界定为对这些偏好的尊重。在此我们发现了一个关于因现状而中立的特别例证,这个例证是非常重要的,因为它帮助提供了许多法律领域里中立观念的基础。

在许多当代思潮中,对既存偏好的尊重成为了主旋律。当下的偏好在政治和法律中占据了核心的地位。因此无论是在公共领域还是私人领域,由政府代替个人来作选择的"家长主义",都受到强烈的厌恶。[1] 在法律共同体内,经常将政治过程理解为一个在人们的偏好间予以加总和权衡的制度。[2] 当下许多关乎宪政体系的思潮,都是建立在我们是一个"多数统治"的观念基础之上的,常常认为多数统治必定要求通过投票来度量的,对既存偏好的尊重。

现代经济学是为以对既存配置的满意度为基础的福利观念统治着——所度量的依据是有多少人对相关物品有"支付意愿"(willing to pay)。即便是将政治过程视为将偏好加总的努力的社会选择理论,在许多方面也无异于是对民主的经济学模型的批评,

---

[1] 见这样的背书,"原则在于,当特定的个人决定什么是好什么是坏时,最终的标准只能是他自己的需要和偏好。" John C. Harsanyi, "Morality and the Theory of Rational Behavior," in *Utilitarianism and Beyond* 39,55(Amartya K. Sen & Bernard Williams eds. 1982). David Gauthier, *Morals by Agreement* (1986) 中,也有沿着这个方向的论述;对于经济学与法学交错的一个代表性示例,见 Richard Posner, *The Economics of Justice* 53 (1983)。

值得注意的,在19世纪和20世纪那些伟大的评注者,断然摒弃了认为出于道德或政治的目的,应将既存偏好视为是特定的主张。见 J. S. Mill, *Considerations on Representative Government* (1861) 和 *The Subjection of Women* (1869); John Rawls, *A Theory of Justice* (1971)。密尔在他的文章中批评了边沁的观点,认为边沁的观点"说人应该,或者不应该,乐于做某事,而不乐意做另外的事情,对他这样的道德家而言,这样的行为同政治统治者的独裁差不多"。相反,密尔强调需要去探究"对感情和欲求……的规制"所产生的影响,并指向"一个没有伪称要帮助个人形成自己性格的,伦理体系的缺失"。*Mill on Bentham and Coleridge* 68,71,70 (1950)。当然如密尔坚信的,在伦理体系和政治体系下,对这个问题的论述会有差别。还可见 John Rawls, "Justice as Fairness," 68 *Phil. Rev.* 164,1661—1677,186—187,192 (1958) (摒弃了认为偏好"有这样的价值",以及对偏好的满足是恰当的正义观念的见解);以及本章注27所引文献。

约翰·杜威也谈论了类似的观点,要求要对"事物受喜爱的条件"以及"尊敬和喜欢它们的结果"进行批判性反思,并论述认为"价值判断是对用什么来规制我们的欲求、情感和乐趣的判断。" John Dewey, *The Quest for Certainty: A Study of the Relation of Knowledge and Action* 259,265,272—273 (1929)。

[2] 基本的观念出现于 J. H. Ely, *Democracy and Distrust* (1980),以及 Robert Bork, *The Tempting of America* (1989)。

它将政治过程视为对偏好予以加总的努力。[3]

在本章中,我将论述社会结果不应以既存偏好为基础,而且这样偏好的使用,不为中立、自治或福利原则所支持,尽管据说这些观念可以说明它的正当性。只有当既存配置到了能提供给人类自由和福利的程度时,它才能成为政府决定的基础。在相当程度上,这样的进路并不一定能满足这些目的。为此我在论证中将强调两点:首先,存在着偏离于私人偏好的民主热望;其次,当下的偏好也有可能代表了对不公正现状的适应。

在建国时期这类观念呈现出特别的形态,它认识到文化的"人造"性质,并强调教育以及政府在形成欲求、信念和成就中的作用。[4] 由于理解到种族压迫制度影响了黑人和白人的欲求和信念的发展,因此这样的观念在内战后依然发挥作用,而在新政时期这些观念具有特别的影响力。因此杜威写道:"当下关于价值的经验理论,实际上完全未曾考虑它们所依赖的条件,就对其加以确证。其重要缺失在于,它只是对我们目前社会实践条件的系统陈述,而且它还将这些条件奉若神明。"而且"对那些评判这些事实的人来说,显然,在'自然'的经济过程和法律教义下,可以假定欲求、目标和满意度本身都是为社会条件所限定的现象。它们只是对人类习俗和制度的反映;它们并非是自然的,也就是说并非倾向于是一个'天生的'有机体。它们是文明状态的写照。"[5]

我将很大一部分关注放在内生偏好(endogenous preferences)现象上。我用这个词,只是想说明偏好常常并非是稳定且一成不变的,相反要对它予以修正,以适应许多因素的需要——这包括表

---

[3] 见 Kenneth Arrow, *Social Choice and Individual Values* (1963); Brian Barry & Russell Hardin, *Rational Man and Irrational Society*? (1982)。在这条进路下民主理论的一些问题,被收录于 S. L. Hurley, *Natural Persons* (1989)。

[4] 见本书第一章; Gordon Wood, *The Radicalism of the American Revolution* (1992)。

[5] John Dewey, *The Philosophy of John Dewey* 597 (John McDermott ed. 1981); John Dewey, *The Public and Its Problems* 103—104 (1927)。

达偏好的语境、已有的法律规则、当下的信息、过去的消费选择及普遍文化。内生偏好现象对于无论在何种语境下,民主政府都应对私人欲求和信念予以尊重的观念,提出了猛烈的质疑。这使得因现状而中立陷入疑义之中。它开启了一个需要让经济学、心理学和其他学科为之展开大量说明工作的新领域。

对于当下的目的而言,也许最为重要的在于它有助于审议民主的深化。"消费者主权"的经济原则在于,市场上的消费者通过登录自己的"偏好",来决定对商品和服务的配置;而麦迪逊式的原则最终将主权赋予人民,两者之间存在着极为重要的差别。在麦迪逊式的原则下,推定公民和代议官员不仅要探寻"什么是他们想要的",并为之付出代价,而且还要就社会结果加以审议。要求他们说明选择此种观点而非彼种观点的理由,要求他们相互交谈和倾听。用麦迪逊自己的话来说,这是一个"讨论"的体制,其间"心智不断变化","所有的收获都有赖于妥协与通达的精神",当任何人"不再对事物的所有权和真相感到满意时,没有义务保留他原来的观点,而是……将其求诸论证的力量"[6]。

我认为,麦迪逊式的理解,展现出美国政治审议承诺的源流。这样看来,民主结果更多反映出来的是全体公民的慎思考量,而非消费者选择的加总。

一个概念上的问题

政府应将偏好作为法律和政府基础的看法,是一个非常现代的观念。尽管这个观念是相对新颖的,但它也是非常有影响力的。它为经济学和理性选择理论设定了基本的议程,保证将既存的偏好作为理解私人和公共行为的一个常量。而且许多人认为政府,甚至或者可能特别是在民主制度下,应将其决定基础完全建立于公民所持的主观偏好之上。这样的见解是一个可能被描述为"主

---

[6] 3 M. Farrand, *Records of the Federal Conventions of* 1787, 479 (1911).

观福利主义"(subjective welfarism)的政治正当性观念的具体体现。

已经证明,许多法律和政治进路都是主观福利主义的版本。例如,这包括特定的功利主义形式;认为经济效率应被视为是政治生活的基础规范的主张;以理性交易或相反理论为模型的政治进路;以及将民主过程视为将个人偏好予以加总努力的政治概念。

要理解主观福利主义,重要的在于,它可能伴随着或者不伴随着一个更为宽泛的观念,即所有的伦理和道德问题,都应受到同样对待。赞成主观福利主义的人可能会率直地承认,个人有权利去批评他人所做的决定,而这样的批评可以以很好的理由为基础。它作为政治概念可以用来引领政府应该做什么,而主观福利主义构成了许多关于公共生活进路的基础。

此外,将既存偏好看做是特定的,这样的努力受到了广泛支持。这部分在于所感觉到的(或许是夸大的),对人与人之间效用的比较方面的困难。也许我们不能就一个人福利的增加,同另一个人明显与之类似的收益相比较。如果这样,可以用我们能力上的欠缺,来驳斥使用主观感知之外的其他任何事物为基础,展开社会判断的主张。[7] 主观福利主义的产生,部分是因为,难以根据某些人的偏好和个人福利之间的真正关联,来对偏好加以评判。A偏爱选择 X 或者商品 Y。一些局外人可能会认为 A 并没有增加她的福利。我们如何去哪怕是着手去,解开这样一个只是部分具有经验性问题的绞结?

也许主观福利主义的吸引力首先来自,允许政府以公民实际愿望之外的事物为基础做出决定,那么将会引发实实在在的政治危险。对这些愿望的尊重,似乎反映了政府的中立。这似乎也限制了暴政的风险。实际上,许多引起最多反对的政府形式,都牵涉到自省的和持续的对公民欲求的漠然或敌意。正是由于这个理由,极权主义政府常常是极权统治的。由于所有这些原因,一个法

---

[7] 对于这些观点的集萃,可见于 *Interpersonal Comparisons of Well-Being* (Jon Elster & John Roemer eds. 1991)。

律和政治理论,可能会比将既存偏好作为政府行为基础的理论还要糟糕的多。

此外,许多实证社会科学中最为重要的收获,都来自富有价值的将偏好当作是特定的简化装置。例如我们可以通过假定代议机构成员试图让他们获得连任的机会最大化,来对立法结果予以预测和解释。[8] 在这些境况下,那些来自既存偏好的决定似乎格外站得住脚。实际上,它们似乎是那些关于中立、自由和福利的似是而非的观点的具体体现。

赠与效应

然而,对于政府应将偏好看做"按实际的样子"(as they are)的主张,一开始就有反对意见,认为这是不可能的。

基本的问题在于,实际上不可能做到,让政府在偏好之间保持完全中立。人们是否有对商品、权利或者其他任何事物的偏好,常常部分地取决于政府或法律是否在最初对其加以配置。除了无须对法律权利资格予以最初配置的无政府状态之外,绝对不存在规避最初配置的可能。人们"有"什么,部分取决于法律对什么予以保护并认为是"他们"的。一个完全的事实,在于人们"有"的一切都是法律赋予权利的创设物(可以回想在本书导论部分和第二章中的讨论)。

决定将某权利给予某人,常常会使得他认为此权利比若将该权利配置给他人的价值更高。(这也使得没有得到此权利的其他人,去相对低估它的价值。)最初的配置——在人们相互之间缔结契约之前,法律规则规定的谁拥有什么——有助于创设和强化对于所有权权利假定的社会理解,并将其合法化。这样的配置常常有助于让个人产生对所讨论权利的优劣对错的感知。这里引发了

---

[8] 对于这个脉络的早期著述,可参见 David Mayhew, *Congress: The Electoral Connection* (1974);一个更为复杂的记述,可见于 R. D. Arnold, *The Logic of Congressional Action* (1990)。

一个与偏好有关,重要的因现状而中立的问题。

我并不主张私人偏好总是法律的制造物。在某些情况下,人们以在法律之外独立运作的社会规范为基础来组织自己的事务,而并未从法律上建构起作为这些规范基础的偏好。[9] 然而偏好的确常常是法律规则的作用,这一点是一个实在的事实,它已经得到了相当多的经验式的确证。

通常将对商品或权利的最初配置,对偏好所产生的影响,界定为"赠与效应"(endowment effect)。[10] 赠与效应好似一个技术值,但它有着广袤的重要意义。它对因现状而中立是至关重要的。它暗示任何对权利的最初配置——以及政府不能拒绝做最初的配置——都可能会对偏好产生影响。

经济学家和心理学家在包括调查和实际交易试验在内的许多场合,都发现了赠与效应。例如晚近的一个试验表明,那些被给予包括钢笔、咖啡杯和双筒望远镜在内的物品的人,会倾向于比那些要购买的人,对这些物品的价值做出更高的估价。一开始被给予这些物品的人,愿意为它们开出相对更高的价格,卖给未来的买主;而一开始没有给这些物品的人,期望可以开出相对更低的价格,来从未来的卖主处购买这些物品。[11] 在另外的对符号货币所做的同样实验中,没有观测到这样的效应。

类似的一项研究,给某些参与者一个咖啡杯,给其他参与者一块巧克力,并告诉两个团体的成员可以相互交换这些物品。而第

---

[9] 见 Robert Ellickson, *Order without Law* (1991)。

[10] 这个称谓首先见于 Richard Thaler, "Toward a Positive Theory of Consumer Choice," 1 *J. Econ. Behavior and Org.* 39 (1980)。这篇论文,以及其他有着类似关注的论文,可见于 Richard Thaler, *Quasi-Rational Economics* (1990)。

[11] Daniel Kahneman, Jack Knetch, & Richard Thaler, "Experimental Tests of the Endowment Effect and the Coase Theorem," 98 *J. Pol. Econ.* 1325 (1990)。还可见 Jack Knetch, "The Endowment Effect and Evidence of Nonreversible Indifference Curves," 79 *Am. Econ. Rev.* 1277 (1989); Jack Knetch & Lawrence Sinden, "Willingness to Pay and Compensation Demanded: Experimental Evidence of an Unexpected Disparity in Measures of Value," *Q. J. Econ.* 507 (1984)。

三个团体的参与者什么也不给,告诉他们可以从这两者中任选其一,这些人56%选择了巧克力。与之形成对照的,最初拿到杯子的人,有89%拒绝与巧克力作交换;而只有10%的最初拿到巧克力的人愿意拿它来换杯子。[12] 很难去求诸赠与效应之外的其他任何东西,来对这些不同的评估予以解释。

以调查为基础的研究也得出了同样的结论。一项这样的研究发现,为了允许在公园中毁坏树木,要支付5倍于防止在公园中毁坏树木的价钱。当猎人遭到有可能破坏鸭子的生活环境的质疑时,他们说愿意平均支付247美元以避免这样的损失,但愿意支付不超过1 044美元以接受这样的现实。面对显而易见的环境恶化,另一项研究的参与者愿意出5倍到16倍于防止环境恶化的支付意愿,来接受这样的现实。根据另外一项研究,为了接受有千分之一的即刻死亡率的新风险,所要求的补偿数额,比要消除同样维度的既存风险的支付意愿数额,要高出一到两个数量级。[13]

简言之:一个有力的对现状所持的偏见,影响着对风险或损失的应答。[14] 现状和既存的权利必定是法律规则的作用。因此因现状而中立并非是完全中立的。如果偏好有时是由法律规则所创

---

[12] Knetch, "The Endowment Effect."

[13] Dan Brookshire & Don Coursey, "Measuring the Value of a Public Good: An Empirical Comparison of Elicitation Procedures," 77 *Am. Econ. Rev.* 554 (1987); John Hammock & George Brown, *Waterfowl and Wetlands: Toward Bioeconomic Analysis* (1974); Robert Rowe, Ralph d'Arge, & Dan Brookshire, "An Experiment on the Economic Value of Visibility," 7 *J. Env. Ec. and Management* 1 (1980); Thaler, "Toward a Positive Theory of Consumer Choice."

[14] 一个相关的调查表明,在针对风险变化的支付意愿中,现状中也存在着类似的偏见。因此只有39%的回答者,愿意为他们遭遇严重事故可能性百分比上升0.5个百分点(从0.5%上升到1%),而支付700美元;相反,只有27%的回答者愿意为事故率的同等减少(从1%下降到0.5%),而支付700美元。在另一项研究中,人们愿意支付3.78美元,来减少杀虫剂的风险;但无论如何,都有77%的人拒绝购买该产品,哪怕这可以让风险水平有着同等程度的下降。W. Kip Viscusi, Wesley Magat, & Peter Huber, "An Investigation of the Rationality of Consumer Valuations of Multiple Health Risks," 18 *RAND Journal of Economics* 465 (1987).

设的,而且并非独立于法律规则之外,那么法律规则不能再被认为是偏好的中立反映而具有正当性。

然后,在许多背景下,都表明人们会对自己目前持有的权利或商品的价值,比在其他人手中持有的同样商品做出更高的估量。可以用赠与效应来为此给出多种不同的解释。[15] 有些研究暗示,最初的配置创设了判断公正性与否的基本"参照态",而这些判断又影响了偏好和支付意愿。[16] 这样,如果事物停留在原状的附近,人们会感到更为公平。一条非常有影响的关于赠与效应的进路强调"损失规避"(loss aversion),这是指,通常会认为对现状的消极改变是更为有害的,而积极的变化则被认为是有益的。在这里也存在着对现状的偏见。[17]

也许由于心理因素上的关联,人们对他们已有的东西,比可能会有的东西给予了更多的偏爱。赠与效应可以反映出削减这种"认知失调"(cognitive dissonance)的努力:高估自己已有的东西的价值,低估自己没有的东西的价值,这并非是削减失调的手段。它们自身在某些方面是具有高度适应性的。[18] 也许最初的配置具

---

[15] 这个效应可能是来自实践;使用某产品或享受某权利的人,可能会学着去评判其价值。这个效应可能是战略考量的产物;有些人可能不愿放弃权利,因为退让会使其在交易中处于弱势地位。有时赠与效应可能来自因对权利的最初配置所产生的财富效应。不同的配置给财富带来了不同的影响——有些人享有更多权利,从这个意义上说,他们是更为富有的——也许有的交易带来的财富效应,足以影响人们将开始交易的起点。或者我们可以从"预计到的事后遗憾"(anticipated after-the-fact)中,推演出赠与效应。那些同他人进行商品交易的人,可能会担心一旦出现失望的情况,留给他们的不仅是一堆价值不确定的商品,以及对此事实感受到的责任感。值得注意的,有些解释根本无需依赖于实在的偏好变迁。它们在说明赠与效应时,把偏好当成了常量。但这些类型的解释似乎并不够充分。

[16] 见 Daniel Kahneman, Jack Knetch, & Richard Thaler, "Fairness and the Assumptions of Economics," in *Rational Choice: The Contrast between Economics and Psychology* (1987), p.101, esp. at pp.113—114。

[17] 例如可见 Roger Noll & James Krier, "Some Implications of Cognitive Psychology for Risk Regulation," 19 *J. Legal Stud.* 747 (1990)。

[18] 见 Shelley Taylor, *Positive Illusions* (1989)。

有着重要的合法化效果——暗示权利"自然"的属于它被放置的位置,给哪怕是自愿的改变都带来了社会负担。在某些情况下支付意愿和接受意愿之间的分野,可能是因权利配置变迁所引发的社会态度变迁的产物。

就当下的目的而言,足以说最初的配置塑造出了偏好,而且任何法律体系的运作都离不开偏好。如果确然如此,就不存在脱离了语境能对法律或政治起作用的"偏好"。政府不能在偏好间做到中立,因为其关键点在于:政府只有作为,才知道偏好是什么,而且从这个意义上,除非是无政府状态,否则绝对不允许它们不作为。

可能会有这样的回应,认为政府实际上可能会不作为——例如,它根本未能创设出责任机制。可以允许铁路任意的排放空气污染物;可以允许雇主任凭自己的裁量权去解雇员工,或者进行种族和性别歧视。难道这些不是不作为吗?拒绝去采取自己的姿态,而只是根据人们(前法律)的偏好,来允许人们做它们想做的事,难道这还不能证明这样的制度算是中立的吗?

答案是,这样的制度并不是中立的。它并未牵涉到不作为,它实际上有着自己的姿态,而并非简单的允许人们"做他们想做的事"。允许铁路排放污染物的决定,是通过法律对法律权利资格的授予,它将相关的权利配置给铁路。对于允许让雇主有以种族和性别为基础解雇雇员裁量权的决定,也是对权利做出的类似配置。这并没有说明在无政府状态或者自然状态下会发生什么。在无政府或自然状态下,政府根本无需去执行权利;在无政府或自然状态下,当人们受到侵害时,政府也无需再去阻止人们采取不管是什么形式的报复措施。然而,在我们这个世界里,污染或差别待遇的权利实际上都有着法律效力上的支持。与之相伴的是,政府禁止受害人去实施特定类型的报复措施,这包括肢体暴力,也包括那些相关财产利益的受害人试图对他人财产的征用。从这个意义上说,政府只要存在,就必定在配置资源。

赠与效应的存在,向极富影响力的科斯定理提出了一个很大的问题。罗纳德·科斯(Ronald Coase)因科斯定理获得诺贝尔经济学奖。[19] 根据科斯定理,至少在交易成本(也就是说缔约和交易成本)不存在的情况下,无论最初的法律权利如何配置,都同最终财产权的使用或者行为的尺度不相干。例如,科斯定理假定,当交易成本为零时,无论权利是配置给了污染者还是呼吸废气的人,是给了铁路系统还是农夫,都没有关系,因为在任何案例中,它们都将达致一个同样的有效率的结果。这一点对公法和私法上的法律分析都有着非同寻常的巨大影响,它也开始在影响法律结果。[20]

在此我将不对科斯定理予以详尽的讨论。无疑它对法律问题的思考有着很大程度的推进作用,但对于赠与效应而言,科斯定理似乎至少一定程度上是错误的,因为它忽略了最初对偏好的配置所产生的影响。赠与效应表明与科斯定理相反,权利倾向于驻留于它最初被配置的所在。

隐喻

如果所有这些都是正确的话,将会引起诸多后果。可以期待一个赋予雇工以组织权利,赋予农民以免受水污染的权利,赋予妇女免受性骚扰权利的决定,将影响到社会对劳工组织、清洁用水以及性骚扰的态度(无疑对于类似于性骚扰的例子而言,权利的创设将对许多男女的偏好产生很大影响)。这配置将会影响到对当下的所有者和未来的购买者的权利的评判。从这个意义上说,无法通过法律规则来实现偏好间的中立,因为偏好有时将是法律规则的功能或创设。再重复说一遍:因此,因现状而中立根本就不是中立。

---

[19] 见 Ronald Coase, "The Problem of Social Cost," 3 *J. L. & E.* 1 (1960)。
[20] Richard Posner, *Economic Analysis of Law* (3ed. 1986)中,包含了许多这样的示例。

更一般的,许多政府行为都将是赠与效应的产物。例如,私人和公众对风险的反应是现状中所蕴含偏见的反映。恰恰由于公众对规制的要求是赠与效应的产物,因此政府对新风险的规制,远比对同样的旧风险的规制严苛得多,这也是我们所观测到的事实。哪怕这样的策略有时会让那些特别古旧的风险永存,因此损害了公共健康和安全,产生了非常不合情理的结果,对新风险的规制还是要比对旧风险的规制严苛的多。[21]

这同样还涉及其他内容。政治参与者应该有能力利用损失规避现象,来试图通过对现状的界定,从而对赠与效应予以发掘。当政治家有能力来确证和控制对现状的理解时,他们常常会获得成功。一个例子就是,通过持续的政治努力,把现状描述的整体上比事实上更糟,从而降低对其的期待——因此所有公民所感受到的几乎不会是损失,而只会是收益。这个现象通常会出现于选举、内战和围绕经济展开争论之时。事实上很难通过增税来推行哪怕是合理的规制——例如对于那些产生损害的商品,譬如产生污染的车辆或汽油,就是如此——而这可以通过赠与效应予以很好的解释。

另一个例子是,不变的将拟议方案界定为是对此前现状的"回复",而非新的偏离。因此许多20世纪80年代末和20世纪90年代初的民权法案提案,都被定位为是"回复法案",而事实上根本并非如此。对美国最高法院对博克的提名的质疑,首先就强调博克将"拨回民权法案的时钟"。当官员们用这样的术语来界定事物时,会有着重要的政治收益。

最高法院对罗伊诉韦德案的部分否定,引起了公众戏剧化的公开抗议。而堕胎权利已经被认为是既有的赠与的一部分事实,

---

[21] 见 Cass R. Sunstein, *After the Rights Revolution* (1990)。

又很可能为此推波助澜。我们可以怀疑,如果法院去否定其他方面与之类似但并没有设定的别的权利时,是否还会产生类似的反应。不能以政治过程去对社会保障津贴予以限制,这无疑部分上是社会保障制度本身所带来的赠与效应的产物。

更为一般化的,据此可以更好地去理解对既存财产权配置的宪法保护。我们已经看到宪法并不保护针对当下不属于人们个人财产的权利,哪怕他们的需要非常巨大。既存的赠与效应是第五修正案之下的宪法诉求的先决条件。这样的观念可以归因于既存赠与的心理效果——在其他方面一样的情况下,一个人失去他本来所有的,要比他想得却得不到的同样收益,感觉要糟糕的多。所有这些似乎都支持了第五章的论点,因现状而中立,为保护稳定期待的努力给出了部分的说明。

也可以对行为和疏漏之间的区别做类似的理解。我们看到这类区别常常是从基线开始的,即当下的实践,或是已有的对权利资格的配置。对于那些认为既存的配置并非是神圣不可侵犯的人而言,对行为和疏漏之间所做的鲜明界别,似乎会引起许多争论。但这样的界别可能是赠与效应的结果,而且还可以通过求诸此来获得部分的正当化根据(它暗示一个人失去他本来有的东西,要比他想得却得不到同样的收益,感觉糟糕的多)。因此,法律对"行为"(理解为是成问题的打破已有的所有权配置的行为)的敌意,要比对"疏漏"(理解为是成问题的要保留已有权利的行为)的敌意强烈的多。在这里,我们也可以发现为因现状而中立所做实体论证的肇始。

另一个例子是由财政政策提供的。人们有时将政府支出认为是对现状的偏离,而将扣税或减税理解为是对现状的回复,这样钱就可以留给纳税人个人,这样看来,不断有压力要求政府的补贴更多的是以税收减免而非普通支出的形式出现,也就不足为奇了。[22]

如果说法律规则一定会影响偏好,那么很难说政府会在任何普遍意义上,哪怕是再去尝试将偏好作为"既定的"。而当偏好是法律规则的作用时,规则就无法再去求诸这些偏好以获得正当性。社会规则和实践无法通过求诸它们产生的实践来获得正当性。往往不存在能用做决定基础的前法律的或者前政治的"偏好"。赠与效应也可用来创设出一系列关于不同法律制度的性质和后果,关于在不同法律领域的偏好形成过程的预测。

我将简要陈述一个非常重要的相关要点。有时那些为尊重偏

---

[22] 赠与效应现象并非是惟一向期望效用理论(expected utility theory)提出质疑的理论,这个理论认为人们的决定和偏好是令其效应最大化的理性努力的产物。见 Daniel Kahneman, Paul Slovic, & Amos Twersky, *Judgment under Uncertainty: Heuristics and Biases* (1982). 已经表明,人们倾向于用特定的启发方法或者经验法则来对或然性加以评判,这样的启发方法带来的是可以预计的偏差。这些启发方法很有可能有助于解释政府的结果和政治的行为。例如,人们倾向于认为当事件更能为他们"可得",即事件在他们脑海出现的频率更高时,事件发生的或然性就加大了。因此关于或然性的主张,也内生于相关团体的类似事件之中。我们可以预计,规制将会受到这样的启发方法的系统影响。因此对高可见度风险的规制(例如核电灾难),就要比对低可见度风险的规制(例如空气中臭氧含量的增加)要严格得多。政治家试图通过让特定的事件保持在公民的心绪中,来探究其可能带来的启示。将灾难作为动员公民的装置,是熟悉的政治争论中的一部分。在环境领域那些速记式的短语——腊夫运河(Love Canal)、切尔诺贝利(Chernobyl)、三哩岛(Three Mile Island)等等,都成为那些试图寻求进取性规制控制的人所掌控的积极工具。

一个相关的现象就是人们倾向于通过追踪政策和真实世界事件的关联,来展开对事件的判断。见 Arnold, *The Logic of Congressional Action*. 我们可以理解在这些情况下,政府没能征收汽油税来防止环境恶化。与作为减少汽车污染方法之一的汽油税相比,命令—控制型规制,例如新车的排放限制或里程数的要求,似乎不那么有效果和有效率。但人们还是比较容易看出排放许可和环境政策之间的联结,而汽油税和减少污染之间的关联就更为复杂。它们之间的区别,似乎有助于说明为什么要选择不满意的环境政策。

好加以论证的人们的行为,好似这些偏好是内在的心理驱动,是人们脑海中的实在"事物"。这样看来,法律和政府的任务就是要去以某些中立的方式,来确证这些"事物",并对其予以尊重。但这只是一幅未经雕琢的且不准确的画卷。人们有偏好、价值、恐惧、关切和约束,有时这些会相互冲突。人们有偏好,但还有对偏好的偏好,也许同样还有对这些的偏好。如让·汉普顿(Jean Hampton)所指出的,认为我们能对某些被称为偏好的"事物"予以确证,并与之相协作的主张,是错误的。[23] 如若确然如此,只是因为家长主义的法律没有对偏好予以充分尊重,就对其予以反对的主张,似乎是太过天真了。

例如,假定某人要去商店购买 1 磅糖果,那么他是否真的对糖果给予比商店里的其他东西,比全世界的其他东西,比为买糖果所花的钱更多的"偏好"呢?如果他立刻忘记了去购买,或者告诉他的朋友一定要在那天阻止他买糖果,那又会怎样呢?政府去尊重购买糖果的决定,几乎当然是妥当的,但这并不是因为尊重反映出来的是,一个要对购买者脑海中的某些实在偏好予以尊重的决定。固然,我们能够而且通常应该去尊重选择;但在选择和偏好之间的关联,常常是相当含混的。

当我们将某些事物界定为"偏好"或者某些人的实在关切时,我们不仅仅是在界定一个"事物",而是对究竟是什么在起作用,选择承载着某些价值的立场。哪怕是我们当对消费者选择予以尊重时,也是如此。要想采取这样的立场,我们必须要说明哪些类型的欲求,是真正关系人类福祉的。要做到这一点,我们必须放弃存在

---

[23] 见 Jean Hampton, "Expected Utility Theory"(未发表手稿,1992 年),我从他的文章段落里获得很大启发。类似的论点,可见于 Donald Davidson, "Judging Interpersonal Interests." in *Foundations of Social Choice Theory* 195 (Jon Elster & Aanund Hylland eds. 1986); S. L. Hurley, *Natural Reasons* 121 (1989). 还可见 Elizabeth Anderson, "Some Problem in the Normative Theory of Rational Choice"(未发表手稿,1992 年)。关于不可能求诸由它们所产生的偏好,来证明社会或法律制度的正当性的论述,见 Jon Elster, *Sour Grapes* 109—143 (1983); Rawls, *A Theory of Justice* 136—142, 251—257。

某些可以被确证和使用,被称为偏好的"事物"的观念。相反,在不同的语境的不同外部选择中,表现出来的是人类不同的动机。政府必然要尊重某些这样而非那样的动机,它也就必然有着自己的立场。不能单方面地对其加以评判,也不能试图去寻找"偏好"然后去使用它。

论自由和福利

也许在一定程度上可以无视这些考量。当然,在政府自身对私人偏好的自省式的持续关切,同建立了财产、契约和侵权法的基本规则,并任由事物按其可能性发展的政府之间,的确存在区别。虽然说任何法律体系都无法避免的会带来某些塑造偏好的效果,但这并不是说,在作出特定决定时,该体系就无需尊重由包括法律制度在内的既存制度形成的偏好。实际上对于处在适当位置的偏好,政府还是会加以尊重的。也许我们可以仅仅将偏好称为"选择",这样可以避免许多困难。而且有时所讨论的特定决定,可能不会对偏好产生影响。

从这个意义上说,至少在个案中完全可以发展出来,对通过选择表达出来的偏好予以尊重的制度,与相反的制度之间的界别。由政府对既存欲求的摒弃,引发的挫折、愤懑以及经济上的不合理分配,已为人们所熟知。可以将这些削减至最小化,乃至完全避免。

进一步的,不应将任何对权利予以最初配置的法律体系,同试图确保公民对特定的或整体的利益观念的坚守混为一谈。任何公正的体制都将在很大程度上允许概念的多样性,这样的多样性将促进个人自由和自由选择。美国的宪政主义尊重这样的多样性和自由,部分因为这将对公共审议有所裨益。而且也许在许多情况下赠与效应是很微弱的甚至是不存在的。也许在相当多的领域,文化中的偏好和欲求是一个常量,它不会受到通过不同法律规则的戏剧性变化的影响。也许偏好更多的是文化而非法律的创设物。还没有什么实证文献证明这个假说是错误的。

这样,如果我们将赠与效应搁置在一边,那么关于政治和偏好之间关系的歧义,要求诸在自治或自由与福利之间的相互竞争的观念。主观福利主义建立于将偏好作为社会决定基础的进路之上,认为这会最大限度地促进恰当理解下的个人自由以及个人或社会福利。这样的评判不仅有助于就主观福利主义达成共识,而且还回应了一个有吸引力的暗示,即如果偏好是内生的,那么任何对偏好的评判也是内生的,因此对这些事物的任何主张,都会将我们置于绝望的深渊或者恶性的循环。对此我们应该做出的回应是,对任何社会秩序制度的评判,都应以对生活在制度中的人们的影响为基础。任何这样的评判当然都来自受文化影响的地球人类。但这个事实本身也不能豁免于评判、批评或认可之外。

这对于开始福利的讨论是有裨益的。就算我们接受了一个完全功利主义的主张,我们还是可以认为,促进效用的过程不应以对当下偏好的满足为依归,相反无论在怎样的情况下,它要去促进那些与最好的或是最高的人类幸福观念相契合的偏好。这个主张与传统的也多少有些现代的功利主义形式有关,特别是和密尔的思想有关。也可以追溯到亚里士多德的源流。[24] 在此就不将存在的偏好当作是既定的,也不把所有的偏好都放在同一层面上。最终的福利标准依然没什么变化,但这个制度并不只是关注对偏好的满足,它坚持认为福利和偏好的满足完全是不同的事情。[25]

在此关键一点在于,偏好常常是变动的和内生的,而非固定的和外生的——偏好是内生的,或者说它是当下的信息、消费模式、

---

[24] 对于现代版沿着这样流脉对功利主义的记述,见 Richard Brandt, *A Theory of the Good and the Right* (1979)。对于一个非亚里士多德式的记述,见 Amartya Sen, "Well-Being, Agency and Freedom," 82 *J. Phil.* 169—221 (1985); Amartya Sen, *Inequality Reexamined* (1992)。

[25] 见 Amartya Sen, *The Standard of Living: Tanner Lectures on Lectures on Human Values*, 1985 (G. Hawthorne ed. 1987)。对于福利的其他概念,一般的可见 James Griffin, *Well-Being: Its Meaning, Measurement and Moral Significance* (1986)。

法律规则和社会压力等普遍因素的作用。如果说偏好是刚性的固定的,或者说习得它是不可能的,那么以对偏好的满意度来确证福利的努力,将变得更为容易理解。如果这样的话,那么想从法律上反映、改变或者选择偏好的努力,所带来的将只能是失败。但当偏好是变动的和内生的时候,当如果只求对已有偏好的满足却带来不幸的或者贫困的生活时,一个将所有偏好都视为是固定的民主体制,将会失去重要的福利收益的机会。

那么至于福利,其核心要点在于,改变已有欲求的努力可能会带来社会进步。问题并不在于欲求的缘起,而在于它的不可度量性。至少如果可以预先对相关的案例予以完全的确证,如果能有特别好的理由来说明集体行动的正当性,那么对民主干预的论证就将特别有说服力。从不公正的背景中导出的对偏好的尊重,将给人类带来贫穷与苦难,而这几乎算不上能为宪政民主所容的恰当做法。

例如,从福利的角度,阻止成瘾性行为的法律规则可能会有显著的收益。对海洛因或香烟的规制——至少如果是有效的话,那么可以通过减少对个人有害的行为,去除后继的损害效果,带来更为健康愉悦的生活,从而提高社会福利。或者,假定政府关于环境、广播或文化的行为,可以提高满意度并且最终增加福利收益的话,那么它可能最终会导致新偏好的产生或改进,但也可能会为此带来阻碍。对于能够影响受歧视和类似受害者的欲求和态度的反歧视举措同样也是如此。将私人偏好视为理所当然的体系,将会牺牲大量的提高社会福利水平的机会。

这一点在早期的功利主义思潮中具有至关重要的地位;在更为晚近却遭到了忽略。在审议民主中,有必要继续强调这一点的重要意义。实际上我们去捍卫宪政民主,并不是因为它尊重既存的偏好,而是在于它有助于那些最好的或是最高的欲求和信念的植入。而这是一个完全不同的理论,最伟大的宪政民主理论家,约翰·斯图尔特·密尔和约翰·罗尔斯都坚持这一点。[26] 例如，罗尔斯暗示自由制度影响着"人们的基本热望"，而且"从长期来看可以发挥决定性的作用，并塑造出社会成员关于自己是怎么样的人，想成为什么样的人的品性和目标。"[27]

对于福利就说这么多。可能有人会认为，为了自由，政府应尊重私人的偏好。但无论是从内容还是源起，都无法以对私人偏好的满足，来作为对一个有说服力的自由或自治观念的回应。相反，自治的观念应该求诸在完整鲜活的了解了可得的机会，以及所有相关的信息，而且没有对偏好信息形成过程有任何非法的或过度约束的基础上，所做出的决定。

针对那些认为这样的观念不适合美国自由主义传统的主张，应该去回想约翰·杜威的话语："自由主义者知道社会条件可以去限制、扭曲乃至几乎阻碍个性的发展。因此有着积极的兴趣去探

---

[26] 参见本书第五章。
[27] John Rawls, "Kantian Constructivism in Moral Theory," 77 *J. Phil.* 515,539, 538(1980). 还可见 John Rawls, "The Basic Structure as Subject," 14 *Am. Phil. Q.* 159,160 (1977)："想一想个人在所参加的市场交易中所处的地位。我们已经看到特定的背景条件对于公平交易而言是必不可少的。但个人的性质又是怎样的呢？他们如何得到他们想要的呢？正义理论不能将他们的最终目标和利益、他们对待自己和自己生活的态度，视为是既定的。每个人都认识到社会形式影响着它的成员，并在很大程度上决定着他们是怎样的人，想成为怎样的人。它还以不同的方式限制了人们的雄心和希冀，因为人们将部分地根据自己的位置，考虑他们能够现实期待的手段和机会，来理性地看待自己。因此经济制度不仅是用以满足已有欲求的制度框架，而且还是形成未来欲求和热望的途径。"当然，说偏好可以是内生的，并不是说它们就是一时兴致所至或奇思怪想，或者说就是具有高度可塑性的。有些偏好就算是法律规则、社会压力或已有制度的产物，也在事实上是相对稳定的。更高的稳定性，以及变化要面对的更多阻力，会去劝诫不要去做改变偏好的努力。这一定是基于福利背景之下，或者同样的还有自治的背景下（尽管当稳定的偏好，作为对不公正现状的严格适应时，它可能并非是自发的）展开的。面对极其稳定的偏好，试图推进变化的民主努力，可能只会给所针对的对象带来愤懑与挫折。但我在这里的主张认为，这只是一个偏好的子门类，我并未曾想去收获一个普遍的真理。

究,社会制度是如何对个人的成长,起到积极或消极作用的……同样感兴趣的是,实际上又是如何将那些受嘉许的法律、政治和经济制度建立起来的,并将权力滥用和公然的压迫拒之门外。"在另外一篇关于自由的论文中。杜威写道:"我们可以说通过一个相对固定的刚性的结构,……就算是一块石头都会有它的偏好选择。反之对于人类行为也是如此,在一个充满变数的生命旅程里,在进入其中的智识洞见和预见下,选择象征着一种能够审慎改变偏好的能力。"[28]

当信息或机会不完备时,决定乃至偏好都是不自由的或者说非自治的。因此,很难通过对偏好的满足,来界定自治或自由。如果说偏好是可得的信息、已有的消费模式、社会压力和政府规则的

---

[28] John Dewey, "The Future of Liberalism." in *Dewey and His Critics* 695, 697 (Sidney Morgenbesser ed. 1977); John Dewey, "Philosophies of Freedom," in *Freedom in the Modern World* 243 (H. Kallen ed. 1936). 这个主题似乎贯穿于杜威的著述之中。在 John Dewey, *Freedom and Culture* 108 (1989) 中,写道:"关于欲求是刚性的固定的说法,从表面上看,同人类从蒙昧状态,经由野蛮状态乃至直到当下的有缺陷的文明化状态的演化过程历史不符。"在 John Dewey, *Freedom and Culture* 22 (1989) 中,指出:"特定的复杂文化激励、促进和巩固了本来的倾向,以至于产生出来关于欲求和目的的特定模式。"在 John Dewey, *The Public and Its Problems* 102 中,写道:"在心理学上,认为作为自然人的个体可以有着自己独立的完整欲求,根据自己的意志延展能量,有着恰当的预判和计算能力的观念,就如同政治学中认为个人有着先定的政治权利的学说一样,很大程度上是一个幻象。"

还可见 Dewey, *The Quest for Certainty* 258—259,指出:"对所讨论理论的异议在于,它贬低了此前所感愉悦对象的价值,却根本不管这些对象是以怎样途径出现的;该理论认为愉悦是具有因果性的,因为它不受关乎价值的智识运作的规制。这几乎确定无疑地暗示,要想逃逸先验的绝对主义的缺失,并不需要将所有发生的愉悦都确立为价值,而是要将那些作为智力活动后果的愉悦界定为价值。没有思想的介入,愉悦就并非价值,而只是成问题的物品,只有因智力活动致使愉悦以变化后的形式重新出现时,它才是价值。目前关于价值的经验理论的根本问题在于,它只是将关于愉悦的在社会上占支配地位的习惯予以定型和正当化,这实际上是价值本身的体验。它完全将对这些愉悦的规制问题放置于角落一隅。这直接涉及所带来的经济、政治和宗教制度重构的问题。"

产物的话,那么再说要通过对偏好的满足来界定个人自由,或者说应在自治的背景下,将当下的偏好作为确定政治问题的基础,就显得有些奇怪了。似乎更为奇怪的在于,不管不同偏好有着怎样的不同缘起及其后果,有着怎样的支持理由,还认为所有偏好都应得到同样的对待。

这样的例子包括,不了解健康风险的人购买有危险的食品、消费品或香烟的决定;雇主因为他所在的社区中的种族敌意,而拒绝安排黑人工作的决定;一个由于从小主要在电视文化中成长,而对文学艺术表示厌恶或者不感兴趣的人;妇女由于担心因拒绝会担上社会的污名,而决定担当起传统的性别角色;一个由于同年龄群体所施加的社会压力,而做出不购买有座位安全带的汽车或者不佩戴摩托车头盔的决定;由于个人生活实践限于工业化的城区,而导致对环境多样性不感兴趣。

在印度有一个非常生动真实的例子。在1944年,全印健康和公共卫生研究院对寡妇和鳏夫的健康状况作了一个调查。大约48.5%的鳏夫说他们的健康"不好"或者"不好不坏",而只有2.5%的妇女去这样描述自己的状况。事实上寡妇比鳏夫的健康状况还要糟。[29] 在这些情况下,将卫生政策建立在关于健康状况的主观观点之上,就似乎有些古怪了。这样的进路将严重加剧业已存在的歧视。

最近对美国独立革命之前社会态度的一项研究指出了类似问题。在那个时期,美国社会是极度科层化的,"普通人""要承认和感觉到他们相对于绅士所处的劣等与依附地位……但由于似乎把他们的愚昧、劣等及依附,认为是事物自然秩序的一部分,许多普通人……在贵妇和绅士面前会忠诚的脱帽鞠躬;他们知道自己的位置,当名门望族骑马时,他们心甘情愿步行;而且他们很少表达改变地位以让自己过得更好的强烈欲求。"[30]

---

[29] 参见 Sen, *Commodities and Capabilities* 82。
[30] 参见 Wood, *The Radicalism of the American Revolution*。

每个例子中,会有不同的问题。但是在所有的例子中,对自由或自治的兴趣,并不要求政府的不作为,哪怕对于那些可被理解的类别也是如此。实际上,在许多或者所有这些案例中,是规制代替了一定程度的强制。

简言之,民主的目标之一,在于并非只是通过对偏好的满足,而且更为根本的在于,通过保护偏好信息处理过程的自由,来确保自治。可以令人信服地将这个主张追溯到美国建国时期。因此威廉·伯德(William Byrd)写到"人和人之间首要的差别,只是来自进步机会的不同,"而本杰明·拉什(Benjamin Rush)则主张性格的不同是"气候、国家、教化程度、政府行为或者偶然原因"的结果。事实上美国殖民地时期一个很重要的基调就在于,信息、信念和欲求等个人人格方面的差异,并非自然的,而是社会驱动的产物。[31] 密尔本人也强调这一点,以至于认为对政府本身的评判,很大程度上要看它对公民个性施加了怎样的影响。[32] 自由要求能在替代进路间有选择的机会,这为人们不应去面对那些,不具正当性的对其偏好和信念的约束的主张,提供了一个天然的补白。

当公众试图通过在法律中累积到极点的民主过程,来实施普遍持有的社会热望或集体欲求时,政府行为也可以通过自治的背景来获得正当化根据。公众可能会试图通过法律,来实施关于应该努力做什么的民主决定。这样的话,允许政府采取行为以维护这些深思熟虑后的考量,通常这并不构成对自治的侵害。由审议过程所产生的集体热望中,可能蕴含了相互对立的面向,而这是在美国宪政传统中有着深厚源流的政治自由概念的反映。实际上,审议民主的核心观念就是建立在这个概念之上的。

这样看来,可以在集体自决中发现政治自治,公民不是去决定他们"要"什么,而是决定他们是谁——他们的价值是什么,这些价

---

[31] 参见 Wood, *The Radicalism of the American Revolution*, at 242—243(分别引用了 Bryd 和 Rush 的话)。

[32] 参见 Mill, *Considerations on Representative Government*。

值又要求什么。必须要有充分的理由去支持他们所试图通过法律获得的事物。这一点的源流可以追溯到麦迪逊式的主权观念。在此我们可能要又一次提到杜威："想要某些事物的事实，只是引出了它的可欲性的问题，但并没有解决这个问题；只有孩子在他的幼年时，才会认为可以通过反复嚷'我要它，我要它，我要它'来解决可欲性的问题。在当下的关于价值的经验理论中，反对的并不是将这些同欲求和愉悦联系起来，而是没能去对根本不同类型的愉悦加以区别。"[33]

概括地说：单凭偏好是"它们是什么"的事实，不足以构成政治行为——本书第一章中所界定的无偏私原则的根据。更广义的说，由于福利和自治的需要，由于必须要进行最初的权利配置，民主政府有时应将已有的偏好作为争论、讨论和控制的目标。

当然在这里也存在着严重的过头了的风险，因此通常必须有被界定为"正义"的对此过程的约束。如我们所看到的，事先设置的监督是宪制政府不可或缺的一部分。这些监督将至少包括对政治自由和个人安全的基本保障，而这些保障可能并不会因遭遇到集体自决的过程而有所让步。以下我将回到这一点的讨论。

民主对偏好的摒弃：一个目录

在本部分里，我通过描述以自治和福利的考量来说明政府行为的正当性，以及主观福利主义应受到斥责的情况，来对此前所做的论述予以更为详细的说明。我主张，在所有这些情况下，审议民主的参与者应该去关心它的公民是否过上好的生活，而且不能用

---

[33] 见 Dewey, *The Quest for Certainty* 260。"为了说明我们相互间行为和请求的正当性，我们通常会去解释为什么我们想要特定的事物，而不是仅仅印证我们的确偏爱它的事实，并暗示偏好的力量。在对于应该做什么的确存在异议的情况下，只是去说'我偏爱……'，无异于故意的不去相互交流，甚或是专横无礼。"还可见 T. M. Scanlon, "The Moral Basis of Interpersonal Comparisons," in Elster & Roemer, *Interpersonal Comparisons of Well-Being* 17,37。

对分歧丛生的利益概念会有助益的自由主义约束,来限制政府去通过法律来表达自己的关切。我还指出了特别在经济学和心理学领域的某些实证性或预测性工作的隐喻。基本上可以把这些情况分为三类。

集体判断和社会热望

民主政制中的公民,可以让法律中体现的并非是私人消费者所持有的偏好,而是包括了社会热望在内的集体的慎思判断。这类量度是站在公民和代议代表立场上所展开审议过程的产物。从这个意义上,它们需要有对审议民主的原初宪法承诺。

偏好对情境的依赖,通常不能轻易地把政治选择理解为将私人欲求的加总过程。有些人哪怕自身的消费模式倾向于广播电视中的系列幽默剧,但他还是会选择非娱乐的广播电视节目;哪怕他们不去利用公共公园,也不会从对物种的保护中受益,他们还是会试图寻求通过更为严格的保护环境或者濒危物种的法律;尽管他们不会去把钱留给穷人,但还是会批准力主社会保障和福利的法律;尽管他们自己几乎未必站在种族中立的立场,但还是会支持反歧视立法。人们作为政治参与者所做的选择,是不同于他们作为消费者所做选择的。部分由于此原因,也就会将民主的结果同那些从市场上浮现出来的结果相区别。

在政治选择和消费者选择之间的普遍分离,多少带来了一些困惑。实际上,它有时引出的主张认为,市场秩序是反民主的,而通过政治过程所做的选择,是社会秩序最为可取的基础所在。

由于许多政治过程的坍塌,以及市场秩序在许多场合的优势,就做出这样的概括,显得太过宽泛。对私人市场的尊重,是尊重分歧丛生的利益概念的一种重要途径;对市场的尊重,也是推动作为重要目标的经济生产率的引擎。但如果像某些人所暗示的那样,认为市场一定就能比政治更为可信地反映出个人的选择,则将是错误的。同样错误的是认为,民主选择与消费者选择的结果差异只是体现于某些紊乱之处,投票者要么未能意识到,他们必须最终要负担起所支持项目的成本;或者投票模式只是反映了,只要其他人愿意为提案掏腰包,就会支持政府对特定利益所做规定的意愿。

无疑每种主张都有几分正确之处。有时相对于政治行为而言,消费者行为有时更好地或者更现实地反映了实际的偏好。而根据偏好要有赖于语境的事实,认为消费者行为"更好的反映"了"实际"偏好的观念,有时是令人颇感困惑的。在这些背景下,从整体上以及语境无涉的意义上来说,不存在所谓的"实际"偏好。此外,只有在政治审议的语境下,政治行为才是诸多影响因素的反映,而这说明了要对在政治装置中浮现出来的事物给予特别权重的正当性,可以介此来解释消费者选择和政治选择之间的差别。这些包括四个紧密相关的现象。

1. 在政治行为中公民可以努力去履行他们的热望,而在私人消费中则不能。作为公民,人们可以通过寻求法律的援助,来产生某种意义上会比从市场秩序中浮现出来的结果更好的体系。

2. 作为政治行为者的人们,尝试去满足利他主义的,与司法相关的或者其他相关的欲求。这些有时不同于作为市场特征的自利的偏好。[34]

3. 政治决定可能可以去证明元偏好或者次阶偏好的正当性。人们有关于他们愿望的愿望。有时他们尝试去证明自己这些次阶愿望的正当性,这包括通过法律来对"什么是最好的"予以慎思判断。

4. 在民主过程中,人们可能对自己施加了一个先期约束,去服从于他们认为符合普遍利益的行为过程。他们这样做,可能是为了避免为所洞悉的自身的自私、短视和任性所左右。尤利西斯和

---

[34] 见 Howard Margolis, *Selfishness, Altruism and Rationality: A Theory of Social Choice* (1982); John Orbell, Alphons von de Fragt & Robyn Dawes, "Explaining Disscussion-Indexed Cooperation," 54 *Journal of Personality and Social Psychology* 811 (1988). 还有一项有趣的跨国实证研究,结论支持了适当的最低限度的福利保障的规定。见于 Norman Frohlich & Joe A. Oppenheimer, *Choosing Justice: An Experimental Approach to Ethical Theory* ch.4 (1992).

塞壬(Ulysses and Sirens)*的故事就堪称典范。宪法本身就是一个先期约束策略的示例。

在此有必要做几个限定。

1. 在任何特定的情况下，都有可能证明这些主张是错误的。一部因反映了利他主义欲求而具有正当性的法律，事实上可能是来自高度组织化的私人团体的压力，而与利他主义毫无干系。这个现象当然是家常便饭。有必要做更深入的研究，去探讨特定立法产生的动力，以及公私选择之间的分歧，从而对这里的主张加以评判。这给了经验研究以丰富的空间。

2. 有些反对意见可以被转译为主观福利主义的术语。毕竟有些偏好是通过民主过程才能得到最好的表达。我们可以去支持这样的表达，原因恰恰在于这些表达是主观持有的，并同一定的福利形式相联系。然而我更主要的观点是，政治行为要以一定的反思和推理为基础，而这些常常未能赢得市场的充分关注。

3. 指出这许多的可能性，完全并不是要否认，市场和私人行为常常是慎思的判断、利他主义、甚或是并非常规的关于自利偏好记述所捕捉的，关于不同社会利益的更为复杂态度的反映。对于任何这样的主张，都可以举出许多反例。我所说的所有这些，暗示这类现象有时可归因于在市场和政治行为之间的分歧。

4. 一个民主制度必须建立在多重卫护之下，以确保其结果事实上是此处所界定的审议过程的反映。但由于事实上某些团体要比其他团体组织的更好，由于财富和影响力方面的差异，由于公众和私人所施加的不同程度的压力，使得这样的审议过程常常遭到扭曲。

---

* 这是一个出自荷马史诗《奥德赛》的故事，赛壬是传说中半人半鸟的生物，他们用歌声来迷惑水手，尤利西斯用蜡封住水手们的耳朵，这样他们便听不到赛壬的歌声，但尤利西斯自己可以听到赛壬的歌声，于是，他把自己绑在桅杆上，自己便无法操控船。这被经济学家布坎南视为是"对未来的选择作出先期限制"的经典故事。可参见冯克利：《尤利西斯的自缚：政治思想笔记》，江苏人民出版社2004年版。——译者注

说明。以上我指出人们可以通过法律来实现不同于市场选择的集体欲求。有没有可能对它们之间的差别给出更为具体的说明呢？这存在着许多种的可能性。

1. 政治的集体特性，允许对集体行动的问题做出应答，这非常的重要。除非确保他人也会这样做，否则人们可能不愿去进行慎思判断或者说愿意去无私地利他。更直白的，如果不能保障他人也参与，那么个人可能不愿为了集体利益而进行捐献；而他们最偏爱的，只有通过民主形式才能得到的制度，可能就是一个只有确保了他人捐献，自己才会捐献的制度。也许别人捐了自己不捐，会感到羞愧；而如果自己捐了别人没捐，又会感到自己受到了牺牲。

无论如何，也是最为根本的，对热望或者利他目标的满足，有时还具有提供公共物品或者解决囚徒困境问题的特性。[35] 实际上我们可以认为利他主义和热望都有着公共物品的特性，也就是说，将它们提供给了某个人的同时，还注定会提供给许多人或所有人（一个典型的例子如国防）。热望并不是传统意义上的公共物品，因为在此市场并未按照通常所理解的"市场失灵"那样去失灵。但如果最偏爱的选择是热望或利他目标的反映和实施的话，那么政治行为将可能是最好的替代进路。市场行为，哪怕运作的再完好，可能也无法胜任这项工作。

2. 政治的集体特性有助于克服下面要讨论的这个问题：偏好和信念有时是或者在一定程度上要适应于不公正的现状，或者会限制可得的机会。如果离开了集体行为的可能性，现状可能会显得更为棘手，而私人的行为乃至信念都要做相应的调适。而如果人们都可能一致的行为，偏好又将呈现出完全不同的形式。可以去想想包括环境、劳工、种族和性别歧视方面的社会运动。

3. 社会和文化规范似乎倾向于让人们更多地以政治行为而非市场的形式，去表达自己的热望或利他的目标。这样的规范可能要求人们要对他人、对正义、对公共利益予以更多关切，这可能构

---

[35] 有帮助的讨论，可见 Jon Elster, *The Cement of Society* (1989)。

成了对他们作为公民的压力。

4. 政治的审议面向所带来的附加信息和看法,可能会影响通过政府过程表现出来的偏好。民主制度的首要功能在于,确保通过代议过程,让那些新的或者沉没了的关于利益存在于何处,它们事实上又如何的声音,或者那些全新的记述,能够得到倾听和理解。作为这样一个过程的结果,如果对个人和集体福利的偏好、价值和理解有所改变的话,丝毫都不应感到任何吃惊。

5. 也是最后的,消费者的决定是私人支付意愿标准的产物。支付意愿是支付能力的作用,而对于效用或福利而言,支付意愿是一个非常粗劣的代理人。穷人可能不愿为他们即使非常想要的那些东西支付太多钱,富人可能愿意付出大量的钱去购买他们相对不感兴趣的东西。政治上的行为革除掉了这样的扭曲(当然这并不是说,它自己就不会引发新的扭曲)。

限定。如果对所讨论的举措没有任何异议,那么要尊重集体欲求的论说,似乎是很诱人的。如果(通常是)少数人认为法律强加给他们的是负担而非利益的话,那么就会引发更为严重的困难。例如,如果多数人想要看高品质的电视节目,并禁止看暴力的乃至兽性的节目,但少数人则想看被禁止的这些节目。如果那些感到有必要表达自己热望的人,表达的后果将导致他人失去满足自己偏好的机会时,就不应允许他们这么做。

预先将少数人的偏好排除在外,是不无遗憾的。但一般而言,很难找到什么有力的论述,来对这类集体行为予以全面地反驳。如果禁止多数人去维护通过立法的慎思考量,那么一个重要的民主自治舞台将会被削除。这是在多数人的慎思考量和少数人的偏好(或许也是慎思考量)之间的选择。另一方面,大概只有无法用包括私人协定在内的更少限制替代进路,来实现同样的目的时,才允许预先将少数人拒之门外。实际上这样的替代进路往往是存在的。

当然关于民主结果是集体判断的体现的论述,并非总是决定性的。不难想像在某些情况下这样的论述是苍白的。我们可以去想想那些禁止无神论或者不可知论的法律,或者是禁止缺少爱国心的政治表演的法律。尽管在此我无法给出一个完整的讨论,但还是可以对三类约束集体判断的情况给出一个初步的说明,这似乎会是格外妥当的,且是有助益的。

1. 如果被预先排除的特定选择有着某些特性,特别的当它作为审议民主的先决条件时,就更适合把它看做是一个权利,多数人无权去干预。最主要的例子就是政治言论和政治参与。就算是面对多数人持有的普遍热望,还是要尊重少数团体成员的平等公民权利。其他对于个人自治或福利而言具有基础性地位的权利——例如合意的亲密性行为——通常也不应受到政府的禁止。

2. 某些集体欲求可能是会引起反对的,或者是不公正的背景前提的产物。一个关于禁止不同种族通婚的集体判断,就算说是集体热望的反映,也是不能通过法律来执行的。要说明为什么,就有必要给出论证来质疑这样的判断。这样的论证本身可以去征引关于自治或福利的观念。无论可能会怎样,这个例子表明,集体判断必须不能遭到道德背景上的反对。

3. 某些集体欲求可能是多数人论证特别不充分部分的反映。比如宵禁令,比如美国的禁酒令时代(prohibition era)。在这样的情况下,法律救济可能会驱除可欲的私人自我控制的激励;由于"闷在心底"(bottling up)的欲求,导致了不曾料想的负面影响;或者由于存在更少强制色彩的替代救济路径,证明根本就不需要这样的救济。

当这几点关切中的任何一点出现时,对集体判断的保护就显得有些不合情理。但在许多情境下,这些关切是不存在的,因此还是可以说明在这样的背景下启动的法律控制的正当性。

对可公度性(Commensurability)的评注。将偏好作为社会选择基础的人们,常常推定偏好是可以被公度(Commensurable)的。这个观点认为,可以在同一度量单位下,排列私人和公共欲求的次序,并做出相应的评判。但是不应用同一度量单位去评判不同的社会利益。想想失业、物价飞涨、改造工作场所以适应乘轮椅的人的需要、环境恶化、性骚扰、对言论的"寒蝉效应",我们怎么能把这些都看做仅仅是"成本"。如果我们把这些都理解为"成本",并按照同样的度量标准进行评判,我们可能就无法去界定它们性质上的重要差别。

如果要让不同的利益可以被公度,无异于去强暴我们关于对这些利益如何定位的慎思考量。[36] 这些慎思的考量绝非拖累,它们对其意义已经想的非常清楚了。可以把某些否则就难以理解的政治结果看作是对公众对各种社会利益是不可公度的且不可相互替代的笃信的回应。说它们是不可公度的,并不是说它们就没有价值,而是说它们相互之间有着性质上的差异。反映了社会热望的举措,可能恰恰体现了这样的信念。

对机会或不公正背景条件的过度限制

在宪政民主下,公民可以为了促进更好的且更为多样的实践,而置已有的偏好于不顾。他们最终的目标是要为偏好和信念的形成,为了同当下的欲求保持距离并对其进行批判性的审查,来提供更多的机会。以前拒绝满足偏好的论理是植根于民主之中的,而现在这个论理的基础则不同。这里的论证是,如果我们想促进福利和自由,那么如果只是去满足人们碰巧有的那些偏好,最后只能带来蹩脚的结果。

作为替代,无需去满足这些偏好,民主制度首先要做的事是对人类利益和需求的记述。这个理论无需以任何先验的或者在人类实际生活以外的事物为基础;它缘起自这样的观念:认为人类要想过上好的生活,应该有权利成为他们想成为的样子,得到他们想得

---

[36] 见 Charles Taylor, "The Diversity of Goods," in *Philosophy and the Human Sciences* 230, 243 (1985); Amartya K. Sen, "Plural Utility," 81 *Proceedings of the Aristotelian Society* 193 (1981); Elizabeth Anderson, "Values, Risks and Market Norms," 17 *Phil. & Pub. Aff.* 54, 57—59 (1987); Martha Nussbaum, "Plato on Commensurability and Desire," in *Love's Knowledge* (1991). 参较 Margaret Jane Radin, "Market Inalienability," 100 *Harv. L. Rev.* 1849 (1987).

到的。任何这样的理论,都不会以一元化的描述,来阻滞人们关于具体美好生活形态的设想。这可能是一个关于利益的"浅层"(thin)理论,从这个意义上说,它并非一个关于什么才属于人类美好生活的综合性理论,而只是限于生活应包含的"最起码的要点"[37]。如果它在这个意义上并非是浅层理论,它可以以一种或多或少更为全面的形式,来说明一个美好的人类生活包括什么,例如包括食品、友情、爱情、娱乐、教育和庇护。但这样的更为全面的理论可能是空洞的,因为从某种意义上说,可以通过多种不同形式的生活,以多种不同的途径,来满足这样的要求。[38]

无论是表浅还是含混,这个理论给人们的个人选择留下了很大的空间。这个理论之所以如此,因为个人选择本身就是美好人类生活的重要部分。因此,任何民主制度都不会强迫公民,去接受关于他们应该过怎样生活的特定的或者一元化的观念。但无论是表浅还是含混,这个理论都将不会以人们碰巧会有什么"偏好"为依归。

这样的进路,最终多半会对私人秩序和缔约自由都予以支持。它们倾向于促进社会的多样性、选择自由和依靠自我,而所有这些都有可能构成重要的社会利益。但有时有必要在市场的创设之外,延展以法律的保护。在此支持政府控制的论述,可以追溯到约翰·斯图亚特·密尔,他强调有必要培育不同的利益观念,并保证一定程度上能反映出来这些观念。在这方面,可以想想在本章前面提到的许多例子中,为了适应有限的机会或不公正的背景条件,而要对偏好予以调适。

一个认真对待这个目标的制度,可以从许多不同的基础开启自己的旅程。它可以从作为审议民主本身基础的原则中,找到自

---

[37] 这样的进路,可见于 Rawls, *A Theory of Justice* 395—399。
[38] 这样的进路,可见于 Sen, *Commodities and Capaabilities*; Scanlon, "The Moral Basis of Interpersonal Comparisons"; Martha Nussbaum, "Aristotelian Social Democracy," in *Liberalism and the Good* 203 (R. Bruce Douglas, Gerald M. Mara & Henry S. Richardson eds. 1990)。

己的源流。[39] 在此,可以通过由作为公民的自由和平等的人,来建构起民主生活的理想,来界定自治和福利的观念。这样的理想构成了,对那些认为应允许政治体系灌输的偏好和信念类型的约束;例如,它反对不抵抗,反对奴性,反对拒绝面对和反映不同的关于美好生活的观念。实际上,宪政民主制度可能会创设出来作为重要人类利益的几分活力与独立心智,而它自身也可以通过这样的背景获得正当性。如已指出的,发轫于密尔和罗尔斯的,为这个制度给出的最好论证,所指向的并非是偏好形成过程中的中立,相反,确切的说是指向这一点所引发的有益后果。

也许更有争议的是,可以认为这个制度体现了适度的自由至善主义(perfectionism)形式。这样的制度将要求政府保障针对支配地位的善的观念,能存在有对它的批评以及与之完全迥异的姿态。当然,政府要履行这样的任务,首要的就在于自由主义的教育。美国建国者就已经执著于教育的可能性以及政府在教育中所发挥的普遍作用,这早已构成了对此的和声。[40] 杜威写了类似的话语:"学校教育是教育工作的一部分,但教育的完整意义包括所有影响(关于欲求和信念的)态度和性情的因素,而这构成了支配心性和品质的习惯。"密尔也对这一点做了应和,他理解的教育包括的不只是"本着让我们多少更加接近自然的至善的明确目的,我们自己所做的,以及他人为我们所做的;它还要更多;它的最大意义在于,它领会了哪怕是对人类品性的间接影响,以及从直接目的迥异的事物中,通过法律,通过政府形式……所反映出来的人类才能。帮助塑造人类,帮助个人成为他要成为的样子,或者阻止他不能成为不应成为的样子的因素,都是教育的一部分。"[41]

---

[39] 见 Joshua Cohen, "Deliberation and Democratic Legitimacy," in *The Good Polity: Normative Analysis of the State* 27—34 (Alan Hamlin & Philip Pettit eds. 1989)。

[40] 见 Wood, *The Radicalism of the American Revolution* 190—191。

[41] Dewey, *The Philosophy of John Dewey* 645; J. S. D. Mill, "Inaugural Address at the University of St. Andrews," in *John Stuart Mill on Education* 153—154 (William Garforth ed. 1971)。

这个制度的另一个基础来自亚里士多德学派。在这里处于支配地位的目标,并不是要去保障个人的能力和作用得到提升,而且不为政府的安排所阻滞。[42] 这类观念是一种不同类别的至善主义,同密尔以及许多人的功利主义版本,并没有什么显著的不同。

如果对于从对可得机会的限制中生长出来的偏好,政府能做出合理的回应,那么政府可以在艺术和广播方面采取更为积极的举措——这包括对公共广播的补贴,保证全然不同的节目的存在,或者要求市场上提供一点或者一点不提供高质量的节目。实际上,有必要提供出不同的偏好形成机会,这暗示,完全有理由对不受规制的通讯和广播通讯市场予以怀疑。在此政府规制有着坚实的正当化根据,这包括曾广遭批评,今天很大程度上已经被摒弃的"公平原则",它要求广播必须涵盖有争议的问题,并且保证播出相互对立的观点。我将在本书第七章里讨论这个主题。

进一步的,有时要调整私人偏好,以适应于对当下实践和机会的不合理的或不公正的限制。人们可能会调整他们的行为乃至欲求到适宜的程度。在此可以去想想狐狸和葡萄的故事。狐狸并不想吃葡萄,因为它认为葡萄是酸的;但它这样的信念,是建立在吃不到葡萄的基础上。因此很难通过偏好,来证明他们得不到偏好的正当性。[43] 玛莉·沃斯通克拉夫特(Mary Wollstonecraft)所著的《为妇女权利辩护》(A Vindication of the Rights of Woman)也是沿着同样的脉络写成的;它可以被视为是,对偏好的社会建构以及将偏好、信念和欲求适应于不公正现状现象的扩展讨论。因此沃斯通克拉夫特写道:"我敢断言,一个女孩子,如果其心魄未曾因庸碌无为而遭抑制,未曾遭到虚假的羞耻感的沾染,那么她将始终是一个无忧无虑嬉戏的女孩,如若不是种种限制让她别无选择,否则这

---

[42] 见本章前注5。
[43] Jon Elster, *Sour Grapes* (1983).

样美丽玩偶般的女子,永远都不会受到关注。"[44]

当这类的调适的确在起作用时,以自治或福利为基础的对偏好的尊重,似乎是不具有正当性的。几乎不能求诸既存的偏好,来说明通过限制不公正机会来产生偏好的法律体制的正当性。偏好会因不公正的背景条件而作出反思性的调适,就这点而言可以认为偏好并非自生的;而法律对这些偏好的回应,可能同样会产生福利上的收益。

类似的见解有助于说明反歧视原则。最为一般化的,既存不公正的受益人和受害者的信念,都要受到削减这类不公正带来的"认知失调"(cognitive dissonance)的努力的影响。[45] 这样的责备受害人,或者推定伤害或不公正是理所当然的或不可避免的策略,倾向于允许非受害人或者占优势地位团体的成员,通过假定这个世界普遍而言始终是公正的(尽管有时存在非理性的信念),来削减认知失调。[46] 已经表明一个削减认知失调的有力动力,可能会成为认识社会不公或非理性的重要障碍。

---

[44] Ed. C. Poston (New York: Norton, 1975;初版于 1972 年) at 43;类似的论点见于 Mill, *The Subjection of Women*,反对认为妇女既存的欲求,是经他们同意的产物。

[45] "我应该将它称为是上帝的赐福,或者是它不息的恼怒的诅咒。如此对心魄的处置,将使得人们对极度的悲苦无动于衷,将常常让他们坠入对痛苦的饱尝。陷入了这悲惨的深渊,黑人几乎注意不到他自己不幸的命运;在暴力作用下他们成为了奴隶,而奴隶身份的心境使得他们的思想和企望都像是一名奴隶;他对自己的主人更多的是敬仰而非憎恨,他面对压迫者奴颜婢膝,反而还从中找到了愉悦和骄傲。" Alexis de Tocqueville, *Democracy in America* 317 (1987). 对于认知失调,见 Leon Festinger, *A Theory of Cognitive Dissonance* (1957);对于它对社会理论、福利和自治的隐喻,可见于 Elster, *Sour Grapes*。

还可以去看关于孟加拉国妇女不识字情况的讨论, Nussbaum, "Aristotelian Social Democracy." 引用了 Martha Chen, *A Quiet Revolution: Women in Transition in Rural Bangladesh* (1983), Nussbaum 指出,许多孟加拉国妇女并不要求甚至并不希望有更高的教育程度或读写能力,实际上满意她们当前受教育现状的事实。当然这类的欲求,是缺少机会,以及社会和文化压力的产物。

[46] 见 Melvin Lerner, *The Belief in a Just World: A Fundamental Delusion* (1980).

受害者也参与到削减失调的战略中去，这包括放低自己的自尊心，去适应受害的事实以及认为这个世界基本上是公正的信念。有时候似乎更容易假定的是，一个人所遭受的不幸会比已经被残酷或仅仅随机地施加的那些更为正当。可以去想想一个令人惊异的事实，在 NBA 选秀过程中，无论是碰到有利的还是不利的结果，都会认为这样由完全随机过程产生的结果是理所当然的。[47] 而责难受害者的现象，也会反映出来"后见之明效应"(hindsight effect)，人们常常缺乏正当化根据的在事后去感觉，认为事件比事实上的情况要更容易预料，因此暗示受害人或处于劣势地位的团体应该有能力去避免消极的后果。所有这些都使得对既存配置的信赖变得高度成问题。

　　心理学文献中，有证据对此效应做了提示。这里的一些研究揭示，从事残酷行为的人，会改变他们对酷行所针对对象的态度，贬低了这些对象的价值；酷行的观测者们也会有同样的倾向。[48] 这样的证据也出现于反歧视法之中。可以将美国的劳工法与反歧视法理解为，是对调整偏好和信念以适应不充分的机会或不公平的现状这一基本问题的回应。例如，最高法院断然拒绝了作为对学校种族隔离制度的救济的自由择校方案。[49] 这个方案只是允许白人和黑人按照自己的愿望去选择孩子就读的学校，最高法院对这个方案的否决，让那些认为应该尊重已有偏好的人颇感困惑。但如果联系到偏好和观念都是由种族隔离的世界中生长调适发展而来的见解，这样的结果也似乎就有道理多了。在这些情况下，自由择校根本不是解决问题的办法，实际上在这样的背景和语境下，这样的做法似乎有些自相矛盾。

　　加剧这种困难的，是家长所要面对的集体选择问题。黑人家

---

[47] Rubin and Pepau, "Belief in a Just World and Reaction to Another's Lot," 29 *Journal of Social Issues* 73—93 (1973).

[48] 见 Lerner, *Belief in a Just World*。

[49] 见 Green v. County School Bd., 391 U.S. 430 (1968); Paul Gewirtz, "Choice in the Transition," 86 *Colum. L. Rev.* 728—798 (1986).

长个人愿意理性地将自己的孩子送到全黑人的学校,因为这样不会让自己的孩子成为白人学校里惟一一名黑人。但如果(也只有如果)政府要真正地去废除种族隔离,那么有可能去满足可能是普遍的欲求,从而防止全黑人或者全白人学校的持续存在。

同样,在劳动领域,为了保护集体谈判,美国法拒绝了缔约自由和选择自由。理解这样立法的基础可能在于,要对私人偏好予以调适,从而适应一个扭曲的劳工团结权制度的需要。因此有必要采取特别步骤以鼓励集体谈判。同样的论证还可以用于支持职业安全和卫生立法。工人们可能不愿去面对在工作场所会遭遇到的真正风险,因为这会给他们带来太多困苦。在这些情况下,一个规制解决方案可能就成为必要。[50]

当然贫穷本身是对偏好和信念的自由发展的最严重阻碍。因此尝试对穷人所面临的多重困境予以回应的计划,有着充分的正当性。这个计划最主要的是要消除贫穷,但还要通过公共教育和规制努力,从而保证无论财富多少,都能普遍的得到文化资源。绝不能将此看做是遭反对的家长主义或缺少支持的再分配。对此可以想想杜威的提示:"只有在社会条件稳定,机会分配公平的情况下,许多宣称的亘古不变的人类品性才有意义,这时去期待人们欲求和热望的改变,将是荒唐的。"[51]

实际上,贫困以及类似的紧张的社会不稳定形态,可能会损害许多目标的形成,相反所带来的只是挫折与退让的结合体。[52] 严重的贫困影响着甚至会封锁了发展欲求的可能。要对贫困予以回

---

[50] 见 George Akerlof & Williams Dickens, "The Economic Consequences of Cognitive Dissonance," 72 *Am. Econ. Rev.* 307—318 (1982)。

[51] 见 John Dewey & J. Tufts. *Ethics* 386 (rev. ed. 1936)。还可见 Hilary Putnam, "A Reconsideration of Deweyan Democracy," 63 *So. Cal. L. Rev.* 1671, 1674—1688 (1990); Nussbaum, "Princess Cassamassima and the Political Imagination," in *Love's Knowledge*。

[52] 见 Eckstein, "Rationality and Frustration in Political Behavior," in *Economic Analysis of Politics* (K. Monroe ed. 1991)。然而我并非就是接受 Eckstein 的暗示,认为目标的缺失,就是对穷人行为的准确记述。

应的重要原因之一在于,要促进更为自由的更好的处理欲求信息的过程。在此只是对此稍加概括:我们可以通过自由主义式的教育,来要求更广泛的社会努力,从而确保人们在了解了广泛的信息和机会的条件下,形成自己的欲求和信念。

当然有时无法完美地去对偏好加以调适。在一定程度上,偏好是对损害的感知,却担心一定形式的社会惩罚;或者坚信其原因非常棘手,阻止了人们去寻求救济。在此政治的集体品性允许无数的人组织起来,这将会有非凡的助益。

偏好是移动的和内生的事实本身,几乎不能构成要求民主控制的充分理由。许多偏好都在一定程度上有赖于已有的法律和当下的机会,而这个事实并不能构成为了暴政而创设许可的理由。进而,不能仅仅因为偏好是社会的产物,就对其予以责难;可以回想一下本书第二章里,社会影响根本与道德评判无关的事实。在内生偏好之下对民主控制的论证,必须要看人类的福利或自治程度是否会因此获得提高。通常应避免政府对既存偏好的干预,原因恰恰在于它不会实现什么收益,却只是带来挫折与愤懑。但在太多时候,我们关于分歧丛生的利益概念的有益想法,被转而用来拒绝为在不公正背景下的或完全缺少选择的人们提供保护。

对于民主控制的实际内容一定会有争议,而它似乎应以提供信息和增加机会的努力来贯穿始终。通常应试图寻求弹性的解决方案,去促进个人选择,而不是去代替它。重新架构的激励通常要比政府的命令更好。例如,政府要求在工作场所对风险的披露,就是一条具有相当合理性的进路。然而,在一些情况下,这样轻度的策略还是不够的,一个可能的中度干预策略是钱财方面的激励,其形式可能是税收优惠或现金支付。例如,政府可以通过给日间托儿中心以经济诱因,作为减少儿童保育负担的途径之一。这样的制度可能比直接给每个家庭钱要更受欢迎,因为可以预计那样的政策会让越来越多的妇女待在家里。当我们去审视有差别的儿童保育负担配置时,发现它的后果之一是有可能带来性别歧视制度,因此政府朝着平等化的方向所采取的举措,是完全具有正当性的。

对这类自生偏好的民主回应的类别，与尝试包含集体热望的举措有着很大程度的交迭。热望常常构成了试图去影响和改进偏好信息过程的立法基础。

内省的集体行动问题

当偏好作为过去消费者行为的作用，而这些行为对人们的欲求或信念的改变，可能会给他们带来长期的妨害时，就有论述认为要用法律来干预已有的偏好。在此集体控制的目的在于影响特定偏好的发展。在这些情况中，核心的事实有二，首先相对于过去的消费者决定而言，偏好是内生的；其次这些决定将对当下的偏好起到有害的作用。当随着时间推移消费成本超过了加总利益时，就会带来有害的影响。对于在这样情境下行事的政府而言，重要的在于它要对自己的结论有自信心。面对不确定性，自由选择是适当的。通常信息的匮乏也是法律控制的一个必要条件。

熟悉的例子包括对成瘾性物质、目光短浅的行为和坏习惯的规制。对于成瘾问题而言，随着时间推移，不去消费成瘾性物质的成本有着戏剧化的攀升，而消费它所带来的收益几乎没什么变化，甚至还有急剧的下降。结果就是哪怕最初的消费选择规定让收益超过成本，但随着时间或生命的推移，消费的加总成本会超过加总收益。其结果就是人们自己会变得更糟。在这样的情况下，如果人们知道充分的信息，就不太可能率先跟该利益发生什么瓜葛。因为随时间推移消费效应对偏好的影响，如果某人最初只是考虑了即刻成本和收益，做出了算是理性的消费海洛因的决定，他的境况随后还是会变得更糟。[53] 规制成瘾性物质的法律，是对不应首先形成这样的相关偏好的信念的回应。

---

[53] Menachem Yaari, "Endogenous Changes in Tastes: A Philosophical Discussion," in *Decision Theory and Social Ethics: Issues in Social Choice* 59—98 (1978).

我们可以认为这样的境况涉及"内省的集体行动问题"[54]，其间随着时间的推移，某一从事特定行为的特定人的成本和收益也会发生戏剧性的变化。核心要点在于，消费模式引来了重要的偏好变迁，这使得人们最后变得更为困苦。[55] 在成瘾问题上，至少就普遍规律而言，内省的集体行动问题和偏好之间的关联在于对不公正背景条件的适应。吸毒成瘾问题根本并非均匀的分布于人群之中，上瘾过程部分也是严重限制了可得选择的社会制度的产物。

尽管成瘾性是一个最明显的例子，但它只是诸多类别的示例之一。例如目光短浅的行为也遭到了否定——由于短期成本高于短期收益就拒绝做某个行为，而这个行为所带来的长期收益，实际上会让长期成本相形见绌。另一类内省的集体行动问题是由习惯产生的，人们习惯于不去改变某行为，因为尽管事实上这样做的长期收益将超过短期的收益，但在短期内将要为改变行为付出高昂的成本。相关的架构，包括缺乏自制（akrasia），或者说意志力薄弱（weakness of the will）。有些立法对个人自制力的缺乏做出了回应，可以去想想对购买特定商品之前的"头脑冷静期"（cooling-off period）的规定。其他的法律对集体缺乏自治力予以了回应，宪法就是最好的例子。

这类问题的大部分都指向了个人层面，或是通过私人组织起作用，从而将强迫削减到最少。当然法律上的解决方案还是可能的。法律可以规定去为艺术和公共广播提供补贴，要求信息披露，或者去阻止某些习惯的形成，鼓励其他作为典范的示例的形成。

---

[54] Thomas Schelling, "Egonomics, or the Art of Self-Management," 68 *Am. Econ. Rev.* 290—294（Papers and Proceedings）（1978）; Jon Elster, "Weakness of Will and the Free-Rider Problem," 1 *Economics & Philosophy* 231—265（1985）.

[55] 当然所有的消费都会对偏好有影响，例如听经典音乐通常会增加鉴赏力。但所讨论的模式是一种少见的情况；它是一种产生悲惨生活的模式，民主社会需要对此做出回应，但在实践中，这样的回应带来的结果可能会更糟，而不是更好。

类似的论证也适用于强制回收方案(参与的成本随时间推移有显著降低,这常常会转变为利益),以及对吸烟的民主化的限制。[56] 在此审议民主能发挥作用,去克服意志薄弱或目光短浅的弊端。

中立、偏颇和偏好

常常认为对已有偏好的尊重,是政府中立信号的反映。然而在某些重要的方面,这样的中立是不可能的。偏好常常是法律规则的产物。他们是内生于最初对权利的法律配置之中的。在这样的情况下,不能通过偏好来确定法律规则的内容。不存在可以被用作分析基线的前法律的偏好。

这个主张有着重要的隐喻。它勾勒出研究偏好形成和变迁的议程蓝图——这可以适用于环境控制、对市场的普遍规制、家长主义问题以及普遍的宪政民主。它有助于说明为什么求诸偏好的因现状而中立,根本就不是中立。它甚至有助于说明为什么宪政民主是一种确定性的善。

就算偏好被放在了适当的位置,也还是不清楚政治和法律是否应以既存的偏好为基础。最重要的一点在于,有时政制下的公民可能会有着不同于消费者选择的偏好。至少普遍而言,在麦迪逊式的制度下,这些热望应受到尊重。

进而,有时在自由或自治的背景下,可以让对偏好的干预获得正当化根据。当这样的干预抵御了对偏好形成过程过度的或不合法的约束时,就是如此。有时对已有偏好的保护,可能对自由和福利都会产生有害影响。背离当下偏好的法律制度可能会产生有益的后果。不妨去想想对高质量广播节目的要求,对成瘾性物质或目光短浅行为的控制,或者对未被污染领域的保护。

认为可以从这些见解中得到一个清楚明快的研究框架,将是愚蠢的念头,就更谈不上为法律或政治改革提供一个确定的基础

---

[56] 见 Robert Goodin, *No Smoking: The Ethical Issues* (1989)。

了。同样愚蠢的,在于否认无论在何种情况下,当政府自省地将偏好作为规制和控制对象时,都存在着严重的权力滥用风险。将偏好作为政府治理过程的一个重要组成部分,无疑是一个很好的见解。

但从这场讨论中还浮现出来两个教训。我们不应否定偏好对不同法律规则的塑造作用,相反应该在不同的背景下,去探究乃至在有可能的条件下去预测这些影响的性质。而对于那些试图判定在宪政民主之下应该做什么的人来说,更好的途径不是去宣称依赖于与情境无涉的偏好——也不存在这样的东西——相反是去检视信赖这些既存偏好或以法律干预这些偏好的背景,这样所做的恰当理解,将会促进自治或福利。

是该到讨论更具体问题的时候了。在第二部分,我对许多不同的领域予以检视。我希望说明作为基线的现状的普遍存在,并且论述了一旦基线遭到摒弃时,对宪政民主新的理解。通篇的焦点将是审议民主及其对宪政理论和实践的隐喻。首先的讨论将从言论自由开始。

第二部分

应　　用

第七章
福利国家中的言论:言论的新政

许多人认为最高法院在美国政府中充当着极其有限的角色,或者认为宪法的含义是被其批准者的原初理解(original understanding)所固定。所以第一修正案的处境特别窘迫。美国目前言论自由的状况,从最高法院的极端扩张性解释中获益良多,同时在许多场合最高法院也让立法的结果归于无效。这些判决无法从对第一修正案的原初理解中获得正当性。[1] 这也牵涉到在政治中的一种高度介入性的司法角色。

然而,在现行实践与原初理解之间,在现行实践与民主政府的原则之间,还是存在一定的真正连续性。这个连续性就在于美国人对于主权理论的独特贡献。在英国,主权在君。然而正如詹姆斯·麦迪逊所阐释的:"在美国,情况完全不同。是人民,而不是政府,拥有着绝对主权。"把主权放置在人民而非政府手里,这对于言

---

〔1〕 实际上,对言论自由的保护最初被认为是国会授予的一项禁令,用以反对"事前约束"——许可制度以及其他出版前需获得政府批准的手段。参见 Leonard Levy, *The Emergence of a Free Press* 272—274 (1985)。根据对第一修正案的有限理解,后来的对于言论的惩罚通常根本没有引起任何宪法上的问题。

即使这种极端的观点不正确,但是有一点似乎是清楚的,那就是在建国时期,许多我们今天提及的"言论"是不受保护的,如果表达出的言论会引发伤害或者攻击,这样的言论将被规制。参见 Joseph Story, *A Familiar Exposition of the United States* §§445—447, at 316—318 (1986)。无论如何,它揭示了,在建国时期,许多人认为臭名昭著的"煽动法案"(诽谤"政府"属于犯罪,因之在很大的范围内,对政府的批评行为被犯罪化)是合宪的。参见 Philip Kurland, Ralph Lern, 5 *The Founder's Constitution* 112—185 (1987)。

论自由有着重要的寓意。正如麦迪逊所理解的,主权的新观念使任何惩罚批评政府言论的"煽动法案"(Sedition Act)都将蒙受违宪的评判。实际上,麦迪逊认为这种法案代表的权力"只不过是制造普遍的恐慌;因为它针对的是自由的检查公共人物和公共措施的权利,以及在其中的人们自由交流的权利,而这个权利被理所当然地认为是对所有其他权利的惟一有效保障"〔2〕。

通过对麦迪逊声明的解读,我们可以把美国的表达自由传统视为是一系列理解主权新观念与表达自由制度之间关系的努力。实际上,现在对政治言论的突出保护,或许可以被视为是对美国主权理论苦心孤诣经营的结果。

本章以及下一章意在捍卫这个基本的主张,并且对当下以这个主张为基础的表达自由制度予以检视。我们会看到,一种根植于人民主权观念的言论自由努力表明,我们目前的认识是与这个基本主张无关的——这些认识误导了这项基础性的探究,保护了本不该被保护的言论,最为糟糕的是,这使得在目前情况下促进人民主权原则的民主努力归于无效。有些失败是因现状而中立的产物,而对中立观念的摒弃,则会对言论自由有着难以料想的寓意。

这个新的第一修正案

美国儿童花大量的时间看电视,大约每周 27 小时〔3〕,而美国的电视包含了大量的广告节目。对于成人而言,每小时的电视差不多包含 8 分钟的商业广告。在联邦通讯委员会(FCC)历史上的大部分时期,对面向儿童的广告规定了数量限制。1984 年,联邦通讯委员会取消了这种限制。在放松规制之后,在周末的儿童节目中每小时会播放 11~12 分钟的商业广告,在平日会达到每小时 14

---

〔2〕 James Madison, "Report on the Virginia Resolution", Jan. 1880, in 6 *Writings of James Madison* 385—401 (Cailard Hunt ed. 1906).

〔3〕 Geoffrey Tooth, "Why Children's TV Turns Off So Many Parents", *US News and World Report*, p.65 (Feb 18, 1985).

第七章　福利国家中的言论：言论的新政　　235

分钟。有些节目则完全是商业性的，因为其主角就是产品。

在1990年，国会颁布法律，将每小时周末儿童节目的广告播放时间，限制在10分半钟。布什总统援引第一修正案拒绝批准国会的议案。总统认为，宪法"并不意味着政府可以对美国人民要去听什么的质与量，做出指示——相反，政府把这个权利留给自由的媒体，由媒体根据个体消费者的自由选择做出决定"。总统"认为对广告的数量限制是不被允许的"[4]。

虽然如此，《1990年儿童电视法案》还是通过成为法律。似乎有可能以宪法为基础来挑战这项法案。或许合宪性的攻击能够成功。而这个看似合理的宪法论断，已经确实影响了对控制儿童节目广告的讨论，同时也实际上阻滞了鼓励为儿童提供更高质量广播的不懈努力。

这段插曲揭开了发生在第一修正案身上重要甚至奇怪的事情。在20世纪40、50和60年代，最主要的第一修正案诉讼是由政治上的反对者和持不同政见者提起的，而目前的许多纠纷则涉及商业广告客户、反对证券法的公司、色情作品的作者、通过"900"电话销售提前录制的著名人物演说的商家、寻求花费大量的钱用于竞选的人、企图向非友好的国家出口技术的行业、透露强奸受害者姓名的报纸以及抵制政府为促进传媒节目多元化所作努力的广播公司的投诉。这些是如何发生的呢？

为了尝试解答这个问题，我们必须要倒回一些时光。大约从1940年到1970年，围绕美国宪法上表达自由的争论，可分清楚的两派。一派接受了占支配地位的观点，也就是一种"绝对主义"的第一修正案模式。另一派倡导"合理规制"。可以通过他们对四个核心观念的态度，来分辨这两派。

1. 政府是言论自由之敌。国家或州政府任何规制言论的努力，都构成对表达自由原则的威胁。更精确的，规制言论的努力被

---

[4] Statement on the Children's Television Act of 1990, Government Printing Office 26, no. 2 *Weekly Compilation of Presidential Documents* 1611 (Oct. 17, 1990).

界定为是政府试图干预人们交流的过程,把现状(诸如普通法、财产权、财富等)视为是既定的。以下我将对此进行更为详细的讨论。

2. 我们应该把第一修正案理解为政府许诺承认某种中立形式的具体表现。政府不应区分他们对言论的爱憎。所有的言论都应处于同样的地位。因此,对言论的保护同样应延伸到共产主义者和纳粹党人、三K党和黑豹党人(the Black Panthers)、小马丁·路德·金和乔治·华莱士。政府应当确保广播、报纸以及其他媒体能言所欲言,其所受强制只能来自不受个人感情左右的市场的压力。因此应将围绕不同见解的中立,视为是政府的首要许诺。

3. 表达自由原则不限于政治言论。政治言论与非政治言论是极难区分的;事实上,任何这样的区分本身,都很可能是以一种不具正当性的形式对政治的反映。因此,言论自由原则不仅对政治言论的保护有所贡献,它还同样延伸到对明显色情言论、音乐、艺术以及商业广告的保护。很简单,言论就是言论。

4. 对言论的任何限制,一旦被允许,都有着不祥的和几乎不可避免地扩大趋势。对政府的原则约束很难表达清楚;允许一种限制,实际上也就是允许了其他许多种限制。因此,"滑坡"(slippery slope)*主张应该在表达自由理论中获得突出位置。出于同样原因,"权衡"应该尽可能在言论自由法中不发挥任何作用。法官们不应仅因政府在特定情况下似乎可以给出充分的理由,就支持其对言论的限制。

大约从1965年以来,这四个原则赢得了巨大的尊重。新闻界投入了特别的热情对此予以拥簇。许多法学院和政治科学系的教师、众多的出庭律师(litigator)、最有影响的美国公民自由联盟都加入到支持的行列。

---

* "滑坡"理论是指,一旦允许某项活动,那么类似的活动也就不可避免地被允许,这种趋势一旦开始,就好像落在滑坡上,无法逆转,其后果也无法逆转。——译者注

在这个时期,可以很轻松地去识别构成反对立场的要素。[5] 根据他们的观点,权衡是一个明智的表达自由制度不可或缺的部分,"合理的规制"应该得到支持。应该通过求诸历史,包括参考制宪者相对有限的目的,以及最高法院自身复杂的先例,来确定第一修正案的含义。包括支持犯罪、危险言论、商业言论、憎恨言论、明显色情言论以及诽谤在内的特定言论类别,被排除于第一修正案保护之外。政府在维持文明社会中发挥着适当的作用,这个原则意味着政府要去提防诸如淫秽言论带来的堕落沦丧、鼓吹推翻政府的言论所引起的危险。太大范围的中立将没有意义。

现在看来,人们很难记得反对阵营曾在各自的立场上以充沛的精力和韧性进行斗争。现在看来,绝对主义观点的基本许诺是陈腐乃至教条的。然而,尽管它当时是新奇的,并且也没有什么来自历史的支持,它还是戏剧化地在最高法院中赢得了诸多胜利;至少在政府以内容为基础对言论进行的限制方面,它获胜了。在此除了限定的几类排除言论之外,特别的司法严格审查已成为例行公事。[6] 因此,对于商业言论、大多数明显色情言论、许多类别的诽谤、强奸受害者姓名的公布、支持犯罪乃至要暴力推翻政府的言论、竞选活动的巨额支出、公司的言论、憎恨言论,当然还有焚烧国旗,都要施加以宪法上的保护。[7]

综上所述,这些发展使得表达自由的法律发生了革命性的变

---

[5] 这一问题的大部分内容在 Robert H. Bork, Neutral Principles and Some First Amendment Problems, 47 *Ind. L. J.* 1,21—22(1971))一文中有叙述。

[6] 对内容中立的限制当然从属于权衡模式。一般地参见 Geoffrey R. Stone, Content-Neutral Restrictions, 54 *U. Chi. L. Rev.* 46,48—50(1987)。

[7] Virginia State Board of Pharmacy v. Virginia Citizens Consumer Council, 425 US 748,770(1976)(商业言论);New York Times Co. v. Sullivan, 376 US 254, 265—266(1964)(诽谤);Florida Star v. BJF, 491 US 524,533—534(1989)(强奸受害者的姓名);Brandenburg v. Ohio, 395 US 444,447—448(1969)(支持犯罪);Buckley v. Valeo, 424 US 1,22—23(1976)(竞选活动支出);First National Bank of Boston v. Bellotti, 435 US 765,776(1978)(企业言论)。

化，这并非言过其实。对许多人而言，新法是感受成功，也许还是确信第一修正案法律所面临的首要困难已经解决的契机。遗留问题或许是如何把这个理论上来之不易的真知灼见，适用于曾经存在着的审查制度的威胁。

然而，在最近的一段时间内，发轫于上一代言论自由法律的许多承诺已经受到了极其严峻的考验。在诸如竞选资金规制、憎恨言论、"拨打色情电话"、有价证券法、科学的言论、脱衣舞、商业广告、色情作品、为提高节目质量和促进内容多样性所设计的规制等问题上，正在浮现出诸多论争。伴随着这些发展，以前的联盟分崩离析。有时候，对"合理规制"的笃信，似乎会因新的争论而复兴。他们经常针对绝对主义者四个基本承诺中的一个或几个，提出尖锐的质疑。

所有这些都充满了讽刺。新的联盟已经激发了似是而非的伪善的争论：言论自由的拥簇者声称，一旦自由主义者对言论自由的承诺变得难于兑现，或者出于不受欢迎的原因而需要保护，那么这些承诺将被放弃。实际上，已经有人质疑，许多作为言论自由立足点的承诺是偶然的和随意的，根本不是具有原则性的。

另一方面，同样具有讽刺意味的是，满怀热情地把言论自由原则广泛适用于新事物。例如，对商业广告给予宪法保护，这是相对崭新的。尽管道格拉斯和布莱克[8]大法官可能是最高法院历史上对言论自由最有力的倡导者，但他们一度曾拒绝对广告进行保护。第一修正案保护种族团体的诽谤和憎恨言论，这个观念如果算是个发展的话，那么完全是一个现代的发展。直到最近，没有人认为第一修正案对证券法有任何怀疑。直到最近的几十年，政府才拥有了非常广袤的权力对明显的色情材料进行规制。言论自由原则和竞选活动开支以及广播之间是如何展开相互作用的？这无疑引出了复杂而新颖的课题。

在这些情况下，再去坚持认为在这些领域里的任何规制努力，

---

[8] 参见 Valentine v. Christensen, 316 US 52,54—55 (1942)。

第七章　福利国家中的言论：言论的新政　**239**

都必将为政府对言论更普遍地侵扰铺平道路,多少令人感到奇怪。有些人以别的方式宣称要求司法节制,要把民主过程从宪法强制下解放出来,要去密切关注历史,当受到这些人的激励而坚持保护所有言论时,似乎就显得特别古怪。在这些情境下,这些观点将构成对引用第一修正案最为强有力的驳斥。

于是,当下的法律面临着一系列新的宪法问题,其引发的问题已经粉碎了旧的联合,并有望对表达自由问题产生新的理解。我将提出针对目前政府事务的两种可能应答,并对其予以评价。这两种应答都吸收了独具特色的美国人为主权理论所做的贡献。

在本章中叙述的第一个建议,提倡言论新政。它将把许多新政时用以攻击普通法的推理,适用于目前第一修正案的问题。这样的进路将对言论自由保障本质的现有理解带来重大改变。它坚持,在最低限度上,许多可以想像的对广播和报纸自治的民主干涉,根本并不是对言论自由的"削减"。这项新政还主张,这种由法律创设和保障的自治,有时本身就构成一种"削减"。

将在第八章展开的第二个建议则就没那么生动。它宣称,最为恰当的理解,是认为第一修正案的最高目标在于保护民主政治免受政府的侵犯。这个观点将在不对现存法律做根本性改变的前提下,厘清当下的许多论争。

最后,我认为,如果将第一修正案最根本的目标在于保证民主自治的坚决主张,与支持言论新政的适度措施相结合,那么无须在第一修正案和其他重要的社会价值上做出什么重要的妥协,就能解决目前的绝大多数问题。但是为了达到这一结论,有必要放弃最近一阶段已经支配了司法和学术思潮的言论基本原则,或者至少对其加以限定。

言论自由等于自由放任?

一项新政对于言论是必要的,它可以与20世纪30年代新政对财产权的规定相提并论,并且它们植根于类似的考虑。[9] 我们已经看到,在新政以前,宪法通常被理解为是对政府"规制"的约束。在实践中,这意味着宪法通常禁止政府干涉对权利的现有配置。按照新政之前的观点,现有配置不仅在中立和派系之间,而且还在不作为与作为之间标明了界限。"自由放任"的口号便包含了这种观点。对"政府干涉"的恐惧,和更为重要的"政府干涉"观念本身是一回事情。因现状而中立是确定的原则。

我们还看到,新政的改革者们认为,整个新政之前的框架建立在虚构的基础上。所有权是法律创设的。只是在现有配置受到干扰时,政府才会"行动"。而一开始,政府就是造成这些配置的原因。人们在市场中所拥有的,部分是法律赋予他们的权利资格运作的结果。因此可以揭示出来,"自由放任"的观念是一个明显的虚构。我们不得不实用主义地,根据对社会效率与社会正义产生的结果,来对不同的政府命令形式加以评价。不应以任何先验的方式将市场等同于自由;而是要通过检视它是否以自由为依归,来

---

[9] 一些关于这种通常情形的说明参见 Onora O'Neill, "Practices of Toleration", in Judith Lichtenberg, ed, *Democracy and the Mass Media* 155 (Cambridge, 1990); Thomas M. Scanlon, Jr., "Content Regulation Reconsidered", in id at 331; Owen M. Fiss, "Free Speech and Social Structure", 71 *Iowa L. Rev.* 1405 (1986); Owen M. Fiss, "Why the State?" 100 *Harv. L. Rev.* 781 (1987); J. M. Balkin, "Some Realism About Pluralism: Legal Realist Approaches to the First Amendment", 1990 *Duke L. J.* 375。我的下述推论,并没有 Fiss 的说明深入;我交叉运用了 O'Neill, Scanlon 以及 Balkin 的方法。

这里提及的许多东西很久以前就出现在 The Commission on Freedom of the Press, *A Free and Responsible Press* (Chicago, 1947)。这项课题由 Robert Hutchins 和 Zechariah Chafee, Jr. 领导,成员包括 John Dickinson, Harold Lasswell, Archibald MacLeish, Charles Merriam, Reinhold Niebuhr 和 Arthur Schlesinger。该课题并没介绍对目前情况的法律救济,但是提出需要私人手段控制新问题。"新闻业已经转化成一个巨大而复杂的机器。作为必然的附属物,它已成为大的商业。……公开自由表达的权利因此而失去其原有的真实性。现在,保护免受政府侵犯并不足以保证一个人想说什么就有机会说什么。新闻业的所有人和经营者决定着什么人、什么事、事情的哪一种版本以及哪一种观点呈现于公众。"前注,第15—16页。

进行评判。

这些观点已经在言论自由法中发挥着微不足道的作用。因为言论的目的、当下对中立和派系以及政府作为与不作为的理解,与这些观点一样是先于新政的。因此也就界定了政府"干涉"的范畴。因现状而中立支配着表达自由法律。

最近的第一修正案论争,确证了新政在这一点上的智慧,并表明对于表达自由而言,美国宪政主义的失败之处,恰恰在于它在某种程度上未能足够认真地对待改革。我并不是说言论权利要像当下的职业安全和卫生问题那样,完全以政治决定为依归。我也不是认为言论市场通常削减了言论,或是对第一修正案有所妨害。我也不准备认为至少在某些情况下,政府对言论的规制根本不是对言论的克减,而似乎确实促进了言论自由。尽管很犹疑,但我还是打算说明,在市场中那些看上去的言论自由,某些时候实际上无异于对言论自由的克减。在此可以想想罗伯特·黑尔的意见,他抓住了我的大部分论点,大意是"为实施法律义务而开动司法机器的权力",应该"被认可为是政府权力的授出"[10]。这样的认可恰恰是目前的言论自由法的疏漏所在。

有必要在一开始展开一般化的厘清。这将诱使人们认为我的讨论是对言论"更多规制"的宽泛又有些古怪的辩解。我将要挑战的许多实践和情形通常指涉私人行为,因而根本不牵涉宪法。(可以去回想政府行为原则,它意味着私人行为无须以宪法为依归。)竞选经费"市场"的结果,广播公司的运营,以及报纸的管理,都没有引出宪法问题。只是对"市场"的"规制"本身可能是成问题的。

实际上,应当存在热切的共识,认为第一修正案所针对的仅仅是政府行为,而私人行为不能引起宪法问题。在这一点上宪法是清晰的。似乎同样清楚的在于,要发现违宪,就需要说明政府行为已经构成了对言论自由的克减。这样的政府行为通常必须以法律或者规制的形式来出现。

---

[10] Robert Hale, "Force and the State", 36 *Colum. L. Rev.* 149, 197 (1935).

但是如果我们完全认真地对待新政，就不会得出结论认为对政府行为的要求是难以理解或前后矛盾的，而是承认政府规则潜藏于财产、契约、侵权法运作的背后。对于为普通法规则所赋予人们的排他性地所有和使用财产的权利，则尤其如此。从这里还不能推断出私人行为要受宪法约束，甚至也不能推断出法律承认的所有权违反了任何宪法规定。要发现宪法问题，总是有必要指出某种公共权力的行使。要发现违宪，有必要表明公共权力已经危及了某种宪法原则。促进更好质量的广播和更为多样化节目的新近努力，就是要求一种新的规制体制，而不是要求"政府介入"到以前未介入的领域。

接下来澄清另一点。我已经提出，法律规则是潜藏于私人行为背后的基础，这可能使得人们倾向于认为这个意见消解了对政府行为的要求。如果通过法律让私人排斥言论成为可能，难道不能得出第一修正案使私人行为终究无效的结论么？难道不是所有的私人行为因此就成了政府行为么？答案并非如此。比方说，一个私立大学因为学生的种族主义言论而开除他，这不是政府行为；而对开除学生有助益的侵权法本身，当然是政府行为。这是一个很大的区别。在这个语境下征引的侵权法，是对言论内容中立的规制；政府允许运用完全与言论内容无关的侵权法。这种规制形式没有违反第一修正案。它的运作与内容无关，有充分理由支持对内容中立限制的中度审查的存在。

相反，大学的行为是以内容为基础的，而如果是一个公立学校的职员做这件事，那就确实违反了第一修正案。我们总是需要界定公共权力的行使。离开了这一点，即使按照新政的观点，也没有言论自由问题可言。一旦界定了这种权力，当它采用内容中立的形式保护所有权时，通常不会引起任何严重的宪法问题。

在这里，我打算提出的首要的也是最重要的一点是，旨在促进言论自由而又受到普通法的其他规则作用的法律规则，只要它们的目的和结果是合宪的，就不应认为无效。因而或许也可以断定，一旦普通法规则在某个时间、某个地点通过阻止人们说话来"克减

第七章 福利国家中的言论：言论的新政 **243**

言论自由"，那么这种规则本身就会受到宪法的强烈反对。

以上的这些评论还过于艰深抽象；我将在下面更具体地说明其内容。无论一般还是特殊，这些建议似乎都是非传统的。它们正是在对现代言论自由法具有决定意义的一个案件——纽约时报公司诉沙利文案[11]——中拥有了清晰的基础。在该案中，法院判决公共官员不能因遭诽谤而提起诉讼，除非他能证明这一诽谤出自"实际恶意"——即意识到这种说法是不真实的，或不计后果地漠视它的真伪。沙利文案通常被视为是让新闻界广泛地免除因批评公共官员而承担责任的标志。更为重要的是，人们通常认为沙利文案反映了亚历山大·米克尔约翰所拥簇的表达自由观念[12]——一个与美国人的主权原则相连的自治观念。

引人注目的是，在沙利文案中，下级法院认为普通法上的侵权，更具体地说诽谤，根本不是政府行为，因此完全免于宪法约束。[13] 按照这种观点，这是一个纯属私人纠纷的民事诉讼。最高法院似乎很快的显然也是正确地解决掉了这个障碍。运用公共法庭惩罚言论是一个明显的政府行为。有趣的不是最高法院对这一论断的否决，而是直到20世纪60年代州最高法院还能做出这样论断的事实。理性的法官如何能把侵权法的规则理解为是纯粹私人的呢？

答案在于对因现状而中立及新政之前理解的坚持——普通法仅仅是实现现有权利与私人欲求，根本不等于"干涉"或者"作为"。认为财产普通法应当被当作先于政治的和正义的，是对运用政府

---

[11] 376 US 254 (1964).

[12] 参见 Meiklejohn, *Free Speech and its Relation to Self-Government*, at 14—19, 1948. 对其联系清楚地论述，见于 William J. Brennan, Jr., The Supreme Court and the Meiklejohn Interpretation of the First Amendment, 79 *Harv. L. Rev.* 1 (1965).

[13] New York Times Co. v. Sullivan, 144 S2d 25, 40 (Ala 1962). 值得注意的是，在沙利文案中，政府不是一方当事人，这一点使得这个案件不同于许多其他引起来自第一修正案反对的案件。但是可以认为不存在政府行为，只是本文所讨论问题的另一种说法。

权力的拒绝的观点,是遭到新政批判的,而这个观点与州最高法院在沙利文一案中的观点一样。名誉当然是一项财产利益,正如在前新政时代一样,这种利益的保护似乎根本不涉及政府行为。

在沙利文案中最高法院似乎必然会拒绝这样的主张,而实际上在该案中这方面很大程度上已经被遗忘。但是目前法律的许多方面,恰恰建基于对暧昧的法院这个被遗忘的观点的理解之上。事实上,我们甚至可以从沙利文案中归纳出一个主要的观点,法院必须一直通过普通法,根据对于言论的效果,对财产权的保护做出实用的评判。这个观点有着重大的寓意。在财产法制度下,不存在所谓不受规制的言论;问题是何种规制形式可以最好地服务于保障言论自由的目的。

例如,考虑接近媒体权利或者寻求对广播实施一般控制所引起的问题。假设,大多数广播公司很少或者根本不去应对对公众具有重要意义的事项,以及限制播放关于电影明星或者性丑闻的报道。也假设,广播中没有多样化观点,而相反是一个索然无味的、大打折扣的关于传统道德的说教。如果是这样,表达自由体系的很大一个问题,就在于政府对法律保护的授权,它通过授予许多机构排他使用权,从而让这些拥有巨大资源的机构来控制交流。

这类有时通过普通法,有时通过制定法的权力授出,通常根本不被视为是权力授予,相反而是被认为纯粹是"私人的"。因此按照上述理论,广播中对特定的人和观点的排斥,是纯属私人的,因此不受宪法约束;因而认为接近媒体权利牵涉到政府对私人领域的干涉;这同样适用于对竞选支出的尝试性限制。

在沙利文案中,最高法院否定了类似的主张,指出普通法规则应得到尊重,因为它与政府不应限制言论和新闻自由的首要原则一致。"检验标准不是政府权力运用的形式,相反,无论哪一种形式,都要看政府权力是否在实际上被行使。"[14]

我们不妨把这种理解应用于眼下的问题。如果第一修正案被

---

[14] Sullivan, 376 US at 265.

视为要努力确保公民的言论特别是具有公共重要意义的言论不受阻碍。那么支配当下言论自由法的承诺,似乎是不适应于目前状况的。首要的,政府"规制"的观念被证明是对某些问题错误的表述,有时还会危及表达自由的目的本身。就广播而言,排除的"形式"也是排他性的所有权,即通过法律阻止某些人的言说。

某些介由当下的财产规则又附加于当下规制之上的规制努力,可能会促进言论自由,但财产规则也有可能会削弱言论自由。这样的努力可能不是对言论自由的"克减";它们可能会促进言论自由。要知道事实是否如此,就必须要了解它们的目的和结果。并非经常性的,运用财产规则来遏制言论,可能意味着不被容许的对言论的限制。要知道事实是否如此,有必要根据其对言论的影响,来评判这些规则的效果。在任何情况下都必须根据结果,而不是通过追问"来自政府的威胁"的特性,来对现状以及改革的努力加以评判。

人们有可能会这样理解这个论点,认为新政主事者们关心针对工作条件的私人权力,而现代宪法法院应该更加针对表达和民主过程的私人权力。[15] 但这样的表述在某种意义上暗示,它自身要依赖于因现状而中立及对前新政的理解,而这遗漏了真正的要点所在。主要问题并不在于私人权力妨碍了言论自由;即便妨碍了,私人权力也依然不受第一修正案的规制。认为雇主权力是新政主事者们真正关切所在的说法,同样也不准确。真正的问题在于公共权力创造了限制言论的法律规则;在于新近的公共职权的行使会遭遇到现有的限制;还在于任何限制,哪怕是财产普通法的限制,因为它们是限制,所以必须要根据宪法原则进行评判。

例如,考虑一个案例,一个大的购物中心的所有者排斥抗议者的进入,这些抗议者认为购物中心是让其理由更为引人注意的最好场所。最高法院认为这并不牵涉到第一修正案,因为这里并不

---

[15] 这一点有时被讨论到。参见 David Strauss, Persuasion, Autonomy and Freedom of Expression, 91 *Colum. L. Rev.* 334,361—68 (1991)。

涉及政府对言论的规制。发生的只是,私有财产所有者禁止别人到他的地方。[16]

　　事实上,这是理解现有状况的一条拙劣途径;而这正是州法院在沙利文案中的观点。由于政府已经授予了购物中心所有人将抗议者拒之门外的权利,因此他们可以这样做。这样权利的授予是政府权力的行使。正是这种行为限制了抗议者的言论。确实,真正的问题在于:至少在排除了能为共同体成员显见的、惟一切实可行的进行政治抗议途径的情况下,这样的排除权力是否违反了第一修正案。

　　或者考虑这样一个案例,一个广播公司决定不把广告时间卖给想要讨论公共问题和发表不同政见的组织。根据目前的法律,这样的拒绝不会引起第一修正案问题,这部分因为许多或者现在的多数法官,认为这里不存在政府行为。[17] 但是政府通过许可执照给了广播公司财产权,而这样权利的授予无疑是政府行为。就如通常对所有权权利和财产权市场的创设一样,拥有一个由政府创设所有权或言论市场的体制,一般而言是有益的。然而事实上,电视广播公司的排他性所有权还是政府赋予的;通过民事或刑事侵权法排除那些想要说话的人,是可能的。因此这还是政府决定的结果。

　　只有某些观点能够表达或能为大多数公众知悉的体制,是法律的创设物。这里的宪法问题是,改革是否削减了排他性的所有权——或者更确切地说,通过限定最初授予许可的条件,来削减这种权利的要素,这要素是否与第一修正案一致;或者由政府赋予排他性的所有权,是否违反了第一修正案。仅仅说所有权是政府的,

---

[16] Lloyd Corp. v. Tanner, 407 US 551,570 (1972); Hudgens v. NLRB, 424 US 507, 519—521 (1976).

[17] CBS, Inc. v. Democratic National Committee, 412 US 94,114—120 (1973). 这个案件中,只有三位法官表示,这里不存在政府行为。但是,这三个法官或许现在能代表多数观点。见 Flagg Bros., Inc. v. Brooks, 436 US 149, 163 (1978).

不足以解答这个问题。我们需要知道授权的目的和结果。我们不能预先或者在抽象的意义上回答这个问题;而是需要去了解更多的细节。

有人或许会做出这样的回应,认为宪法创设了"消极"权利而非"积极"权利,或者至少第一修正案其特点是"消极的"——它是一项抵御政府的权利,而非从政府处获得扶助的权利。这样主张的确捕捉到了惯常的智识。因而任何言论新政的主张,都必须与宪法不创造积极权利,而且不应理解宪法会创设积极权利的观点相一致。

对此下面有两种回应。首先,也是最根本的,没有人在这些案件中主张积极权利。相反,他们主张,政府有时不可以采用法律规则,对谁能说什么,在哪儿做什么施加(消极的)约束。当有人不能在广播上表达少儿不宜的观点时,只是因为民法和刑法禁止他这样做。这实际上也牵涉到消极自由。

同样的问题构成了为我们熟悉的许多宪法主张的基础;例如我们可以去设想一下一项对挨家挨户游说的禁令。对这类内容中立限制的攻击,仅仅是主张法院必须在第一修正案的原则下,审查禁止特定的人在特定地点言说的法律规则,这并不构成要求政府积极保护的理由。实际上认为言论新政将创造"积极权利"的回应,利用了前新政时代站不住脚的对积极和消极权利所做的区分。[18]

第二点回应是,在消极和积极权利之间的区分,连目前的第一修正案法都无法解释。有两个显而易见的反例。最高法院已经非常接近于表示,当观众具有恶意和危险时,政府有责任保护发言者。在目前的法律下,对人群合理的控制措施或许是为宪法上所

---

[18] 这样说不是表明,区别本身是站不住脚的。我们可以把积极权利理解为,通过政府要求某种行为存在;而把消极权利理解为,实际上只是一些这样行为的对象。这个区别并没有什么不连贯之处。我反对这个观点在于,对排他性所有权的拒绝也就是要求积极权利。实际上,拒绝的事情正是政府现在做的,因此拒绝是消极权利。

驱使,哪怕结果是要求大量的警察到场。[19] 因此言说的权利包括要求政府阻止恶意的私人听众的积极权利。

或者让我们回到诽谤的问题上。通过对普通法的诽谤施加宪法约束,法院有效地坚持,言说者只有给被诽谤者以补助,法院才允许为了满足言论广泛多样化的目的而牺牲被诽谤者的名誉。更有甚者,法院还坚持,为了促进言论自由的利益,政府承担着积极义务,去"剥夺"被诽谤者的名誉。为了言论的利益,第一修正案要求政府为个人名誉的受损提供补助。[20]

这种例子揭示了,即使按照当下的理解,第一修正案也不仅仅是消极权利。它也有着积极的维度。这些积极的维度,包括要求政府采取措施确保,不要让给予了私人太多权力的法律规则来侵害表达自由制度。当存在恶意听众的情况下,政府有义务保护发言者免受私人压制;在诽谤案件中,政府有义务做同样的事情——为言论提供额外的表达空间,即使结果之一是侵害了普通法中的名誉利益也不足惜。

无论如何,在广播系统中,当政府授予广播公司拒绝接纳某些见解的权利时,完全可能引起宪法问题。原则上,这项权利的创设,可以与承认恶意观众抑制有争议的发言者的权利,仅服从于通过市场(包括雇佣私人警力)的发言者的自助权力相提并论。在这样的背景下,没有充足的理由,去认为任何对发言者的侵犯都是私人的,而非政府的。相反,有必要通过参详第一修正案的目的,来

---

[19] 例如可见 Kunz v. New York, 340 US 290, 294—295 (1951); Edwards v. South Carolina, 372 US 229, 231—233 (1963); Cox v. Louisiana, 379 US 536, 550 (1965); Gregory v. Chicago, 394 US 111, 111—112 (1969)。还可参见 Scanlon, "Content Regulation Revisited", at 337—339; 以及 Fiss, "Free Speech and Social Structure", 都讨论了这一点。

[20] 这里,限制条件是必要的。需要一个基线以决定是否要有补贴。把名誉视为对赠与的初始配置的一部分,就是要在普通法的基线下展开;并且这种观点(政府必须保护某种权利,作为公民决定保留事物自然状态的报答)的任何社会契约版本,都支持着同样的看法。但是也可能根据这个正确的理论假定,人们没有针对名誉的权利,因此诽谤案件中并不涉及补贴。

第七章 福利国家中的言论:言论的新政

对制度后果予以评判——对于评估会给一些人带来伤害,会给另外一些人带来利益的所有权运作制度这同样必要。

这些都没能证明,广播所有权的创设无法带来立场见解的多样化以及让反对方发言的机会。如果所有权能带来这些结果,那么由法律创造的市场体制本身,就不会招致宪法上的反对。但是,可以想像,市场体制很少有如此幸运的结果。

与之相关联,我们考虑在红狮案中法院值得注意的意见。[21]这个案件中,法院支持了公平原则(fairness doctrine),要求广播公司关注公共问题,并为反对的见解提供言说的机会。(至少公平原则从理论上提出了这些要求;尽管很少在实际中实施。)[22] 在红狮案的意见中,法院实际上似乎在暗示公平原则是宪法上的要求。根据最高法院的判决,公平原则将"促进而非克减了言论和新闻自由",因为"在媒体中运作,却不向所有人公开的不受限制的私人审查"将危害表达自由。法院指出:

> 就第一修正案而言,获得许可的并不比那些被拒绝许可的好。许可容许了从事广播业,但这并没有使被许可人获得持有执照,或者垄断广播频率以排斥同行的宪法权利。第一修正案没有阻止政府要求获得执照的人与他人分享频率,也没有禁止广播公司充当代理人或者受托人,去义务地代表自己的团体和否则就会被排除在广播之外的人发表见解和观点。

因此法院强调:

> 作为整体的民众,通过广播保持他们自由言论的利益,并且通过让媒体职能与第一修正案的最终目的相一致,来保持他们的集体权利。这是观众和听众的权利,不是广播公司的

---

[21] Red Lion Broadcasting Co. v. F.C.C., 395 U.S. 367 (1969).
[22] 参见 Robert M. Entman, *Democracy Without Citizens* 104—106 (Oxford, 1989).

权利,这一点是极为重要的。第一修正案的目的是要维持不受控制的思想市场,在这个观念下真理将最终获胜。第一修正案的目的不是要支持市场的垄断,无论垄断是由政府自己还是由获得执照的私人实施的。公众有权利以适当的途径接触社会的、政治的、情感的、道德的以及其他的观念和实践,在此这是至关重要的。这项宪法权利不会被国会或者联邦通讯委员会克减。[23]

不妨将上述主张与20世纪60年代联邦通讯委员会主席的建议相比较:"是不再把广播公司视为托管人的时候了。是以社会上几乎所有人的眼光看待它们的时候了——也就是,把它们视为商业。……电视只是另一种工具,它是有图片的烤箱。"[24]

红狮案中关于第一修正案的见解,并不强调广播公司的自治(这只有通过目前的所有权才有可能),相反它强调有必要通过确保提供给人们关于公共问题广泛多样的观点,来促进民主自治。在一个市场体系中,这个目标可能要有所妥协。是否当且仅当其他人有着充分的支付意愿,愿意听他们说时,才可以说,这样的制度是否能促进"言论自由"。

由于政府显然在发放许可中发挥作用,因此以上的论述显然适用于广播公司。如法院所强调的,在许可稀缺的体制中它的适用最为明显。但是它在其他地方也同样起作用。例如,这也适用于报纸,它们的所有权也是法律授予的排他权。事实上,这样的权力是政府的创设物,是财产法的功能。必须根据所导致的制度对言论带来的后果,来对制度加以评判。还不清楚当许可大量存在

---

[23] 295 U.S. at 375,392,289,390(引文省略,包括前面提到的参考Brennan的文章)。又见Commission on Freedom of the Press, *A Free and Responsible Press* at 18:"不再自动地认为,保护新闻界就是保护公民或者共同体。只有将新闻自由同公民权利以及公共利益整合在一起时,才依然包括了那些新闻业者的权利。"

[24] Bernard D. Nossiter, The FCC's Big Giveaway Show, The Nation 402 (Oct 26, 1985)(前联邦通讯委员会主席Mark Fowler的报告)。

第七章 福利国家中的言论:言论的新政 251

时,问题是否会消失。但在这样的体制下,市场可能会危及言论自由的目标——以下将对此展开详述。

如果所有这些都是对的,那么目前言论自由法的前两个承诺将面临严峻的考验。认为对言论的威胁可能会来自政府,这无疑是正确的,但作为宪法上的理解,这就太过简单了。有时候威胁来自于看上去的私人领域,但更根本的,只有法律赋予了一些人而不是另一些人有能说和能被听的权利,才使得这种威胁成为可能。这样,并不那么容易为当下法律所洞悉的,表达自由体系所面临的一个巨大风险在于,法律权利的存在削减了行使表达自由权利的机会。

第二,政府应当对所有的言论形式保持中立,抽象地说这种观点似乎是对的。但是在频繁适用中它不怎么真实,就如同在隔离的情况下在黑人和白人的结社利益之间,或者在市场压力的驱使下,使得工作时间显著增加工资却显著下降的情况下,在雇主和工人的自由间保持中立的观念一样不真实。这样的中立概念的困难在于,它把现有的资源和机会配置作为决策的基线。

最普遍的问题是,运用经济市场决定接近媒体以及因之被听的机会,通常被认为是中立的典例。这种中立形式实际上是集体选择的体现。这种选择是在对市场的使用中进行的,并为市场的运作创设了特定的法律标准,从而确保某些人既不能说,或者也根本不能被倾听,同时却允许其他人去支配公共交流。市场通常不仅促进自由,还促进繁荣。但是当市场的法律创设物给表达自由带来有害的结果时——它有时确实如此——那么我们必须根据言论自由原则重新评价它。

实 践

红狮案中的一个核心洞见在于,私人自治免受政府干涉的利益,并不总是与通过民主自治的言论自由利益相一致。使广播公司免受法律控制,并不一定就能促进广播节目的质量和内容的多样化。这或许与第一修正案自己的承诺不一致。那么接下来的问题就是,怎样的规制策略会给表达自由体系带来最多的助益。

面对诸多宪政改革的建议,我们或许有能力打造一个对第一修正案的"新政"。在此我将以概要的形式描述这些建议。当然要想让人们完全接受其中任何一个建议,都必须得为此进行更为详细的讨论。

一、广播规制

在联邦通讯委员会历史上的大部分时期,都对广播许可实行所谓"公平原则"。公平原则要求广播执照获得者为对公众具有重要意义的问题分配些时间,并且为广播公司创设了一项义务,从而让那些持有不同见解的人能够接近广播。

最近10年见证了日渐增多的来自宪法上对公平原则的攻击。一个原因是,从技术上讲,许可不再是稀缺的;实际上,现在电台和电视台要比主要的报纸多得多。联邦通讯委员会最近做出结论,公平原则违反了第一修正案,因为它牵涉到政府告诉广播公司可以说什么的努力。按照这种观点,公平原则代表着政府对自愿的市场互动的干预,而这并不被允许。因此它违反了政府的"中立"义务,而中立的反映要求对市场结果的尊重。[25] 有影响的法官和学者得出了同样的结论。这种分析模式是对当下法律中因现状而中立的重要例示。

宪法的确禁止任何"克减言论自由的法律"。但是,公平原则是否就是这样的法律?对公平原则的卫护者而言,该原则通过确保电波中见解的多样化,而这是市场所不能提供的,从而促进了"言论自由"。实际上,联邦通讯委员会没有去完整审视不同规制策略给真实世界带来的不同后果,就断言公平原则使得政府介入

---

[25] 核心的判决是 Syracuse Peace Council, 2 F. C. C. R. 5043,5055 (1987)。还可见 Lucas A. Powe, Jr., American Broadcasting and the First Amendment 214—215 (California, 1987)。

一个否则就是纯粹的无需法律的且自愿的私人领域。

那些被赋予解释宪法之权的人,要想应对公平原则,就要去探究广播市场、可替代性体制以及适当刻画的表达自由制度目的之间的关系。一方面,似乎清晰的是,市场将会提供尽可能多样化的见解,特别是在有许多出路时,尤其如此。只要某个特定观点得到市场需求的支持,就必将找到供应者。广播的现状远远好于集中化的政府规制体制,至少这样的体制急剧地限制了选择。市场提供了一套判断和选择项。命令—控制型的政府体制,如果限制了观点的多样化和对公共事务的关注,它将实际上克减了"言论自由"。我所说的没有一丁点支持政府对政治言论的排斥。

我们因此应该对三种可能的情况进行区分。(1)如果市场几乎没能带来什么政治讨论或者多样化的观点,那么它本身可能就是违宪的。由于下述原因,法院应该慎重做出这样的结论。部分因为这些问题突然变成复杂的事实问题,不在司法能力范围之内。(2)如果有文档表明特定的规制将促进第一修正案的目的,而且立法机关在此基础上已经形成了一个慎思的判断,那么这足以支持,作为反对质疑第一修正案的政府规制。(3)如果市场的规制对不同的观点予以差别待遇,或者规制确实减少了对公众事务的关注,或者减少了观点的多样化,那么应该否定政府规制。最后一点,也是非常实际的问题,立法机构有权做出合宪与否的推定。

重要的是,市场的存在,将使得政府官员没必要为了评判言论的价值,而对言论内容进行监督。市场驱除了官方的监视,这的确非常有价值。如果言论的内容不直接与财产法的适用相关联,那么从这个意义上讲,对市场的限制是内容中立的。但如果政府对任何原则的适用,都要对言论的内容予以关注的话,那么公平原则或者任何类似替代方案中的限制,都是以内容为基础的。

另一方面,交流市场产生了一系列问题。例如,设想某些人打算把说话的权利分配给那些有充分支付意愿的其他人——换言之,就像分配肥皂、汽车或者糖果一样,通过价格体制把言论权利分配给其他人。可以得出结论,如果其他人没有充分的支付意愿让某些人说,那么,这个体制将阻止他们说。

这无疑更像是对民主憧憬一个荒诞怪异的模仿品——更像是科幻小说的素材,而并非自我治理。它的极其不合情理之处在于,它将人们一般没有支付意愿的不同政见者的言论拒之门外。但是在许多方面,这恰恰是我们所拥有的体制。广播许可和言论机会的配置,很大程度上是以私人的支付意愿为基础。

在一个方面,我们的制度甚至更加糟糕,因为节目内容要分别受到消费者需求和广告客户期望的影响。因此,观众与节目的使用者一样都是产品。这个现象引发了许多额外的失真。无论如何,对第一修正案问题的讨论,必须在很大程度上有赖于进一步的细节。

(一) 事实

现在很多信息是根据地方电视新闻的内容进行编纂的,这同时也是对联邦通讯委员会的公平原则的直接回应。实际上,地方新闻节目把非常少的时间用于真正的新闻。相反,它包括大量有关电影和电视节目的报道以及与实质利益关系不大的骇人听闻的灾难。"对那些体现公众要求、充满感情报道的搜寻,已经使地方电视新闻更多地去报道诸如谋杀等惨案、火灾中的死者以及飞机失事,他们通常会采访幸存的遇难者,询问'他们感觉如何'"[26]

在半小时的新闻节目中,只有 8 到 12 分钟是新闻。每个真正的新闻报道一般是 20~30 秒。新闻报道倾向于去关注火灾、事故以及犯罪,而非政府和政策问题。在更受欢迎的晚间新闻中,更加不重视政府活动。哪怕就是涉及政府的事情,也不注意相关政策内容的描述,而是更关注于更令人感动的事情,而且往往是误导"人们印象"的奇闻逸事。此外,在处理流行演员、娱乐表演,甚至于新闻前播放的电影报道上,特别注意"特色"。即使记者可能喜欢更严肃地处理公共问题,但经济压力似乎正推动地方新闻朝这

---

[26] Phyllis Kaniss, *Making Local News*, at 110 (1991). 从这本书里我引用了本段和下一段的资料。

个方向发展。

广播公司新闻的经营模式是与之类似的。在1988年,差不多60%的对国家竞选活动的新闻报道涉及"赛马"问题——看谁能赢,谁势头好——而仅仅约30%涉及真正的问题和资格。在从1988年1月到6月的关键时期,大约450分钟的竞选新闻报道中,至少有308分钟在讨论"赛马"问题。〔27〕

在这方面值得注意的是,总统候选人不间断演讲的平均长度从1968年的42.3秒下降到1988年的9.8秒。因此在主要的广播公司中,不太可能放映超过10秒的演讲。很少有对竞选演讲实质部分的持续报道。

关于电视和电影的报道已经增加,对公共问题的关注却在减少。在1988年,每个月新闻报道中平均有38分钟是艺术和娱乐新闻;在1990年到1995年间,上升到每个月平均68分钟。据一个从事这个行业的人讲,"根据缩减额定的需要,广播公司新闻部已经不得不非正式地,去重新定义什么才是新闻。"据NBC夜间新闻的执行制片人说,"许多我们过去习惯于反反复复报道的是我们如何抵抗苏联。但是,现在不再重复这些。我的意思是没有人在谈论导弹,所以你不得不用人们正谈论的事情填充新闻时间。"〔28〕注意一个循环问题:人们正在谈论的内容,部分是大众传媒所提供的事物类别。

同样有证据证明广告客户会影响节目内容,尽管此刻这个证明在很大程度上是一段轶事。不会认为什么隐秘的理论会是似乎合理的;但最近的一些事件颇为烦人。例如有报道,广告客户对地方新闻节目特别是对关于消费者的报道有很大影响。在明尼阿波利斯,一个当地的汽车经销商抽出差不多100万美元广告费,作为对一个和其公司有关的消费者权益问题报道的回应。他说:"我们

---

〔27〕 参见 James Fishkin, *Democracy and Deliberation*, at 63 (1991)。

〔28〕 J. Max Robins, "Nets' Newscasts Increase Coverage of Entertainment," *Variety*, July 18, 1990, pp.3,63.

用美元投票,如果我尽力去讲述一个关于我正做的事情的正面报道,并且每 30 秒花 3 000 美元,还有人骂我,我会不高兴。"消费者权益方面的记者越来越被指定要做自我审查。据他们中的一个人说,"我们甚至不再为大部分与汽车有关的报道而费心";另一个人说,"我不会做汽车修理报道,或者次品报道……不值得为此费口舌。"[29] 最近有一段具启迪性的插曲,特纳广播系统(TBS)和奥特朋协会联手制作了一个节目,涉及太平洋西北部伐木者和环保主义者关于"斑点鸱鸺"的争论。伐木运输业认为这个节目是有偏向的,不想让 TBS 播放这个节目。结果,所有 8 个广告客户(包括福特、美国花旗银行、埃克森石油公司以及西尔斯公司*)撤出了他们对这个节目的赞助。TBS 最后还是播放了这个节目,但是不得不在制作上损失了 10 万美元。[30] NBC 为他的电视电影"罗伊诉韦德"寻找赞助时,也遭遇到同样的困难。由于害怕宗教组织的联合抵制,NBC 恳求的许多赞助者拒绝参与。[31] 几乎就没有可能,为任何采纳"生命优先"或者"选择优先"观点的节目找到广告客户。

  面向儿童的电视教育节目不可能获得赞助。对于普通的商业广播公司而言,实际上支付不起高质量节目的费用,节目很大程度上旨在吸引受众注意力和销售产品。在 20 世纪 60 年代,联邦通讯委员会发布建议和政策声明要求"为了公众的利益来编排节目",不是"为了销路来编排节目"。在 1974 年,联邦通讯委员会决定"广播公司负有服务于儿童的特别义务",并因此迫使这个行业采纳要求播出教育和信息节目的法律。1981 年,新的联邦通讯委员会主席马克·福勒拒绝了这种方法,认为儿童电视教育节目应限

---

[29] "Consumer News Blues," *Newsweek*, May 20, 1991, p. 48.
 * 美国最大的百货公司连锁企业。——译注
[30] "Advertisers Drop Program About the Timber Industry", *New York Times* 32 (Sep 23, 1989).
[31] Verne Gay, "NBC v. Sponsors v. Wildmon RE: Telepic 'Roe v Wade'", *Variety* 71 (May 10, 1989).

于公共广播系统。[32] 此后不久,优质的儿童节目开始急剧减少,取而代之的是以产品为主要内容的节目。因而儿童电视已经成为"面对玩具制造和销售业,由企业家飞速激增的生命力带来的无精打采的副产品"[33]。在1983年,以许可为前提特征的卡通片总共有14个节目;到1985年,这个数量升至四十多个。并且还在增加。

由此形成的儿童节目大多数都有许多暴力内容,而且自放松规制以来暴力内容不断增加。统计的量度当然是不够的,但是它至少揭示在1980年以前,儿童节目中每小时有18.6个暴力动作;而1980年后,这个数字攀升到每小时26.4个。周末白天的儿童节目一贯地比黄金时段节目更加暴力。这些节目中很少有教育性的内容。

更为司空见惯的是,在所有的电视中都有高级别的暴力情节。[34] 10个黄金时段的节目中就会有7个在描述暴力。1980年在黄金时间,平均每小时有五六个暴力动作;到1989年,数量增加到每小时9.5个。1980年,每小时10个节目平均描述十来个暴力动作;到了1989年,这个数字是16;最高的纪录是在1985年,高达29个暴力动作之多。已发现儿童电视中的暴力增加了儿童的恐惧,也使得他们自己的攻击性行为有所增多。[35]

经验主义的研究表明,新闻和娱乐节目有时会有性别歧视。在新闻中,妇女最经常地被描述为"家庭成员;也就是说,她们是人

---

[32] Statements of Bruce Christensen, president of the National Association of Public Television Stations, before the Hearing on Children and Television, 98th Cong, 1st sess. 36—37 (March 16, 1983).

[33] 参见 Tom Engelhardt, "The Shortcake Strategy," in *Watching Television* (Todd Gitlin ed. 1986)。关于儿童电视节目的主题,一般地参见 Amy Gutmann, *Democratic Education* 241—244 (1987)。

[34] 参见 George Gerbner & Nancy Signorielli, "Violence Profile 1967 through 1988—1989: Enduring Patterns," 117 *Broadcasting* 97 (Dec.4, 1989)。

[35] 参见 Jerome L. Singer, and Dorothy G. Singer, and Wanda S. Rapaczynski, "Family Patterns and Television Viewing as Predictors of Children's Beliefs and Aggression", 34 *J. of Communication* 73,87—88 (1984)。

质、持枪歹徒、间谍、受虐待的儿童等人的母亲或者其他亲戚"[36]。其次,最频繁的是,妇女作为受害人露面,这包括被殴打的妇女、感情上的受害者以及遭受地震地区和有毒废弃物地点的居民。当妇女似乎成为某些公共问题的谈论主题时,通常是在反对妇女的传统地位。因此,克丽丝蒂·海夫纳会成为针对反色情报道的著名批评者,还有一个女医生,过去常常为公司不让妇女从事处理危险化学药品工作的政策方针辩护。在电视节目中妇女通常扮演配角。[37]

儿童节目中常常清一色的是男性角色,当有女性角色进入时,"千篇一律的模式是,通过一个孤独无助的女性,去着重烘托出一群男性兄弟"[38]。在这种模式中,"女性通常是一个小保姆的类型",或者是"充当一个男性大英雄的女助手"。因此"女孩也仅仅是与男孩有关而存在"。在一项调查中,由女性扮演的喜剧角色只占 16%,并且"女性饰演的角色比男性更年轻,更有可能打算结婚,相对不太活跃,并且具有较少的自尊"[39]。

(二)可能的纠正措施

规制策略不能解决所有问题,但是有助于某些问题的解决。至少不应把某些规制手段看做是对言论自由的克减。

可以设想在一个有线电视的时代,相关问题将消失。人们可以不断地切换频道。一些电台甚至会在整点提供公共事务广播。在眼花缭乱的节目安排中能够找到节目的质量和多样化,现代科技让这种选择成为可能。这样看来,对于广播市场可能会排斥自

---

[36] Lana F. Rakow and Kimberlie Kranich, Woman As Sign in Television News, 41 J. Commun 8,14 (1991). 对大众传媒中社会反映的关注,很久前就出现在 Commission on Freedom of the Press, *A Free and Responsible Press*, at 26—27.

[37] Judith Lemon, "Women and Blacks on Prime-Time Television", 27 *J. of Communication* 70,73 (1977).

[38] Katha Pollitt, "The Smurfette Principle," *New York Times*, Apr 7, 1991, sec. 6, p. 22, col. 3.

[39] John Corry, Briefs on the Arts: Children's TV Found Dominated by White Men, *New York Times*, Jul 15, 1982, sec. C, p. 14, col. 4.

由选择的担忧,可能是令人困惑费解的。我们不应该把政府对表达选择的排斥视为对言论自由的侵害么?

对这个问题有几个答案。第一,如同国防、清洁空气一样,关乎公共事务的信息有着许多"公共物品"的特征。[40] 众所周知,如果我们完全依赖于市场,我们将会有不充分的国防和过于肮脏的空气。因为不可能把防护和清洁空气提供给一个人,而同时却不提供给许多人或所有人。在这些情况下,每个人都缺少充分的激励去寻求和支付适当水平的国防和清洁空气。每个各自为战的个人,都有可能去搭其他人努力的"便车"。生产者缺少适当的生产公共物品的激励,结果相关物品的额度的水平之低,达到了不可接受的程度。

信息,特别是公共事务的信息,其实质很大程度上与此相同。广泛公共辩论的好处是产生了大量的信息——自然的也同时提供给许多或者所有人。一旦消息提供给某个人或是某些人,也就可能以最小的成本,同时提供给了许多其他的人。因此,某个人或某些人的信息产品都会对其他人带来很大的额外收益。但是,关键的一点在于,市场没有提供机制,保证那些制造信息的人(在此是指报纸和广播业)对这些收益予以充分考虑。

同时,告知一个人信息,让他成为一个有用公民的收益,通过他与其他人的交谈以及对政治过程的普遍参与,可以让这种收益也更多分享给更多人。但在个人消费选择中,不会去考虑这些个人的额外收益。

由于信息的"公共物品"特性,没有个人有充分的激励去"支付"他接受的利益。结果将是市场制造了太少的信息。因此,对媒体自由市场的依赖,将遭遇到与依赖市场寻求国防或者环境保护

---

[40] 参见 Daniel A. Farber, Free Speech Without Romance: Public Choice and the First Amendment, 105 *Harv L Rev* 554,558—562 (1991)。信息不是纯粹的公共物品,因为把信息提供给那些付了款的人,通常是切实可行的,著作权和专利权法可以给作品提供适当的激励。但是它与纯粹的公共物品有许多共同之处。

类似的困难。出于这个原因,解决公共物品的问题规制方案获得了正当化。[41]

关于公共物品的问题就说这些。第二个问题与信赖大量的市场产品有关。单纯的数字无法解释,为什么通过私人电视台进行更好的节目编排,来保证提供更高质量和更为多样化节目的民主努力,会遭到宪法上的拒绝。虽然有大量电视台,但很多电视台节目的质量和多样性远不及其所能达到的。当然人们至少可以换频道。但是,为什么会认为宪法阻碍了为实现麦迪逊式目标而尝试新方法的民主决定呢?

第三个问题是,为了宪法和政治的目的,应该非常谨慎地使用"消费者主权"观念。消费者主权是描述自由市场美德的传统经济学术语,在自由市场中,商品经过消费者选择被分配,同样根据私人支付意愿的标准被估价。那些在市场中援引自由选择观念的人,是真正在坚持消费者主权的人。但是麦迪逊的"主权"概念是与第一修正案的目的相关的,并且这个概念特征完全迥异于消费者主权。

根据麦迪逊的观点,主权并不是让个人消费选择获得尊重,而是对民主决策给予尊重。在第六章我们看到,在民主制中,法律通常反映了那些可以被界定为公众整体热望的判断。这些热望本身能够而且经常要求市场的出现,但它们也可能要求对市场的介

---

[41] 人们可能认为,广播市场提供了一个部分的解决方案。由于广告客户试图确保大量的听众,所以听众也是商品,而不是消费者。在这些情况中,似乎个人不再是购买个人的信息。相反,是广告客户在追求受欢迎的节目时侵犯了个人偏好,在这个意义上它才有助于克服集体行动的问题。

这种回应的问题在于,广告客户吸引大量听众的意愿不足以克服与公共事务信息有关的公共物品问题。一个有大量听众的节目可能根本不会提供任何信息;想像大多数电视广播网。正如我们已经看到的,广告客户甚至对提供相关信息充满敌意。他们的经济利益通常反对资助公益事业或有争议的节目,尤其在听众人数相对少的情况下,但有时即使听众人数很多也照样。广泛发布关于政治的信息的外部利益,不在广播市场之内。通过提供一个加总偏好的体制,广播市场的特征确实克服了一种集体行动问题;但是它们没有克服关键的困难。

入——在诸如环境法、对濒临物种的保护、社会保障以及反歧视法这些领域,这是一个熟悉的现象。不能将民主自由同"消费者主权"作等量齐观。而且在这样的语境下,人们通过他们选出的代表行动,他们完全可以判定民主自由比消费者主权更有价值。

最后,私人的广播选择是偏好的产物,它并非独立于现状,它本身就是广播业现状的结果——第六章里已论及了对这个论点的特定适用。在已经规定了付费的世界里,如果人们通常更愿意看他们习惯看的,也就不足为奇。没有给他们获得更好制度的机会。当这样的情况普遍存在时,如果没有推理论证,就不能求诸于偏好让广播业的现状获得正当性。针对一个令人生厌的体制对偏好所作的调整,无法证明这个体制的正当性。如果可以期待更好的选择被更规则地提出,我们有充分理由可以期望,其结果至少是某些人可以受到教育,人们会更为赞成以一种严肃的方式来处理涉及公共问题的节目编排。

这有可能使得但还不足以让人们反对这类观点,认为这体现了不合理的凌驾于私人选择之上的"家长主义"。如果私人选择是现有选择的产物之一,或者从这种意义上说是法律的产物,那么包含于新法律的更好选择,不能取代自由产生的欲求。至少如果新法有民主谱系时,就应当如此。在这样的情况中,人们以他们作为公民的能力,正试图去实现那些不符合消费者选择的热望。

对于那些对此有所怀疑的人,有必要强调正是在这样的背景下,许多相似的民主创议权才得以正当化。在个案中选民将会反对连任两届的总统,但这并非反对总统连任两届的关键点所在。这个规则的全部要点在于,它是先定约束策略的反映。对于那些打算继续怀疑的人,有必要强调宪法本身就是一个先定约束策略,并且这个宪法包括第一修正案本身。

从这类考量中将可能浮现出怎样的进路呢?这里我将坦率地根据经验论证。应该推定,作为市场安排之补充的弹性解决方案,要优先于政府的命令—控制。[42] 一个著名的例子,就是政府要求广播公司提供作为公共供应品的高质量儿童节目或励志节目。而为候选人在传媒上提供免费的时间,将是非常有助益的,这同时提供了对公共事务和多样性观点的关注,从而克服了"声刺"所带来的扭曲效果,并减缓了财政压力。

更为一般的,即使不为市场需求所支持,对于承诺安排严肃问题或播出公共事务问题的许可申请者,政府可以奖励"分数"。或者政府可以要求纯商业台提供财政支援,以补助公立电视台或者同意播出更少利润但更高质量节目的商业台。同样还有必要去考虑更为有意思的进路——例如包括强制性的公共事务节目,答复的权利,削减儿童电视广告,无党派专家对这些电视内容的审查,以及鼓励关注公共事务和观点多样性的纲要指南。

当然在做出关于节目质量和公共事务节目的决定上,广播公司还将有裁量权和滥用裁量的空间。因而,一个合理的关注就是,我所勾勒的这一切政府管理类型,是否会带来比现状还要严重得多的风险。被现有财产权包围的市场实际上是在限制言论;但至少它不需要对言论的类别予以实质性批准或否决,也无需对言论的内容予以监督。而这些都将包含于前述的"新政"中。当然有可能认为相对中立的市场,将公职人员的作用降至最低点,它在一定程度上堪称最佳的替代方案。

对此可以有两点回应。第一点,当下的制度不仅绝非完美,而且它给良好运作的表达自由体制带来了非常严重的障碍。不能因持续的政府监督的缺失,就模糊这一点。至于对公共问题和观点多样性的关注,现状严重地危害了麦迪逊式的目标。

第二个观点是认为,似乎可以成立的是,就如目前公立电视台的普遍情形一样,可以以超脱于党派的方式做出这种关键性的决定。规制政策在过去已经助益良多,它们是地方新闻真正产生的

---

[42] 参见 Cass R. Sunstein, *After the Rights Revolution*(1990); David Osborne & Ted Gaebler, *Reinventing Government*(1992)。

原因所在，它们为儿童电视节目质量的提高提供了帮助。提供大范围高质量节目的公立电视台的存在，得益于政府的介入。我们没有理由怀疑未来会有更大的改进。

所有这些将如何影响宪法问题？最起码当我们借助有特色的美国主权理论来理解"言论自由"时，一个包含了规制性救济措施的法律，可能促进而不是破坏了"言论自由"。当下的体制似乎不仅没有促成这样的理解，相反它构成了对公民权的损害乃至钳制。

我并不认为政府可以随心所欲地去规制广播。旨在排斥特定观点的规制当然是"出界"犯规的。所有歧视性的观点都将遭到禁止。有些控制比我提到的诸如整点广播公共事务的要求还要严苛的多，这将引发更为严重的问题。但是，至少立法机关的"公平原则"丝毫都不会引起什么真正地怀疑。[43]

立法机关来重构市场的努力，甚至可能被看做是它们对宪法责任的放弃，而法院出于（良好）制度理性的考虑不愿完全执行这个责任。我们理解法院之所以不愿提出类似于公平原则的要求，原因在于司法缺乏民主谱系、事实认定能力，而且只有有限的救济能力。立法机关没有面临这样的制度限制。因此可以认为，立法机关的行为是对真正的尽管是不能实施的宪法义务的回应。

二、竞选资金

在第三章，我们看到限制竞选支出的法律，被视为是通过减少财富不平等的负面影响，从而促进政治审议和政治平等的努力，从而获得了正当性。我们还看到，法院认为在某种意义上，这样的法

---

[43] 参考 Meiklejohn, Free Speech and Its Relation to Self-Government, at 16—17："国会不阻止在言论自由之上的所有行为。削减这种自由的立法是被禁止的，但是立法也不扩大或者充实它。与自治社会的成员相适应的思想自由不是赋予的，而是人性中不可移易的部分。通过学习和教学，让准确消息不受阻碍地流动，给予人们健康、精力和安全，通过把人们聚集在一起的交流活动以及相互理解，可以增加和认可思想自由。并且联邦立法不禁止从事于积极培养自治成功所明显依赖的普通教育事业。相反，在这个积极的领域，美国国会担负着重要和基本的促进言论自由的责任。"

律构成了为穷人利益而对富有的发言者的第一修正案下的"征用",因此判决该法律无效。也就是最高法院在巴克莱诉瓦莱奥案中宣称的,"认为政府为了相对提高社会中一些人的声音,就可以限制另外一些人言论的观念,是同宪法第一修正案格格不入的。"

我们还看到,巴克莱案反映了因现状而中立,事实上我们应该把它视为现代版的洛克纳诉纽约州[44]:这个判决把市场现状当作先于政治的,并且运用这个判决让改革的民主努力归于无效。信赖市场是政府中立之所在,使用现有的政治开支配置是政府不作为的标识。但是从我迄今所有说的话中可以清楚地看到,以这种配置为基础的选举,实际上要受制于一个由法律建构并使其成为可能的规制体制。首先,这种法律存在于保护当下财富配置的法律规则之中,更根本的存在于允许候选人通过市场购买言论权的法律规则之中。

因为牵涉到言论,巴克莱案在某种程度上甚至比洛克纳案更引人瞩目。纠正经济上不平等,或者确保它们不转变成政治上不平等的努力,不应该被视为不被容许的再分配,也不应被视为是把政府规制引进到此前不存在规制的领域。相反,我们应该根据竞选资金法对表达自由制度所产生的后果,来对其进行实用主义的评价。[45]

这里有些困难的问题。这个控制竞选费用的案例看上去是正确的,但一点也不分明;这种控制或许被证明是应该的保护措施。

---

[44] 198 US 45, 53 (1905).

[45] 参考 John Rawls, "Basic Liberties and Their Priority," in 3 *The Tanner Lectures on Human Values* 76 (S. McMurrin ed. 1982):"法院未能意识到这个关键点,即政治自由的公平价值为正义的政治程序所必需,为了确保其公平价值有必要阻止那些拥有更多财产和财富以及更大的组织能力的人为了他们的利益控制选举过程。……据此,民主是一种经过调整的各经济阶级和利益集团之间的竞赛,其结果应该适当地依赖于彼此为实现各自愿望运用非常不平等的财政资源和技能的能力与愿望。"又见 Scanlon, "Content Regulation Reconsidered", at 349—350:"认为表达自由不曾许可政府为了让其他人有更好的收听的机会而限制一些人的言论,这明显是错误的。"

但对这些考量的探究,将会引出全然不同于巴克莱案法院援引论述的问题。

三、接近权(right of access)

如果有必要对节目的多样化以及公共事务予以关注,那么接近媒体的私人权利甚至可能是为宪法所驱策的。把接近媒体权利看做是市场的产物,这可能是个宪法上的棘手问题。[46] 我已经指出,如果允许一个人们根据其他人为倾听而愿意支付资源多少来发言的制度,那么这将是对民主理想的嘲讽。在实践中,我们当下的言论自由体制有着许多这样的特点。

例如,假设一个反战或者反堕胎的团体试图购买广告时间来发布他们的观点。还假设由于广播公司反对他们的广告词,因而拒绝了他们的购买。至少如果没有其他可得的或者更有效的进路,那么这种为法律所支持的拒绝,似乎是违反了第一修正案。

如果法院要去否认接近媒体的权利,那主要在于法院在制度上适宜的审慎姿态。这种权利的创设,将要求司法扮演不同寻常的侵入性角色。由于法院只有有限的事实认定和政策形成能力,因此这将给司法能力带来紧张。罗伯特·黑尔也曾做过类似的叙述:"法院曾经漠视,许多对他人行使的私人权力,实际上是由政府

---

[46] "商业广播"失败的讨论参见 Meiklejohn, *Free Speech and its Relation to Self-Government*, at 104—105:现在在我们中间播放的广播不是免费的,广播也没有被宪法第一修正案保护的资格。广播没有承担扩大和丰富人们之间交流的任务,而是致力于赚钱。而第一修正案并不打算保护那些由私人财产支付报酬、为其利益说话的人的自由言说。……我们现在的广播并没有孕育出自治事业所赖以依存的品位、理性判断、诚实、忠诚以及互信的品质。相反,它却是摧毁这些品质的强力。它腐蚀了我们的道德和智力。然而,这种灾难对于我们的研究是有意义的,因为它揭示了当我们仅仅是形式主义地接受言论自由原则时,言论自由的胜利将会是多么的虚无。受到形式主义的误导,我们美国人只诉求于这个原则的消极含义。我们曾用它来保护这个原则并不关涉的隐私权、所有权利益;给我们正使用的广播、电影、报纸以及其他形式的出版物,这些最恶名昭著的、奴役我们的精神与意志的东西冠以"自由"之名,这些同样是对言论自由原则的曲解。

委托的事实,并且所有这些权力都是在被允许的意义上获得'批准',从某些方面看,这或许是幸运的。这项权力渗入并试图改变整个经济体制,它们相互作用,这需要更全面地处理,这超出了法院能力所及;这也许牵涉到利益冲突,这需要求诸立法手段才能获得更好的解决。"[47]

四、财产权与言论

当人们因为排他性财产使用权的创设,而被剥夺了向某部分重要公众成员发表见解的机会时,便引起了宪法问题。我们应该在内容中立的分类标准之下,去审查这项权利的创设。也就是说,应该引入某种平衡形式,来对使用财产法将人们排除于对自由和公开讨论似乎是必不可少的场所之外的举措进行审查。政府必须要表明,行使言论自由权利的不利结果,由于重要利益的存在而获得正当化根据。

这类观念将使"购物中心"案呈现出新貌。[48] 在"购物中心"案中,人们试图在购物中心进行政治抗议。他们主张,如果想告诉公众某种观点,就必须接近这些场所。这个主张在形式上与法院已经接受的观念相同,政府不可以禁止发传单和挨家挨户的游说。[49] 考虑到购物中心在国家许多地区的角色,接近的权利似乎完全正当。在最低限度内,应该鼓励州的立法机关和法院来创设这种权利。

由此得出结论,就报纸援引法律阻止人们影响公众而言,他们也应该在不削减言论自由的情况下受到规制。[50] 如果政府试图

---

〔47〕 Hale, "Force and the State", at 149,199.
〔48〕 Food Employees Union v. Logan Valley Plaza, 391 US 308,324—325 (1968); Lloyd Corp. v. Tanner, 407 US 551,567—570 (1972); Hudgens v. NLRB, 424 US 507,521—523 (1976).
〔49〕 例如,参见 Schneider v. State, 308 US 147,165 (1939)(传单); Martin v. Struthers, 319 US 141,145—149 (1943)(挨家挨户的游说)。
〔50〕 这项主张给其结果或者至少给其基本原理带来了怀疑,见 Miami Herald Publishing Co. v. Tornillo, 418 US 241,254—258 (1974)。

促进报纸的质量和多样化,某些适度的规制努力应该得到支持,特别是许多报纸事实上都是如垄断者一般运作。当然规制不能以观点为基础,任何对内容的规制都必须是中立的,这样才能消除观点歧视。

五、公共论坛

我们必须去重思"公共论坛"(public forum)原则。目前的法律似乎概略地接受了下面的形式。[51] 政府不可以封锁街道、公园以及其他"自古以来"向公众开放的地点;这里,公众已经赢得了一种第一修正案赋予的"地役权"。合理的规制将获得支持,但它们不可以取消基本的接近权。如果一些地方已经"捐献"给公众,也就是说,政府已普遍开放这些地方从而用以表达活动,那么同样的规则也适用于这些地方。但是还有另一些地方——这是一个非常大的范畴——根本不需要开放。只要限制有最低限度的理性,就将获得支持。

这个体制实际上动用了普通法规则。如果为了公众接近的目的,这个地点传统上已经被"捐献",那就准予接近。而且这个判断关键要看,在普通法上这个讨论的地点是否是开放的。历史上街道和公园曾是交谈活动的主要地点,这个判断正好服务于基本的言论自由目标——在接近权最为有效和发挥最为关键作用的地方,创设出接近权利。

现在,街道和公园不再扮演它的普通法角色。其他地点——邮筒、机场、火车站、广播电台——是街道和公园的现代对等物。就是在这些地方,目前的原则特别不适应当下的需要。保持街道和公园的开放,无疑是重要的,但是要使广泛的不同意见能为公众所获得,这还是远远不够的。由于这个原因,法院应该放弃普通法

---

[51] Hague v. CIO, 307 U.S. 416,514—518 (1939) (Roberts, J., 为了多元的作品); Clark v. Community for Creative Non-Violence, 468 U.S. 288,293—299 (1984)。

的判断标准,改为注意政府是否有充分有力和中立的理由,来阻止接近他人的财产。当然国会、州立法机关和州法院应该采取这种判断。至少机场和火车站应该向交流活动开放。

因而当最高法院以五比四的票数裁定机场不是符合第一修正案目的的公共论坛时,它是不正确的。正如肯尼迪法官和苏特法官在反对意见中所强调的,认为只有"传统"的公共论坛才符合资格,是荒谬的。对于当代美国人而言,一些不为宪法制定者和普通法所知的新的场所,已经担当起了传统论坛的角色。如果政府有着广泛的裁量权,可以关闭这些许多人集会和聚集的地方,也就意味着它有着广泛的去削弱表达自由体制的裁量权。用肯尼迪大法官的话说,"公共论坛原则不应该……把曾经是保护表达的纲领,通过命令转变成授予政府限制言论的权力。"[52]

六、内容的歧视

我们还有必要重新评价对以内容为基础的(content-based)和内容中立的(content-neutral)言论限制的区别——这是当代言论自由法中最重要的区别。

在目前的法律下,法院以相当的怀疑看待任何限制言论内容的法律。例如,如果国会试图不让关于某场战争的言论出现在广告牌上,那么这样的行为可能是违宪的。但是内容中立的限制得到了较为温和的对待。如果国会禁止所有的言论出现在广告牌上,那么这个措施将接受平衡检验(balancing test)的判断,因为这种对言论的限制是内容中立的。根据传统的观点,内容中立的限制没有扭曲社会共同体的思考过程,而且这不太可能是一个不被容许的政府动机的反映。

对于支持中立的观念有许多话要说。无论如何,中立观念在某些方面复制了洛克纳时代的框架。就言论而言,它把市场现状视为中立的。它见证了改变现状的派系私见以及政府决定尊重现

---

[52] Ikscon v. Lee, 112 S. Ct. 2701,2718 (1992)(Kennedy 法官的协同意见)。

状所体现的中立观念。但是,当可得的机会相当程度上依赖于财富、普通法的权利框架、哪些言论进路可被接近并且对谁开放时,对市场现状的利用,就不存在中立可言。换言之,"内容中立"和"以内容为基础"的观念,所依赖的前提似乎是认为言论现状是不会招致反对的。

至少有两件事情值得注意。首先也是最重要的一件是,许多内容中立的法律,针对不同的内容会带来不同的结果,这会带来宪法上棘手的难题。之所以如此,是因为这些法律的运作背景不应被看做是前政治的和正义的。政府拒绝允许将华盛顿特区的拉菲亚特(Lafayette)公园,用作把无家可归者的困境改编成戏剧的地点[53],就是一个突出的例子。还有一个例子是,拒绝允许把政治言论贴在电线上,或者让抗议者把不贴邮票的东西放到邮筒中。[54]

由于糟糕的财政状况,这些决定产生了严重的有害结果。鉴于现状是不公正的,内容中立的规则将对某些形式的言论产生强烈的负面作用。因此审慎地注意到这个危险,对内容中立的限制予以严格的司法审查,是适当的。

第二点,针对以内容为基础的言论规制的怀疑,所给出的一个耳熟能详的理由是,这种规制"扭曲"(skew)了思想的市场。[55] 但是我们应该对这个观念提出两点质疑。首先,我们不知道一个良好运作的思想市场会是什么样。可以通过新古典经济学,来详细说明经济市场的前提;但如若对表达自由体制的前提做出同样的说明,则是不正确的。例如,在这个体制中什么是对基本权利和经

---

[53] Clark v. Community for Creative Non-Violence, 468 U. S. 288 (1984). 至于一般的讨论,参见 Geoffrey R. Stone, "Content Regulation and the First Amendment," 25 *William & Mary L. Rev.* 189,202,208—209,217—218,227—228 (1983)。

[54] Widmar v. Vincent, 454 U. S. 263 (1981); U. S. Postal Service v. Council of Greenborough, 453 U. S. 114 (1981); Heffron v. Intl. Society, 452 U. S. 640 (1981)。

[55] Stone, "Content-Neutral Restrictions."

济财富的恰当区分？至少如果没有一种具有竞争力的理论认为应该表现什么样的思想的话，就不能在抽象层面上回答这个问题。[56]

其次，这个扭曲的观点的前提在于，认为当下的市场形式不会遭到任何反对。如果市场已经被扭曲，那么以内容为基础的规制可能是一个矫正措施。进一步的，如果不存在这样的扭曲，将是非常令人吃惊的。不光是思想市场，就连可以使权利分配转化为言论的财产法，都是现有法律的功能之一。

迄今为止，我已指出应对某些内容中立的限制进行审慎的审查，某些以内容为基础的限制，很可能是对以内容为基础的现状的校正措施。但是一般而言，不公平现状的存在，或许不是允许规制言论内容的理由。一方面，出于第一修正案的目的，任何调查可能超越了政府的能力。由司法或立法机关来决定不同利益团体相对有哪些权力，再分配有着怎样的归属，这将存在着严重的危险，存在着偏见，或者是不可靠的。关于谁是以及谁不必是强者的判断，必定要求诸一定的基线。在做出这些判断时，政府的运作将不可避免地带有自己的偏见，而且任何规制策略都要受到这些偏见的影响。当言论处于危险境地时，这种危险似乎是令人无法接受的。

言论规制的特色之处在于，这种规制阻塞了变革的通道；它根本不让提出其他观点。不可能把这种规制说成是社会和经济的新政。我们应该鼓励促进更好的现状的努力，而非允许限制。我已经在前面讨论了一些与广播市场相关联的努力。

八、言论与金钱

再度强调对于通过使用政府基金来影响言论过程的政府权力而言，存在一定的限度，是有必要的。

在这一点上，解释明白法院的判例是非常困难的。一般来讲，政府不可以运用财政和其他福利权给人们施加压力放弃本来拥有

---

[56] 参见 Strauss, "Persuasion, Autonomy, and Freedom of Expression."

第七章 福利国家中的言论:言论的新政 **271**

的权利,这一点似乎是清楚的。例如,政府不可以说,为了获得社会保障福利你必须同意投共和党的票;或者如果你想要驾驶执照,你必须发言支持本届参议员。也就是说,政府不可以用基金作为杠杆,强迫人们说他们不愿说的东西。

如果政府不这样做,把钱仅仅分派给那些发言支持某种理由的人,怎么办? 如果政府有选择性地资助某些项目,并不表明接受这些基金的人们必须以某种方式使用"他们自己的"时间和资源,怎么办? 法院最近的判决提出,只要政府正在使用自己的钱,并且不影响"私人"表达,政府就可以他希望的任何方法引导基金的流向。

健康和人类服务部签署规定禁止由联邦资助从事以下的家庭服务计划:(a)有关咨询服务,(b)提名候选人,以及(c)提倡作为计划生育办法的堕胎活动,Rust v. Sullivan 案[57]的问题由此引发。原告主张,这些规定违反了第一修正案,并争辩道,这些规定是以观点为基础的歧视。

法院不同意。在关键一段,法院表示:"政府可以在不违反宪法的条件下,有选择地资助一个项目以鼓励某种他认为属于公共利益的活动,而不需同时资助一项寻求以其他方式处理问题的替代性项目。如此做,政府没有以观点为基础区别对待;政府仅仅是选择资助一种活动,而排除另一种。"规制以接受让渡权利的利益为条件,为了响应这项主张,法院表示,"这里政府没有拒绝给任何人利益,而相反仅仅坚持公共基金应被用于其被授权的目的。"[58]

极其广义地说,Rust 案似乎要建立一个重要的原则:政府可以

---

[57] 111 S. Ct. 1759 (1991).

[58] 111 S. Ct. 1772 (1991).法院补充道:"当政府选择资助一个致力于促进某种可允许的目标的项目时,假如这个项目促进这些目标,必然会阻碍替代性目标,因此认为政府违反宪法,以观点为基础区别对待。这个看法将使大量的政府项目受到宪法上的质疑。为了鼓励其他国家采纳民主原则,国会设立一项国家民主基金,……资助一个项目,鼓励同诸如共产主义和法西斯主义的政治哲学竞争,这不是宪法上必需的。"

向私人分派基金，用于设立与政府首选的观点一致的"项目"。实际上，法院似乎在政府高压（进入到市场的私人领域和私人间的交往）与基金决定之间做出了明显的区分。

这样一来，这种区分重复了前新政的理解。它把基金决定视为毫无疑问的，因为它们没有介入自愿的领域。但这仅仅是一种因现状而中立的形式。实际上在构成市场的法律、代表破坏市场的法律和要求基金决定的法律之间，没有根本的区别。这些都是法律。必须根据它们的目的和对自由言论的影响评价所有这些法律。

这样说不是主张，基金决定应该与其他决定同样看待。我们将在第十章看到，对影响言论的基金的宪法限制的发展带来了非常复杂的问题。但是我们现在有理由怀疑，Rust案是否会走向其逻辑上的极端。是否可以严肃地争辩，政府可以资助民主党的例会，而拒绝资助共和党的例会？政府只授权人们以政府喜欢的方式说话，是否可能？肯定的回答将引起在现代条件下对言论自由严重的威胁。

结论

对于这种言论新政，有许多支持它的论述。首先，这种改革保证了对公共问题的更多关注以及对待这些问题的观点更为多样化，这将复兴民主审议的程序。

这里一些限定条件是必要的。一个言论的自由市场体制——被财产法、契约法和侵权法包围——比其他规制形式有较大的优势。这种体制是内容中立的，至少从表面上看是这样的。这是重要的一点，主要因为在市场中，没有政府官员有权决定允许谁讲话。而当政府决定这种问题时，也不必强调偏见的危险。对于消除这种危险，市场有着巨大的优势。

此外，市场是高度分散化的。印刷品与电子媒体都有许多销路。有人不能在《纽约时代周刊》或者CBS找到空间，完全可能在其他地方找到空间。市场体制的一个巨大好处是,可以接近其他的发泄渠道。至少一些其他的规制形式没有这种对言论有益的特征。无论如何,保证任何规制不阻止某种观点是重要的。

但是,我们目前的表达自由体制没有服务于麦迪逊式的理想。表达的自由市场有时候与美国对主权原则的理解不适应。如果我们准备实现这个原则,一种言论新政将是非常令人向往的。

第八章
福利国家中的言论:政治审议优先

一种言论新政将革新言论自由传统。无论我们是否尝试这种新政,麦迪逊式的观念坚持认为,第一修正案主要是关于政治审议的。哲学家亚历山大·米克尔约翰在著作中最为有力地主张复兴这一观念〔1〕,这将有助于解决许多目前的争议。这一观念在保持关注审议性民主的同时,而不牺牲目前言论自由法的基本特征。它与言论新政是一致的;但即使新政被否决,它仍会被接受。

根据麦迪逊式的观点,我们的第一修正案是一个双重的第一修正案。〔2〕政治言论是修正案的核心,只有根据其强烈表现出的伤害才可以予以规制。但是言词和图片涉及的事实,就其自身而言,不是要求完全的宪法保护的充分理由。贿赂、教唆犯罪、威胁、

---

〔1〕 Alexander Meiklejohn, *Free Speech and Its Relation to Self-Government* 94 (1948):"第一修正案做出的保证不是……确保所有的言论。它只确保那些与选民不得不处理的问题直接或间接有关的言论——因而,只保护对公共利益问题的考量。换言之,私人言论,或者言论中的私人利益,不能主张第一修正案的保护。"

〔2〕 这里我偏离了米克尔约翰,他起初认为第一修正案根本没有包含非政治言论。本章的许多分析意在探讨如何在双重的第一修正案之下保护非政治言论。值得注意的是,在他晚近的事业中,米克尔约翰开始认为,大量的言论是政治的:"投票是广泛而多样的言论活动的外部表达,藉此公民实现了做出判断的责任,公民能够生活在自由的统治之下。……只有投票者拥有了智力、诚实、敏感和对普遍福利的慷慨献身,从理论上讲投票才能表达民意,自治政府才能存在。"米克尔约翰还把文学、艺术作品、哲学成就和科学包含在了受保护的言论之内。参见 Alexander Meiklejohn, "The First Amendment Is an Absolute," 1961 *Sup. Ct. Rev.* 245, 255—257。米克尔约翰的转变回应了现实的关注;但是我认为可以另外一种方式处理这种关注。

共谋、伪证——的确所有这些都是言词,但是它们没有资格获得最高水平的宪法保护。由于比规制必需的政治言论显示出更少的危害,它们可能被规制。它们不是完全不受宪法保护;它们被算作"言论"。但是它们并没有落在言论自由的核心保障范围之内。

理论

一、双重的第一修正案

为了给这个建议辩护,我们先探究是否实际上应该有一个双重的第一修正案。某些言论形式比其他言论形式应受到更少的保护,这种观点经常遭遇警告。尽管对这种观点有争议,它仍从现有法律中获得了强有力的支持。实际上,上一代的每一个法官都表达了一些这样的观点。例如,最高法院没有给予商业言论完全的保护。最高法院把淫秽完全排除出第一修正案的保护。最高法院对待私人诽谤与公共人物的诽谤截然不同。[3] 第一修正案不保护共谋,发生在工作场所的、以种族和性别为基础的个人口头骚扰,没有许可执照的医嘱和法律建议,贿赂以及威胁,这种情况看上去部分归因于政治言论与非政治言论的区分。

为了统一被视为"低价值"的言论范畴,法院仍然必须提出一个清晰的原则。统一原则明显的缺乏是试图搞清楚言论自由法的人连续受挫的根源。人们或许误以为,某些言论不受保护,因为它根本不是"真正"的言论,而仅仅是"行为"。但是这种观念是无益的。共谋、没有许可执照的医嘱与贿赂都是言论,不是行为;字面上看,它们只包含言词,不包含非言语的行为。如果它们被当作行

---

[3] Central Hudson Gas v. Public Serv. Comm. Of N.Y., 447 U.S. 557,562—563 (1980); Posadas de Puerto Rico Associates v. Tourism Co., 478 U.S. 328,340 (1986); Miller v. California, 413 U.S. 15,23 (1973); 比较 New York Times v. Sullivan 413, U.S. 15 (1973), 和 Gertz v Robert Welch, Inc., 418 US 323,342—348 (1974)。

为看待——也就是说,如果它们不受保护——那么是由于它们的显著特征。这是我们必须讨论的。而"行为"这个词仅仅是个占位符号,无需讨论。

于是,到此为止,我们看到,最高法院推定第一修正案有双重含义,而且言论/行为的区分是不充分的。但是,双重的第一修正案是不可避免的,还是令人向往的?当然,通过参考不同种言论对第一修正案保证的向心性,任何运作良好的表达自由体制似乎必须从根本上对其进行区分。[4] 但不能合理地认为,所有的言论有同样的基础。例如,适用于误导性商业言论、儿童色情作品、共谋、私人诽谤以及威胁的标准,不应该被法院同样适用于对竞选活动言论规制的检验。如果相同的标准被适用,下述的两种结果将有其一发生,并且两种结果都是不能被接受的。

第一个可能的结果将从整体上降低政府规制的举证责任,以至于允许规制误导性商业言论、私人诽谤,等等。如果这是其结果,那么将有一个不被接受的对政治表达的高度威胁。政治言论接受与商业言论同样的(偏颇的)保护将对民主自治带来严重的危险。政府可以规制误导性或者错误的商业言论。如果标准是相同的,政府还可以被允许规制误导性或者错误的政治言论,这将给关键性言论留下很小的喘息空间。如果诽谤政府官员接受的保护多于诽谤普通公民,那么这种体制将带来同样的危险。这种体制将阻止对政府的批评。

第二种可能的结果是,把对政治言论规制适当的严厉标准适用于商业言论、私人诽谤以及儿童色情作品。这种办法的主要问题是,它将意味着政府不能控制应该被规制的言论。政府将很难或者不可能在其他言论中规制教唆犯罪、儿童色情作品、没有许可执照的医嘱、私人诽谤以及错误的或误导性的商业言论。使这种规制正当化的那些危害自然是真实的,但是那些危害不足以允许

---

[4] 参见 Thomas M. Scanlon, Jr., "Freedom of Expression and Categories of Expression," 40 *U. Pitt. L. Rev.* 519 (1979).

第八章 福利国家中的言论:政治审议优先

把极高标准的政府控制适用于政治言论规制。根据这些高标准,宪法不需要通过控制言论规制儿童色情作品,而是通过控制生产本身;教唆犯罪是宪法上被允许的(由于教唆不成通常是无害的),只有犯罪行为受到限制。

在这些情况下,如果我们对政府限制"核心"言论施加严重的责任,那么事实上这些结果将是对的。如果法院对待问题是诚实的,那么坚持认为"所有言论都是言论"将需要排除许多目前不会遭致反对的、甚至必要的控制;或者,更可能的是,既然不可避免,有关价值的判断将继续发生,尽管是偷偷摸摸地做出。

如果一定要在低价值和高价值的表达之间做出区分,那么许多把第一修正案理解成保护"自治"的努力将注定失败。[5] 例如,一些人已经提出,言论自由原则保护了说话者和收听者的自治,首先通过保护他们的言论,其次通过禁止政府因收听者可能会受到影响而规制言论。

这些建议是非常有价值的。它们有助于解释为什么政府干涉言论特别棘手。它们还有助于说明法院对言论的保护是完全非政治的。政府不应该介入个人决定相信什么;至少作为一般规则,政府应该尊重每个人自我抉择的能力。这个首要规则为规制言论赶走了某些一般的理由。它还有助于解释为什么艺术、文学、甚至商业言论有资格获得宪法保护。

但是,自治原则不可能为理解言论自由保证提供完全的基础。我必须尝试这一点,但是极有可能任何以自治为基础的方法都将使在不同种言论中做出区分变得困难或不可能。如果我们由于并

---

[5] 参见 Thomas Scanlon, "A Theory of Freedom of Expression," 1 *Phil. & Pub. Aff.* 204, 214—215 (1972); Strauss, "Persuasion, Autonomy, and Freedom of Expression," 91 *Colum. L. Rev.* 334, 353—360 (1991); Martin H. Redish, "The Value of Free Speech," 130 *U. Pa. L. Rev.* 591, 625 (1982)。特别值得注意的是,就是这个原因使 Scanlon 改变了他自己早期的立场,参见 Scanlon, "Freedom of Speech and Categories of Expression", at 533—534 (1979); T. M. Scanlon, "Content Regulation Reconsidered," in *Democracy and the Mass Media* 346 (Judith Lichtenberg ed. 1990)。

且当人们想要说和听时才保护言论,将很难拿出区分不同种言论的标准。或许我们能够说,自治的利益要求保护艺术和文学,但允许限制贿赂、威胁、甚至错误的商业言论。或许我们能够通过适当的区分详细地阐述自治原则。或许我们甚至能用这种原则导出一个双重的第一修正案。这里我不能讨论所有的可能性。但是似乎可以相信,对自治原则的调整会带来令人不安的特殊性质,某些不是自治的东西将实际上起作用。例如,似乎很难认为一个自治原则就能完全解释受到特别保护的言论与纯粹口头的性骚扰、没有许可执照的医嘱或法律建议、儿童色情作品以及误导性商业言论之间的分歧。

此外,一种根植于自治规范的方法使得很难理解言论的特殊之处。几乎所有自愿行为像大多数言论一样似乎服务于自治的目的,正如以自治为基础的第一修正案观念的倡导者们通常理解的那样。[6] 如果抽象意义上的自治是这种原则,那么似乎无法解释为什么言论被特别地挑选出来受宪法保护。在宪法的语境和结构下,一种不能说明言论独特性的第一修正案方法将是不正确的。如果我们不能解释言论的独特性,那么将非常难以判决关于言论的疑难案例。

确实可以合理地认为,自治是一种言论自由的价值,自治的利益有助于解释为什么所有言词都有资格获得最低限度的宪法保护。但除非自治可以解释清楚双重的第一修正案,否则它不足以完全说明第一修正案。

---

[6] 然而,可能会有一个更为精炼的自治观念。在这种观念下,自治不是一种说所欲说和做所欲做的权利,而是相反,拥有自治的社会前提被理解为是一种自治形式。这种观念有充分理由允许在不同言论形式间的区分。参见 C. Edwin Baker, Human Liberty and Freedom of Speech 37—46(Oxford, 1989); Cass R. Sunstein, Preferences and Politics, 20 Phil & Pub Aff 3, 11—14(1991)。但是很难把此作为一项言论原则。

二、政治优先的情形

然而我们仍旧必须根据,标准的一流法院如何完成区分低价值与高价值言论的任务来进行解释。在区分言论形式所有可能的标准中,强调民主和政治似乎是最好的。为了支持这一论点,我们当然有必要定义政治言论的范畴。

由于目前的目的,当言论打算并被认为有益于某一问题的公共审议时,我们将把这样的言论当作政治的。如果说话者甚至没有打算传达一条信息,似乎很难想像这些话应获得最高形式的保护;即使一些听众认为胡言乱语有一定意义,第一修正案也不把它放在核心位置。纵火行为不处于中心位置,仅仅由于一些人认为这种行为是政治抗议;讲话者试图贡献于政治审议这是必要的。[7] 尽管要求目的,但我不打算要求对主观动机问题检查,我也绝不表示陪审团可以就这个问题做出特别决定。通常,仅仅以争论中言论的合理推论为基础,就可以解决这个问题。我们可考虑一些边缘的例子,但这些很可能不值得花费心思。但在现实世界中,以此观之,几乎所有的案例都是简单的。

要求言论被视为政治的,我不是意指所有听众和读者必须知晓政治内容。如果有些人能做到,就足够了。在一些毫无疑问是政治的言论形式中,特别是艺术和文学中,许多人当然没注意到政治信息。但是如果根本没有人看到政治内容,那么也很难理解为什么这种言论应该获得如此的资格。

最后,虽然几乎在所有的情况下,有政治意图的言论只被一些人这样看到,但是看到和意图的要求是互相联系的。如果没有这样的意图,那么仅是被人看到是不够的。例如,设想纵火行为、商业言论、淫秽或者私人诽谤。即使有人把这些正在讨论的言论理解成政治的,那么也不能得出结论,这种条件下的言论具有宪法的

---

[7] 参见 R. George Wright, "A Milllian View of the Free Speech Principle," 1985 *Sup. Ct. Rev.* 149。

目的,这里没有把几乎所有的言论当作政治的对待,也没有因此摧毁双重模式的整个观点。当然,我提供的这种解说遗留了许多未解答的问题,并且还有艰难的中间状态。我仅作为分析的起点提出这个解说。

对如此界定的政治言论提供特别保护有很多理由证明其正当。这种方法从历史中获得了坚实的支持——不仅从制定者们自己的表达自由理论中,而且经过美国法律的历史从这项原则的发展中。几乎不会怀疑,政府对他不同意或者发现威胁的政治观点的抑制是设立第一修正案条款的重要动机。[8] 也几乎不大会怀疑,美国以及其他地方令人无法接受的审查制度的主要例子是,政府使自己与批评隔离的努力。随着时间的推移,司法解释也支持了第一修正案的政治观念。

这种方法还与对特殊言论自由问题的最初或者已被尊重的判断一致,这是它进一步的优势。任何第一修正案的方法都将不得不切实地考虑这些判断,并因此调整自身。[9] 似乎清楚的是,如果没有明显地表现出伤害,不得规制政治抗议。经过深思熟虑,也似乎清楚的是,伪证、贿赂、没有许可执照的医嘱、威胁、误导性或错误的商业广告、教唆犯罪以及私人诽谤,这些言论形式,或者至少其中的大多数言论形式没有资格获得最高程度的宪法保护。政治方法能很好地解释我们对所有或者大部分这种案件得到尊重的判断。它或许不会做的最好,一些人也会对一些案件持不同意见;但是似乎没有其他一般的方法更合适这项任务。

此外,坚持认为政府对所讨论的政治言论负有最主要责任的

---

[8] 参见 Leonard Levy, *Emergence of a Free Press* (1985)。正如第四章所讨论的,支持原初理解的事实不是决定性的。支持平等保护条款不被接受的狭隘观点的事实同样如此,平等保护条款的历史确认了许多以性别甚至种族为基础的歧视。但是这种事实的确加强了打着纯正的历史渊源的旗号的立场。

[9] 参见 Scanlon, "Content Regulation Reconsidered", at 338;这是对反思性均衡观念的应用,对此的著名讨论参见 John Rawls, *A Theory of Justice*, 48—51 (1971)。

观点,很好的回应了在政治背景下,政府最有可能带有偏见或者以不具正当性考量为基础行事的事实。[10] 当政府规制可能伤害其自身利益的言论时,它就不被信任了。当政治有分歧时,不信任政府的假定是最强烈的。当政府规制(比如说)商业言论、贿赂、私人诽谤、没有许可执照的医嘱或者淫秽时,这种不信任就非常弱了。在后一种情况下,很少有理由设想,政府存有偏见或者在把它自己与批评隔离。

最后,不仅当规制最有可能存有偏见时,而且当规制最有可能有危害时,政治的进路保护了言论。对政治言论限制的突出特征是,损害了政治变革的通常渠道。由于这种限制使民主矫正不大有效,所以是特别危险的。[11] 例如,如果存在对商业广告的控制,那么也始终有可能主张应该解除这种控制。这种对民主过程的损害都是微小的;民主可以对情况予以矫正。如果政府禁止暴力的色情作品,公民可以不断反对这项禁令。但是,如果政府阻止了政治争论,民主矫正就受到严重的削弱。禁止批评战争的言论,或者禁止诽谤公职人员,这将破坏对政府可能失败的正常政治回应。对非政治言论的控制不会有这种特有的破坏性特征。

与前面保持一致,这些考虑表明,当政府试图控制那些打算并被认为是对民主审议的贡献的言论时,政府应当承担特别的举证责任。固然,有一些有效的可替代性方法。或许我们可以得出结

---

[10] 参见 Frederick Schauer, *Freedom of Speech: A Philosophical Inquiry* 35,39,45 (1982); Scanlon, "Content Regulation Reconsidered", at 338. 正如公共选择理论的著作已经表明,在别处也可能有坏的动机。例如,政府限制商业广告可能源于一个组织良好的自利组织消除竞争的努力。但这没有把对言论的规制与其他事物的规制区别开来;所有规制都容易以这种形式受到利益集团压力的攻击。因而这种偏见没有为怀疑政府对言论的规制提供特别理由;在后洛克纳时代,根据宪法,我们不再怀疑任何政府规制。相反,对政治言论的规制则引起了人们对政府努力压制对政府自身行为的批评的强烈恐惧。

[11] 参见 John Hart Ely, *Democracy and Distrust: A Theory of Judicial Review*, 75—77 (Harvard, 1980)。

论,如果言论包含合理的想法,便有资格获得特别保护。这将远远超出政治的范围,不仅包括文学和艺术作品,而且也包括商业和科学表达。或许这种方法会最终得到辩护。但"合理的想法"将带来严重的异常。例如,我们大概不应该给可能运用于军事的科技资料与政治言论同等程度的保护;我们也不应该给误导性商业言论与误导性政治言论同样的保护。其结论将使得正当化对误导性广告或出口上述资料给敌国的规制变得困难或不可能。"合理的想法"观念明显要求的这些结果似乎是听起来不悦耳的。

作为选择,可以认为,言论自由原则的核心包括了任何通过言词或图片反映的与个人能力发展相关的考虑和想像。[12] 没有人已经完全详细地描述了这种方法。这将带来值得考虑的承诺。但是乍一看这种方法也将带来异常。例如,这种方法将使得在科学和政治言论间做出区分变得困难。它也可能在高价值言论中包括像儿童色情作品这样的材料。

要详细阐述和评价这种方法的可替代方案还有许多工作要做。但是,目前对于那些可能引起严重的第一修正案问题的情况中已被尊重的判断,一种重点在民主治理的言论自由观念似乎是把这些判断组织起来的最好办法。

如果第一修正案对政治言论提供了特别保护,那么我们当然必须否认所有的言论形式依赖于同样的基础。在淫秽和政治抗议之间、在误导性商业言论和误导性竞选演说之间,或者在代理人陈述和政党讲坛之间做出区分将是必要的。我们一定远未能欣然地认为,对一种言论形式的限制必然将导致对另一种言论形式的限制。

三、相反的论点

第一修正案的政治观念遭遇的困难不是新鲜的;这些困难引

---

[12] 这可能是亚里士多德的方法,在当代法学著作中还没有对此明确的支持。参较 Baker, *Human Liberty and Freedom of Speech*。

发了所有造成第一修正案结构上当务之急的问题。例如,我们如何对待罗伯特·马波尔索普的作品、摇滚乐队的音乐以及脱衣舞?在决定性的意义上,商业言论和色情作品都是政治的,从意识形态上泛泛地说,因为它们反应和促进了关于如何构造世界上重要事物的观点。目前对色情作品的抨击已经引起了对其政治特性的密切注意,从而可能具有反讽意味地被认为,对这种言论的规制努力无效。(参见第九章)

或者,更一般地:是否可以清楚地认为,与政治无关的言论无法获得第一修正案的保护呢?我们必须排除音乐、艺术或者科学么?[13] 的确,第一修正案仅仅保护政治演说是庸俗的和最坏的说法。通常,对现有秩序最强烈的政治挑战可以在艺术、文学、音乐或者(或许特别是)有关性的表达中发现;性通常是社会革命的隐喻。正是这些原因,政府有时试图规制这些事物。并且即使当不牵涉政治时,艺术和文学也涉及与人类生活和个人发展息息相关的事物。第一修正案能对此漠不关心么?

这些是没有简单解决办法的困难问题。我将斗胆仅以一些简短的评论作为回答。第一,我们不应该以困难的结构问题的存在阻止区分政治和非政治言论的努力。的确这种困难不利于区分的努力,但是根据拒绝区分带来的大量问题这种不利不是决定性的。如果这个区分在其他方面似是而非,如果这种体制没有使区分面临严峻的问题,那么界定的困难就是可以接受的。

---

[13] 参见 Meiklejohn, *Free Speech and Its Relation to Self-Government*, at 99—100:"我们已经假定,从任何方面,'学者'的研究必须拥有第一修正案的绝对保护。但是在军队的指导下,随着用于军事的'原子能'和'细菌学'知识的发明,我们可以看到,在这一问题上,我们曾经的想法是多么不严谨和不准确。……因此,或许为了保护人类福利,要求我们应该削减学者——或者资助学者的人——研究任何他想研究的东西的私人欲望,这个时候已经到来。……当我写下这些话的时候,我没有对这里提出的问题持最后的立场。但是,我确信,这个问题已经向我们走来,不能避免。在一个日新月异的世界中,我们古老的神圣性中的另一样东西——研究的神圣性——也受到了质疑。"

更根本的,没有做出划分,也就没有办法运作表达自由体制。算作言词或者画片的所有东西不都是有资格获得完全的宪法保护。没有人真正相信第一修正案是绝对的,所有的言词和图片应属于同一层次。问题不是是否划分,而是如何正确划分。因此我们需要某种理论。

第二,我们应该广义地理解政治的范畴。我所提出的界定不仅包括简单的政治小册子,还包括具有社会评论特点的所有艺术和文学——这也就是说,包括大多数艺术和文学。这种广义的概念似乎是正确的,首先因为许多言论实际上在相关意义上是政治的,不管其开始出现时怎样。其次因为,通过保护即使不是清楚地属于这个范畴的言论,为政治言论创造一个喘息的空间是重要的。这第二点是至关重要的,因为我们的机构不可避免犯错误和存有偏见,因而我们应该使言论自由法的保护原则成为抵制适用中的困难的方法的一部分。就第一修正案的目的来说,《尤利西斯》和《荒凉山庄》都毫无疑问是政治的。罗伯特·马波尔索普的作品也一样,它试图引发对目前性规范和性行为的质疑。我们甚至可以把一般的艺术和文学包含在高价值的言论中,因为它们通常实际上与政治有关,因为法院不能以非偏见的方法在政治的与非政治的艺术与文学间划出界限。

然而说这些不是为了强调,有政治后果的言论都具有宪法意义上的"政治"事实。淫秽在这个意义上当然是政治的,因为它有政治的源头和结果;同样适用于商业言论,它以一种重要的方式影响着这个世界;甚至适用于贿赂——当然是对公职人员的贿赂。雇主对雇员纯粹口头上的性骚扰或种族骚扰确实有政治的后果,包括从根本上对妇女和黑人进入工作场所制造障碍,毫无疑问这是政治影响。

但是,所有这些言论形式不是由于它们的后果而有资格获得最高形式的宪法保护。如果我们得出结论,由于言论有政治的原因和后果,所以是政治的。我们也就是说,几乎所有的言词和画片都免于法律规制。而由于上述原因,这不可能是正确的。出于宪

第八章 福利国家中的言论：政治审议优先

法的目的考虑，问题是是否言论打算并且被接受为对政治审议的贡献，而非是否言论具有政治上的效果与渊源。比方说，在获得完全保护的憎恶女人的传单与许多未获得完全保护的仅仅是辅助自慰的色情电影之间有区别，在未获得完全保护的面对面的雇主对雇员的种族骚扰与获得完全保护的面向人群的种族言论之间有不同。在种族辱骂与支持白人至上的传单之间有差别。论述无规制石油生产市场的价值的文章与为得克萨斯石油公司做的广告之间有不同，即使二者都是由石油公司撰写和发表。

我所提供的界定将在高价值表达的范畴中排除广泛的言论种类，并且由于这个原因，人们有可能认为由此造成的审查危险是无法接受的。更通常的回应是，这个界定将为艺术、音乐、文学，或者许多商业娱乐演出提供特别脆弱的保护。给如此多的事物提供如此少的保护的第一修正案将是令人尴尬的微弱和单薄。如果不是宪政语境驱使的言论自由理论带来了对这些材料的排除，那么或许应该批判这种理论。

对这种观点一种可能的详细论述将加强上述观点。出于良好的制度上考虑，言论自由法将被设计来"过度保护"言论。也就是说，在一个有着理想的检察官与法官的世界里，我们会把许多不会受到保护的材料包括进来——仅仅因为如果没有这种保护，在我们的世界里，处于权力地位的人们将以某种方式给表达自由体制带来太多威胁。

然而，事实上，我提出的框架仍为第一修正案对大多数规制努力的强有力挑战留有空间。没有言论可以因异想天开被规制。比合理性审查更强、尽管比"严格详细审查"更弱的方式将被适用于低价值表达。即使根据双重的第一修正案，如果没有表现出实质危害，属于低价值的言论也不能受到审查。这实际上就是目前的法律。因此，举例来说，商业言论接受了大量保护。它占据了一个中间的类别，如果政府可以出示合适的理由，并且在规制手段和这个理由间有可靠的联系，那么商业言论是可以规制的。如果商业言论是真实的、而非误导性的，那么这种体制通常确保商业言论是被允许的。[14]

此外,政府不可以以宪法上不赞成正当为由规制言论。如果政府担心人们被一些话说服或者受到影响,如果政府试图保护冒犯人民的思想,那么宪法一般不支持规制言论。通常,即使言论是低价值的,规制言论的真正理由在这个意义上仍将不被支持。例如,如果规制的目的是为了压制消息,不是为了救济真实的伤害,那么不能允许对色情作品的规制。第一修正案使某种规制原因非法,即使这些原因只被用来反对低价值言论。这里最重要的原则是,如果理由是不赞成某种消息或者不同意言论表达的某种思想,政府不可以规制任何一种言论。如果由于音乐的"攻击性"或者激起了热情而进行规制将与言论自由条款冲突。我所提出的方法因而将给非政治言论以大量保护。

当然还有疑难案件存在,我们将不得不决定合理的理由是否在起作用。对这些情况的解决需要判断,不可能是纯粹机械的。但是,即使我们把第一修正案理解为主要关注于政治言论,也没有理由担心这种理解将许可官方审查的大量增加。

实 践

这种方法将不会使现有法律发生实质的改变。它将有助于我们处理新的论争,但是一般不会动摇对旧论争的定论。法院已经创造了少受保护和根本不受保护的言论分类。但是法院还没有对使分类的创设正当的统一因素给出一种清楚的解释。富有启发性的是,政治言论不曾属于这些种类,并且所有属于这些分类的言论通常不是我这里所理解的政治言论。我所提出的方法和目前的法律之间主要的区别清楚地告知,非政治言论占据了较低的层次——法院还没有做出这个表述。然而由于下述原因,是否将重

---

[14] 参见 Central Hudson Gas & Elec. v. Public Serv. Comm'n., 447 U.S. 557 (1980)。

第八章　福利国家中的言论：政治审议优先　　**287**

视这个区别还不明朗。

　　然而，这种方法将可能导致目前法律的几个新发展。我上面提出的方法将意味着，所谓的公共人物（例如著名影星和其他名人）不包含在政府事务中，这会使提起诽谤之诉更容易。根据当下的法律，名人与公职人员一样在诽谤诉讼中受到约束。他们必须指出"实际恶意"——与事物真假无关的错误的或者不顾后果的信息。[15] 但是没有特殊的宪法理由保护讨论体育或者电影明星的"喘息空间"。一个法律体制应该以什么样的原则对针对著名人物的假话提供发言空间[16]？对特别保护的检查在于这个问题是否与民主自治有关，而不是原告是否著名。

　　另一个可能的变化与明显色情言论（sexually explicit speech）有关。在目前的法律下，如果这种言论确实具有重要的社会价值，这种价值即使是科学的或文学的，而不是政治的，通常也会受到保护。强调第一修正案的政治基础似乎威胁到了这个基本观念。但是，在我提出的方法下，在大多数情况中也应使对明显色情言论的规制无效。通过参考合法理由，这种规制通常将不被支持。然而，一个更窄的范畴，即把性与暴力结合的言论，是可以规制的（参见第九章）。

　　然而，有价证券法将不会引起严重的问题。实际上，许多我开始提到的论争将被自动地公平解决。披露强奸受害者的姓名当然会被阻止。在大多数情况下，这种披露没有真正的政治内容。政府可以根据披露姓名对打算赔偿强奸，尤其是被强迫犯罪的人既是威慑又是惩罚，轻而易举地使禁令正当化。

―――――――――

[15] Gertz v. Robert Welch, Inc., 418 U.S. 323,342 (1974).
[16] 一个可能的回答将是，许多名人与政府有着某种类型的联系，并且"公共人物"的概念意图克服逐案探究这个问题的困难。要注意许多与政府无关的人，实际上也卷入到以民主为正当背景的公众合法参与的活动之中。考虑公司主管人员对公共官员的行贿打算。或许，如 Justice Marshall 所提出的，最好的办法是对此问题是否对公众具有重要意义予以探究。参见 Rosenbloom v. Metromedia, Inc., 403 US 29,43—44 (1971)（与 Marshall 的看法一致）。

这里最困难的案例是憎恨言论(hate speech)。这种言论非常可能具有政治内容,因为它是一种关于如何解决目前政治论争的自觉表述。这里的分析将依赖于被贴上"憎恨言论"标签的事物确实打算并被认为对思考公共问题的贡献的程度。在校园以及其他地方,对"憎恨言论"的大多数规制实际上适用于本书意义上的政治言论。这些规制是违宪的。

相反,如果言论实际上是简单的侮辱性词语,显示了发自内心的轻蔑,那么言论将被剥夺保护。与淫秽电话相类似,大学禁止师生以似乎不是关于一个问题的民主审议的一部分的方式使用侮辱性言词。但是种族主义者、对同性恋的憎恶或者男性至上主义者的言论,即使是攻击性的和有害的,只要它可能是交流思想的组成部分,也不可以规制。可以得出一般结论,公立大学的"语言规范"通常是违宪的,除非当它们仅适用于狭隘的侮辱性词语的分类时。

这里提出的方法还将表明,政府可以规制一些形式的科学言论。这一结论涉及一个目前重要的问题:它将允许政府规制应用于军事的科技的出口。情况就是如此,即使在这种情况下显示出危害,也不足以适用那些适当地适用于政治言论的严格标准。技术信息也同样没有获得高层次的保护。正是促进它国军事能力带来的可能的严重危险为这种限制提供了充分的正当性。

艺术和文学的情况怎样呢?在许多情况下它们通常是高度政治性的,它们属于宪法保护的核心。实际上,它们通常是政治的(与根据特殊理由决定它们的政治性的严重难题搅和在一起),这个事实强烈地主张艺术与文学一般应被视为核心言论。当政府试图审查艺术和文学时,几乎总是由于其政治内容而这样做。这种努力是不被许可的。即使当艺术和文学处于核心之外时,政府也不能由于他不同意这个信息就企图规制言论。一个合法的理由总是需要的,但又几乎总是匮乏。"攻击性"或者对说服和影响的担心,本质上是非法的。

这样的进路,无需进入关于有权和无权,或者宪法的中立性的复杂讨论之中,就可以解决目前大多数的第一修正案问题。对于历史,对于有关言论自由保证功能的最好理论,以及对何时政府最不可信的明智理解,这种方法都将有相当可观的益处。沿着这个方向,我还有很多话要说。

一、一个例子:焚烧十字架

探究目前的重大争议将是有益的,这个争议是由共同体试图规制焚烧十字架以及类似形式的"憎恨言论"引起的。我树立的例子来自最高法院最近重要的判决 *R. A. V. v. St. Paul*[17],涉及禁止引起某些观众反响的焚烧十字架。我们可以此作为一个研究案例。对于许多我们上面讨论的原则,这个案例将进行检验并有助于人们对那些原则满意。

一开始我们尝试认为焚烧十字架是行为,而非言论,因此完全在第一修正案调整的范围之外。我们将提出一项建议:

(一)行为不受第一修正案保护。要主张宪法保护,一个人必须说了或者写了

这个建议是否正确?作为基本原则问题,似乎很难取消"表达行为"受宪法保护的资格。如果言论是由于并且当其表达了有关某种公共问题的观点时,它就有资格获得特别保护,那么这里"言词"与"表达行为"的划分似乎完全是人为的。某些形式的行为,如焚烧国旗,具有很明显的表达特征;从这个意义上它们取得了"言论"的资格。如果焚烧国旗事例可能有争议,我们可以设想手语,或者戴黑箍、示威。所有这些在某种程度上都是"行为",尽管如此它们却应受宪法保护。无论如何,我们都知道焚烧国旗取得了言论的资格。[18] 鉴于这一事实,似乎很难主张焚烧十字架不是言论。

那么,现在我们知道焚烧十字架算作言论。假设刑事检察官

---

[17] 112 S. Ct. 2538 (1992).

[18] Texas v. Johnson, 491 U. S. (1989); United States v. Eichman, 110 S. Ct. 2404 (1990).

援用刑事侵害法起诉在私人草地上焚烧十字架的人。(我把可选择性起诉问题暂且放到一边。)这里我们援用了内容中立的法律——侵害法——压制表达行为。因此我们应提出另一个建议:

(二)对于取得言论资格的行为的内容中立限制,一般是可以允许的

我们应如何评价第二个建议?至少一般看来,运用侵害法似乎是宪法上可以接受的,即使根据第七章的分析。的确刑事侵害法可以被用来阻止别人在我的房屋上画画,或者使用我的地产发表支持或反对战争的示威。至少一般而言,可以援用财产法以内容中立的方式保护私人土地和住宅免受侵犯,无论是通过表达还是其他方式的侵犯。法院在几种情况下如此坚持,这个结论明确地寓示着R.A.V.案。[19] 如果侵害法关闭了表达的关键场所——除此场所外没有更好的选择——或者如果政府没有充分理由就以这种方式保护财产权,那么侵害法极有可能是违宪的。但是政府有非常充分的理由保护普通家庭免受表达的侵犯,授予这种保护并不会严重地危及表达自由体制。

然而,设想一个地区认为侵害法是不充分的。设想这个地区认为实施特殊法令明确禁止某种表达行为是重要的。由此导致的法律可能使下述行为成为犯罪:"在公共或私人地产上进行象征性表达,包括但不限于焚烧十字架或纳粹的卍字章,人们知道或有理由知道这会因种族、肤色或信仰而引起别人的愤怒或怨恨。"(这是对R.A.V.案中所争论问题的一个微小的法律上的变化。)这种法律或许被援用禁止对焚烧十字架的公共示威。这将导致我们提出另一个建议,完全不同于第二个建议:

(三)如果取得言论资格的行为带来了愤怒或怨恨,则可以予以规制

根据基本原则,正如根据焚烧国旗案一样,我们知道第三个建

---

[19] Lloyd Corp. v. Tanner, 407 U.S. 551 (1972); Hudgens v. NLRB, 424 U.S. 507 (1976).

议是错误的。仅仅是表达行为带来了愤怒与怨恨这个事实不足以成为规制的理由。与第一修正案一致的表达行为不能仅仅因为使听众心烦意乱就予以禁止。[20] 要为规制的法律辩护,有必要表明焚烧十字架(以及其他被禁止的象征性言论)具有的特殊性质使其退出了宪法保护的领域。也就是说,有必要表明在由许多表达行为带来的普通愤怒或者怨恨与"因种族、肤色或信仰引起的愤怒与怨恨"之间有不同。这样,我们有了一个面目全新的建议:

1. 如果获得言论资格的行为带来了因种族、肤色或信仰引起的愤怒与怨恨,则可以被规制

从一个方面看,(三)1.确实仅仅是第三个建议的子类。由这种言论带来的愤怒或怨恨或许比其他言论形式更强烈;但是在这种言论与其他言论带来的愤怒与怨恨之间充其量是量上的不同。从另一方面看,以种族、肤色、信仰为基础,诸如焚烧十字架这样的象征性行为所带来的愤怒与怨恨在本质上不同于其他形式的象征性行为。我们应该区别对待。

假设我们重新开始,还有意见不同的余地。但法律类推似乎排除了言论之间有质的区别的主张,至少在尝试禁止制造了愤怒或怨恨的受保护的种族主义言论时是这样。导致了种族憎恨的言论与导致普通冒犯或愤怒的言论没有被区别对待。

假如正如判例所断定的,言论之间没有实质区别。禁止焚烧十字架的拥护者因此必须承认,这个假设的法律是违宪的。正如任何其他规制使人不悦的言论的法律一样。那么,我们可以设想一个地方法院打算缩小法令所及的范围,正如州最高法院在 R. A. V. 案中所做的那样。设想当且仅当根据现有的"煽动"或"攻击性言论"标准我们讨论的言论是可规制时,地方才可禁止带来了愤怒或怨恨的焚烧十字架。也就是说,除非表达行为的情况符合已被确认的第一修正案保护的例外情形,不得启动禁令。

---

[20] 参见 Terminiello v. Chicago, 337 U.S. 1 (1949)。

这种观点是如何影响分析的呢？乍一看，它似乎解决了问题。[21] 法律现在仅仅覆盖不受第一修正案保护的言论。的确这种法律是可以接受的。这似乎就是怀特法官、布莱克蒙恩法官以及奥康纳法官在 R. A. V. 案中的结论。[22] 因而我们又有了一个新的、具有高度吸引力的建议：

（四）政府可以随意规制不受保护的表达行为

但是第一印象这是误导性的。我们可以通过类推证明第 4 个建议是错的。设想政府试图仅仅规制针对共和党或白人的"攻击性言词"。或者设想当且仅当煽动针对持某种政治观点的人时，政府才对从事"煽动"的人设立重罪。似乎很清楚，这种规制是不被许可的。原因是，以观点为基础的法律歧视通常是不被许可的，因为这种法律不会得到政府偏袒的令人接受的推动，还因为它们对表达自由体制有不良影响。

这是最高法院在 R. A. V. 案中的主要论点："因而，政府可以禁止诽谤，但是不可以做出进一步的内容歧视只禁止击中政府要害的诽谤。"[23] 这个原则明显根生于以下类推：政府不可以从不受保护的言论中以观点为基础挑选出一些材料而对这些言论进行规制。观点歧视是不被接受的，即使是对不受保护的言论。因此似乎很清楚：

（五）不可以观点为基础规制不受保护的表达行为

那么下一个问题将是，我们假定的法律是否违反了对观点歧视的禁止。在决定性意义上，这种法令不同于明显观点歧视的案件。地方还没有在观点的禁止与允许之间划出一条界限。还没有

---

[21] 我把过于宽泛的问题暂且放到一边，通过缩小解释，把法律仅适用于未受第一修正案保护的言论。在 R. A. V. 案中，四位法官认为，不存在充分的缩小解释。

[22] 112 S. Ct at 2550（怀特法官的附随意见）。

[23] 112 S. Ct at 2543. R. A. V. 案中的异议者主张，这是平等保护原则，不是第一修正案原则。但是人们的确容易认为，第一修正案本身就禁止政府根据利己的动机行事。

第八章 福利国家中的言论:政治审议优先 293

人表示,对于一个问题——例如种族关系——的一种观点是允许的,另一种观点是被禁止的。如果焚烧十字架到了被禁止的地步,我们很可能在设立一个观点歧视的案例,因为焚烧十字架是一种特别的观点。但是这里被禁止的言论("以种族、肤色或信仰为基础引起愤怒与怨恨的象征性行为")的分类更为广泛。而反对白人和反对黑人的陈述都是被允许的。地方允许反对男人的言论,也允许反对女人的言论;它在两者之间没有进行区分。从这个方面看,法律是观点中立的。

地方因而指望公众在"煽动"与"攻击性言词"的子集之内对某种言论做出反应。它还没有为禁止挑出特别的信息。它已经以讨论的主题为基础进行规制,而不是以观点为基础。[24] 最后应该接受评价的建议是:

(六)如果当不受保护的表达行为导致了"以种族、肤色或信仰为基础的愤怒或怨恨"时政府对其进行规制,那么政府不是以观点为基础、或者根据任何不被允许的理由进行歧视

第六个建议是正确的么?到头来,这个问题是 R. A. V. 案中导致法官们分歧的核心问题。这的确是一个难题。

这里讨论涉及"攻击性言词"的类似案件是一个有益的起点,

---

[24] 法院提供了一个吸引人的、机敏的回答:"在其实际运作中,法令超出了纯粹的内容歧视,达到了实际观点歧视。展览包括一些词语——例如可恶的种族歧视词语——应该对任何观点的支持者禁止。但是本身不涉及种族、肤色、教义、信仰或者性别的攻击性词语——例如对一个人母亲的侮辱——在主张支持种族、肤色等的宽容和平等的海报中可以随意使用,但是他的对手不可以使用。……圣保罗没有这种权利授予争论的一方自由攻击,而要求另一方遵循 Queensbury 侯爵所发明的分级拳击比赛规则。" Id. , at 2547. 我对这一观点的简短回答是,这种区别不包括通常理解的观点歧视。如果政府支持争论的一方,在法律中表示诽谤总统将比诽谤其他人得到更加严厉的惩罚,观点歧视就发生了。但是如果一方运用一些假设而比另一方有更多的表达手段,至少——这就是被批评的地方——如果对手段的限制与合法性、中立理由有关,并不能确认为观点歧视。参见第九章对色情作品的讨论。如果在这一点上提出的论证不具有说服力,法院将有充分理由认定观点歧视。

因为它们表明对"攻击性言词"的规制不是由于其本身不被允许的以观点为基础,也不是因为令人不悦。"攻击性言词"原则是可以接受的,即使听众的反映事实上是由观念导致的。这个原则被认为是可允许的中立,因为任何对攻击性言词的规制都未能为法律控制挑选出首选的观点。相反规制取决于一般的受众是否会反对。[25] 受众将部分地对讲话者的观点做出反应,从这个意义上讲,讲话者的观点与规制具有相关性;但是政府没有认可某种个别的思想或观点。只要"攻击性言词"原则还有生命力,这一点就是关键的区别。

然而,正如 R. A. V. 案中的多数意见所强调的那样,假定的法令不是对攻击性言词广泛和普遍的禁止。这个判决挑选出某种"攻击性言词",这里的攻击性言词是根据听众对有关某种主题的言论的反映来界定的。是否这个判决是违宪的?这类规制言论——涉及种族、肤色和信仰——以主题为基础,而非以观点为基础。那么问题是这种主题限制是否是可以接受的。在 R. A. V. 案中,法院以 5 比 4 的票数做出决定,这样做不被接受。我们将要看到,这个争执与因现状而中立有着千丝万缕的联系。

主题限制不都是一样的。我们可以设想值得质疑(例如"人们不可以在地铁上讨论同性恋")的主题限制和似乎合法的主题限制。作为一个种类,主体限制似乎占据了以观点为基础的限制和内容中立的限制之间的某个位置。这里类推仍旧是有启迪作用的。通常,主题限制作为一种被允许的内容规制形式得到事实上的支持。例如,法院允许禁止在公共汽车上做政治广告。[26] 它还允许禁止军事基地里的党派政治言论。[27]

这些案件表明,没有本质上禁止主题限制。当法院支持主题

---

[25] 参见 Chaplinsky v. New Hampshire, 315 U.S. 568 (1942)。这里的攻击性词语给缄默的、非暴力的受害者,例如和平主义者、身体残疾的人或者女性,带来了潜在的因难。

[26] Lehman v. Shaker Heights, 418 U.S. 298 (1974).

[27] Greer v. Spock, 424 U.S. 828 (1976).

限制时,或者是因为政府的届分没有为担心观点歧视给出真正的理由,或者(接近于同样的事情)因为政府能够援用中立、以伤害为基础证明把某种主题与其他主题区别对待的正当。例如,对公共汽车上言论的限制作为一种防止在选择政治广告时政府不可避免的有选择性的手段而正当化。对军事基地里言论的限制被说成是防止军队中政治党派性的合理的中立努力。

假如在焚烧十字架案件中主题限制是可以接受的,那么当特定的种类充分中立并且没有提醒法官暗中关注观点歧视时,这一定是可以接受的;或者(还是非常接近的一点)当可以合理主张主题限制覆盖的具体案件中伤害足够严重和明显以至使特殊处理是正当的之时。这就是最终使最高法院产生分歧的问题。

史蒂文斯法官在他的不同意见中主张,伤害实际上是足够明显的。他写道:"以种族为基础的威胁,比其他威胁可能会导致对社会和个人更大的伤害。正如因总统在我们社会和政治秩序中的地位法令禁止威胁总统一样,法令禁止以种族为基础的威胁是正当的,因为种族在我们社会和政治秩序中的地位。"根据他的观点,"因种族或宗教信仰而威胁到某个人可能导致极其严重的暴力伤害或者引发暴乱……这种威胁应比因支持某个体育队而威胁某人受到更严重的惩罚。"[28] 因而这个特殊规则是"合法、合理、中立的"。

法院在它的回应中说,这个主张是文字游戏。理由是,以种族为基础的威胁是不同的"只在于它是由与众不同的思想导致的,以与众不同的方法传达"[29]。谁是对的呢?

一个对法院的最初回应是,"攻击性言词"原则本身表明政府可以禁止言论,即使相关伤害是由"与众不同的思想导致的,以与众不同的方法传达"。况且乍一看,似乎立法者能够合理地决定这种狭隘分类的言论造成的伤害足够严重,应该区别对待。的确,似

---

[28] Id., at 2561(Stevens 法官的附随意见).
[29] Id., at 2548.

乎有理由说焚烧十字架、展示卍字等等是非常与众不同的一种"攻击性言词"——与众不同在于它们一般而言对其受害者和社会造成的主客观伤害。一个焚烧十字架的意外事件能够有巨大的腐蚀性的社会后果；政府可以似乎合理地决定这不适用于对某人的父母或政治追随者的充满憎恨的攻击。这种以伤害为基础的主张表明立法者不是对意识形态的信息、而是对真实世界的后果做出的反应。

结果表明，这里的关键问题是关于中立的恰当观念。关于因现状而中立的方案的争论解决了法院内部的争论。根据史蒂文斯大法官的观点，如果政府挑选出焚烧十字架进行特别惩罚实际上是中立地行为，因为这种"攻击性言词"有特别严重的社会后果。根据法院的观点，政府不可以合法地决定焚烧十字架比（例如）对你的政治追随者或父母的恶意攻击更糟糕。这个判决违反了中立。但是法院这里似乎强有力地对现有观点进行争论，它的中立观念是对 Plessy v. Ferguson 的深刻缅怀（尽管当然不是像这个案件中那样坏）。在 Plessy 案中法院支持种族隔离，其部分理由是，隔离是明显的诬蔑这种观点是黑人创造的，不是真正可信的。在 R. A. V. 案中，种族憎恨言论是明显诬蔑的判断同样被认为违反了中立。

这不是主张对憎恨言论的广泛禁止。正如上面讨论的，这种禁止实际上违反了第一修正案，因为这种禁令将禁止大量打算并被认为对公共审议有贡献的言论。但是这里我们处理的憎恨言论只限于非常狭窄的公认的不受保护的"攻击性言词"范畴。这个代表限制的主张从类推中获益。史蒂文斯法官提及了对威胁总统进行特别严厉的法律处分。每个人都似乎同意，这种限制是可以允许的，因为针对总统的威胁导致了明显的伤害。但是如果政府因威胁导致的伤害能够挑出一种威胁进行特殊制裁，为什么不适用于这里讨论的攻击性言词呢？

斯卡利亚法官的回应或许是可以提供的最好的回答："当把暴力威胁不受第一修正案保护（保护个人免于对暴力的恐惧、免于恐惧造成的分裂以及免于受到威胁的暴力发生的可能性）的原因适用于对总统的威胁时,这个原因就具有了特殊的力量。"[30]但是完全可以这样理解我们讨论的憎恨言论法令。正如在涉及威胁总统的案件中一样,这里我们正在处理一种因涉及不被允许的选择性而受到挑战的不受保护的言论子类,我们有理由证明根据所涉的不受保护的言论造成的特别伤害做出的选择性之正当。

带有这个意思的主张关键取决于主题限制的分类发生在我们设想的不受第一修正案保护的言论身上。如果立法者可以似乎有理地主张主题限制是在抵消伤害、而非思想,那么对不受保护言论的主题限制可能得到支持。这里做一个类推还是有益的。对因种族激发的"憎恨犯罪"的附加刑事处罚似乎是目前法律已确立的部分,似乎很明显,这些处罚没有违反第一修正案（尽管 R.A.V. 案的结果可能给这个结论带来质疑）。政府对额外处罚的推动——针对这些犯罪所带来的明显主客观伤害,部分是由于其象征性或表达性本质——与在焚烧十字架案中的情形一样。就我们处理不受保护言论而言,这种推动如果对"憎恨犯罪"的处理措施没有威胁,那么对焚烧十字架法令也不会构成冲击。

我得出结论,与 R.A.V. 案的结果相反,第六个建议是恰到好处的。在这种情况下,对焚烧十字架和其他象征性言论的限制属于可以允许的主题限制,只要限制只限于上面描述的方式。无论如何,R.A.V. 案有助于表明双重第一修正案、因现状而中立与以观点为基础的分类、以内容为基础的限制、内容中立的限制之间的相互作用。

对其基础的评论:审议民主与言论自由原则

到目前为止,有了一些有关言论自由保证的功能和民主观念的评论,而我们应该具体表述这些。

---

[30] Id., at 2546.

我们已经看到美国宪法体制的重点不只是意在保护私人利益和私人权利。更需要强调的是,它的目的不是为利己主义的私人团体之间的斗争提供根据。相反,这种观念是对美国宪政主义的诅咒。

这个体制的重大要点在于确保处于不同立场的人们之间的讨论和辩论,通过这个过程,反省将鼓励普遍真理的出现。美国共和主义一个与众不同的特色是对异质成分的友好,而不是对其害怕。这里我们回忆著名的反联邦主义者布鲁图斯(Brutus)的话,他为那些在讨论批准宪法过程中失败的人们声辩:"在共和政制中,生活方式、道德情操和人们的兴趣应该是类似的。如果不是这种情况,那么将会在观点之间有持续的冲突;并且一方的代表将会不断地与另一方的代表斗争。"[31] 还可以回忆亚历山大·汉密尔顿的回应,在一个异质的共和政体中,讨论将被改良;"党派的不和谐音"将"通常促进协商"[32]。联邦主义者不认为异质性会成为政治讨论和辩论的障碍。相反,他们认为异质性是不可或缺之物。

在美国的传统中,政治不是一个在政治之前或者政治之中冻结欲望和利益的过程。也应该相应地理解给予言论自由的保护。它的最首要目标是通过一般的公共讨论和辩论允许公共判断的存在。这种观点不是依赖于公共利益和私人利益间的明显区分,也不是依赖于私人利益不是也不应该成为政治行为的动机的坚决主张。我们有必要只主张,新信息或者可替代性视角的提供能够导致对什么是利益以及利益在何处的新理解。

政治作为利益的集合体、或者作为一种"市场"的观念不适当地俘获了美国的表达自由体制。集合性的和市场观念忽视了政治结果应该依赖于讨论和辩论的程度以及依赖于为支持或者反对不同可供选择方法提供的原因的程度。而第一修正案是宪法对这些

---

[31] Brutus in Herbert J. Storing, ed, The Complete Antifederalist 369 (Chicago, 1980).

[32] Federalist 80 (Hamilton) in The Federalist Papers 471,475 (Wesleyan, 1961).

第八章 福利国家中的言论：政治审议优先 **299**

观念的核心反思。它是宪法对公民权承诺的重要部分。这项承诺必须根据美国的主权观念来理解，把统治权力放在人民自己手里。

这里提出的建议直接来自这种第一修正案的观念。政治位于修正案核心的信念当然是对审议民主更一般的承诺的副产品。对确保公民之间协商前提的关注与这项承诺紧密地相联。正是在这一点上，这里提到的建议与对宪法原则的最高期望相适应，第一修正案是对这些原则最切实的表达。

我们已经离开表现目前言论自由特色的基本观念很远了。我们熟悉的对言论分类的厌恶似乎导致了不能解决的难题。最好无偏无倚地对待这个问题，并且承认，只要涉及第一修正案，所有言论并非相同的。对言论自由的威胁不是来源于政府，而是源于对这种手段如何偏离目标的通常理解。这些威胁不仅采取了传统的形式——非常显而易见的审查制度，而且也在一些方面采取了下述形式——通过政府分配财产权、所有权，以及决定谁可以说话和谁不可以的排他权，涉及运用民法和刑法实现的排他权。

对政府的合理期望是其中立性，但是根据适当的理解，中立性不需要尊重言论权利，因为这些权利根据现有的对天赋权利和法律赋予权利的分配得到了维护。所有这些关于言论的承诺都代表着传统智识，因而有必要进行改革。

在过去的 40 年中，美国言论自由法经历了一场变革。这场变革实现了巨大的善。现在将很难主张，我们回到 1950 年以前的言论自由法，会为言论自由原则提供更好的理解。在《权利法案》200周年纪念之际——在这个时期内，对言论自由的认可似乎正蓬勃发展，遍及世界——不仅适于庆祝我们的自由传统，而且适于认可这个非凡的和宝贵的成就的程度。

同时，这个成就的关键部分包括了言论自由传统动态的和自我调整的特征。我们现在的表达自由其根源归功于每一代人再思考和修正前代遗留的理解的能力。我们可能反对杜威的意见，"更好是依然更好的敌人",而经济学家辩解道,"完美是好的敌人"[33]。在美国历史上的任何10年,言论自由的概念经常与此间前后20年的概念完全不同。

况且日益清楚的是,目前的理解不足以解决目前的论争,并且威胁到对比它应该保护的或多或少的言论自由的保护。目前的理解严重地不适应由下述原因引起的问题:对竞选经费的规制、科学言论、广播规制、对言论的内容中立限制、憎恨言论、商业广告以及色情作品。它所保护的比它应该保护的多,因为在被保护的表达种类中,它包括了很少或者一点也不服务于言论保护目的并造成了严重社会伤害的言论。它所保护的比它应该保护的少,因为目前的法律并不足以服务于在政治平等中产生审议民主的核心目标。

具有讽刺意味的是,现有体制把它的许多失败归因于假定的当代第一修正案观念的要求。而这些失败通常根源于因现状而中立。人们把对现有分配的前新政理解应用于目前的表达自由问题。当规制实际存在时,人们并没有看到;人们不赞成试图促进表达自由体制的"规制"政府。

我已经提出了现有理解的两个转变。这两个转变都得自于美国人对主权理论的贡献。首先,一些明显的政府干涉言论自由过程的形式确实可以改善这个过程。我们不应该把这些理解成是令人讨厌地侵入另外一个不受法律干涉的社会领域,这种干涉不应该总是被当成对言论自由权利不被允许的削减。这种努力不代表侵入宪法保护的"消极"自由的"积极"政府行为。也不应该让人们进而主张积极地理解言论自由,取代迄今占支配地位的"消极"自由信念。

相反,规制的努力伴随着民主认可因市场结构而引起的对言

---

[33] 参见 John J. McDermott, ed., *The Philosophy of John Dewey* 652 Chicago, (1973)。第七章、第八章的观点在 Cass R. Sunstein, *Free Speech Now* (forthcoming 1993)中有更详细的陈述。

论自由的危险,以及内容中立限制,这种限制束缚了接近应该允许表达发生的舞台,并且这个舞台可能是至关重要的。目前的法律通常认可了由内容中立限制造成的危险。隔阂在于,人们不愿看到言论"市场"是经过立法改进和第一修正案约束的法律的产物。

分散的市场(产品市场和言论市场)通常对于促进自由必不可少,这个有益的认识与言论自由的基本主张一致。在一些情况和条件下,市场创造等于削减言论自由,这个认识与言论自由的基本主张也一致。

第二,我们应该把言论自由原则理解成最首要的政治思想。这样,通过民主的镜头,总是能够看到言论自由原则。政府可以规制其他形式的言论,不是一时兴起,也不是出于非法理由,而是以更少地显现危害为基础。

总而言之,在目前选民竞选活动、竞选广播以及为排除政治言论主张所有权的法律处理中,这些原则将带来重大的改变。在不需对现有法律作出严重修改的条件下,这些原则将以最适度的方式为解决目前的言论自由论争提供重大举措。然而正确地理解,这些原则可能阻止新生事物,这些事物有时不为人所见,但通常是今天美国言论自由道路上的严重障碍,而这些有可能在21世纪以一种日益危险的方式这样做。

第九章
色情作品，堕胎和代孕

近些年，法律对性和生育的控制在所有法律中都引起了一些最激烈的争论。色情作品、堕胎和代孕成为目前争论的中心。一个即刻的反应是，这三个领域出现了共同的问题。

法律对这些问题的处理渗透了目前熟悉的中立观念。这个观念打破了派系的界限，至少看起来非常有理，并且确实值得从根本上支持。运用这个主张可以明显地改变所有关于这三个领域的法律与政治讨论。

许多争论涉及了两个众所周知的立场间的对立。一方认为，政府不应该压制或者干涉性驱力（sexual drives）。这种驱力拥有特殊的权利主张，即免受政府侵犯的自由——这个主张产生于允许私人性关系的必要，性关系的实践对于个体发展与人类的相互认识至关重要。对于想要看或读明显色情材料的人、代孕的人、终止怀孕的人，以及所有实质上出于同样原因行事的人，法律应该尊重他们的隐私，必须允许运用个人的自我决定权利，来决定与性行为和生育有关的事情。[1]

与上述观点相对，另一方认为，应该允许政府控制性和生育行

---

[1] 参见 Roe v. Wade, 410 U.S. 113, 152—156 (1973); Philip Heymann & Michael Barzelay, "The Forest and the Trees: Roe v. Wade and Its Critics," 53 *B. U. L. Rev.* 765, 769—775 (1973); David Richards, *Toleration and the Constitution* 269—280 (1986). 在 *Penthouse* 杂志主编 Kathy Keeton 的一篇发言中清晰地对此做出了界定："我认为，如果一个女性有权堕胎并且有权控制她的身体，那么她就有权出卖她的身体。我们已经对此够强硬了。为什么不做一些让步呢？" *Newsweek*, December 16, 1991, p.15.

为。政府应该确保性行为和生育保持其最佳的、通行的、自然的形式,不被人为的外界影响所污染、改变或玷污。不应为了现金交易而从事性服务,性行为应该受保护防止兽性化。根据这方观点,法律通过控制淫秽恰当地确保了性行为的私人领域与市场的公共领域的分离;法律恰当地防止了堕胎,不仅对于保护胎儿利益最为关键,而且确保了性行为是为了生育的目的而存在;法律还恰当地保护了生育与性行为免于代孕中可耻的经济交易。

尽管双方有这些不同,但是两种立场之间有许多相同之处。他们都倾向于假定,通行的生育与性行为领域是正义的,甚至是自然的。第一方强调免受政府压制的性的必要。第二方立足于新教,通常依赖于保护性免受有害的外界影响的需要。[2] 这两种观点通常分享了目前人们赞成的关于性驱力的观点,或者认为性驱力是自然的,或者认为性驱力出于某种理由适于独立于自然。

正是那些两种立场都倡导的公民的存在才构成了第三种立场的关键,他们认为党派或选择性是不被允许的。第三种立场并不强调隐私、宽泛或者不论情况的"选择权利"、或者对身体的控制。它也不关注于促进传统或习俗的性道德的利益。相反,它援用这种需要确保妇女的性行为和繁殖功能不为别人利用和控制。

这个原则根植于我们熟悉的平等观念。它在很久以前由约翰·斯图尔特·密尔提出:"规制目前社会两性关系的原则——一

---

[2] 约翰·杜威强调在政治和经济领域挑战"自我表现"理论的同样联系:"该理论正确指明了这个原初结构所蕴含的特定内含,正确之处在于,除了直接且明显的干预他人类似的自我表现的情况外,这使得它们成为直接行动的一部分。因此这个观点忽略了周围媒质与之的互动作用,特别是忽略了社会在创设冲动和欲求方面的作用。在不受环境互动作用的最原始状态中,这被认为是'固有'的本性。因此,除非它干涉到天生的本能与冲动,否则都被认为完全是在个人之外的,而且和自由毫无干系。历史性的研究将揭示这样的观念……只是通过让神学教义的消解,留给道德和政治的'依稀的传言'(faint rumor)。认为大体上可以认为'本性'是一种善,因为它来自上帝之手的缔造;而邪恶则归因于来自通过外部的或'社会'的限制运行的,经由人为干预和压迫所致的腐化。" John Dewey, "Philosophies of Freedom," in *Freedom in the Modern World* (H. Kallen ed. 1928).

种性别对另一种性别的法律从属——本身是错误的,并且现在是人类进步的一个主要障碍;而且……它应该被完全平等的原则所取代,一方面否认权力或特权,另一方面确认资格。"密尔对其主张的评论仍然是极其贴切的:"有许多原因试图使与这一主题相关的感情成为最强烈、最深刻的,聚集起来,保护古老的制度与风俗,然而我们发现经由巨大的现代精神和社会转变的洗礼,这些古老的制度与风俗至今比其他制度和风俗受到更多破坏和更松散,这并不足为奇;我们也不需假定人们长时间墨守的未开化状态比人们早已摆脱的未开化状态更文明。"〔3〕

在最低限度内,这个原则意味着立法机关可以防止社会把道德无涉的特征——最明显的在种族和性方面——转变成处于社会劣势地位者的体制根源。而在对社会生活重要的多重方面,如教育、免受暴力的自由、福利、政治代表制以及政治影响(参见第十一章),体制上的不利状态沿着规范的、可以预见的道路运作着。女性的性与生育能力不可以成为第三方利用和控制的对象,这个主张仅仅是对这个一般原则的具体适用。女性与男性的区别是道德无涉的;也就是说,这些区别不是区别对待女性的充分理由。由此得出结论,法律不可以使女性的区别成为女性社会伤害的体制根源,更谈不上把伤害归因于"自然"。

例如,立法机关或许试图抵消黑人和女性面对私人暴力不相称的从属地位。根据这个一般的理由,对强奸、性攻击、性骚扰、包含对女性暴力的色情作品(假定已经超越了言论自由修正案的异议)的限制可以获得正当化。这些措施是对性别平等的重要许诺。相关的理念或许会力促对代孕(以及卖淫)的立法规制,因为通过允许女性的生育能力成为别人所有和利用的对象,代孕一定程度上(即使是在适当的程度上)歧视了女性。

---

〔3〕 见 J.S. Mill, *The Subjection of Women*, reprinted in J.S. Mill, *On Liberty and Other Essays* 471 (J. Gray ed. 1991)。这是一个反等级原则,第十一章对此进行了辩护。

可以从第十四修正案的历史中,为这样的平等观念找到坚固的源流。尽管在更多时候是让立法和行政机关来实施这个原则的。法院非常不适合承担这样的任务,对由道德无涉的特征向社会劣势地位的体制根源(参见第五章和第十一章)的转变,进行普遍的攻击。但是此种意义上的平等原则将不时要求根据平等保护条款的司法介入。在最低限度内,这个原则需要强有力的性别中立理由使表面或动机上面向女性的法律正当化。出于这个原因,法律限制堕胎,堕胎包含了以性别为基础的分类,确实引发了严重的平等保护问题。

如果根据这些来看待堕胎问题,我们将能够重新思考困惑着许多律师的两难境地,实际上这个两难已经成为最近的美国宪法思想中首要的不解之谜之一:一个人如何能够同意罗伊诉韦德的判决,承认堕胎权,而不同意洛克纳诉纽约呢?洛克纳案是否可被理解成是最高法院解释正当程序条款保护"基本权利"的案件,问题似乎很难回答。罗伊案同样运用了正当程序条款。因而对这些案件褒贬有之。

但是正如我们所看到的,对洛克纳时期的这种分析是粗疏的和不顾史实的。对于仅仅读过宪法条文的非法律人来讲,如果我们认为最高工作时间法是宪法上有效的,我们就必须也接受限制堕胎的法律,这似乎很奇怪。这两个问题似乎彼此没有什么关系。最高工作时间法似乎合理地促进了人类自由,合理的立法机构会如此决定。至少,限制堕胎引起了一系列完全不同的问题。

不同意洛克纳案也需要不同意罗伊案,这个观念反映了目前的法律文化中一个异乎寻常的特色。这仅仅是以一种特殊方式思考洛克纳案的人为结果。更具体地讲,它是下述观点的人为结果:通过"法院对自由进行实质保护"这个愚蠢的观念可以完全而恰当地理解洛克纳案。正是这个很奇怪的思考方式使人们追问:如果你抵制洛克纳案,你如何能够接受罗伊案?

但是如果我们转变一下视野,我们或许能够合理地问:如果你同意布朗案使隔离无效,你怎能不同意罗伊案?按照这个观点,布朗案在司法上使根据道德无涉的特征(种族)把一群美国人界定为二等公民的法律无效，而罗伊案正好也反映了道德无涉的事情（与性别相关）。当然罗伊案能够与布朗案区别开来；当然同意布朗案不一定意味着同意罗伊案。但是不把罗伊案作为洛克纳案的翻版，而是作为引起布朗案中许多同种问题的案件，可能更有成效。

最一般地讲，性与生育的现状有时应该被视为孕育不平等的母体。正是由于这个原因，对堕胎、代孕以及自由接近色情作品的限制是棘手的。对女性性与生育能力的法律与社会控制已经成为性别不平等的主要历史根源。即使在现有条件下，这种控制仍旧是创造不平等的机制。正如以前一样，现在不平等通常作为对"实际区别"或者自然的回应而正当化。（回忆第二章对隔离的论战以及论述，最高法院在普莱西案中援用自然提出了"实际区别"的论点。）然而，实际上，法律实践通常通过指涉被认为正当化的事物而帮助创造区别。考虑使女性与男性同工不同酬、因而鼓励女性而不是男性从事于照料儿童的法律。即使区别是生物性的，而非法律的产物，但正是法律实践使生物区别转变成社会不利状态的根源。生物区别不需要有什么巨大的社会后果，除非社会决定如此。这里从平等的立场看，反对相关的法律是完全合理的。指涉"自然"不会妨碍这种反对。

把这些观念适用于本文的脉络中：对堕胎的限制使女性的生育能力转变成被胎儿利用的某种东西。代孕也一样，但是在这种情况下，使用者是想要得子的陌生人，而市场是机制（当然市场是根据法律构建的）。最后，色情作品及其消费是棘手难题，因为色情作品通常通过暴力形式允许女性的性行为被陌生人利用。

我不打算把平等与自由相对比，也不打算宣称前者优先于后者。事实上，我们应该质疑许多人采纳的自由概念，他们认为正确理解的自由原则包含自由接近色情作品、堕胎和代孕（参见第六章）。自由不需要尊重所有与福利和赋予权利的现有分配看上去内容无关、而实际上是根据这些现有分配做出的"选择"。然而，我们与其尝试新的更宽泛的自由概念，不如更仔细地关注于这些问题的平等维度。根据性别平等制定的方法更好地抓住了这三个问题的核心方面。

色情作品

至于色情作品问题,两种立场占据了目前宪法的领域。根据第一种立场,一些表达的种类被简单地排除在受保护的"言论"之外。在这个众所周知的表述中,"淫秽"被定义为包括诉诸淫欲利益的材料,这些材料公然违反目前的共同体标准,缺乏严肃的社会价值。[4] 淫秽算不上是言论。最高法院把它视为性,而不是表达。

把淫秽排除出受保护言论的分类有时与性行为是私人的或者稀缺的观念联系在一起。出于这个原因,不应该允许淫秽闯入公共空间,公共空间也不应该干涉淫秽。[5] 目前或者传统上的性行为与公共空间的分离不会招致反对。问题是它们的混合,混合使得彼此都自贬身价。性行为与繁殖应该免受商业化的影响,特别是免受淋漓尽致且卑劣的描写市场的影响。这些描写可以轻易地触及和伤害私人领域。在民主社会,应该允许政府控制这个商业化过程。

根据这一方观点,法律对公共与私人领域划分的实施——意在保护两个领域目前或传统的形式——几乎没有错。事实上,这种做法代表了一种无偏私的形式。的确,规制淫秽的决定并非完全中立的,决定把规制对准了言论的内容,甚至现有的社会规范。但只要目前的共同体标准作为规制的基础,那么对淫秽的控制至少是观点中立的。讲话者的观点不是政府启动控制的按钮,在这个决定意义上规制是超党派的。[6]

---

[4] Miller v. California, 413 U.S. 15, 24 (1973).
[5] 我这里充分借用了 Harry M. Clor, *Obscenity and Public Morality* (1969) 中的观点。
[6] 这种理解必然会巩固下述主张:观点歧视是不被允许的,当代的共同体标准是规制的合法理由。参见 American Booksellers Assn. v. Hudnut, 771 F. 2d 323, 328—330 (7th Cir. 1985) aff'd mem., 475 U.S. 1001 (1986).

反对的观点是,所有言论有同样的基础,政府不能仅仅因为一些人或一些官员是清教徒或者受到言论的攻击就插手审查言论。[7] 根据这个观点,淫秽是言论,不是性——正如充斥了暴力的电影是一种表现手法,而非暴力本身一样。根据这个观点,政府必须在不同的善的观念之间保持中立——首要的是,在通过言词和图片表达的概念之间保持中立。对淫秽单独进行特殊对待和审查的决定明显地违反了第一修正案需要的中立。

在这种立场的一些具体体现中,它有着相对直接的新弗洛伊德学派的基础。它依赖于能够感知到的性驱力,强调把性驱力从政府的掣肘下解放出来的必要。当然,这种立场可能并且有时有不同的基础。它不要依赖于任何形式的中立主义,它可能把弗洛伊德搁在一边,相反它援用尊重有分歧的善的概念的需要,而无论这些概念的根源是什么。我们或许认为,目前的性行为部分甚至很大程度上是当前社会的产物,绝不是自然的。尽管如此,我们还坚持,性行为是重要的人类的善,应免受政府干涉。尤其在性行为领域,政府应尊重人们的多样化选择,不要强加自己的观念或狭隘的道德。

可以在某些宗教教义中找到反对立场具体体现的基础。反对立场还倾向于依赖对性驱力中立性的信念,这里性驱力被理解成未被以低劣、非自然的方式描写性行为的淫秽所污染。两种立场的联系在于他们都依赖于私人领域的性行为观念,把性行为视为自然的,并且在任何情况下都把性行为视为中立的、正义的,这也是评价被提议的法律控制的起点。

在一些情况下,双方"公说公有理,婆说婆有理"。无论对于男性还是女性,通过法律或社会规范对性行为的压制已经成为非正义和遭受极其严重的个人伤害的重要机制。把性驱力从法律和某种社会约束中解放出来可能是重要的个体的和集体的善。当然,

---

[7] 例如,参见 Ronald Dworkin, "Do We Have a Right to Pornography?" in *A Matter of Principle* 335—372 (1985); Barry Lynn, "Civil Rights Ordinances and the Attorney General's Commission," 21 *Harv. Civ. Rights-Civ. Lib. L. Rev.* 27,48—56 (1986).

对于具体在什么情况下是这样的,还有许多讨论的余地,但是很难质疑这个一般的命题。

这个观点表明,创造一个受保护的性爱生活的领域是自由国度非常重要的目标。为了支持这个命题,认为性行为是前政治的或者独立于社会力量的却是不必要的。受保护的性生活领域不必依赖于性行为是自然的这个信念,只需要依赖于在恰当条件下性行为是重要的人类的善这个认识。[8]

此外,通过歪曲性行为的影响诋毁性行为是一个真实现象,这种诋毁给个体和集体带来了伤害。这里分类的内容也是有争议的,而这个一般命题似乎也是无懈可击的。我并不否认在一些情况下两种主张的真实性,相反我指出它们都没有覆盖由自由接近明显色情材料引发的问题的所有维度。

在过去的 10 年,对色情作品的法律控制的第三种立场出现了。[9] 根据这方立场,明显色情言论应该被规制,不是因为它对

---

[8] 当然清楚说明恰当的条件仍旧是必要的,并且解决对性生活受保护领域的信念和承诺取消基于性的等级体制之间关系还会有一些困难。然而,这个困难在抽象意义上可能比解决具体纠纷时更大。例如,很明显,法律应当惩罚(尽管在许多国家并非如此)婚内强奸,即使这种惩罚在某种意义上侵入了(至少是一个人的)性生活。对于后政治时代的性行为,参见 Catharine MacKinnon, *Toward a Feminist Theory of the State* (1989); David Greenberg, *The Construction of Homosexuality* (1989); Richard A. Posner, *Sex and Reason* (1992)。

一些同性恋群体反对反色情作品的努力似乎根植于对政府控制性行为的普遍担忧,他们坚决主张性欲应该免受国家约束。鉴于法律压制同性恋的历史,很容易理解这种担忧和坚决主张。考虑到这个历史,性欲应该免受法律控制的观念似乎是不可反驳的。

然而,有人或许怀疑,对于国家压制同性恋的合法担忧的存在是否应该被轻易地用于使国家不能控制与针对女性的暴力密切相关的言论或行为。把压制同性恋作为禁止国家控制所有与性有关的行为、甚至言论的理由作为一个策略问题似乎是合理的,但仅是策略问题。反色情作品的运动根植于一种反等级原则(参见第十一章),也是取消对同性恋规制的运动的必不可少的一部分。更为根本的,移除所有国家对所谓"性"的事情的限制的决定——基于压制同性恋的历史——似乎会把许多尖锐的问题带入同样的概念领域。

[9] 见 Catharine MacKinnon, *Feminism Unmodified*, 146—162 (1987)。

性进行了表露（淫秽问题），而是因为它把性与暴力结合在一起（色情读物问题）。[10] 色情作品问题不是在于其攻击性，而是在于对明显色情材料的自由接近，在于不受规制的性爱生活，在于对共同体标准的违犯。它是现实世界中伤害的后果，由为供他人控制和利用把女性和儿童作为对象的描写所带来，最明显的是通过性暴力的形式。

规制的目标是承认和抵制一些情况下性实践是性歧视的机制这个事实。充斥强奸和其他形式的暴力的材料应该被当作性歧视对待。根据这个观点，现有的私人领域有时恰恰是问题，而不是答案。法律控制使人们注意到了这个事实，并有助于改变这个事实，它将由这个原因而得到支持。

值得注意的是，根据这种方法，可规制的言论的范畴可能会相对宽泛或极度狭窄。例如，我们可能确保保护所有与严肃的社会价值相关的材料，或者拒绝规制言论，除非言论既结合了性与暴力，又没有真实的认知内容。在任何情况下，这个范畴包括的言论将远不及根据目前反淫秽方法而进行规制的言论，这是完全可能的。不同不在于更大的范围，而在于这个范畴强调对女性的歧视和伤害，而非目前的共同体标准。

人们经常指出，反色情作品的立场带来了非常严重的言论自由问题，反淫秽和"无规制"的立场更可取。然而，实际上，有一种非常直截了当的论点，要求规制起码是某些狭义的色情材料种类。首要的一点也是根据传统的淫秽法律得出的，即许多色情材料远

---

[10] 并非所有关注这个问题的人都会仅仅因为色情作品与暴力有关，就把其视为性歧视问题。例如，参见 Rae Langton, "Whose Right? Ronald Dworkin, Women, and Pornographers," 19 Phil. & Pub. Aff. 311, 335—336（1990）。（对于这个问题 MacKinnon 自己的立场是复杂的。从属关系是她的主要靶子，而不是暴力；但暴力是许多主张以及几乎所有事例的基础。）相反，这个主张会远为广泛地解决色情作品在创造不平等中的作用，部分通过它在女性的从属地位或者他者地位中的作用来解决。然而，这里仅就色情与针对女性的暴力（性别不平等中的一个重要因素）的关联来讲，我把色情作品视为一个规制问题。对于色情作品产生的伤害的广泛理解引发了甚至更为严重的第一修正案难题。对于他者的范畴——法律体制非常难以起作用的一个领域——尤其如此。当我们处理言论问题时，从属地位的范畴也是个难题。

离第一修正案关注的中心地带。一般来讲,也是首要的,我们或许应把第一修正案视为防止政府压制与公共事务相关的观点的屏障(参见第八章)。

根据这方观点,至少一些形式的色情作品是远离宪法关注的核心的。在目前的原则和任何明智的表达自由体制下,处于宪法关注的外围的言论可能会受到规制,因为这种言论体现的政府利益少于处于宪法核心的言论所需要体现的政府利益。

这样说不等于说对核心和外围的划分是一目了然的。然而,根据几乎任一标准,至少一些色情材料可以很容易地被归为外围。这些材料一同归入商业言论、对私人的诽谤、共谋(仍然是言论)、贿赂、伪证、威胁等等。理由是,这些形式的言论不要求对公共事务、甚或所有事务的审议能力——即使这种言论范畴的构建如理想状态一般非常广泛,即使我们如我们理想中的那样坚持认为情感和认知能力经常与审议过程纠结在一起。

第二点是,色情材料给根据适用于不属于言论自由核心的言论的更为宽松的标准而进行的规制的正当化造成了足够的危害。当然人们可能质疑相关危害的程度。为了当前的目的,表明这些危害导致了有着潜在反淫秽立场的规制的更强理由,这就足够了,这种立场更少地依赖于实质的审美目标,据说正是由于这个原因这种立场才优越于中立的立场。

危害有三种。第一,色情作品市场的存在给模特和演员带来了大量的伤害。[11] 许多女性,通常是非常年轻的女性,被迫参与色情资料的制作。而另一些人一旦进入色情"市场"则通常被以奇异的方式虐待。人们可能受到诱惑而回应道,政府应该采纳限制更小的方案。政府不要规制言论,而应该禁止强制和虐待,正如目前的法律实际上做的那样。通常这是实际上更好的策略。但是在这种背景下,这种方案也会是灾难的源头,因为它仅仅是允许目前

---

[11] 见 U.S. Department of Justice, Attorney General's Commission on Pornography, *Final Report*, 888—889 (1987)中对此的概括。

的实践继续的手段。

提起强奸或者性攻击之诉已经够难的了。如果受害者是年轻女性,她们被迫参与色情作品的制作,并且受到虐待,那就难上加难了。通常这些受害者不愿坦言自己的经历,这些经历可能是一种羞耻,她们也不愿付出代价发动一个程序。即使她们愿意却通常口说无凭。这样看来,惟一现实有效地消除这种现象的方法就是消除或者减少其金钱收益。[12] 的确,一些或者说大多数制作色情作品的参与者在相对意义上很可能是自愿的,因而规制所禁止的材料可能会比仅仅遵循以生产中的强制为基础而应该禁止的材料多。但如果我们真的想要制止这种强制,似乎必须接受过度宽泛的规制。

第二,在色情作品与针对女性的暴力之间有因果联系。[13] 至

---

[12] 法院在儿童色情作品中承认了这一点,New York v. Ferber, 458 U.S. 747, 760 (1982)。

[13] 一般的可参见 Edward Donnerstein et al., "The Question of Pornography on Sex Crimes," in *Handbook of Sexual Assault* (W. L. Marshall et al. eds. 1990); Murrin & Laws, "The Influence of Pornography on Sex Crimes," id., at 73; Edward Donnerstein, "Pornography: Its Effect on Violence against Women," in *Pornography and Sexual Aggression*, 53—81 (Neil Malamuth et al. eds. 1984); Attorney General's Commission on Pornography, *Final Report*。至于因果关系问题,参见 Frederick Schauer, "Causation Theory and the Causes of Sexual Violence," 1987 *Am. Bar. Found. Res. J.* 737。

或许对这一证据最好的回答是,由于色情作品的制造或使用,产生了那些制造伤害行为的个人原因,而不是产生了控方提出的犯罪行为,控方的动机不总是与受害方一致。

前两个主张表明,反色情作品立法应该仅限于电影和图片,而不包括书面文字,因为只有在电影和图片中虐待参与者的情况才会发生。(人们或许支持法律反对电影或印刷品中的儿童色情作品,而允许实际上就是儿童色情作品的短文。)此外,色情作品作为刺激暴力的证据与电影和图片关系最大,这些媒体的直接与生动是与书面文字显著的区别。这里我不讨论反色情作品法令的准确范围。无论包含什么内容都把书面文字排除在外反映了源自中立的反对的弱点。一个针对暴力色情作品却排除书面文字的法令可以被非常合理地视为是以伤害为基础,而不是以观点为基础。

还须注意,本文的讨论是规制针对女性的性暴力材料的必要条件。它不是充分条件;具有重大社会价值的言论应该被排除在外,以确保只有"低价值"言论被规制。此外,涉及针对男性的性暴力的材料或者同性恋材料不应该被规制,除非显示出与本文讨论的伤害有关。

于影响的程度以及传播色情与性暴力之间的精确关系还有着激烈的争论。没有人认为,消除色情作品,性暴力就会消失,也没有人指出大多数暴力色情作品的消费者就按照他们所看、所读去行为。真正的问题不是因果联系的存在,而是因果联系的程度。根据目前的资料,似乎可以合理地认为,规制暴力色情读物将会有巨大的收益。

第三,也是更一般的,色情作品反映了并且促进了对女性贬低和兽化的态度,这种态度助长了各种形式的不法行为,最明显的是性骚扰。色情作品产业作为某些男性和女性的调节因素而运作,这种因素对男女平等的存在有重要影响。[14] 当然这种因素更像是症状,而非病因;但它也是原因。为了同意规制的努力将对减少暴力以及其他不法行为产生作用,人们不必相信,暴力色情作品的消除会带来性平等、性暴力的消除,或者从根本上改变社会的各种

---

[14] 以这种关联考虑对司法部色情作品问题委员会的《最后报告》的一般反映,是有启迪意义的。《新共和国》——一本自由主义杂志,以信仰种族和性别平等而自居——以"大笨蛋"为题回应了这个报告。参见 Hendrick Hertzberg, "Big Boobs: Ed Meese and His Pornography Commission," *New Republic*, July 14, 1986, p.21。它试图通过把报告的作者描写成女性解剖学家来嘲笑他们。在封面上,《新共和国》把司法部长 Edwin Meese 画成一个性感的女性,还加上了旁白,"放荡的、妖艳的"。因而,封面通过把司法部长绘成女性,尤其是作为一个色情模型,嘲笑了这个委员会。《新共和国》的这个封面报道不经意之间肯定了反色情作品运动关于性行为、色情作品和不平等之间关系的许多主张。

由此看来,认为色情作品有时在"压抑女性"——不是通过定她们的言论有罪,而是通过一种会对男性和女性的态度产生影响的方式进行怀疑——中发挥作用事实上是合理的。对于性的可获得性的传统态度全不正确的观念在攻击色情读物时有着非常奇特的作用。

这样说不是认为,来自"压抑"的证据在第一修正案中有一席之地。源自于言论本身的社会态度产生了这种形式的压抑,不过分侵蚀表达自由体制,就无法找到规制的理由。许多言论形式实际上有压抑后果这个事实不是规制这些言论的理由。参见 Ronald Dworkin, "Two Forms of Liberty," in *Isaiah Berlin: A Celebration* 100, 107—109(Edna Ullmann-Margalit & Avishai Margalit eds. 1991)。压抑后果是反对色情作品的政治主张的重要部分;但是它可能不应该是第一修正案讨论的部分。

态度。

这些考虑暗示着一个规制暴力色情作品的非常传统的主张，它极为符合言论自由法。例如，误导性商业言论可以规制，因为它没有资格获得最高形式的保护，因为这种言论造成的伤害不足以允许规制。这同样适用于对私人的诽谤、教唆犯罪、没有许可执照的法律建议或医嘱，以及共谋。某种形式的色情作品应该同样处理。至少一些规制似乎完全与适用于许多其他种类言论的处理方式一致。事实上，规制的主张——根据材料性质和伤害证据——比现在许多言论形式应接受政府控制的相应主张更为有力。

此外，反色情作品的方法与其他两种更明显地从属于本主题的方法相比有更大的好处。与"言论就是言论"的立场相比，反色情作品方法承认，不根据表达对第一修正案保证的向心力区分不同种类的表达就非常难以运作表达自由体制。尽管反色情作品的立场不承认，但反色情作品的方法承认，暴力色情读物是一个严重的问题，至少像许多已经足以要求政府控制言论的问题一样严重。

与"道德审查"的立场相比，反色情作品方法在关注真实世界的伤害方面有优势，它不关注不大切实的而更具有审美意义的运用目前的共同体标准就能抓住的问题。此外，这种方法看到，性行为的私人领域有时可能是问题，而不是解决方案，尤其是这个领域可能是歧视和暴力的场所。在这个意义上，在规制暴力色情作品的努力与减少家庭暴力的努力之间有密切的联系。

然而，引人注意的是，反色情作品立场至少准确地表现了目前宪法中的三种立场。目前的法律状况完全与中立观念有关。使反色情作品方法如此有争议的是，就两性关系而言，它来源于生育现状有时本身就是不平等的信念，女性与男性不是被同样对待，男性对女性的性暴力相对于女性对男性的性暴力而言是更大的社会问题，通过性行为社会不平等被表达和维持。已经表明拒绝这种信念——拒绝承认现有的不平等，转向主张偏颇——是宪法的关键。异议在于，反色情作品立场是选择性的（特别是与反淫秽方法相比），它的选择性在于它的党派性，正是它的党派性使它注定劣于其他可供选择的方法。这个异议说明了当前法律中反色情读物立场的脆弱。

关于这个主题的最主要判决由美国第七巡回上诉法院作出，立刻得到了最高法院的确认[15]，判决反色情作品法令无效。法院推理道，通过参考上述涉及的伤害而允许规制色情作品的主张比淫秽方法更坏、而非更好。事实上，即使结果证明压缩的言论范畴比根据现有法律可能压缩的范畴狭窄的多，反色情作品方法仍旧比淫秽方法糟糕。根据法院所说，任何对通过参考伤害而界定的淫秽言论的子类施加了处罚的法令都是违宪的。

对法院而言，关键点是这种方法将会构建一种不被允许的"思想控制"，因为这种方法将"确立……一种关于女性、女性如何回应性遭遇（以及）两性之间彼此关系的'被认可的'观点"。根据反色情作品方法，对涉及强奸和针对女性的暴力的性行为的描写可以接受规制，而不涉及这些的描写则是不受控制的。这个反色情作品立法的非中立立场——关注于针对女性的暴力——正是它的主要缺陷所在。持这种被认可的观点的人可以说；持不被认可的观点的人不可以说。根据法院的观点，这是第一修正案主要应该禁止的。

但是中立的范畴原来远比其乍看起来难以理解得多；问题在于，任何非中立的主张都依赖于一个有争议的基准。提出非中立立场的最初方法就是表明，第一修正案法包括几种应该被禁止或规制的言论种类，这些种类是非中立的，与反色情作品立法的意义完全一样。

例如，考虑劳动法领域，法院主张政府可以禁止雇主在工会选举之前不合时宜地谈论工会联合的影响，如果不合时宜的表述可能被解释为威胁的话。[16] 对这种言论的规制毫无疑问是非中立

---

[15] 参见 American Booksellers Assn. v. Hudnut, 771 F. 2d 323 (7th Cir. 1985), aff'd mem., 475 U. S. 1001 (1986)。

[16] 参见 NLRB v. Gissel Packing Co., 395 U. S. 575, 618—619 (1969)。

的,因为雇主支持工会联合的言论没有丧失法律保护。同样,政府可以禁止电视和广播上的赌场和烟草广告。[17] 在广告中或者其他场合,即使被自由允许的采取对立立场的言论也会被禁止。证券法规制代理人表述中的言论。在此也可以发现对观点的限制,因为对公司前景有利的观点遭到了禁止,而不利的观点被允许甚至被鼓励。

在这些情况下,规制的党派性并不明显,因为对于真实世界中伤害的存在有着如此坚定的一致认同,以至于来自中立的异议甚至来不及表达出来。党派性的幽灵未能兴风作浪,因为控制正被讨论的言论的决定有着明显的合法性理由,而对其他领域的禁止的扩展明显不是受到中立的驱使,而是不必要的审查形式。

更为基本的,现有的淫秽法律很容易被视为非中立的。与反色情作品立法相比,它的党派性一点也不小。现有法律划出的界限使得正被讨论的言论是否背离当前的共同体标准成为关键。这些标准是规制的导火索。但是至于攻击性和欲望,如果当前的共同体标准本身是党派性的并且表现了某种个别观点(如果不是这样才奇怪呢),那么使当前标准成为规制基础的决定就是不被允许的党派性(设想政府说,当前的共同体标准将会是规制对种族关系进行描述的基础)。那么,根据什么理论反淫秽法律可以被视为中立的,而反色情作品法律可以被视为不被允许的党派性?

答案在于,反淫秽法律把现有的社会审查视为决策的基础,而反色情作品法律则被用来针对这种审查。现有的实践正是反色情作品方法的目标,或者是这种方法试图改变的;现有的实践也正是反淫秽方法的基础,或者是这种方法试图保护的。只要淫秽法律依赖于共同体标准,它就因而被认为是中立的,但只有当被禁止的言论分类是参考现有的社会价值被界定时才如此。反色情作品立法被认为具有不被允许的党派性,因为被禁止的言论种类是根据

---

[17] Posadas de Puerto Rico Associates v. Tourism Co. of Puerto Rico, 478 U.S. 328, 341 (1986).

不大被广泛接受的关于男女平等的观念而界定的——更确切地说,根据一种信念:即使在私人领域平等也不总是存在,男性针对女性的性暴力比女性针对男性的性暴力问题更为严重,以及性现状是性别不平等的组成部分。

然而,沿着中立的轴线,不能维持反淫秽法律与反色情作品法律的区分。只有当现有规范和实践本身就包含着平等时,这种区分才可能是合理的。既然情况并非如此,这种区分就是无效的。事实上,人们可以设想一个社会,在那里由色情作品带来的伤害被如此广泛地承认以及如此普遍地受到谴责,以至于反色情作品条例将根本不会被视为以观点为基础。

我得出结论,规制结合了性与暴力的材料的主张比规制淫秽的相应主张更有力。既然连完美的规制言论的传统措施同样是党派性的,并且还得到适当的支持,那么来自非中立的异议这里也是无说服力的。

这样说不是为了说明,把规制设计得足够清晰和狭窄很容易。但正是这些问题是我们应该集中精力投入的——而不是中立的问题。只要任何新出现的法律具有必不可少的清晰性和狭窄的范围,那么进行审议的适当论坛就是民主过程,而不是司法程序。对于狭窄界定的对结合了性与针对女性的暴力的材料的禁止不应有宪法上的障碍。

我这里所说的不是主张支持规制一般的明显色情作品,比如说罗伯特·梅普尔索普*的作品,其中描写同性恋关系,并且最近遭受了刑事检控。反色情作品主张的目的更为具体。事实上,对以性和针对女性的暴力为特征的材料的攻击应该同时被视为危及到了与同性恋有关的艺术,这是对于目前的法律思考一个极其奇怪的人为结果。正确地理解,反色情作品主张提倡对控诉歧视同性恋的言论的强烈保护——因为在相对意义上言论是"高价值

---

* 罗伯特·梅普尔索普,1946—1989,美国艺术家,他拍有不少有争议的单一影像的黑白照片,照片主要描写花朵、裸体和男子同性恋。——译者注

的",并且丝毫没有包括提倡对色情作品进行规制带来的伤害。

试图规制这里所界定的色情作品的人也必须规制其他明显色情言论,这个观念令人回想起,支持罗伊案的人也必须支持洛克纳案。对这些不同问题的更好理解显示了它们所引起的问题彼此之间没有关系。当然防止真实世界中对任何限制言论的主张的可能滥用总是必要的;但是实践的关注完全不同于我这里所讨论的。作为原则问题,对包含了针对女性的暴力的色情读物的限制,不需要限制所有的明显色情言论。

堕胎

至于堕胎,与色情作品一样,现在有两种立场支配着宪法领域。第一种观点是,出于宗教的或者其他理由,胎儿具有人类生命的地位。由于它有这种地位,如果对于保护胎儿必要,几乎怀孕母亲的任何政府义务都是完全正当的。[18] 这种观点通常与下述理念密切相关(这种理念不是这种观点逻辑上的或者必然的部分):性活动应该完全为了生育的目的。至少一些对于堕胎的争论源自于这种理念,许多对堕胎的批评也关注于此,堕胎自由将促进乱交,消除内在的对性自律的检查,并且将鼓励出于非生育目的的性活动。[19] 并非所有的反堕胎运动的成员都共同关注这些;但是作为目前的事实问题,这些理念与运动的观念上的核心密切相关。

在某些方面,这个观点非常类似于淫秽应该被排除在市场之外的理念。持这种观点的人们也试图相信,堕胎是不被允许的,并且出于与上述交叠的理由。两种观点通常都假定了一个私人的、自然的、也或许是稀缺的性行为与生育领域,并且把适当的政府目标视为对这个领域以及(似乎是同一样东西)传统或习俗的道德的

---

[18] 参见 Richard Epstein, "Substantive Due Process by Any Other Name: The Abortion Cases," 1973 *Sup. Ct. Rev.* 159, 170—185。

[19] 参见 Kristin Luker, *Abortion and the Politics of Motherhood*, 171—174 (1984)。

保护。两种观点通常都与性行为是为了生育的目的并且担心外界力量对性领域可耻的介入这个理念有关。当然反堕胎立场也依赖于保护胎儿生命的利益,这个利益不是在反淫秽的语境下提出的。但是就反堕胎运动的参与者也赞成攻击淫秽这方面来讲,这两种立场是有关联的。

至于第二种观点,堕胎权是广义的隐私权的一部分,被理解为不需政府限制的控制自己身体的权利,尤其涉及性行为和生育的问题。对于那些深信堕胎权的人而言,隐私权首先要求控制身体。但隐私权更为普遍地涉及性行为。正如反堕胎立场与性行为是为了生育的目的这个观点相连一样,对立的观点深深地根植于堕胎权是性自由的重要部分这个信念,这被说成对男性和女性都是重要的(并非巧合,花花公子杂志不仅是对堕胎,也是对取消对明显色情材料的法律控制的重要拥簇者)。

根据这方观点,堕胎权必然部分地是为了确保非生育目的的性行为继续可能。反堕胎法引起的危害之一是其对性行为施加的严重的实际限制。因而对与生产无关的性行为的不同评价有助于解释生命优先与选择优先之争。

许多认为堕胎权是宪法保护的隐私权的一部分的人也认为,明显色情言论应该总是受到宪法保护。这两种观点都反映了生命优先的立场。两种观点都根植于政府不应该干涉私人自由的信念。两种观点都表明性行为和生育的私人领域应该是政府止步之地。出于与之非常相似的原因,接近色情作品的权利和堕胎权也受到了保护。

然而,在把堕胎权视为一种隐私时有严重的困难,至少不是由于宪法不涉及隐私,而是因为堕胎决定根本不涉及习俗上的隐私。[20] 或许这项权利应该被理解为牵涉自由或自治。自由当然受正当程序条款保护,此条款为人类自由提供了实质性保护这个

---

[20] 参见 John Hart Ely, "The Wages of Crying Wolf: A Comment on *Roe v. Wade*," 82 Yale L. J. 920, 932 (1973).

观念——尽管存在着文本上的和历史上的争议——已经被美国法所确认。但是如果本文接下来的主张是对的,那么这个理解就未能抓住堕胎问题的真正实质。堕胎问题有着重要的平等维度,自由的观念是抽象的,并且一般来讲围绕着平等维度。无论如何,关于堕胎的竞争性的观点似乎已然形成僵局,不可能发展成双方都接受的调解的标准。而且强调"自由"的人似乎绝不会对认为堕胎涉及了人类死亡的人做出回应。

因而,我们或许会探究另一个代表了堕胎权的主张,它以平等保护原则为根据。[21] 这个主张把禁止堕胎视为无效的,因为它涉及了不被允许的对女性身体的选择性利用。它声称,堕胎限制把女性的生育能力变成某种供别人使用和控制的东西。与认为堕胎是隐私的观点不同,这个主张没有也不需要采取胎儿身份的立场。它承认胎儿是人类的重要方面的可能性。它没有贬损那些认为胎

---

[21] 这里似乎有一个一致意见,对于堕胎问题,平等主张一般来讲比自由主张更好。参见 Ruth Bader Ginsburg, "Some Thoughts on Autonomy and Equality in Relation to *Roe v. Wade*," 63 *N. C. L. Rev.* 375,282—283(1985); Kenneth Karst, "Foreword: Equal Citizenship under the Fourteenth Amendment," 91 *Harv. L. Rev.* 1,57—59(1977); Frederick Schauer, "Easy Cases," 58 *So. Cal. L. Rev.* 399(1985); Sylvia Law, "Rethinking Sex and the Constitution," 132 *U. Pa. L. Rev.* 955(1984); David Strauss, "Discriminatory Intent and the Taming of Brown," 56 *U. Chi. L. Rev.* 935,970—992(1989); MacKinnon, *Feminism Unmodified*, at 93—102; Laurence Tribe, *American Constitutional Law*, 1353—1356(2d ed. 1988); Catharine MacKinnon, "Reflections on Sex Equality under Law," 100 *Yale L. J.* 1281,1307—1324(1991)。不应忽视,这个主张本身依赖于一个基线,假定女性的生殖能力是正义的。如果这个主张依赖于对自然权利或者前政治权利的信念,就会与第二章提出的考虑相冲突。这个主张应该被视为最直接地根植于一种性别平等规范:一个代表女性利益的权利,如果男性身体不被其他人利用,女性身体同样不应被其他人利用。然而,最令人吃惊的是,身体所有权这个一般权利对于男女来讲都不是正当的。

这里陈述的一般主张参见 Donald Regan, "Rewriting *Roe v. Wade*," 77 *Mich. L. Rev.* 1569(1979); and Judith Jarvis Thomson, "A Defense of Abortion," 1 *Phil. & Pub. Aff.* 47(1971),我从他的讨论中受益匪浅。然而,性别不平等问题在他那里不是非常重要。

儿是处于弱势的生物、应该受到尊重和关注的人的坚定的道德确
信。它完全支持打掉胎儿至少是道德上成问题的行为这个主张。
但是它断言,在目前条件下,政府不可以通过法律利用女性的身体
而只对女性施加义务以保护胎儿。这里的关键点是,法律从不以
类似的方式侵犯男性的身体。

根据这方观点,堕胎不应该被视为谋杀胎儿,而应被视为拒绝
继续允许一个人的身体被用来为胎儿提供支持。以这种方式看待
堕胎的失败仅仅是被人认可的女性作为生育者的自然角色的结
果——无论女性是否想要承担这个角色。如果对弱势者提供身体
支持的一般法律义务只施加给女性,那么即使这个义务是宪法上
可以接受的或者在道德上是善的,也不能被允许。这类似于要求
黑人献血、而不要求白人献血的法律。情况就是如此,这尤其因为
在真实世界中这种选择性的施加负担与宪法上关于女性适当角色
的非法陈规之间有着密切联系。

还有一个最后应该注意的地方。即使最坚定的堕胎拥护者也
认为,堕胎是一件痛苦的事,绝非阻止不想要的孩子出生的好方
法。一种防止不想要的怀孕的更好方法是教育运动、避孕和规定
强奸与性骚扰的刑法。如果接受这种看法的主张是正确的,那么
应该允许女性选择堕胎;但如果选择这样做不是必要的,那更好。

从最全面的角度看,来自平等的主张受到了四种不同的观点
的支持。单独来看,这些观点中的一些可能是不充分的。它们从
累积的效应中获得说服力。

第一个观点是,对堕胎的限制应该被视为一种性歧视的形式。
这里一个恰当的类推是,一项只针对女性的法律因而也包含了以
性别为基础的明显特征。明显面向女性的法令当然是一种性歧视
的形式。一项涉及界定女性特征或者生物相关性的法令应该被以

完全相同的方式看待。[22] 规定"没有女性"可以获得堕胎的法律当然应该被视为以性别为基础的分类；规定"没有人"可以获得堕胎的法令具有同样的含义。

一些男人也会受到堕胎法的惩罚，例如男性医生，但这个事实不意味着对堕胎的限制是性别中立的。提倡种族隔离的法律使白人与黑人废止种族隔离的努力都变得不被允许，而这个事实也没有使这样的法律变得种族中立。认为对堕胎的限制仅仅对女性有歧视性的影响，并且因而应该把这些限制视为对女性身体条件与男性不同的要求，这也是不正确的。至于这些要求，男女双方都站在了法律的天平上；但是堕胎限制明显是针对女性的。禁止怀孕女性或者怀孕的人在白天上街的法律当然会被视为一种以性别为基础的歧视形式。对堕胎的限制同样有以性别为基础的特征。

在此有重要意义的是，重新提到通常被当作女性自然角色基础的生育孩子的生物能力，会对仅仅作为政府决定（其中最重要的就是对堕胎的法律禁止）产物的非自愿分娩产生社会后果。眼下的问题是，政府是否有权力把这种能力或区别变为一种性别处于社会不利条件的根源。对堕胎权的承认或许根植于这样的信念：个案中生育能力没有必然的社会后果，在缺乏强有力的理由的情况下女性母亲的身份应该被视为一种个人选择而非政府给予。

如果我们假设，对堕胎权的限制是一种性歧视形式，那么问题

---

[22] 这一点，我感谢 David Strauss 的帮助。最高法院坚持 Geduldig v. Aiello, 417 U.S. 484 (1974)，但是这里涉及将孕妇排除在外的残疾人保障项目。Geduldig 案丝毫没有清晰地表明会扩展到（比如）被迫在某一时期呆在家里的孕妇。

对孕妇的歧视不应该与性别歧视同样看待，这个主张或许强调，针对性别的生理关联的法令不大可能反映偏见和成见。毕竟，这里确实有差别，立法应该敏感地对此作出回应。但是人们质疑性别歧视是否应该以是否存在真正的差别为基础。"真正的差别"是否会使社会不利地位正当化是需要决定的问题。参见 MacKinnon, *Feminism Unmodified*, at 32—45。即使如此，怀孕也是一种特殊的真正的差别，人们的惟一目的事实上可能反映了偏见或者从属关系。

就几乎得不到解决。问题仍旧是保护胎儿生命的利益是否允许政府强迫女性足月生产。为堕胎的平等权辩护的第二种观点没有贬低保护胎儿生命的利益,也没有一般地提及控制身体的权利,而是强调强制的选择性。基本问题是,堕胎行为不应该被视为普通的杀害,而是拒绝允许一个人的身体被用来保护其他人。政府从来没有对其公民施加这种义务——即使在人类生命无可置疑濒临危险时。父亲没有被迫把自己的身体用来保护他的孩子,即使零风险的肾移植对于防止孩子死亡是必要的之时——在这种情况下,也可以说成父亲为了帮助孩子承担身体上负担的风险。

事实上,似乎很清楚,强加于父母或者其他人身体负担的建议在当前将被视为对个人自治骇人听闻的、不被接受的侵犯,即使生命濒临危险,即使拒绝承担相关义务将导致死亡,即使受保护的人把其存在和弱势归因于被施加了负担的人。引人注意的是,美国立法者不曾施加过这种义务,法院也拒绝这样做。[23] 在涉及男性的情况下,并没有施加类似的负担,这种施加负担的歧视的存在表明禁止堕胎是一种不被接受的选择性形式。它还揭示了,歧视的目的从根本上在起作用。

这一点不是说政府有理由在其他人的生命濒临危险时却避免对人的身体施加负担。或许政府应该更经常的这样做,至少当负担很小而需要更大时。但是政府在抉择时必须一碗水端平。对女性施加负担、而不对男性施加负担违反了平等保护条款,即使更一般的负担不会招致人们的反对或者是人们极其可欲的。

的确,没有事情和怀孕是一样的。在禁止堕胎与其他为了保护他人法律强迫利用身体的形式之间有着相应的不同;我接下来谈几个区别。无论如何,我的主张最为简直地处理强奸和乱伦带来的怀孕。这比自愿的性关系带来的怀孕更复杂。事实上,堕胎这个简单的事实——涉及某种因人们的自愿选择而带来的死

---

[23] 见 Curran v. Bosze, 566 N. E. 2d 1319 (Ill. 1990); McFall v. Shimp, 10 Pa. D. & C. 3d 90 (1978)。

亡——通常被描述成在道德上与谋杀类似，而不是拒绝支持的过程。但是这个简单的事实不能解决道德问题。堕胎涉及身体手术，其结果是一个生物被从其母体里移除，使其死亡，从这个意义上讲堕胎事实上不同于普通的拒绝支持。正是在这个意义上，堕胎与其他事情真正地不同。但是试图堕胎的人拒绝允许她的身体被别人所利用也是正确的。正是在这里堕胎才与拒绝支持变得非常接近，同时把堕胎等同于谋杀变得莫名其妙。

这种情况下身体被利用的负担是由法律施加的，这个事实至少表明，保护人类生命利益这个充分理由只是作为不被允许的性角色成见的结果。堕胎被视为杀害，而法律把其他拒绝允许身体为了挽救其他人而被利用视为仅仅是拒绝提供保护，这个事实恰恰表明了同样的问题。

更为个别的，我们可以设想仅仅由于被人认可的女性作为生育者的自然角色，堕胎被视为谋杀、而非未能允许他人利用，而无论女性是否试图充当这样的角色。谋杀与未能提供支持之间的区别是作为与不作为的一般区别中的一种特殊情况，这种区别通常设立了识别的基准，即自然的或者悦人心意的事务状态。至于那些把堕胎视为谋杀的人，让孩子足月生产是固有的（但是没有证据证实、是自证性的）基准。侵害法被视为政府不作为，出于同样原因堕胎因而被视为谋杀（参见第二章）。这里考虑密尔的评论："但是是否有某种统治对于拥有它的人来讲似乎是非自然的？……非自然通常仅仅意味着非习俗的，惯常的东西似乎就是自然的。女性从属于男性是一个普遍的习俗，任何对它的背离似乎都顺理成章是非自然的。"[24]

这里对于这个主张一个似乎合理的反例是征兵，女性传统上被排除在外。只针对男性的征兵的存在似乎表明，当政府认为必要时，政府实际上对男女身体都施加了负担。征兵甚至表明，在施加这种负担时，存在着一种平等。保护未出生儿童中女性的被强

---

[24] Mill, *The Subjection of Women*, at 482—484.

迫地位或许可以从保护国家中男性的被强迫地位里找到相似之处。甚至可以说,征兵显示了男性和女性终究仍是被同样对待。

事实上,只针对男性的征兵需要更精确地陈述我的基本主张,但当我如此重新陈述时,这个例子结果变成了根本不是反例。在重要的意义上,征兵与禁止堕胎相比有较少的侵犯性或者至少有不同的侵犯性,因为征兵施加给身体的负担完全是外在的。但更根本的问题是,只有男性被征兵的法律要求是部分因法律造成的家庭与公共领域明显分离(男主外、女主内)而塑造的性别角色陈规的体制的一部分。由此看来,对堕胎的法律限制和只针对男性的征兵履行着同样的职能。对堕胎的限制是法律创造的家庭领域的一个要素,在这个领域女性扮演着她们的传统角色,并且主要是或者仅仅是这种角色。只针对男性的征兵是法律创造的公共领域的一部分,在这个领域男性也扮演着他们的传统角色,并且主要是或者仅仅是这种角色。对女性的歧视不可避免地是带来了这种地位差别的社会和法律结构的一部分,这种社会和法律结构又是坚持等级制度特征的体制的一部分。一旦法律促成了这种差别,并且因而促成了歧视,那么法律就应受到宪法上的攻击。

我们再从平等保护的角度看,限制堕胎的问题不仅在于限制堕胎对女性的身体施加了负担,而且在于限制堕胎是经由法律通过政府以一种不被许可的方式规定男女地位差别实现的。这些地位差别是女性二等公民身份的一部分。只有男性被征兵这个事实不是削弱而是有助于巩固堕胎法代表了一种不被接受的选择性形式的主张。[25] 我并不主张不同的男女社会角色是宪法上不被允许的,也不是主张男女应该是"相同"的。我的主张只是,政府不可以预先设定结果。

第三种观点支持第二种观点,即女性应该被迫足月生产这个观念是不被接受的关于女性在社会中适当角色的宪法陈规的产

---

[25] 所有这些都不意味着只有男性可以登记或者只有男性可以战斗必然违背平等保护条款,其理由我在这里不讨论。

物。限制堕胎的历史明显支持了事实上这些限制与关于女性适当角色的传统理念密切相连的主张。这当然是一个经验主义的主张；但是它有着充分的支持。[26] 例如考虑那些卷入反堕胎活动的判决，"赞成作为固有的区别的结果，男女扮演着不同的角色：男性最适宜于公共世界的工作，而女性最适宜于养育子女、操持家务、关爱和照顾丈夫。……根据这种看法，生儿育女本身就是全职工作，任何不能全身生儿育女的女性就应该完全远离于此。简而言之，工作与生儿育女二者只能选其一；不能兼得"[27]。

我并不否认，从逻辑上可能以同样的热情度反对堕胎和这些传统理念。但是限制确实或者说可能存在于我们的世界中，如果没有那些坚持和依赖于不被接受的陈规的人的参与和支持，我们不可能跨越这些限制的关卡。在这个意义上，对堕胎的限制与表面上对警察（其存在部分归因于种族歧视动机，或者表面上中立

---

[26] 参见 James Mohr, *Abortion in America: The Origins and Evolution of National Policy*, 1800—1900, 168—172 (1978)，揭示了对堕胎限制负有责任的医生"是改变传统性别角色的最保守的群体。……对于许多医生而言，女性的主要目的是生产孩子；妨碍这个目的，或者允许女性'纵容'自己从事不大重要的活动，都会威胁……社会的未来。对于这些医生来讲，堕胎是这种妨碍的最严重的情况。"Id., at 168—169. 又见 id., at 105，引用了 19 世纪的医生的抱怨，"迫使女性进入男性的位置的趋势"正在创造阴险的"关于女性义务的新观念"，包括"她们作为母亲的职务应该被放弃，为了投票和立法这些决不让步的权利。"

又见 Linda Gordon, *Women's Body, Women's Right: A Social History of Birth Control in America*, 3—25 (1976); Carole Smith-Rosenberg, *Disorderly Conduct* (1985). Smith-Rosenberg 引用了美国医疗协会下面有影响的堕胎犯罪委员会的一个宣言，描述试图堕胎的女性："在这个过程中她漠视天意，她忽视了婚姻契约施加给她的责任。……有这样妻子的丈夫也会受她所累，不会快乐。作为报应，她甚至不可能得到忠贞的丈夫的尊重。"Id., at 236—237.

最近的最好的资料是 Kristin Luker, *Abortion and the Politics of Motherhood* 以及 "Abortion and the Meaning of Life," in *Abortion: Understanding Differences* 25, 31 (Sidney Callahan & Daniel Callahan eds. 1984)，论及了上一代通过的堕胎法，并且涉及下一代堕胎法的可能发展。

[27] Luker, "Abortion and the Meaning of Life", at 31.

的、实际上因以性别为基础的歧视而存在的身体条件要求)进行的中立测验之间存在着类似之处。歧视动机的存在足以使法律归于无效,即使存在着独立的中立理由。这足以表明,要不是歧视,就能够通过法令。

第四个、也是最后一个因素是,在真实世界中,限制堕胎的后果并没有如人们所设想或期望的那样挽救许多胎儿的生命,而是强迫女性寻求危险的堕胎方式,对女性本身愈加危险。合法的堕胎率在罗伊案之前3年比在罗伊判决后的3年里增加得更快。[28] 事实上,一些统计表明,在罗伊案之前,每年有5 000～10 000女性因乱堕胎而死亡,死于医院的有上千人。[29] 自罗伊案以来,因堕胎而死亡的女性下降了不亚于90%,仅在罗伊案之后的1年里就下降了40%。此外,由于罗伊案的判决,堕胎率似乎没有再显著地增加。事实上,一些研究显示,罗伊案前实施的堕胎几乎和现在一样多。堕胎率从20%～25%增加到大约28%;全年的数字从100—150万增加到150—160万之间。[30]

这些数字是有争议的。但即使统计数字有些高估,即使堕胎的数量和堕胎率因罗伊案而有重大增长,至少似乎清楚的是,判决

---

[28] 参见 Gerald Rosenberg, *The Hollow Hope*, 179—180,353—355 (1991)。

[29] 参见 L. Lader, *Abortion* 3 (1966); R. Schwartz, *Septic Abortion* 7 (1968)。还可参见 H. Morgantaler, *Abortion and Contraception*, 111 (1982)。

[30] 参见 Rosenberg, *The Hollow Hope*, 179—180,353—355; 以及 H. Rodman et al., *The Abortion Question* (1987)。相关事实的有益讨论又见 Posner, *Sex and Reason*。这种事实应用于 Mary Ann Glendon, *Abortion and Divorce in Western Law* (1987),支持了美国已经把堕胎作为解决不需要的孩子问题、甚至是(可以说是)儿童照料政策的主要方法这个有力的主张。Glendon 与更为吸引人的欧洲方案针锋相对,欧洲方案运用法律和社会支持给母亲和孩子提供照料,而更多地限制堕胎权。根据 Glendon 的观点,美国的自由堕胎与缺乏对母亲和年轻孩子的社会支持密切关联。

Glendon 的主张是重要的而富有说服力的。它表明,关于生育、女性和儿童的社会政策不应该主要关注堕胎。而应该强调如何避孕、获得教育、防止被迫的性交以及对不确定是否要孩子的女性的社会支持。一般的目标应该是使堕胎既不必要,也不希望。然而在目前的条件下,Glendon 的主张不应该被视为反对基于性别平等原则的堕胎权的理由。

的主要影响不是增加了胎儿的死亡,而是使得危险的堕胎转变成安全的堕胎。如果情况如此,限制堕胎并没有如其提倡者所希望的那样真正地保护生命。相反限制堕胎增加了孕妇的死亡,而没有如提倡者预期的那样减少终止妊娠。

我并不是为了说明无效的法律是违宪的。相反,我的主张(一个符合习俗的)是,侵犯基本利益、以性别为基础进行歧视的法律必须实际上促进其合法性目标。[31] 当然,由于技术变革和更大的强制措施,新的堕胎限制与以前相比会是更有效的或者更少危险的,这是可能的。但是在没有巨大成本的情况下控制堕胎所面临的严峻困难表明,这种想法可能太乐观了。此外,技术变革或许能减少那些利用相应技术的非法堕胎者的危险,但是同时技术变革也减少了法律禁止的效力。

堕胎限制的无效的事实还间接表明了歧视目的的存在,尽管不是直截了当地指出。对堕胎的批评未能重视这一事实表明,至少有一小部分反堕胎运动出于惩罚的目的,而不是保护胎儿生命的利益。这些惩罚的目的包括惩罚和阻止非生育目的的性行为,这似乎在制定反堕胎法中起了很大的作用。

主张堕胎权基于性平等原则是开诚布公的。限制堕胎仅仅给女性施加负担,因而是不被接受的,除非根据性别中立令人信服地证明其正当。在一些情况下,以性别为基础的歧视可以获得充分的理由;但是在我们的世界里,这些理由没有考虑到身体被利用的负担这个事实,恰当地理解这个负担只施加给女性,如果没有关于女性恰当角色的不受欢迎的陈规,这种负担难以得到实施,也不会

---

[31] 当然,对于一些人而言,象征性的胜利——禁止堕胎带来的对人类生命的肯定——或许就足够了。但是在一个高压世界里,象征性的胜利或许是不够的。参较 Griswold v. Connecticut, 381 U. S. 479 (1965)(在法令不足以服务于其他合法目的的情况下拒绝援用象征性目标)。

  我这里不讨论还未达到禁止程度的对堕胎权的限制,如等待期限问题,父母的公示和同意要求,提供给怀孕女性信息。这些限制引起的独特问题这里不讨论。

在实践中挽救胎儿的生命。

这种主张没有依赖于抽象的隐私权或者控制自己身体的权利。我不打算表明,这种可供选择的观点必然不具有说服力,或者不可能主张自治、免受身体侵犯的自由利益使堕胎权正当化。但是这些主张所面临的困难之一是,它们必须接受胎儿的道德或政治身份,而这是平等主张所成功避免的问题。当然来自于自由的强有力的主张加上平等的主张增加了这个基本立场的分量:堕胎内容未必涉及不平等。事实上,在这种情况下截然分离平等与自由的主张有某些人为痕迹,因为被不平等对待的事物——控制生育过程——对于同时否决女性的自由和平等都是一个重要的因素。对女性生育能力的社会与法律控制是以性别为基础的等级体制的既定特征;对自由和平等的严肃许诺要求对这些体制的各种不同形式进行法律上的攻击。

无论如何,没有人可能处于恰当的立场回答在一个以性别为基础的平等世界里是否应该允许堕胎。答案或许是创造了相应不平等的生物区别在任何对于堕胎的限制中都将濒临险境。答案也或许是,自治的利益是充分的理由,无论性平等的利益有多少。尽管如此,通过移除支持堕胎权存在的一个因素,朝着性平等方向的运动——在受孕前、受孕中和受孕后,包括婴儿出生后——毫无疑问削弱了堕胎权的理由。

具有讽刺意味的是,正是隐私主张、而非来自平等的主张促使提倡者追问稀奇古怪的、无法解决的违反事实的问题。来自平等的主张着重于限制堕胎的内容、源泉和后果;它牢牢地嵌入了现有实践中。平等主张不是取决于违背事实的问题:如果男性能够怀孕,如何对待堕胎?这是个通常违背事实的问题:只有当脱离当前现实的部分发生变化并且其余部分保持不变时才可能做出回答,但这是一种极其人为的策略,因为脱离现实的部分的变化也改变了其余部分。

它诱使人们认为,如果男性可以怀孕,就可以自由地进行堕胎,因为如果性交会带来不需要的孩子,大多数男性立法者不大可能支持严厉约束他们的法律。但是堕胎权的倡导者不应该如此确信,如果情况是那样,就可以自由地堕胎。如果男性可以怀孕,他们就不是男性(实际上这样的人不是我们所理解的意义上的男性)。追问在一个男女有着根本区别的世界里堕胎将被如何对待就是追问一个不接受有意义的评价的问题。同样,自治的主张需要评估如果社会实践发生根本改变堕胎将被或者应该被如何对待。但我们还不能够做出这样的评估。

此外,不像隐私或者自由的主张,平等的主张有很大的好处,这种主张没有贬低保护胎儿的合法利益,并且事实上使关于未出生生命的道德上与政治上身份的任何立场变得不必要。即使胎儿具有人类生命所有的身份,在目前条件下女性的身体也不可以为了保护胎儿而被利用。这里这个(公认的有缺陷的)类推将被适用于黑人必须成为献血者以确保某些需要血液的人不会死亡的情形。即使保护需要血液的人是一项强制的政府利益,但是这种选择性不会被容忍。如果选择性地给一类人施加负担,即使为了保护其他需要如此做的人的利益,根据平等保护条款,这种负担都是不被接受的,人们的生命是否濒临危险都无所谓。

迄今为止对于这类主张有两种可能的回应。第一种是,怀孕是自愿的;女性要对胎儿的存在负责。因为胎儿的存在与弱势地位源自于自愿的选择,应该施加女性特殊的义务保护胎儿,即使这项义务需要通过法律利用她的身体。既然胎儿的存在是由于自愿的行为,如果不利用他人的身体就无法存活,那么把堕胎类比为谋杀而非未能提供支持就是恰当的。此外,与此相关的一点是,使堕胎与众不同的地方在于对人类身体施加负担的选择性,只选择与胎儿生命有关的身体。由于生理原因,政府不可能让男性承担这个负担,即使政府想如此。如果胎儿能够继续存在,必须是给女性施加负担的结果。人类生理的残酷事实预先注定了选择性。

即使这项主张被接受,也不应适用于由非自愿性交导致的怀孕的情形,如强奸和血亲相奸。的确,来自于平等的主张在这种情况下是可信的。

此外,即使在刑事案件中因事制宜地处理强奸或血亲相奸的证据也很困难,这揭示了非常难于以强奸和血亲相奸作为抗辩和证明判定堕胎。如果权利存在于堕胎或者血亲相奸案件中,那么惟一现实的保护这种权利的办法就是创设一种一般的堕胎权。当然,有意义的是,这种保护会非常广泛,会保护不具有宪法权利的堕胎(根据至今提出的主张)。但它仍旧是正确的,为了允许宪法上保护的堕胎而过度保护是必要的。

更为一般的,性交是自愿的不意味着怀孕也是必要的。实际上,自愿的性交不意味着自愿的怀孕,正如黑夜在附近行走不意味着蓄意抢劫,没有锁门不意味着自愿被盗。合理的避孕努力经常失败。问题反倒是由人们应自愿承担风险这个主张引起的:无论从事某种行为的决定是否能使政府或者社会对他们施加相应负担正当化。这是一个规范性问题;认为人们应自愿冒险的看法不能成功地解决这个问题。

目前的问题是,如果性交是自愿的,是否应允许政府对女性施加义务在堕胎的情况下利用其身体。但这不足以回答强调性交是自愿的所引发的问题。

如果政府迄今是正确的,那么答案必然是否定的。正如我们所看到的,施加义务深深地预示着违反了平等保证的本意。此外,它仍旧具有不被允许的选择性,尽管真实情况是由于生理问题政府不可能要求男性保护胎儿。理由是,即使男性的身体可以被要求保护孩子,政府也不会施加任何义务;即使男性对孩子的存在负有部分责任并因而应承担风险,情况也是如此。政府全盘否定施加给男性义务利用其身体保护孩子,选择性在其中发挥了作用。最后,反堕胎限制未能很好地实现其目的,以至于很难被接受。出于所有这些原因,胎儿的存在归因于女性的自愿行为这个事实没有使禁止堕胎正当化。

第二个可能的回应是,我所提出的主张未能与堕胎的合法主张逻辑自治。没有哪个群体像未出生的孩子一样在政治上无力、通常处于弱势;他们根本不能投票。或许他们的不平等处境本身就足以不需考虑只施加给女性负担。根据这种看法,任何对不平等或选择性的异议在这种情况下都变得更为有力,但只是对胎儿而言,而非对女性。结果是对堕胎不予禁止,因为堕胎最明显地否认了"法律的平等保护"。如果没有这种禁止,胎儿最容易被其他人类除掉,并且是惟一被剥夺反对毁灭的法律保护的。

这个回应恰当地指出,政治上的弱势群体恰好处于问题的两方。事实上,它表明,在一些情况下政府可以根据宪法义务保护未出生者,至少在不利用母亲身体的情况下。然而,对于不被允许的以性别为基础的歧视主张,它不是一个有说服力的反驳。

即使胎儿是弱势群体,即使他们有权获得特殊保护反对歧视,他们也没有权利主张另一个弱势群体为了他们的利益贡献身体。这里有一个最接近的类比,法律要求西班牙人献出身体(例如通过献血和强制性肾移植)保护弱势的黑人儿童,或者只给黑人儿童的父母施加这样的义务。即使应受保护的群体拥有特殊的主张要求保护,政府也不可以对另一个弱势群体施加相应的义务。

来自于性平等的主张似乎优于一般的或者特殊的隐私权主张,也优于仅仅限制没有引起宪法问题的堕胎的观点。特别地,平等主张相对于选择优先(pro-choice)立场有着巨大的优势,平等主张不依赖于隐私和自由的认可,事实上它坚持保护胎儿利益的力度,强调而不是漠视只有女性怀孕和生育领域存在的歧视与强制的事实。这些好处的原因相当于反色情作品的情况。

只要既强调限制堕胎保护生命的不适当性,又强调给女性施加负担的选择性,平等主张就优于反堕胎立场。事实上,得出结论针对性歧视的主张不仅是两种可选择的方案的有力竞争者,也是总的来说正确的,似乎是合理的。

然而就目前的宪法而言,针对性歧视的主张至少得到了很好的表述。在罗伊案中并没有提及平等,这也同样适用于美国法律的大部分历史中的堕胎问题。性平等的主张第一次出现在1992

第九章 色情作品,堕胎和代孕 **333**

年,有着严重分歧的最高法院在凯西(Casey)案中重申了罗伊判决。[32] 这个判决中一个非常突出的特征是对平等的新的强调。布莱克门(Blackmun)法官,也是罗伊判决的起草人,他非常明显地依赖于平等原则:"通过限制终止怀孕的权利,政府征用女性身体为其服务,强迫女性继续怀孕,经受分娩之苦,在大多数情况下,还要提供年复一年的母亲般的照料。"布莱克门法官极力主张,堕胎限制依赖于"只有女性可以被迫接受母亲身份这个'自然'身份和事件"的假设,这是一个不被允许的关于女性角色的观念。史蒂文斯法官同样声称,堕胎权"是正确理解男女基本平等的应有之意"。

在重申罗伊判决的主要意见中,奥康纳、肯尼迪和苏特法官也强调了性平等问题。"女性预期在国家的经济和社会生活中平等的能力因她们控制自己生育的能力而改善。"这些法官投票废除规定堕胎要通知男性的法律,这样做很大程度上是根据"在决定是否生育孩子的问题上,(政府)不可以赋予男性支配妻子的地位"。因而法院发现,通知男性的要求相当于家父控制家庭成员的古老观念,这个观念与"我们目前理解的结婚以及宪法保证的权利本质不一致。当女性结婚时,她们并没有因此失去受宪法保护的自由"。

尽管有这些建议,堕胎权现在还是不受平等保护条款的保护。理由是,即使在凯西案后,平等主张仍旧是一个脆弱的答案,明显让人想起色情作品的情形。根据最高法院的观点,法律限制堕胎不等于歧视,因为只有女性能怀孕。[33] 否定平等涉及拒绝对人们同等

---

[32] Planned Parenthood of Southeastern Pennsylvania v. Casey, 60 U. S. L. W. 4795 (1992).

[33] 参见 Geduldig v. Aiello, 417 U. S. 484, 496 N. 20 (1974); Harris v. McRae, 448 U. S. 297, 322—323 (1980)。在 MacKinnon, *Feminism Unmodified*, at 32—34 和 Martha Minow, *Making All the Difference*, 56—60 (1990)中,这个平等观念受到了挑战。探索一个把女性的生理能力作为规范的法律体制或许是有益的。例如,设想国家让每一个公民选择或者生孩子,或者给政府带薪工作9个月。这个法律很容易被视为是一种对男人的歧视,即使其无效性比给女性生育能力施加负担的法律小得多,后者的根据是 a) 承担负担的阶层包括不育的女性和男性;以及 b) 给女性生育能力施加负担的法律是性别从属体制的一部分,而没有给男性的生育能力施加负担。

情况同样对待。至于怀孕的能力,女性和男性处于不同的情形。平等的主张因而是不能被利用的。

这种平等观念其实也是一种中立观念。根据这个观念,当且仅当政府在相同的人之间作区分时(例如,通过区别对待黑人和白人,或者女性和男性),政府的无偏私义务才被违反了。但是这种中立观念取消了似乎完全合理的不平等主张的边界。能够如此恰恰因为这个边界包含着有争议的实质基准。而这里的基准不是现有的财富与机会的分配;就社会现状而言,也没有被视为前政治的和正义的。然而,一些同样的东西却在起作用。源自于标准的女性的生理区别被视为社会赋予的,针对这些区别的法律规则不被认为引起了平等问题。

这里的问题是,标准本身就是根据男性的身体能力界定的。只有女性与男性一样时,才有性歧视。根据目前的理解,平等原则只要求在女性与男性相同时,才必须同样对待。

这种方法的困难是,它把男性的身体能力作为反对平等的基准。在堕胎的情况下这等同于在我所讨论的其他情况下运用现有社会实际作为评估背离中立的基准。实际上是殊途同归。当然没有明显的理由以这种方式追问平等问题。事实上如果人们按照这种方法做了,将不能在似乎极可能存在不平等的案件中看到不平等,也不能在似乎极可能缺乏平等的案件中看见平等。(参见第十一章)的确,把生理能力变为一部分人(并且只有这部分人)在社会和法律上无资格的法律应该被视为引起了平等问题。如果通过法律把只限于一种性别的生理能力设定成社会不利条件的基础,人们或许会认为,相关的法律创造了不平等问题。

在堕胎的情况下未能看到这一点是源于一种特殊的中立观念以及一种派生的,同样也是特殊的关于何为平等的观念。我得出结论,限制堕胎的法律引起了性歧视问题,来自于中立的回应包含了不合理的基准。禁止堕胎的法律可能违反了正当程序条款或者侵犯了宪法上保护的隐私;但是这些法律确实违反了宪法对于法律上平等保护的承诺。

代孕

许多法院和州的立法者正在决定法律是否应该以及如何规制女性向不育又不愿收养孩子或者不想自己生育的夫妻出卖生育能力生产孩子的协议。迄今为止,宪法对这种情况还没有发挥什么作用。但是选择自由,实际上是契约自由,是代孕协议提倡者的战斗口号。至少下级法院已经表明,宪法自由禁止政府限制这种协议。[34]

根据这种观点,出于和认为罗伊诉韦德正确的同样原因,代孕协议是可以接受的。选择自由,以及控制身体和生育过程,是治理的原则。问题不是选择是否正确,而是选择应被交给个人、而非政府。这个观点由许多认为罗伊判决是正确的人提出,出于同样原因他们也支持代孕协议。

正如堕胎和色情作品的情形一样,这里也有着人们熟悉的竞争性立场。根据这个竞争性观点,因为生育能力和婴儿不能被购买和销售,所以应该被视为神圣不可侵犯的。为了金钱而交易生育能力和人口减弱和贬低了其神圣性。性行为和生育应该受保护,免于为了享乐和盈利。根据这种观点,出于和罗伊判决是错的同样原因代孕协议是错的。二者都不足以让人尊重对传统形式的性行为与生育过程的特别主张以防止不同形式的贬低。同样的观念当然成为反淫秽立场的基础。

代孕协议的倡导者很可能受到促动追问(或许是有倾向性的)为什么女性不应该被允许出售婴儿,如果根据罗伊判决她们被允许杀死胎儿。他们很可能受到促动补充道,支持罗伊判决就支持代孕,反对罗伊判决就反对代孕,这似乎是合理的,一些人既支持

---

[34] In re Baby M, 217 N. J. Super. 313,387—389, 525 A. 2d 1128,1165—1166 (N.S. Super. Ct. Ch. Div.) rev'd 537 A.2d 1227 (N.J. 1987), 109 N.J. 396 (1987).

罗伊判决又反对代孕是不可能的、甚至是虚伪的。如果堕胎权在控制身体权中找到正当理由,那么由此可见,代孕协议是不会招致反对的。它们同样是个体控制生育选择的结果。

在堕胎和代孕这两种情况下,通常被说成极具讽刺意味的是,一些堕胎权的倡导者受到生育的自由市场的干扰。如果权利就是让人自治——或者控制与生育问题有关的个人事务——那么的确,出售妊娠服务的权利至少深深地根植于堕胎权。

如同在色情作品和堕胎的情形下一样,最为合理的回应借助于平等保护原则,而非隐私。我们已经看到,色情作品中的问题是,把一群人视为另一群人在性上利用的对象,更为个别的,是作为性暴力的对象。在堕胎的情况下,问题是一样的:一类人的生育能力通过法律变为某种被他人利用的东西。如果代孕遇到麻烦,那很大程度上就是出于同样的原因。[35] 代孕的实践也把一群公民的生育能力变成其他人利用的对象。即使交易的结果在很大意义上是自愿的,问题也会产生。社会和法律制度经常把女性的生育能力变为某种供人利用和控制的事实,而且代孕协议的过程与通过这些制度利用女性生育能力密切相关,并以此为基础把女性创设为二等公民,鉴于这些,问题就尤为严重。

然而在代孕的情况下,这种主张也面临着严重的困难。约束代孕的决定或许本身就会被视为对女性生育选择的社会控制机制。代孕协议(通过假设)是自愿的,因而对女性有好处。作为替

---

[35] 或许这里也有明显的自治问题。惟一的侵犯是强迫人们放弃自己十月怀胎生下的孩子。这种侵犯足以允许对相关契约的背叛,即使不用讨论平等问题。

如果这种主张具有说服力,是否使用了代孕母亲的卵子都无所谓。关键是,她把孩子生了出来。代孕协议的问题在于使妊娠服务商业化,即使胎儿生理上与其父母都有关系,这个问题也存在。我怀疑,胎儿"是"父亲的,或者"不是"代孕母亲的,这种观点与一种陈旧的、却仍然具有说服力(尽管在生物学上没有说服力)的观念有密切关系:在深层次上,孩子只是父亲的后代,母亲只是执行生产的工具。参见 Thomas Laqueur, *Making Sex*, 57—59 (1990)。

身的妈妈选择出售她们的生育能力;没有人强迫她这样做。在这个意义上,她不像堕胎情况下非自愿的妈妈那样是法律控制的对象。因而有必要解释为什么政府允许自愿选择的决定应该被视为一种伤害性的歧视形式。

很清楚,援用"征用"这个术语或者(或许是同一样事情)提及有时参与协议的女性面临的苛刻的背景条件是不充分的。不允许这种协议对于消除这些苛刻条件于事无补。它只是消除了一种女性或许可以试图抵消苛刻条件的机制。消除最优选择——即使对于旁观者似乎是苛刻的——几乎不是解决背景不平等的明智之举。这通常诱使人们认为,我们通过阻止人们选择艰难的道路保护了人们免于困难的处境;但是这将在根本上有助于她们几乎是不可信的。

出售生育能力的根本问题不是背景条件,而是对于那些参与协议的人以及一般的女性和孩子而言,出售很可能适得其反。第一个困难是,不管女性在事实面前会怎样想,出售生育能力的程序对她都是有害的。事先或许很难准确地理解转让已经出生的孩子意味着什么。我们可以发现许多例子,有些引起了人们高度的注意。[36]

第二个问题是,关于为了金钱目的交易女性的生育能力以及由此产生的孩子的法律上的合法化将不可避免产生社会影响。允许这些女性和孩子被当作出售和利用的对象的选择将影响到男性如何看待女性,女性如何看待自己,以及男女如何看待孩子。在这里,代孕与卖淫的问题紧紧地结合在了一起。卖淫已经影响到了女性的社会理解(social perception);代孕体制产生了同样的后果。这两者都与不平等有密切关系。[37]

特别地,一个女性的性与生育服务在市场上被自由交易的世

---

[36] 参见 Martha Field, *Surrogate Motherhood*, 1—4 (1988)。
[37] 参见 Margaret Jane Radin, "Market-Inalienability", 100 *Harv. L. Rev.* 1849, 1929 (1987)。

界将合法化并加强一种普遍深入的不平等形式——把女性的社会角色视为生育的工具,并且利用这种角色创设一种二等公民。代孕协议如果被推广将会影响到男女关于恰当的男女角色的态度。对销售这些服务的社会描述因而可能根据反歧视的理由被正当化。鉴于男女的社会(在某种程度上是生理的)区别,允许购买和销售男性生育能力的决定就不会产生这种后果。因而中立不需要同等对待出售男性与女性的生育能力。

我还没有提出任何完整的主张反对代孕协议。这个问题最终取决于这里没有提到的一系列因素。许多这种因素证明代孕协议是站不住脚的。对孩子可能有适得其反的影响。得知有人的生育能力已经被出售或者可能被出售会对孩子产生有害的后果。为了完全理解代孕问题,有必要评价这个观点。此外,种族和贫困问题在这种背景下是重要的。可供收养的白人孩子是短缺的,而却有大量的被遗弃的黑人孩子。必须在这种情况下理解代孕的诉求。

这里也有很重要的竞争性的考量理由,这些考量理由支持允许代孕。我所描述的影响只有一小部分会发生或者根本不会发生,这是可能的。可能许多或者大多数参与这种协议的女性将很高兴如此做,这的确是有重大意义的(尽管不是决定意义的)。禁止代孕将涉及不被允许的保护主义形式,这也是可能的,这种保护主义将有助于抹杀足月生产的过程实际上是一种工作形式的事实。使允许这种协议的外部性变小也是可能的;无论如何,估计其影响范围是极其不具有确定性的,关于恰当的男女角色的社会态度受到了大量因素的影响,代孕协议很可能只是其中很小的一个因素。对不育夫妻(女性也涉及其中)的好处足以抵消其弊端,这是可能的。

实施对代孕的禁止中牵涉的问题有力地反对了惯例。当生产的母亲拒绝转让孩子时,对实施这种协议的拒绝似乎远远优于刑事禁止。在任何情况下,更多的问题将取决于具体情况。

根据这些考量,代孕协议可能不会被禁止。然而,如果这种协议有麻烦,那么就是因为支持而不是因为反对罗伊诉韦德的结果。

如果这些理由有说服力，那么在同时赞同堕胎权和关注代孕协议之间就不存在矛盾。这个立场似乎仅与已经设定引导讨论前提的那些人不一致。这些前提与某种中立观念有着千丝万缕的联系。

　　堕胎权可以安全地建立在平等保护原则之上。限制堕胎的法律包含了一种以性别为基础的歧视形式。在同样情况下，这些法律还使女性无资格堕胎，却没有施加给男性。这些同样情况却被视为无关轻重的，仅仅因为对征用女性作为母亲的自然性质的理解；这种理解是性角色陈规的一部分；它起因于在法律的其他领域被认为不被允许的理念。

　　我还没有解决由色情作品和代孕带来的所有问题，这里我只展现了一部分，更复杂的考量这里我还未能详尽。将此与第八章的讨论联系在一起，这里的方法正表明了，应该支持适当缩小和厘清对色情作品的限制。无论如何，这两个方面都带来了严重的歧视问题。以性平等原则为基础规制色情作品的情形比以传统价值为基础规制淫秽的情形更有力。在当前条件下，购买女性的生育能力造成了性歧视问题。鉴于反对规制建立在中立的基础上，这两种情况下对规制的反对都是没有说服力的。

第十章
"这是政府的钱"：关于对言论、教育和生育的资助

许多宪法中最使人烦恼的问题来自于这个事实；现代政府不仅通过刑事处罚，而且通过开支、许可以及就业影响宪法权利。政府可以拒绝雇用持有不受欢迎的政治观点的人么？政府可以为分娩付费却拒绝资助堕胎或关于堕胎问题的言论么？政府可以在图书馆只摆某一种观点的书么？政府可以资助反对吸烟的运动而拒绝资助其他运动么？

很可能正是在这些领域宪法获得了最小的发展。正是在这里，在下一代，最高法院和宪法将接受最严峻的考验。

根据目前的法律，"违宪条件"学说在宪法权利与政府在开支、许可与就业领域的特权之间划出了界限。这个学说的目的是限制政府的权力，限制他们运用自己的资源来施加压力要求人们按照自己需要行事，从而影响宪法权利。这个学说作为一种简略的表达方式，回应了自愿参加政府项目的人已经"放弃"了他们宪法上的异议的观点以及不是意在创设规制项目的政府权力必然包含很小的权力实施这种项目、而无论条件如何的主张。

对这个学说的各种不同的困惑已经带来了相当多的混乱与大

第十章 "这是政府的钱":关于对言论、教育和生育的资助　341

量的解说。[1] 值得注意的是,尽管有这些差别,但争论的参与者们都把违宪条件学说视为解决争议问题的恰当机制。而这些区别有利于描述学说的范围与性质。

在这一章,我主张应该放弃违宪条件学说。这个学说来自于前述新政前关于中立与行为的理念,它非常不适于现代政府。在从普通法体制向现代政府艰难转型的时期,这种学说代表了一种在一个显著不同的环境下笨拙的、不曾被完全阐明的保护宪法权利的努力。反映了这种特殊传统的过时观念渗透到目前解决违宪条件问题的方法之中。普通法体制和刑事禁令规定了事物基本的、甚至自然的状态,而规制与支出项目是临时的,某种程度上还伴随着不和谐,这种理念影响到了争论的所有方面。

事实上,普通法是常规,而政府"干涉"(即管制国家)是例外的观点,引出了一元化的违宪条件学说。尽管这种观点很普及,但却是个误解。它包含了因现状而中立。它与当前政府的现实以及导致这种观点的学说之间都不一致。违宪条件学说关注于"强制"或者"处罚"的问题,而必要的是一种推理模式:追问政府是否有宪法上充分的理由,去影响受宪法保护的利益。

这种模式利用了许多第一章提供的分析方法。它与建国者们创造理性共和国的努力相一致。事实上,我们或许看到,作为一种建构有限政府体制的努力,这种新的关注发扬了宪法的制定者们对各种迥异的制度施加限制的传统。

我试图通过考察在选择性政府资助的不同领域产生的宪法问题阐释这些一般主张。我的目标是要表明这种运用于法律体制的

---

[1] 参见 Richard Epstein, "Foreword: Unconstitutional Conditions, State Power and the Limits of Consent", 102 *Harv. L. Rev.* 4 (1988); Kathleen Sullivan, "Unconstitutional Conditions", 102 *Harv. L. Rev.* 1413, 1419 (1989); Seth Kreimer, "Allocational Sanctions: The Problem of Negative Rights in a Positive State", 132 *U. Pa. L. Rev.* 1243, 1259 (1984); Laurence Tribe, *American Constitutional Law* § 10—8 at 681—685, § 10—9 at 685—687 (2d ed. 1988); William Van Alstyne, "The Demise of the Right-Privilege Distinction in Constitutional Law", 81 *Harv. L. Rev.* 1439, 1448 (1968).

分析已经遗弃了违宪条件学说。我得出结论,政府可以合宪地资助公立学校、但不可以资助私立学校;政府在资助艺术以及其他涉及言论的项目时,拥有广泛但并非无限的裁量权;此外,或许是最有争议的,政府有宪法义务资助强奸和血亲相奸案件下的堕胎,至少如果政府在同样情况下资助分娩的话。

一种非常一般的主张得自于并且有助于促进讨论。在决定性意义上,所有宪法案件都是违宪条件的案件。普通的财产权由法律创设——根据霍姆斯法官的话,"这是事实问题"(参见第二章的讨论)。当政府表示如果你做某件事情就会没收你的财产时,那么这在本质上就为政府所授予的权利施加了条件。在违宪条件案件(取消批评政府的人的福利津贴)与普通的宪法案件(批评政府的人必须支付罚款)之间没有根本的或者理论上的差别。普通案件和违宪条件案件之间明显的区别取决于因现状而中立。一旦我们否认中立的观念,我们就能够根据更合理的基础重建宪法的原则。

开支、许可执照、自由

为了尽可能详尽地分析,我将关注于涉及选择性资助的三种情形。第一种是,政府决定资助公立学校而不资助私立学校。尽管存在送孩子去私立学校的宪法权利,尽管已经通过一般税收资助了公立学校,政府仍旧如此做。[2] 第二种情形是,政府资助某些艺术方案,而不资助另一些——例如,排除了包含裸体、批评政府或者宣扬纳粹主义或共产主义优点的言论。第三种情形是,在因强奸或血亲相奸导致怀孕的情形下,政府资助分娩却不资助堕胎。

我已经表示,违宪条件学说是规制型福利政府与先前存在的普通法框架之间冲突的人为产物。在第二章我们看到,在管制国家的早期,现在通常被视为宪法上无可争议的立法——例如最低

---

[2] Pierce v. Society of Sisters, 268 U.S. 510 (1925).

工资和最高工作时间法——曾遭受过攻击，被视为不被允许地为了其他人利益而从某人那里"提取收入"。根据普通法的财富与赋予权利的分配被视为自然的一部分，或者至少是评价政府是否违背了中立义务的基准。我们还看到，在新政前和新政时期，这种框架受到了攻击。普通法体制似乎是一系列集体选择，而非自然或者不偏不倚的秩序。管制国家的兴起表征了一种普遍的理解，即普通法和私人市场是规制体制，有时它们既会带来无效率也会带来不正义。

起初，违宪条件学说是洛克纳案之类的判决的产物，是前新政理解的产物。它基于因现状而中立，它的原初目的在于保护管制国家兴起而威胁到的普通法权利。当规制和开支活动可能带来洛克纳案中所谴责的那种不被允许的再分配变得日趋明朗时，当法律原则可以用来控制那些对先前被视为私人领域的侵入之时，这个学说就产生了。

例如，在 1917 年，最高法院处理了一件事：只有在公司获得许可证明公司业务是为了"公共的便利和必要"之后，政府才允许公司使用公用的高速公路。法院因违宪条件而阻止了政府的行为。法院主张，"这种行为……绝不是真正地对使用高速公路的规制"，而是"规制需要使用高速公路的公司的业务"[3]。这种规制业务的形式是不被允许的，即使是以授予政府福利为条件。

那么，从一开始，违宪条件学说就来自于把管制国家视为普通的法律控制的人为的、偶然的补充。这个学说是一种保护普通法上的利益和市场秩序免受新鲜事物威胁的努力。当宪法法院不安地遭遇管制国家时，关于这个学说的范围与性质的三种主要立场，揭示了这个学说的根基。

---

[3] Frost & Frost Trucking Co. v. Railroad Commission, 271 U.S. 583 (1926). Epstein, "Foreword"，以及 Sullivan, "Unconstitutional Conditions"，讨论了一些这种原则的起源。

一、霍姆斯主义

第一种立场可以追溯到小奥利弗·温德尔·霍姆斯大法官。在霍姆斯对一位被非法解职的警察的权利主张的回应中,我们发现了一句经典的表达,代表了他的政治观点:"申请者可以拥有宪法权利谈论政治,但是他没有宪法权利成为警察。……公务员不可以申诉,因为他得到工作是根据提供其工作的条款。"[4]

霍姆斯的观点具有现代的影子,在现任首席大法官威廉·伦奎斯特的著作中也有它的一席之地。[5] 根据霍姆斯的观点,法院不曾或者几乎不曾使有争议的违宪条件无效。想像中更大的政府权力根本没有创设规划,包括想像中设定条件的更小权力。

霍姆斯主义者的观点以承认洛克纳时期的重要教训开始,法院不应把现状或者现有的根据普通法对赋予权利的分配视为神圣不可侵犯。霍姆斯大法官把否决洛克纳案的框架——违宪条件学说的基本原理——看做需要遗弃违宪条件学说。根据这种观点,对这个学说惟一合乎逻辑的取代是,就业、许可执照与投资领域的无限政府裁量权。当公民参加一项不具有宪法上赋予权利的项目时,宪法没有像政府一样对其条件施加任何限制。例如,可以由此得出结论,政府可以把基金授予任何政府喜欢的艺术家。事实上,霍姆斯主义者的立场取得了显著的地位。我开始谈论的这三种情形都可以简单地归为一个事实:政府赢了。

---

[4] McAuliffe v. Mayor of New Hampshire, 155 Mass. 216,220, 29 N. E. 517, 517—518(1892).在许多情况下霍姆斯表达了同样的立场。例如,参见 Myers v. U. S. 72 U. S. 52(霍姆斯法官的反对意见);Western Union Tel. Co. v. Kansas, 216 U. S. 1, 53(1910)(霍姆斯法官的反对意见)。

[5] 在现代的具体体现,例如参见 Frank Easterbrook, "Insider Trading, Secret Agents, Evidentiary Privileges, and the Production of Information," 1981 *Sup. Ct. Rev.* 309,344—352; Lyng v. International Union, 485 U. S. 360(1988)。首席大法官伦奎斯特的观点,例如参见 First National Bank v. Bellotti, 435 U. S. 765,822(1978); Rust v. Sullivan, 111 S. Ct. 1759(1991); Arnett v. Kennedy, 416 U. S. 134(1974)(多数意见)。

第十章 "这是政府的钱":关于对言论、教育和生育的资助　345

　　这种立场代表了对管制国家兴起的极端反应。不必惊讶,许多观察者把新政对普通法基准的批判视为放弃基准,并在这个(重要的)意义上一同放弃宪政主义的理由。当我们在霍姆斯那里看到这种立场根本不足为奇,他在洛克纳案的异见中(第二章已经讨论过)正是表达了这样的想法。但是管制国家的兴起几乎不应被视为取消对政府压制宪法权利行为进行约束的理由。

　　例如,如果政府可以把福利项目仅限于授予那些支持政府当权派的人,就将严重地歪曲言论自由,其目的和后果都会给第一修正案意图保护的自由带来同样严重的危险。如果第一修正案首先被当作对政府干涉政治观点的限制的话,那么资助言论的决定就难免受到责难。政府对许可执照和基金设定的条件可能严重地歪曲了(例如)表达自由体制或种族平等(设想只限于白人的福利项目)。所有这些都表明,霍姆斯主义者的立场在其最宽泛的意义上是不被接受的。

　　更为根本的,或许也是不可思议的是,霍姆斯主义者的立场结果是因现状而中立以及它声称批判的前新政理解的遗产。许多同情霍姆斯主义观点的人认为,根据普通法被认定的"强制性的"政府对私人自治领域的干涉很可能引起宪法异议。开支和福利项目则没有。这个观点通过参考(已经受到质疑的)20世纪早期普通法自治的前政治领域与政府行为的后政治领域之间的区别贯彻了宪法原则。在新政之后,政府津贴和开支项目不再能似乎合理地被认为是强加于一系列自发或者自然安排之上的规制体制。这是洛克纳案遗留的重要教训。

　　如果情况如此,那么霍姆斯主义立场在普通法与规制领域划出的明显界限就取决于与现代政府截然不同的假设与价值。它把普通法世界的权利视为与政府创设的福利世界根本不同(我并不否认,许可执照和资助的条件可以引起与刑事惩罚不同的问题。见下面)。

　　一个也与霍姆斯产生了共鸣的更为有趣的立场,将向前迈出更大的一步。它将表明,由于普通法权利是政府创设的,所以所有的情形结果都是违宪条件案件；政府大获全胜。在过时的意义上对宪法权利的干涉——如通过刑法——仅仅是干涉了政府本身创设的权利,因而干涉不会随心所欲。拒绝允许针对开支的违宪条件学说可能因而被视为仅仅是大规模的、后新政时期对宪政主义遗弃的特殊情况。我们或许猜想,这种情况的某些因素实际上是潜藏于霍姆斯大法官思想的背后的。至少这个立场有着前后一致的优势。但是既然它会取消对政府的宪法限制,那么就没有什么好支持它的。

二、反对再分配

第二种立场在20世纪早期很突出。尽管它在许多地方都得到了附和,但是理查德·爱泼斯坦(Richard Epstein)或许是今天对这一立场惟一的集大成者[6]。在这里,违宪条件学说与其最早的表现之间的区别或许是最明显的。

根据这种观点,这个学说的根本目标是在新的形势下维持和保护洛克纳案中的权利(财产与契约)。正如爱泼斯坦所详细阐述的,违宪条件学说以宪法为根据作为彻底禁止开支和税收项目的次优选择。有时,首要的项目本身作为"再分配"就是违宪的,正因如此才要适用违宪条件学说,也就是说,由于项目颠覆了现有的财产分配。有时适用这个学说是因为,即使再分配项目得到支持,法院也可以通过控制违宪条件学说施加的"间接"约束最小化再分配的后果。在20世纪早期和爱泼斯坦自己的论述中,这个理念来自于与洛克纳案相同的解释框架以及各种其他违背现代立法的判决。

这种理解将怎样适用于手头的案件呢？仅举一例,这种理解要求资助公立学校的政府也必须资助私立学校。某种教育券体制是宪法上的强制。理由是,如果政府只资助公立学校,那么就会在一群纳税人与另一群纳税人之间进行不被允许的再分配。这是违

---

[6] 参见 Epstein, "Foreword,"的基本陈述与辩护。

背宪法保护的再分配。

然而，根据现代的违宪条件，这种方法难以被接受。首先，宪法规定一般没有禁止"再分配"[7]。自洛克纳时期以来[8]，宪法被理解成准许有利于一些群体而给另一些群体施加负担这个大幅度的转变，这很大程度上是根据对现有的财富与财产的分配不是神圣不可侵犯的理解。当发现再分配违宪之时，不是由于任何一般的宪法上无资格，而是由于具体的宪法规定禁止具体的政府行为超越限度，其中的一些政府行为毫无疑问是再分配。例如，由于第一修正案的约束，一项限于共和党成员的福利项目是不被允许的；由于征用条款，把你的房屋充公并用作政府大楼的决定是不被接受的。根源于反再分配原则的违宪条件学说仅仅是通向具有具体禁止的宪法体制的一般途径。

更为根本的，第二种立场依赖于在20世纪已受到全面抨击的关于政府目的的观念。[9] 首先，在最低程度上干涉政府权力的霍姆斯主义与大力干涉政府权力的反再分配立场之间似乎有实质的区别。然而考虑到所有这些区别，两种立场都在被认为法律无涉的私人自治领域和被认为只有政府"介入"的公法领域之间做出了明显的区分。两种立场都是根据这种区分理解违宪条件学说。

但除非我们打算回到洛克纳案，否则再分配和温情主义的规划就不再是超出宪法的边界。建立在因现状而中立之上的违宪条件学说与支撑管制国家的假设是矛盾的。在违宪条件问题的背景下放弃这些假设将是不可思议的。

---

[7] 征用条款当然是反对再分配，但是它从未曾也不应该被视为是对所有具有再分配后果的政府行为的大规模攻击。

[8] 在洛克纳时代之前也一样；在建国时期，再分配没有遭遇普遍的障碍。参见 Thomas Grey, "The Malthusian Constitution," 41 *U. Miami L. Rev.* 21 (1986)。

[9] John Rawls, *A Theory of Justice* (1971); 以及 Bruce Ackerman, *Social Justice in the Liberal State* (1980)，在自由主义传统下提供了哲学的分析；沿着同一思路，对于规制的适当范围的具体关注，参见 Cass R. Sunstein, *After the Rights Revolution: Reconceiving the Regulatory State* (1990)。

三、补助 vs. 惩罚

第三种立场代表了当前宪法的主流。许多人把违宪条件学说视为保持对现代条件下政府中立的法律要求的努力。正是在这个基本观念中，人们发现了违宪条件学说的原材料：政府不可以迂回地实现他不可以直接实现的事情；政府不可以"处罚"对宪法权利的行使；政府不可以通过规制、开支和许可执照强迫人们放弃权利，也不可以通过刑事制裁这样做。

这些是最高法院惯用的主张。[10] 它们反映了某些重要的真理，尤其因为它们认识到开支决定影响宪法权利的可能性，而政府又不能使其正当化。总而言之，这些理念对于把普通法权利视为一般基准反对必须实行违宪条件学说的方法以及那些认为法院不应该限制通过开支决定干涉宪法权利的霍姆斯的追随者都是有价值的矫正物。

然而，在许多方面，第三种方法有着严重的瑕疵，至少不是因为它与洛克纳案的理念乍看起来有着太多相通之处（发现管制国家是一个奇怪的、时不时的侵犯者）。这里存在几个问题。

第一个问题是，提出区分补助与惩罚的正确基准的难度超乎想像。要知道为什么如此，我们可以看看哈里斯诉麦克雷（Harris v. McRae）[11]，在这个案子里最高法院支持政府决定资助分娩而不资助医学上必要的堕胎。法院表示，这个决定拒绝资助堕胎是可以允许的，因为它只是等于"拒绝补助"。法院表示，政府可以根据裁量权拒绝资助某些活动；但是法院还欣然地认可对堕胎权施以"惩罚"是违宪的。例如，政府决定撤回对已经堕胎的人的福利救济金，法院表明，这种惩罚决定将引起严重的宪法上的质疑。

但是如果政府资助分娩以及几乎所有其他医学上必要的经

---

[10] 例如参见，F. C. C. v. League of Women Voters, 468 U. S. 364 (1984); Arkansas Writers' Project v. Ragland, 481 U. S. 297 (1980); Sherbert v. Verner, 374 U. S. 398 (1963); Shapiro v. Thompson, 394 U. S. 618 (1969).

[11] 448 U. S. 297 (1980).

费,我们如何获知拒绝支付医学上必要的堕胎是补助还是惩罚?如果政府阻止女性获得她们有资格获得的东西,政府行为就应该被认为是惩罚而不是补助,这一点是非常有道理的。[12] 因而从已经堕胎的人那里撤回福利救济金是惩罚,"否则"她们有资格获得这些救济金。但是资助分娩而不资助堕胎不是惩罚,因为被拒绝资助堕胎的人没有资格获得资助。

这种表述区分了补助与惩罚,正如强制一样,它依赖于界定普通或许是人们期望的政府事务的基准。因而我们不得不决定什么是人们有资格获得的。但是这带来了严重的模糊性。在实行了医疗保健制度之后,试图堕胎的穷人没有资格获得医学上必要的堕胎款项么?如果没有堕胎限制,她实际上就应该有资格获得这种资助。哈里斯案中的异见者正是持这种主张。而法院的多数回答道,不曾存在一项可以获得所有医学上必要的治疗资助的一般权利。异见者可能会回应道,医疗补助制度的存在改变了涉及这种一般权利的基准。但是多数派还可能反问道:为什么?

所有这些都表明,确定普通政府事务的基准每挪动一步都举步维艰。在哈里斯案中,法院似乎非常审慎地运用普通法,这个医疗补助制度出台前的基准;但是鉴于医疗补助制度以及其他类似的法令已经出台,普通法在这些案件中或许不再是恰当的。一旦放弃普通法标准,根本不清楚什么会取而代之。这是个关键问题,但是对此违宪条件学说与补助—惩罚的区分绝对插不上话。这个学说与区分因而无助于解决看上去关键的问题。

问题更加深奥了。或许有时政府实际上可以通过选择性资助"处罚"行使宪法权利的行为。并非所有的惩罚都违宪。至少,任何受到违宪侵犯的主张都需要论据。

这一点导致了一个更宽泛的结论:区分惩罚与补助的基准的

---

[12] Robert Nozick, "Coercion," in *Philosophy, Science, and Method* 440, 447 (Sidney Morgenbesser, P. Suppes, & M. White eds. 1969); Sullivan, "Unconstitutional Conditions."

发展既不必要、也不充分。在宪法中是否存在对惩罚权利的一般禁止,这一点是不清楚的。而宪法通常使得下述问题变得必要:政府是否以宪法上成问题的方式侵犯了权利,如果是这样根据适当的审查标准政府是否能够使侵犯正当化。存在所谓的"违宪条件"的单一侵犯类型这个观点源自于认为在某些情形下问题将会变为考察"补助/惩罚"。但是为什么这种取代会发生根本不清楚。

更为根本的,我们应该用惩罚与补助的区分处理这些情况这个观念与似乎是其对立方的两种立场有着许多相同之处。这里,因现状而中立开始凸现出来。补助与惩罚的区分似乎(再一次)依赖于管制国家是明确的现状的人为填加物。如果不假定这种现状,人们就不能发现区别;为了决定人民有资格获得什么我们需要描述这种现状。在这些情况下,现状典型地是普通法权利的世界。但是鉴于政府开支和资助的普遍存在以及政府在相对短的时间内的急剧扩张和收缩,这种方法似乎不大适应现代政府。我们的现状完全不再是普通法的。

任何假定开支项目是普通法秩序体系的人为填加物的法律原则,都与现代政治的价值与运作不相符。迄今为止,我们还不知道更好的一套原则将是什么样。但是我们所知的足以明白补助与惩罚的区分,对此没有助益。

因而解决这个问题的三种一般方法,都似乎是不合时宜的。它们都在同样的意义上不合时宜:它们把普通法的调整视为惯常的政府事务。它们把政府资助视为或许成问题的对明确的现状的干涉。

为什么违宪条件学说是不合时宜的

综上所述,我已经表明违宪条件学说只有在特殊的历史条件下才能形成。设想一个古老的通过许可执照、资助和规制的决定进行法律限制的社会,这一点更加凸现出来。在这样的社会,刑法将缺场,而同样针对惩罚的宪法保护将起作用。设想在许多代以后,这个社会创造了一系列新的惩罚——称为罚金和监禁——作为根本的规制体制的补充。这样的社会很可能发现首先创设一系列新的原则控制新生的侵犯是必要的。然而,一旦社会成熟,将不会根据一元的准则检验犯罪化的范畴,而是遵循更为常见的原则。这些原则将考虑对相关权利施以负担的性质以及政府可能的理由。

那么对现代的观察者而言,问题就是违宪条件学说是否提供了真正的帮助。确定这个学说的三个功能是可能的。其中的两个是不合时宜的。第三个是相当重要的,但是我们为了实施它并不需要违宪条件学说。违宪条件学说应该被遗弃。

一、对负担技术的识别

违宪条件学说执行的第一个功能是识别政府对宪法权利施以负担的技术。这个原则提醒法院,开支决定——例如限定支持共和党的人接受福利救济金的条件——很可能通过要求有说服力的理由或者是使之无效而影响到宪法权利。

这个原则的这个功能是很重要的。法院忽视开支决定会影响到宪法权利这个事实是非常错误的。但是几乎不能认为这个事实是出乎意料的或者异乎寻常的。提醒人们注意政府可能通过开支、许可执照或规制施加宪法上成问题的负担的可能性仅仅对于那些在现代政府该做什么的问题上持有过时观点的人是必要的。

二、对持续的争论的回应

违宪条件学说的第二个功能是,为两种熟悉的主张提供一种简短的回应。第一个主张是,如果政府根本不需要创设规划,那么它就可以在某种条件下创设规划。但根本不必规划的"更大的权力"必然包括设定政府可以选择的条件的"更小的权力"。

第二个主张援引了自由和自愿选择这样的语词。例如,如果一个人为了给政府工作已经自由地选择放弃言论自由权,那么他凭什么理由可以抱怨这个协议,法院凭什么理由可以介入?的确,个人受到了其自由抉择的拘束。

把这两个主张中的对与错分开需要实质性的工作。违宪条件学说以最粗略的形式简短地回应了这些主张。政府不创设规划的权力必然包括设定政府选择的条件的权利,对于自愿的个人选择不存在宪法上的障碍,违宪条件学说同时回应了这两个似乎合理的观念。

但是在最宽泛的意义上,根据现代条件,这些主张的非真实性应该是不证自明的。政府根本不需创设规划,或者人们可以自由地接受条件,这些通常是不切题的。宪法限制了政府可以作为的理由和政府行为的影响。根据第一修正案,仅限于民主党人的福利项目是违宪的。的确,起初政府不需要创设福利项目,但是由此不能得出结论所有的限定条件都是被允许的。通过强迫人们服从政府喜欢的观点,一些条件损害了表达自由体制。这种强迫是不被允许的,即使根本不需创设规划。实际上,不创设规划的权力与法律问题不相干。

公民选择接受强迫作为参与规划的代价也不是至关重要的。公民的选择没有取消政府已经出于违宪的理由行事并且对表达自由体制产生了不被允许的影响的关键事实。由于这些原因,自愿参与和"更大的权力"的主张仅仅是自我解嘲。

得出这些观点不是否认有必要进行因时制宜的详细论述。例如,公民可能自愿同意放弃言论自由权以报答受雇于政府,并且认为自己的境况最终会变好。然而,宪法问题不是他是否在抽象的意义上境况变好,而是他的宪法权利状况是否变好,或者和以前一样好。作为获得工作的回报而购买言论自由权的出价有助于接受者的可能性总体上——根据某些标准——几乎不可能解决宪法问题,至少不可能有免受政府强加观点的权利。根本没有规划的体制带来的强迫远不及言论自由受限的体制。正是这些施加的限制在宪法上成问题。可以完全取消规划并非解决之道。

再举一个例子:参与政府项目而自动放弃宪法权利的公民或许是为了个体的利益,但却可能对整个表达体制产生巨大的有害的后果。政府对投票权或者言论自由权的"收买"不仅破坏了第一修正案对个体自治的宽泛保护,而且破坏了第一修正案对民主治理体制的保护。因此个体的自愿"放弃"很可能是无效的。为参加工作培训规划而放弃言论自由权似乎是合理的,如果这是参加规划的代价的话;但由于规划对于表达自由体制巨大的结构性危害,它将是宪法上不被接受的(设想如果允许一个私人或者公共组织购买大量选票,并且把所有选票都投给其喜爱的候选人)。

在这些主张中法院不需要违宪条件学说。更大的权力是否包括想像中更小的权力,对于明显的自由选择是否存在宪法上的障碍,这些问题取决于一系列复杂的考量。

三、实体权利与政府的理由

违宪条件学说的第三个功能是揭示了某种真实的、重要的、也许是令人惊讶的关于某些实体权利的特征以及政府理由的本质。总而言之:一些宪法权利根本不是政府中立对待的权利。在一些情况下,政府事实上可以提供理由允许在资助、雇用或者许可执照上有选择性。

在抽象的意义上,这一点显得有些模糊,但在一些情况下乍看起来非常明了。例如,考虑根据一项法令政府仅对同意表态支持民主党总统候选人、反对共和党候选人的人提供医疗津贴。这项法令是违宪的。表达自由权事实上是要求政府在竞争的观点间保持中立的权利。而无所谓刑事禁令或者现金支付是否违背了中立的要求。

相反,设想政府仅资助公立的普通教育的情况。我们已经看到,最高法院把宪法解释成包括送孩子到私立学校就学的权利。但是根据当前的法律,这项权利仅仅针对刑事惩罚,而不针对来自于政府资助公立、但不资助私立教育的财政压力。

这样理解相应权力会引起争议,但却是非常切题的。理由是,这里政府可以找到合理的理由为自己辩护。政府可以声称有必要确保公共资助不用于宗教活动而使自己的选择性行为正当化。由此我们可以提出,在开支的情况下,政府可以援用与开支和雇用有密切联系的理由证明自己的合法性。

有许多例子。在 Snepp 案中[13],最高法院支持使用秘密协议——包括政府的出版前审查——规制中央情报局雇员的言论。对这种情况最好的理由是,在情报局主管的能力范围内,政府具有合法性利益证明限制接触敏感信息的人的言论的正当。同样,下面可能采用的证明 Harris 案的理由是,在决定何种医疗上必要的手术应该获得联邦资助的问题上,政府可以适当地考虑,许多纳税人具有宗教上的理由以及其他道德理由反对堕胎。

最后一个例子,考虑 Lyng[14] 案,在这个案件中最高法院认为对食品券法案的修正禁止了罢工工人接受食品券福利。对这一结论一个似乎合理的论点是,即使政府不可通过刑事惩罚禁止罢工,但是可以限制给予真正需要的人的稀缺资源。或许政府可以具有合法性地做出结论,罢工者不像其他失业者那样处于危机中。

这些观点并没有为支持 Snepp, Harris, Lyng 案提供具有决定意义的论点。然而,这些观点确实表明,资助、许可执照或者雇用中的任一个问题都可能使假定宪法上成问题的政府对应受保护的权利施加的负担正当化。正是在这一点上人们可以发现当前法律的核心与必然的内涵,继续把资助、规制、许可执照的决定与刑事惩罚区别对待。

然而,为了完成任务违宪条件学说是必要的,这一点在这里还不是一目了然的。可以更直截了当地问,在施加负担的情况下政府是否有特殊理由。违宪条件学说无助于回答这个问题,甚至不能表明追问这个问题的必要。应该放弃违宪条件学说。

---

[13] Snepp v. U.S., 444 U.S. 507 (1980).
[14] Lyng v. International Union, 485 U.S. 360 (1988).

第十章 "这是政府的钱":关于对言论、教育和生育的资助　355

在放弃违宪条件学说之后

迄今为止,我的讨论已经非常全面。我赞成法律中的转变;不再强调是否存在"强迫"或者"惩罚",而是开始调查受政府影响的利益的实质以及政府为侵犯提供的理由。对这二者的调查都不是不受限制的。宪法确定了有限的受保护的权利的种类并且限制了政府可以提供的理由。

现在是对这些建议给出更具体的阐述的时候了。但是讨论的目标将是如何组织调查,而非得出最终结论。因而,人们或许接受我关于违宪条件学说是不合时宜的主张,以及从强迫转向说理的必要,同时不必接受我的特别建议。

两个首要的主题将贯穿于讨论。第一个也是最重要的一个是,有必要关注讨论中的具体宪法条款。在所有上面被考虑的情况中,问题是我们讨论的措施是否干涉了宪法权利,如果这样的话政府是否有充分的理由。无法在抽象的意义上或者通过一元原则回答这些问题。不同的结论适用于不同的条款。

第二个主题涉及纳税的公众的道德和良心上异议的相关性。一般而言,这些异议是资助决定的合法性理由。对涉及宪法上成问题领域的资助的异议,其地位如何?或许让人感到意外,我认为对于大部分公众而言道德异议应该不发挥作用。如果正在讨论的权利不是政府真正应该中立的权利,那么道德异议当然是充分的,但是它们几乎总是被理解成与道德异议的纯粹事实毫无关系的政府选择性的另一种理由。如果权利真正应该中立对待,那么道德异义就是不充分的。在这两种情况下,道德异议都是宪法分析不重要的部分。

相反,问题本身就是理由之一:政府是否具有侵犯宪法上受保护的利益的合法理由?在提出这个问题之时,我们发扬了对审议性民主的原初承诺,并坚持把这项承诺应用于现状。

一、公立学校、私立学校

我们已经看到,根据当前法律,政府负有宪法上的义务允许人们把孩子送到私立学校;但是不负有任何义务资助私立学校,即使政府资助了公立学校。在公立与私立学校间的中立不是宪法必要。

这里宪法允许不中立,有点令人迷惑不解。但是出于两个理由,传统智识可能是正确的。送孩子去私立学校的权利建立在自由行使第一修正案条款的基础上。自由信教的权利包括为孩子提供宗教教育的权利。但是与另一项宗教自由的基本保障(即设立条款)相比,这项权利非常不寻常。设立条款规定,法律不得"关注任一宗教的设立"。通过要求政教分离,宪法设立了特殊的、甚至惟一的宗教上的无资格。设立条款禁止政府资助宗教,即使政府被允许资助几乎所有其他的事业。

在这个意义上,宪法在宗教与非宗教之间没有中立。根据设立条款,禁止政府援助宗教,尽管可以援助其他完全被允许的事业。如果这种区分要获得正当化,必须依赖于为了支助宗教组织而对纳税人课税具有明显的社会伤害的理念,并且这种伤害很可能导致宗教分裂和派系冲突。设立条款通过使宗教紧张最小化制造了世俗的、自由的民主。创设这种体制的决定几乎不可能是中立的;它采取了有争议的立场。正是这个立场表明设立条款是非中立的,但是出于良好的动机,它对政府资助宗教机构施加了特殊的负担。

由此可以得出结论,政府在公立和私立学校间的中立不是宪法上的必要。许多纳税人曾严厉地反对对宗教学校的公共资助。这些反对是设立条款背后的理论不可分割的部分。把教育孩子的权利解释成强迫政府在宗教与非宗教学校间保持中立与宪法的宗教保证的逻辑是一致的。政府中立可能不违背设立条款,但是根据设立条款的逻辑可能带来许多问题证明政府选择性资助的正当。

对于这个观点一个可能的回应是,私立学校不必然是宗教学校。因而阻止纳税人资助宗教的愿望可能不能忍受不资助私立学校的决定。但是由于这些原因,大多数私立学校是宗教的可能是个充分的理由。理所当然可以得出结论,如果政府决定只资助世俗的学校,无论公立还是私立,都不会有宪法问题。

第二个允许政府资助公立学校、而不资助私立学校的理由是,任何政府都有有力和合法的理由偏爱公立学校胜于私立学校,(例如)为了增进统一的国家(或政府)组织形态的发展,发扬公民权,打破种族、宗教和阶级界限。考虑到信教自由的宪法保证,这些理由不足以允许政府禁止私立学校。但是同样的理由也具有相当的影响;完全可以利用这些理由允许政府资助公立学校、而不资助私立学校,并且通过这种办法鼓励到公立学校上学。宪法上授权政府在公立与私立学校间保持中立,但是政府并没有中立的义务。

政府可以资助公立学校、而不资助私立学校,并且政府必须允许公民选择离开公立学校、但需自费,这种体制似乎是对竞争性宪法利益(通过宪法的一般构造和具体的第一修正案的视角来理解)最好的调和。那么,在这种情况下,政府的选择性被允许,不是因为"惩罚"的缺场,而是因为合法性理由的在场。

二、受政府资助的言论

近些年来,政府资助的言论已经变得特别有争议。在其资助决定中,政府已经显示出大量的选择性,它试图从有争议的项目中撤回资金。这些包括对穿着女性胸罩和内裤的芝加哥市长哈罗德的描写、正在小便的耶稣基督、在地上被践踏的美国国旗、涉及艾滋病的艺术品,以及明显的色情镜头,包括男性同性恋者之间的性交。最有争议的一系列问题围绕着美国国家艺术基金会(NEA)以及其对有争议的艺术作品资助与否的决定。

这个普遍的问题可能在未来变得更激烈。政府极其广泛地牵扯到资助艺术,实际是作为整体的言论之中。政府资助与医疗程序相关的言论,包括与生育相关的医疗程序。政府运作大型的教育项目。它本身就是讲话者,用着纳税人的钱。拒绝资助或者撤回某些项目的资金既有合法理由、也有非法理由。有时候自圆其说非常困难,我的结论应该被视为假设。这里我将关注于资助艺术,因为这是一个有益的示例,涉及到当前与 NEA 有关的重要问题。

以一些被允许的资助决定开始讨论将是有益的。这里的核心点是,政府资助艺术的资源有限,它的分派必然是选择性的。完全资助所有的申请人简直难以置信。至少可以得出三个结论。

1. 政府可以通过刑法的禁止拒绝资助言论。因而拒绝资助淫秽、诽谤的言论,或者教唆犯罪不会遭致反对。惟一的要求是,必须有程序保障确保相关的言论确实是不受第一修正案保护的。

2. 以对质量或审美判断为基础的资助决定应该是完全合法的,至少在大多数情况下以及作为一个假设前提。政府被允许资助其认为是高质量的项目。事实上,要分派有限的资源这种判断是必不可少的,至少不是随机的抽签程序。

3. 以主题为基础资助项目的决定通常应该是无可置疑的。如果政府想要资助与美国历史、乔叟、第二次世界大战、民权运动、埃及、或者电影工业有关的项目,似乎没有可申诉的理由。在这些情况下,政府不是以观点为基础进行歧视。它仅仅是选择资助与某些主题相关的艺术。这里,资金是有限的这个事实也使得任何替代性方法变得不现实。

综合考虑,这些结论足以认可目前大多数与资助艺术有关的实践。在所有这些情况下,政府的选择性具有合法理由。如果政府可以根据主题做出决定,并且如果关于质量的决定是被允许的,那么通常应该支持现有政策。

在何种情况下会引起严重的第一修正案异议?最明显的情况是,当政府因人们的观点而进行歧视时。设想,政府决定资助民主党的项目,而不资助共和党的项目,或者只资助投票给当任总统的人的项目。这种情况当然是无效的。我们在第 7 章看到,禁止以观点为基础的歧视处于第一修正案的核心。在上述情况下,政府

第十章 "这是政府的钱":关于对言论、教育和生育的资助

行为的目的和后果都会引起反对。政府不得提出理由说明在特殊的资助情况下允许它如此行为。这里问题不在于"强迫"的缺场,而在于相应的选择性的合法性理由的缺场。

这里允许歧视的惟一可能的理由是,纳税人不愿资助他们反感的艺术。但是这个理由允许资助决定根据占主导地位的政治判断,特别是政府判断歪曲艺术创作。这将允许政府把资金只给予政府同意其观点的人。这种歪曲的结果是不能容忍的。它与言论自由保证的核心相冲突。

政府决定把资助限于包含特殊的、被认可的观点的项目,这种情况只是有点问题。例如,设想导致 NEA 只资助赞成目前美国政府运作的项目或者涉及以某种观点描述内战中人物的项目的法律。根据宪法上可以接受的条款,政府不能使选择性正当化;它很明显是以观点为基础的歧视。全面禁止资助批评政府或者包含政府不赞成的观点的项目至少通常是不被允许的。

我们在第七章看到,在 Rust v. Sullivan 案中[15],最高法院支持所谓的钳制堕胎规则,禁止卫生院用联邦资金为穷人提供与堕胎相关的咨询。法院似乎表明,政府可以设立只限于政府喜欢的观点的资助项目。这样看来,Rust 案有着不祥的暗示。这个判例将允许政府只资助许诺不批评政府的人。这个判决可能被认为限于私人咨询的情况,而在这种情况下第一修正案利益不大具有实质性,而政府的理由相当有力。它不应该适用于与公众讨论公共问题相关的资助决定。

我认为,观点歧视"至少通常"是不被允许的,即使有一些反例。设想政府决定资助庆典和可能传播民主的项目;或者设想政府认为对内战的描写不能提倡奴隶制。很快就可以发现,在某些非常特殊的情况下观点歧视甚至能被接受。

从这些主张中,我们可以得出一些暂时的结论。最明显的违宪存在于以观点为基础的歧视。大多数其他的决定是被允许的,

---

[15] Rust v. Sullivan, 111 S. Ct. 1759 (1991).

因为它们通常包含了涉及主题或审美的判断。因而可以断定最疑难的案件出现在相关的歧视似乎是涉及主题或审美,但实际上是控制某一观点的努力。

这些结论的问题在于,这两个主要范畴之间的界线是捉摸不定的。首先,在相对乏味的意义上将存在艰难的中间地带,也就是说,这种情况处于两个范畴的边缘,因而难于决定。但是在更成问题的意义上,即使从概念上也很难做出区分。关于审美或质量的判断通常在根本上取决于具有政治或意识形态成分的理念。对于那些认为颂扬纳粹主义或共产主义的艺术能被说成是好的艺术的人,这一点最为明显;但是这一点非常普遍。

低级趣味的描述、对一只猫的多愁善感的描绘、标上了纳粹党的十字记号的美国国旗不具有获得政府资助的资格,这个理念很可能来源于需要恰当的艺术特征与目的的观点,本质上就是广义的政治。最近无数关于观点在评价艺术创作时不可避免的作用的争论似乎证实了上述主张。[16]

在这些情况下,法律可能的选择微乎其微,并且没有一种选择具有说服力。现实地看,只有三种可能性。第一,宪法原则甚至将禁止审美或者主题判断,因为它们也根源于政治,在某种意义上根源于观点。但是这个原则令人无法忍受。这个原则将禁止对任何言论的选择性资助,也就是说将禁止政府的全部资助。在一个公共资助是重要的个人和集体利益的体制下,这种解决方案几乎不会令人满意。公共资助消除了对艺术加工的私人资助中的某些扭曲之处;取消政府对艺术的资助并不意味着这个体制就是自然的、正义的状态。事实上,政府资助将使得不同意见或者有钱人不喜欢的观点更有机会发表出来。(考虑第七章对言论"市场"的讨论)

第二条路线甚至允许最明显的党派性资助决定,理由是在决定的政治动机和审美动机之间难以划出明显的界限。这种方法同样是不能容忍的。它将授权恶劣的政府出于政府自己的党派目的

---

[16] 例可参见 *Canons* (Robert Von Hallberg ed. 1986)。

第十章 "这是政府的钱"：关于对言论、教育和生育的资助　361

而干涉表达。

第三个,也是惟一明智的解决方案是,把宪法禁止只适用于观点歧视最突出的案件中,并且允许审美或质量判断,只要它们不是明显地以党派目的为基础。当然任何接受这种方法的人都必须承认这种方法的概念基础是薄弱的。

有两桩关键性的疑难案件。第一个涉及不是明显的观点歧视的法律限制,但是试图对艺术施以传统道德的限制。第二个涉及"憎恨文学"或艺术,通过侮辱冒犯了共同体中的重要部分。

至于第一个问题,例如设想政府表示它将拒绝资助包含了亵渎或性表露镜头的艺术项目。至关重要的一点是,在这类情况下,政府将通过施加财政压力以使人们倾向于在艺术中表现官方认可的观点从而扭曲了艺术过程。在一个含有公共资助的体制下,这个问题根本无法避免。但是可以把问题最小化,而不是让问题泛滥。或许正确的办法就是拒绝允许政府否决资助冒犯传统道德的艺术的全面努力。法院应该打破全国范围内禁止资助亵渎或性表露镜头的资助项目的法令。

但是如果只是对时间、地点方面的限制,那么限制则是被允许的。NEA 禁止资助所有涉及裸体的艺术的决定比不允许一两个政府资助的项目中出现裸体的决定相比更易遭致反对。后一种限制有某种时间、地点和方式的特征。如果不存在以观点为基础的歧视,也就是说如果对亵渎和明显色情言论的限制是观点中立的,那么在特殊情况下,以内容为基础的资助限制将是可以接受的。

事实上,政府甚至能够以极其有限的能动性、个别地以观点为基础进行歧视。一项民主基金可能仅促进民主党的事业。反吸烟运动只资助那些反对吸烟的人和其带来的健康危险。但是全盘的观点歧视将更难获得正当化。当然什么是全盘的、什么是个别的并不显而易见;这里还有分歧之处。

第二种问题至少同样麻烦。如果政府决定不资助纳粹党的艺术、支持奴隶制的艺术、三K党的艺术,或者颂扬强奸和性暴力的艺术,理由是这些艺术充斥着憎恨,是令人憎恶的,或者令大多数共同体成员憎恶,该怎么办?这里的根本问题是,不能允许传统道德成为政府资助表达的裁决者。传统道德充当这种角色的体制与第一修正案保证是不相符的,第一修正案要保护的观点并不体现传统道德。在我们讨论的案件中,需要的是一种一般性的原则,能体现任何与在这些领域运用纳税人的钱有关的合法性问题,同时无需指涉不被接受的观点。

要提出一个这种原则并非易事。的确,不应该允许政府决定资助绝大多数纳税人良心上反对的项目。但这种主张是把传统道德作为资助决定的基础。然而,或许应该允许政府谢绝资助燃起社会群体憎恨之火的项目。固然,这种办法包含了观点歧视的形式,并为政府控制留出了更大余地,但不是允许把此犯罪化。(回忆第八章大多数憎恨言论不受刑法管辖。)

然而,至少还可以合理地主张禁止资助中的观点歧视的例外。我们刚才讨论的言论不仅是攻击性的,而且带来了一系列特殊的伤害。或许政府有足够理由拒绝资助这种言论,即使政府不可以把这种言论犯罪化。的确这个问题需要进一步关注。

然而,最疑难的案件也会得到解决,因为政府拥有广泛的权力分派艺术基金,即使分派具有高度的选择性。惟一明显的禁止针对以直接的党派动机为基础的资助,如对某一特殊观点的歧视;即使这种情况有一些例外。同样的禁止还适用于包含某些人认为是观点歧视的主题限制,如对涉及亵渎的艺术的排除。一贯的问题是,是否任何形式的观点或内容歧视都有时间、地点的限制。当然疑难案件还将存在。但是这种方法将解决绝大多数案件,并且有助于为处理其余的案件确定方向。

最后还有一点值得注意的。这里潜藏的问题是有关政府自己的言论。人们通常认为政府有着广泛的权力说所欲说;公职人员被允许想说什么就说什么,而不会引起第一修正案问题。一些人认为,由此可以断定政府对于所有由政府付薪的人有着同样广泛的权威。毕竟,政府只包括那些是其代理人的人。一旦政府支出了经费,或许所有的接受者就都成为政府的代理人或者政府的雇员,因而他们没有合法的理由进行宪法申诉。这个结论也可以从政府拥有广泛的权力说所欲说这个事实中得出。

然而,认为由于这个原因政府的资助决定就是不是限制的则是不能令人接受的。在政府言论与政府资助之间有着重要的区别。部分区别在于当政府讲话时,人们知道讲话者是谁。而当政府付给私人钱让他说所欲说时,人们就不能知道讲话者是谁了。进一步的区别在于政府对私人领域的拉拢具有严重的危险,当言论限制的条件和经费挂上钩时,问题就会彰显出来。即使在后新政时代,这种担心仍然具有充分的影响。事实上,当政府的拉拢对言论自由构成持续的威胁时,这种担心就更为急迫。私人领域是公共构建的这个事实不意味着威胁是无足轻重的。

如果政府想要某种观点被听到,它应该要求政府官员倡导这种观点。它不应该贿赂普通公民做这件事。

三、在强奸或者血亲相奸的情况下资助堕胎

最高法院认为,堕胎权不意味着公共资助堕胎的权利,即使政府也资助分娩。[17] 堕胎权与把孩子送到公立学校的权利的基础是一样的。在这两种情况下,都不要求政府在行使与不行使宪法权利间保持中立。

我想探讨是否要求政府在强奸或血亲相奸的情况下资助堕胎,至少如果政府在这种情况下资助分娩的话。我这里借用第九章对待堕胎的一般方式。我不打算探讨相关的考量是否在不涉及强奸或血亲相奸的情况下也支持获得堕胎资助的权利。这个更宽泛的问题将引起更困难的问题。

根据当前法律,政府几乎肯定没有义务在强奸或血亲相奸的情况下支付堕胎。无论是什么导致的怀孕,都不要求纳税人为堕胎付账。法院还不完全清楚其理由。法院曾经表示,政府不必在堕胎和分娩之间保持中立。法院表示,保护胎儿生命具有合法的

---

[17] Harris v. McRae, 448 U.S. 609 (1980).

利益。在私立学校的情况下，政府有理由不中立，政府缺乏充分的力量使犯罪化正当，但是它可以允许资助中的选择性。

在私立学校的情况下，我们已经看到，惩罚与补助的划分是正确的，很大程度上由于设立条款的权威。最好把这个条款视为防止用纳税人的资金支付宗教机构。而在堕胎的情况下，这个理论似乎是不能用的。如果以宗教理由或者其他理由反对堕胎的人被迫支付堕胎，与设立条款并无紧张关系。事实上，纳税人经常被迫支付一些事情，如国防、福利、某种形式的艺术，对于这些他们可能有有力的道德、甚至宗教理由反对。这种结果并无宪法问题。如果政府打算在强奸和血亲相奸的情况下解除在堕胎和分娩之间保持中立的义务，那么这个论点就必须采取不同的形式。

或许人们可以根据设立条款以及更一般的宪政民主结构归纳出我们不想强迫纳税人支付与良心格格不入的事情这种非中立姿态的理由。在大多数民主国家，允许、实际上是鼓励政府考虑公民良心上的反对理由。或许这种反对为选择性资助提供了合法理由。

或许也不可以援用良心上的反对理由允许政府违背中立义务，这种中立义务很明显是相关权利的一个推演，如第一修正案要求在观点间中立的权利，或者平等保护要求在黑人与白人间中立的权利。但是由于纳税人拥有某种源自良心的反对理由而使资助决定具有选择性，在这个意义上政府并未违反中立义务，但因而或许一些权利可以被最好地理解为非中立的。既然许多纳税人把堕胎视为谋杀无防御能力的人，他们或许可以拒绝支付堕胎，即使在强奸和血亲相奸的情况下。

至少作为一般规则，这个论点不仅正确，而且明显表示政府资助可以考虑公民的意愿。这些意愿包括良心上的反对理由[18]，这

---

[18] 一些这样的期望当然是宪法上不能接受的；参见 Cleburne v. Cleburne Living Center, 473 U.S. 432 (1985)（偏见和对心理障碍的担心不是歧视他们的合适理由），但是这里要决定的问题是，反对堕胎在这个意义上是否是不能接受的。

第十章 "这是政府的钱":关于对言论、教育和生育的资助

是政府通常考虑的。然而,这些反对理由在疑难的宪法案件中有多大分量还不清楚。

如果宪法条款禁止任何选择性,也就是说如果政府必须在行使和不行使权利间保持中立,那么良心上的反对理由很可能是非法的,在任何案件中都不具说服力。考虑资助基督教艺术、而不资助犹太艺术的决定,不能根据良心上的反对理由使其正当化。有的权利不要求中立,在这种案件中良心上的反对理由很容易被理解为独立于人们当前想法的道德理由。关键问题是,正在讨论的权利是否需要中立。

为了评价对于堕胎的良心上的反对理由,有必要理解堕胎权的实质。如果这项权利被视作一种隐私,似乎可以合理地认为不需要政府中立,政府可以资助分娩但不资助堕胎,不必考虑是什么导致的怀孕。事实上,如果这项权利是一种隐私,可以合理地认为,大部分人持有的良心上的反对理由足以证明选择性的正当。[19]

然而,正如我们在第九章看到的,对堕胎权最有力的主张援引了性歧视,而不是隐私。根据这种观点,对堕胎的禁止是为了第三方利益对女性身体的强制征用。我已经表明,这个主张可以适用于所有的这种禁止,但是它似乎特别适用于由强奸或血亲相奸导致的堕胎的情况。

如果这个主张被接受,政府是否还可以在强奸或血亲相奸的情况下资助分娩而不资助堕胎?如果把罗伊案视为不允许政府把生理能力变为社会劣势的案件,则很难看出至少在这些案件中为什么堕胎权不应该被视为要求政府在资助中中立的权利。选择性资助决定恰恰产生了把女性变为非自愿的生育机器的结果。[20]它利用了生育能力和贫穷,并把这些作为要求穷人女性成为违背

---

[19] 参见 Michael McConnell, "The Selective Funding Problem: Abortions and Religious Schools," 104 *Harv. L. Rev.* 989 (1991)。

[20] Laurence Tribe, *Constitutional Choices*, ch. 15 (1985),其中对这一点有很充分的讨论,我得益匪浅。

自愿的育雏器的基础。

生理和贫穷都不能使这种决定正当化,这种决定是法律和社会的产物,几乎不是自然的产物。最高法院认为把生理和贫穷转变成非自愿的母亲身份根本不涉及政府选择。但是这种理解依赖于我们整本书都面临的站不住脚的中立观念。

的确,保护潜在的生命具有合法的政府利益。但是如果在刑法中这种利益不能重于堕胎权,那么在资助中它也不见得重于堕胎权。根据平等保护条款来理解,堕胎权类似于第一修正案要求对观点中立的权利。事实上,似乎可以由此得出结论,在强奸和血亲相奸的情况下拒绝资助堕胎或许会引起严重的宪法问题,即使同样不资助分娩。这种拒绝可能包含着要求贫穷的女性成为生育机器,因而可能违背了平等保护条款。在现有条件下,政府没有充分理由证明其这种拒绝行为正当。

至少如果资助决定不被视为自然的或自生自发的社会秩序的人为填加物(潜藏在最高法院 Rust v. Sullivan 和 Harris v. McRae 判决的核心之中),如果这种理念导致了认真地对待管制国家,上述观点似乎就是正确的。从新政时期的视角看,不予资助根本不是不作为。它代表了一种有意识的社会选择,为了生育的目的而利用女性。它并不意味着顺其"自然"。

违宪条件学说是不合时宜的。它是不适应于现代政府的中立和作为观念的产物。没有必要追问政府是用补助取代了惩罚,还是用威胁取代了供给。我们不应该追问这个无益的、或许是无法回答的问题,而应更直接地探讨。首先,侵犯相关权利的实质是什么;其次,政府侵犯的理由的合法性与说服力如何。[21] 根据这种观点,就不会有违宪条件的问题,而是根据宪法禁止的实质产生一系列各式各样的结果。

---

[21] 违宪条件学说的特征——对其条件的探索,一般地参见 Sullivan, "Unconstitutional Conditions"——应该被理解为一种排除我们不许可的理由、确保合法理由实际上起作用的手段。在这里提到的重构过程中,这项任务很容易实现。

第十章 "这是政府的钱":关于对言论、教育和生育的资助

这种对许可执照、雇用、开支项目引起的问题的重新阐述背离了得益于推理模式的矫正模式。而那种推理模式发扬了第1章讨论的无偏私原则的反专制动机。它是对宪法设计者们的主要努力的延续,意在创设一个理性共和国。但是这种重新阐述无论如何也不能解决具体的案件。为了完成这项任务,有必要决定宪法保护何种权利,何种理由是合法的、有说服力的。但是违宪条件学说无助于解决这些问题。对于解决问题,这个学说既不必要、也不充分。

这里提出的重新阐述不需要为使立法在司法上无效提供机会。重新阐述是否导致了更多的立法无效取决于在这些案件是否能容忍特殊理解。把管制国家的存在视为法院允许所有为宪法权利施加负担的开支措施的理由,这很令人诧异。管制国家仅仅为宪法审查提供了新的、不同的机会。

我还主张,宪法允许政府资助公立学校、而不资助私立学校;允许政府在资助艺术和其他表达时有高度选择性,这会受到严格的、但仅仅是偶尔的限制;但是禁止政府拒绝支付强奸和血亲相奸情况下的堕胎费用,至少如果政府在同样情况下支付分娩的费用的话。无论这些结论是否有说服力,主要观点依然不变。在一个成熟的法律体制中,人们已经适应了现代政府的功能和目标,我们不需要、也不应继续违宪条件学说。

第十一章
补偿性正义的局限

补偿性正义原则是英美法的主要特征。如果一个人伤害了另一个人,诉讼的目的就是为了确保受害者得到加害者的补偿。补偿性正义原则便来自于这个基本的理解,它由五个基本的理念组成。

1. 导致损害的事件是独立的、单一的。
2. 损害有严格的时间和地点限制。
3. 被告的行为明显导致了原告遭受的伤害。伤害必须可归因于被告,而不是第三方或者"社会"。
4. 容易确定原告和被告。
5. 除了狭义的补偿目标之外,现有的权利——以及现状——得到维系。救济和法律体制的目的是使受损害的人恢复到非法行为发生前的状态。法律不涉足任何形式的社会再调整或社会管理,除非补偿原则合理地授予了法律这些职能。对于财富和赋予权利的现有分配的非补偿性破坏是被禁止的。对无辜的旁观者的损失主张也是被禁止的。

补偿性正义原则是普通法上的侵权法、契约法和财产法的既定特征。在所有这些领域,通常认为补偿性正义原则得到了合理的实施,它抓住了有关法律体制在解决纠纷和矫正非法行为中的作用的不同观念的基础。值得注意的是,补偿性正义与来自于洛克、边沁和康德等不同思想家的功利主义和权利基础观念的法律进路有关。这个原则可能适合于保护私人自治领域——反映了赋予权利和赏罚原则——并且同时通过最好地阻止社会上不受欢迎的行为促进了经济效率。

就当前的目的而言,尤为重要的是,补偿原则也包含了因现状而中立。法律体制在于恢复现状。它不试图改变任何东西。

然而,在公法与私法的众多领域,传统的补偿性正义原则不引人注意,或者至少排除了其他合理的可供选择的方案。根本的问题是,这种原则或多或少不符合构成法律主张基础的最优理论。在这些情况下,相关的伤害没有严格的界定,与独立的行为可能无关。这个问题涉及到共担的和集体的风险,而不是个人权利。被告不容易确认,或者被告与伤害的关系非常模糊。因果关系本身就是有疑问的、复杂的;我们并不真正地知道被告是否对原告的伤害负有责任。无法事先确定受害方。恢复原状的观念似乎在理论上不能自恰,无法操作,或者建立在虚构的基础上。或许更为重要的是,现状本身就有问题,或者应该被视为非正义的、非中立的,或者是法律规则和判决的产物。

在这一章,我提出两个基本主张。第一个是解释性的。我认为,公法和私法领域大量的混乱状态是因使用受到严重质疑的补偿性正义原则造成的。因现状而中立正是这种原则的理论支撑。

事实上,20世纪,行政机构的兴起以及对普通法法院的明显取代,部分归因于不满补偿性观念和支持这一观念的中立观念。在新政时期和1960年代到1970年代的"权利革命"时期——反对环境恶化,职业伤害,贫困,以及以种族、性别和残疾为基础的歧视——对于补偿原则的欠缺人们做出了自觉的法律回应。新的行政机构的兴起已不适应于原初的制衡体制,反映了对补偿性思想的背离。美国公法中一个极其异常的地方是,不断地利用补偿原则界定意在取代这一原则的创制权的内容和范围。

我的第二个主张是,我们应该对法律的角色采取大规模的转变,这个转变是20世纪的标志,并将在21世纪日益重要。我建议,立法机构和行政机构有时应该放弃补偿原则,法院应该接受这个放弃。在许多情况下,依赖于不同的假设前提而对补偿原则的司法灌输已经导致了错误的、甚至荒谬的结果。此外,两种观念为这个有争议的领域提供了有价值的思考。

第一种观念用风险控制原则取代补偿性正义。许多现代的法律标准都被设计来减少和控制风险,而不是为个人权利开脱或者给受害方提供补偿。根据风险控制原则,社会秩序实际上是法律规则的目标,从体制上控制私人行为者犯罪前的动机。

第二种观念非常明显地背离了补偿性正义,即反对社会等级制度原则。这个原则不能简单地界定,对此我有点不确定。在歧视法中,一旦把构成法律主张基础的判断放到补偿原则中考量就很糟糕。至少有时候,黑人、女性、残疾人以及其他提起歧视之诉的人并没有主张他们在具体时间受到了单独的行为者的侵害。他们的主张也与已经结束的歧视没有任何直接关系,也肯定与可能与他们的个别申诉紧密联系的歧视行为无关。他们不试图坚持现状和现有的赋予权利。相反,现状恰恰是攻击的目标。他们认为,相关的区别已经从道德观点转变成重要的生活领域中的社会不利条件,而且这种转变没有充分理由。

风险控制与反对社会等级制度原则为许多目前根据补偿性正义考虑的纠纷提供了更好的理解。事实上,从私法向公法的大部分转变包含了对传统的补偿性正义原则的进步性遗弃。因而这种转变也包含对因现状而中立的拒绝。

这种转变既是针对基本原则,也是制度设计。20世纪从审判到行政的引人注目的运动;30年代的新政改革与60年代到70年代的权利革命;特别是在环境领域,意在较少地救济个人而较多地救济集体的规划;传统上对因果关系要求的明显弱化;对防止"风险"的权利的认可,尤其在有关环境、工作场所和消费产品的法律中;用公共创制权和执行代替私人创制权与执行;各种民权运动;在概率上和体制上阻止伤害的发生——所有这些都是我希望描述的基本运动的一部分。

意外场所的补偿原则

这一部分我的目标是勾画出一些领域,在那里运用了补偿性正义原则,即使极度有争议。许多这种争议来自于19世纪的公私法所理解的补偿原则。在第二章,我们看到,根据这种观点,规制性立法——例如最低工资或者最高工作时间法——通常被裁定为违宪,因为它体现了为了一个群体的利益而从另一个群体那里不被允许的提取利益。"再分配"是宪法上禁止的;仅仅为了补偿的目的法律体制才允许从一个人那里提取财富或财产,罕有例外。现有的财富与赋予权利的分配禁止超出法律的范围。除非为了狭义的补偿性正义,不得改变现有分配。

我们还看到,这种框架也经受了攻击,有人认为现有分配本身就是法律的产物,而不是"自然状态"的体现。因而,富兰克林·罗斯福认为,在我们这个"人为世界"里,针对伤害的社会保障不能完全避免,他还极力主张,"我们必须紧紧抓住经济法律不是自然的产物这个事实。经济法律是人造的。"[1]

这些理念为管制国家的兴起鼓与呼,管制国家经常在社会群体间再分配财产,不再把现有分配视为神圣不可侵犯的。这些观念的形成,尤其在20世纪60年代到70年代,因为认识到各种问题通常依赖于私人市场无法完全解决。

在环境管理领域尤其如此。无数困难出现在个人小伤害的集体诉讼程序中,普通法的补偿性功能鞭长莫及。在这些情况下,干涉了契约自由的规制项目找到了多重正当理由。有时候它们归咎于市场的失败。这里或许存在集体行动问题,个人不能组织起来停止分担损害;人们评估安全和健康风险的信息不完全;一些人可

---

[1] F. D. Roosevelt, "Speech Accepting the Nomination for the Presidency" (July 2, 1932), 1 *The Public Papers of Franklin D. Roosevelt*: *The Genesis of the New Deal* 657 (1938); idem, "Annual Message to Congress" (Jan. 3, 1936), 5 *The Public Papers and Addresses of Franklin D. Roosevelt*: *The People Approve* 13 (1938).

能对其他人施加了外部伤害。有时候这些项目试图在不同群体间再分配资源。正如我们在第六章看到的,它们反映了公共期望或者值得重视的判断,而不是私人的消费选择。私人选择建立在机会有限或者非正义的背景制度的基础上,而这两种情况都通过法律得以抵制,规制规划有时候也是对这种认识的回应。[2]

从整体上看,由此引起的实质原则和机构设计的转变使得补偿原则成为法律体制中片面的、通常是不合时宜的角色。原先依赖于这些原则的法律体制在自身适应时经历了一个极其困难的时期。

一、小额集团诉讼

自从联邦民事诉讼规则在 60 年代后期修改以来,对集团诉讼机制的运用大量增加,这种机制允许许多人在一次诉讼中结合起来。这种机制的目的之一是确保维护不能独立实现的极小的法律主张。如果要使诉讼切实可行,小的损害必须聚集起来。如果必须分别地救济,那么就根本不能得到救济。

例如,假想被告从事欺骗性广告,骗得上千的购买者每人 50 美元。对每一个受损害者而言,提起诉讼的经费短缺。关心成本的人不会发动诉讼。这种伤害不得不合并成一个集团诉讼以从根本上获得救济。集团诉讼机制因而有助于确保相关的过错得到惩罚和制止。

小额集团诉讼以各种方式收集个人小的、但总体上大的损害,它扭曲了补偿原则。

1. 通知

小额集团诉讼伴随着对集团成员极高的通知成本,这不足为

---

[2] 参见 Cass R. Sunstein, *After the Rights Revolution: Reconceiving the Regulatory State*, chaps. 1 and 2 (1990). 我的一个主题就是要求更灵活的、市场导向的、符合规制目标的策略。认可新政对因现状而中立的攻击不应该与对通常不成功的新政解决方案的热情相混淆。接下来对风险管理的讨论是一个克服这些方案中明显的困难的努力。

奇。联邦民事程序规则第23条规定,在集团诉讼中,法院应该作出"最好的通知,并切实可行,包括对经过合理努力可以认定的所有集团成员的单独通知"。在小额集团诉讼中,这一规定是否需要集团代表对所有的集团成员提供单独的通知?

在 Eisen v. Carlisle & Jacquelin[3] 中,最高法院判定,需要集团代表如此做。法院的立场直接采纳了补偿的理念。根据这种观点,任何法律权利受到威胁的人都有权在案件裁决前得到告知。但是在小额集团诉讼中,个人的主张不是切实可行的。案件将作为集团诉讼进行,或者根本就不进行。对一个巨大的群体成员进行通知的成本通常非常高,以至于妨碍了诉讼的进行。在这种情况下,对单个通知的要求——破坏了诉讼——似乎是不正当的。

2. 赔偿金分配

小额集团诉讼中的赔偿金应该如何分配?例如,设想一个进行证券欺诈的公司,欺骗了数百万的购买者,一般的购买者的受骗数额在50美元到100美元之间,所有的赔偿金总共接近10亿美元。再设想法院在报纸或者其他地方发出通知试图让所有的购买者取回他们的赔偿金;但是做过这些工作之后,被告非法获得的收入中仍然有几百万美元纹封未动。

这个问题近似于通知所引起的问题。如果要求法院确保钱确实分配给了集团的成员,那么非法所得就会丝毫不剩。但是认定和分配的成本将从总额中拿出巨大的一部分。认定所有的集团成员非常昂贵。即使殚精竭虑也可能失败。

在这些情况下,对于分配赔偿金有几种可能的情况。第一,赔偿金返回给被告,因为任何明智的分配体制都不能实现补偿性目标。如果不能认定受损害方,最好允许被告留着那些钱。第二,法院可能考虑一种"流动性集团恢复"的体制。根据这个方法,被告的非法收益可以用于降低被告未来交易中的开价,从而使购买证券的人(不必然是受损害方)获益。还有一种方法是,赔偿金用于

---

[3] Eisen v. Carlisle & Jacquelin, 417 U.S. 156 (1974).

各种慈善工作,例如包括反贫困规划或者研究证券市场的协会。还有另一种可能性是把赔偿金给政府。

一般而言,联邦法院不喜欢流动性集团恢复和非补偿性救济。他们认为,如果赔偿金不能被用于受损害方的利益的话,就应该归于被告。但是这种态度似乎误解了小额集团诉讼的目的,小额集团诉讼主要不是为了补偿原告,而是威慑和惩罚伤害行为。允许被告留有非法获得的钱毫无意义。

二、或然的侵权

通常规制方案,有时是现代诉讼,意在回应与任何具体的个人伤害无密切关系的损害风险。任何个别的伤害,如癌症,都或者可能或者不可能归因于个别的行为,如受任何特殊物质的辐射。

最近一个明显的例子是对于橙色落叶剂(Agent Orange)这类物质导致的伤害的诉讼。一些可以识别的致癌物质是导致一些人遭辐射后死于癌症或者不育的原因,这是可能的。但是有人无论在何种情况下都会死于癌症或者不育,也是可能的。没有人能够断定,可以确定的制造危险物质的销售商制造了损害。

在这些情况下,对于这个问题的司法态度是暧昧的。标准仍旧有待发展。[4] 一种根植于传统的补偿原则的可能情况是完全否认恢复原状,除非损害已经发生并且被证明是被告行为导致的。但是如果这种办法被允许,那么原告是否能够恢复原状还不确定。确立因果关系的困难或许是不能克服的;这里有非常明显的问题。

另一种可能的情况是允许人们在伤害发生前或者在伤害发生后获得补偿,数量等于增加的疾病的风险。但是这种方法也有问题。法律体制通常不补偿人们增加的风险,只是补偿"实际伤害"。此外,一旦伤害发生,在许多人看来,仅仅补偿风险似乎太低。

---

[4] 一般地,参见 David Rosenberg, "The Causal Connection in Mass Exposure Cases: A 'Public Law' Vision of the Tort System," 97 *Harv. L. Rev.* 851—929 (1984)。

无论伤害是否发生，权衡的问题都存在。当对侵权概率的估算变得困难时，问题就尤为麻烦。运用补偿性正义原则使得发展明智地解决或然侵权问题的办法变得极其困难。

三、规制的伤害

法院经常面临意在阻止可能发生的或者体制上的伤害。这些伤害由风险组成，而不是具体损害。通常对风险的规模非常有争议；在受损害方与被认定的造成伤害的主体之间难以确定清晰的关系。这种规划的目的是控制社会风险，而不是维护个人权利。在许多方面，建立一种救济规制的伤害的体制反映了对传统补偿原则的拒绝。

例如，考虑国家交通安全管理局要求消极限制机动车的决定，职业安全与卫生管理局降低工作场所苯标准的决定，环境保护署（EPA）对新的机动车要求燃料效率的决定。一些法院对这种措施怀有敌意。他们要求行政机构表明可以识别的行为者的独立伤害已经发生或将要发生。出于这个原因，法院已经使行政机构的规则无效，理由是伤害仅仅是个推测。[5]

当政府不能表明法律要求与具体损害之间紧密的因果关系时，或者当损害可能在未来发生并且不确定时，司法系统倾向于持怀疑态度。政府试图通过要求没有表明造成任何具体伤害并且其行为不可能实际上导致未来损害的人采取措施而"重新安排社会"。因而补偿性理念与因现状而中立走到了显著位置。

相反，法院对更适合于补偿原则的行政程序充满善意。回顾过去，救济措施很少受到怀疑。在机动车规制的背景下，法院倾向于赞同召回程序，也就是卖给可确认的人的有瑕疵汽车从市场上收回。在机动车规制领域，法院同时反对可预期的规则制定和认

---

[5] 参见 Industrial Union v. American Petorleum, 448 U.S. 607 (1980); 一般地，参见 Jerry L. Mashaw & David L. Harfst, *The Struggle for Automobile Safety* (1990)。

可召回的结果就是把国家政策塞进一种几乎完全通过召回的安全管理体制。但这是一种完全非理性的减少机动车事故和损害的方式。最好是制定可预期的规定，而不是事后诸葛亮采用召回控制机动车风险。〔6〕

在各种领域，法院都要求行政官员满足传统的补偿性模式的要求。即使这种模式非常不适于解决体制性的或规制的伤害，并且可能带来非常无效的法律体制。

四、诉讼资格：获得法院公正审判权

谁有资格要求对规制机构的作为与不作为进行审查？当政府规划的受益者——污染、歧视、证券欺诈、工作场所有毒物质的受害者——试图针对规制不作为或者他们认为不充分的作为提起诉讼时，问题就出现了。

在第三章，我们看到，最高法院认为，原告挑战行政决定必须表明，他们的损害是他们申诉的行为的结果，并且他们的损害可能通过对他们有利的判决得到救济。这些要求被描述为涉及"可救济性"或"因果关系"。事实上，它们明显是补偿原则的延续。

这种观念被用于支持各种重要的司法结论：参加取消了种族隔离的学校的孩子的父母不可以挑战对种族隔离的私立学校的课税减免许可；穷人不可以挑战减少医院为穷人提供医疗服务的激励的税收规定的改变；节能汽车的预期购买者不可以挑战 EPA 给

---

〔6〕 参见 Mashaw & Harfst, *The Struggle for Automobile Safety*.

第十一章　补偿性正义的局限　377

予机动车制造商回扣的决定。[7]

在所有这些情况下,否决诉讼资格直接依赖于补偿性正义原则。如果原告不能表明,对他们独立的伤害是政府行为的结果,就不能得到法院的救济。伤害必须是普通法中认可的形式;它们不得仅仅具有或然性,或者涉及重新调整"机会"。诉讼的基本模式由独立的损害与独立的救济构成。如果诉讼不符合这种形式,法律上就根本不会认可伤害存在。

这些理念的问题在于,在我们目前讨论的情况下,原告的损害本质上是规制带来的或者是体制性的。相关的伤害是增加的风险,而不是独立的损害。如果损害被重新定义为涉及增加的风险或者体制性伤害,那么毫无疑问,人们已经遭受了真正的伤害。例如,人们可能极力主张,与未受非法税收激励扭曲的政制相比,他们的损害存在于获得医疗服务机会的减损;他们已经被剥夺了参加未受非法的课税减免影响的取消种族隔离的学校体制的机会;他们购买节能汽车的机会受到限制。法院的问题是,风险的增加是否是司法干涉的合法性基础。

当政府项目的执行成为法院讨论的问题时,通常是由于规制

---

[7]　Allen v. Wright, 468 U. S. 737 (1984); Simon v. Eastern Kentucky Welfare Rights Org., 426 U. S. 26 (1976); Center for Auto Safety v. Thomas, 847 F. 2d 843 (D. C. Cir. 1988) (en banc). 在最后一个案件中,法院两方势均力敌,因而恢复了一个以前授予名誉的决定。又见最近的一个重要的判决 Lujan v. Defenders of Wildlife, 112 S. Ct. 2130 (1992),在这个判决中,最高法院拒绝支持抗议政府没有适用濒危物种法资助美国国外的活动的决定的人们。其中的两个原告主张,他们已经参观了过去使物种濒危的场所,他们计划在未来返回。法院拒绝支持没有"事实伤害"显露出来的理由;无论原告是否实际返回,这纯粹是"推测"。四个法官补充道,支持他们的判决也不会补救伤害,因为即使美国的资助被切断,相关的项目还会继续。最为重要的是,法院认为,议会对"公民"的明确授予名誉是违宪的。如果接下来的分析是正确的,那么 Lujan 案就被错误地判决了,因为议会确实有权在这种情况中授予名誉。更详细的和技术性的讨论,参见 Cass R. Sunstein, "Standing and the Privatization of Public Law," 88 *Colum. L. Rev.* 1432 (1988); idem, "What's Standing after *Lujan*?" 91 *Mich. L. Rev.* 163 (1992).

带来的伤害,与独立的原告和独立的被告都没有密切的关系。从国会的角度看,项目的存在恰恰是由于法院的补偿能力超过限度。诉讼资格引起的问题是,法院是否应该接受试图防止伤害的诉讼,法令规定这些伤害应该得到救济,但是不属于补偿原则的范围。

五、种族歧视

在一些目前最重要的关于性歧视的判决中,最高法院断定,指控违反平等保护条款的原告必须答辩和证明"歧视目的"代表了政府行为者的观点。[8] 只表明歧视的后果是不够的。我们已经看到,这些判决产生了无数的后果,使得不同程度地对黑人、女性和其他弱势群体进行歧视的大范围实践免受攻击。

对歧视目的的要求明显来自于补偿原则(我们已经看到,并非凑巧,这些原则反映了因现状而中立)。事实上,法院通过援用普通法否认了宪法上的平等保护观念。从这个角度看,法院在法律文化中证明了补偿原则的韧性。其基本观念是,如果政府像私人侵权人一样行为,故意伤害某人,政府就违反了平等原则。如果没有意在导致伤害的可以确认的行为者的可以确认的行为,就不会出现法律救济。

根据这种观点,平等本身就根植于传统的补偿性理念。被不平等地对待也就是被具体行为者在具体的时间里"区别"对待。根据抽象的权利和责任理解平等原则,由可以确认的犯罪者侵犯了可以确认的受害者。

一个可能的回应将表明,如果认真地对待传统私法,就不会需要歧视目的。在私法中,可以合理预见的伤害后果通常是不充分的;如果我向空中扔一颗炸弹,我应该负有责任,即使我不希望伤害任何人。完全可以预见(举例来说)语文测试将产生种族歧视的后果。那么,根据对补偿性模式的解释,歧视性后果实际上足以引

---

[8] Washington v. Davis, 426 U.S. 229 (1976); Personnel Administrator of Massachusetts v. Feeney, 442 U.S. 256 (1979).

起法律问题。

然而,事实上,法院否决了对"可以合理预见后果"的测试的起诉,其原因最终还是与补偿性模式有关。如果这种后果足以给政府行为带来麻烦,那么只要补偿性模式试图促进其核心目标(坚持现有的赋予权利是永久不变的,避免社会调整或再分配,防止对无知方的损害),其本身就会面临严峻的问题。更具体地说,因种族和性别而产生的不公正后果几乎总是可以预见的。如果我们认为这种后果引起了宪法问题,那么就会要求对黑人与白人之间、男性和女性之间的社会利益和负担进行大规模的再分配。对"导致"目前黑人和女性不平等发挥很小或者不发挥作用的人不得不承担这个再分配的责任。

正是在这里,补偿性模式的实质根基需要配备对歧视目的的要求。总而言之,补偿性模式并不试图改变现状——这正是其对中立的承诺——并且歧视后果的测试与其核心目的是矛盾的。这种测试也将要求法院承担它似乎完全不适合的任务。

但是补偿原则以及作为基础的中立原则的问题在于,目前的黑人与白人之间、男性与女性之间的利益与负担分配不是自然状态的一部分,而是过去和现在的社会实践的结果。语文测试具有不平等的种族影响的结果部分源自于奴隶制的遗产、学校种族隔离以及提供公共服务中的歧视。在任何情况下,对这种测试的运用也就是为了保证歧视的结果。这个测试足以单独证明超越一些担心的正当。它或许是一个精良的测试。但是要进行对它的质询也就放弃了补偿原则。

同样的问题还出现在性歧视的背景下。例如,考虑 Personnel Administrator v. Feeney[9],在这个案件中,最高法院解决了退伍军人优先权的规划问题,这个规划把马萨诸塞州文职中的大部分女性放到了办事员的位置上。法院坚持认为这没有违背平等权,因为原告不能表明歧视意图。根据法院的观点,原告必须表明,具体

---

[9] 442 U.S. 256 (1979).

措施的通过是"由于而不是尽管"对弱势群体产生了影响。

但是对意图的需要即使根据补偿原则也能恰当地理解,或许它将需要法院追问:如果男性、而不是女性由于这个立法受到伤害,马萨诸塞州的立法机构是否还会通过退伍军人优先权的法律? 这样质疑是正确的;不幸的是,可能无法回答。探知如何处理退伍军人优先权法律不会受到男性至上主义影响的努力导致了不可解决的逻辑上的难题。它需要人们追问涉及到无法衡量的无事实根据的领域的问题。[10] 无论如何,对歧视意图需要的争论来自于在这种情况下使用传统补偿原则的困难。

六、学校的取消种族隔离

设想某个学区直到 1954 年一直对其学校实施种族隔离,再设想在 1958 年、1968 年或 1978 年一个法官的判决带有种族隔离的含义。应该如何进行救济? 最高法院的判例在对待这个问题上特别混杂。[11]

法院的基本方法似乎涉及以现状做赌注的努力。取消种族隔离案件的问题是救济是否使体制恢复到没有过去的隔离法案时的状况。根据这一基本原理,法院已经使"选择自由"的取消种族隔离计划无效,法院强调如果首先没有种族隔离,那么这些计划取消的种族隔离将比事实上发生的少。[12] 这里,补偿性正义原则扮演了突出的、实际上核心的角色。它们界定了这项调查的实质。例如,一些法官强调发现 1954 年前的歧视实际上导致了 1970 年后的结果的困难。我们如何知道,过去的实践在今天的居住模式中发挥什么作用? 对这些法官而言,与过去的非法行为之间微弱的因果关系意味着,法律不应该让人们重建今天的实践。与之相对,其

---

[10] David Strauss, "Discriminatory Intent and the Taming of *Brown*," 56 *U. Chi. L. Rev.* 935 (1989).

[11] 参见 Geoffrey Stone, L. Michael Seidman, Cass R. Sunstein, & Mark Tushnet, *Constitutional Law* (1986).

[12] 参见 Green v. County School Bd., 391 U.S. 430 (1968).

他法官则强调对过去的歧视的继承,并且认为这与今天的非正义有着不可否认的关系。

然而双方似乎都没有重视在这种背景下因果关系以及成为其基础的补偿性正义没有什么相关性的事实。在一个未受种族隔离影响的社会里对取消种族隔离的数量进行调查不可能获得任何经验的支持。这种调查没有真正的答案可寻。不用说法官,社会科学家也只能毫无准备地解决这个问题——不是由于缺乏恰当的手段,而是由于这个问题本身没有真正的答案。根据补偿原则试图解决种族隔离的救济问题带来了麻烦。

七、纠正歧视行动

在涉及纠正歧视行动的情况下,最高法院已经表明,只有作为对现在进行纠正歧视行动的机构过去实施的可以确定的有目的的歧视行为进行"救济",种族意识措施通常才是可以允许的。[13] 努力克服"社会歧视"的纠正歧视行动通常是不被接受的。

在这样坚持时,法院已经强调,纠正歧视行动的受害者可能是雇主,更通常的是从未进行过歧视行为的白人或白种男人。在要求表明过去的歧视背后一个主要的关注是对无辜的受害者的伤害。根据现有法律,纠正歧视行动作为恢复现状的努力最容易得到辩护,而可以确认的行为者造成可以确认的伤害的可以确认的行为还没有解决恢复现状的问题。一旦现状被恢复,对无辜的受害者的伤害就是可以接受的。在这种情况中,"受害者"成其为受害者仅仅由于过去的有实无名的歧视。

这个框架是运用补偿性正义原则的一个明显的结果。然而,人们可能会设想一个不同的框架,根植于新政对补偿原则的攻击。例如,对纠正歧视行动的"前瞻性"理由可以发挥作用。这种理由不是指救济由过去的纠正歧视行动者做出的歧视,而是指其他纠正歧视行动的理由:需要种族意识措施促进教育过程中的多样性,

---

[13] 参见 City of Richmond v. Croson, 488 U.S. 469 (1989)。

为了服务于共同体的利益确保平衡警力,或者实现其他一系列与补偿过去的非正义无关的目标。[14]

纠正歧视行动项目通常源自于下述一些基本原理。一个突出的例子是大学入学,在这个例子里,种族意识是确保课堂受益于拥有不同社会集团的成员的努力之一。补偿性正义观念似乎遗漏了,实际上是歪曲了,纠正歧视行动项目背后的某些推动力。

更为一般的,纠正歧视行动可以被理解为不是对单独的行为者单独的行为的救济,也不是对可以确认的违背过去和现在义务的回应,而是克服当前社会某种等级特征的努力。根据这个观点,纠正歧视行动试图补救的伤害不能根据通常的补偿性条款理解,这种伤害是无法控制的,或许甚至是不相关的。事实上,"救济"的目的是对非正义做出回应。但是法律救济不能采取对抽象伤害进行抽象救济的形式。

八、残疾

在极大程度上,残疾人按照目前的宪法解释从宪法中无所获益。[15] 如果聋子和盲人提起诉讼针对被由能够听到和看到的人

---

〔14〕 参见 Kathleen Sullivan, "Sins of Discrimination: Last Term's Affirmative Action Cases," 100 *Harv. L. Rev.* 78 (1986)。

〔15〕 参见 Greater Los Angeles Council on Deafness v. Community Television of So. Calif., 719 F. 2d 1017 (9th Cir. 1983)(受到拒斥,听力受损的人主张电视必须可以利用); Gallagher v. Pontiac School Dist., 807 F. 2d 75 (6th Cir. 1986)(反对聋的和智障的学生对教育设施的主张,理由是"他主张的基础不构成对平等保护有效的挑战。如果一个残障儿童不能断言他被挑选出来或者与非残障儿童受到不同对待,而是需要额外的特殊设施,就不大会牵连到第十四修正案"); Pinkerton v. Moye, 509 F. 2d 107 (W. D. Va. 1981) (同样)。又见 Ferris v. Univ. of Texas at Austin, 558 F. Supp. 536 (W. D. Tex. 1983); Dopico v. Goldschmidt, 518 F. Supp. 1161 (S. D. N. Y. 1981), aff'd in part, rev'd in part, 687 F. 2d 644 (2d Cir. 1982)。

　　例外是,法院把"合理审查"适用于衡量处于社会不利地位的残疾人。例如,参见 Cleburne v. Cleburne Living Center, 473 U. S. 432 (1985)。然而,合理审查非常恭顺,几乎总是导致确认的结果,正如我们在第一章看到的。还要注意,残障人面临的问题很少得到解决。正如在文中所讨论的,这个世界是身体健康的人设计的,并且为了他们而设计。

设计的公职排除,如果使用轮椅的人们攻击拒绝接纳他们的交通体制,法院的回答是相同的。残疾人已经被与健康人同等对待,平等保护条款没有对政府施加"积极"义务对此进行重新调整。补偿原则因而赋予了宪法的平等原则以涵义。为健康人而设置的楼梯、难以接近的建筑以及安全设施没有违背平等的补偿性模式。

为身体有缺陷的人提倡法律权利是在一个不同的法律伤害的概念下进行的。他们的意见是,身体健康的人设计的实践以及为了身体健康的人设计的实践给残疾者造成了一系列障碍。很大程度上正是这些实践,而不是残疾(一个高度模糊的概念)本身带来了残疾人每天面临的障碍。来自于平等观点的反对意见认为,这种体制把差别转变成体制上的不利地位,必须相应地给出理由,或者改变。许多最近的法令,包括美国残疾人法案是对平等原则的回应,而不是根植于补偿理念。

我们已经看到许多补偿原则引起严重的问题的不同领域。现在是解决这些问题的时候了。在小额集团诉讼中,问题仅仅涉及通知和分配损害的成本。制造补偿本身的高管理成本的相对较小的问题需要背离补偿性理念。在规制伤害的情况下,补偿理念被更严格地检验。这里,可以确认的原被告以及明显的因果关系的基本需要被带向了烦恼。

在歧视领域,对补偿模式的挑战是最根本的。原告寻求有意义的社会再安排。他们不想继续坚持现在的赋予权利。他们质疑现状。

存在区别的同时,当然也存在共性。首先,法院对不确定的规则制定、歧视效果测试以及或然的损害的怀疑都同样基于因现状而中立。这个基础尤其在于认为,财富与赋予权利的现有分配形成了据以评估法律干涉恰当性的中立基线——而且通过法律进行社会再安排的相关看法不应该被允许。这个方法似乎源于认为,现有分配本身不是非正义的,也不是法律的产物,或者至少不应该在我们现在讨论的问题中受到挑战。

正是在这里,补偿模式根植于关于法律恰当角色的本质的且有争议的观念。再分配是禁区么？现有分配是非正义的,或者已然是法律的产物么？法律体制应该给没有制造传统的法律上损害的人施加负担么？如果把补偿原则放到一边,应该如何关注社会效率或者社会正义？

补偿性正义的替代物

334　　从进入法学院的第一年到从事宣告判决,法律文化中都渗入了补偿理念。部分由于,补偿原则已经令人满意,并且适用于基于非补偿性基础的规划。但是有许多方法理解这种背景下这个法律制度的角色。补偿性正义体现了在竞争的可能性之间进行富有争议的选择。

　　补偿原则的负隅顽抗严重扭曲了对法律的影响。更具体地说,通过补偿原则解决的法律问题可以参照风险管理或者反对等级制度的原则得到更好的理解。风险管理和反等级制度原则不需要任何人表明,可以确定的行为者明显对可以确认的受害者造成了伤害。他们要求补救体制性的损害,而不是清晰界定的损害。他们倾向于带来一种社会再安排,而不是恢复某种现状。立法者和行政官比法院能够更好地贯彻这些原则。当前者实施的时候,法院不应该根据补偿性观念界定相关规划的范围。

　　迄今为止,风险管理与反等级制度原则的发展还是试验性的。在国会和行政机构的工作中能够最多地发现这些原则。在未来,没有什么比详细阐明这些原则更重要的任务。事实上,由此引起的转变——从法官领导改革到立法者和行政部门行动——极可能在范围上和在重要性上与新政改革本身匹敌。

一、风险管理

　　许多规制规划不是计划于阻止对可确定的行为者的可确定的伤害,而是管理和减少影响各阶层人的风险。风险管理原则与支持新政和权利革命的理解之间有着密切联系——尤其是后者涉及到环境退化。政府试图以某种体制性的方式改变激励,甚至重构私人行为,而不是试图补偿受损害方。这个目标恰恰是定在了阻止有害的行为上。

要实现这个目标首先要面临几个问题:困难的因果关系问题;受害者和侵犯者不容易确认;复杂的技术问题和科学的不确定性;严重的集体行动问题使得目标的实现很难像普通法体制一样依赖于私人的能动性。保护环境、消费者和职业安全与健康的法令就是明显的例证。在这些情况下,法律的目标不能根据补偿条款现实地理解。没有具体的事件产生可以确定的被告对可以确定的原告可以确定的伤害。规制体制的目的不是收回对现状下的赌注。而是改变现状,首先通过不断变化的激励。

这些要点暗示着一系列不同的问题。例如,考虑诉讼资格的问题。我们已经看到,在最近的案件中,一些法院已经表明,要获得司法审查,原告必须表明他遭受了被告行为造成的可以确定的伤害。一个"推测性"的损害是不够的。但是伤害是否是推测性的取决于它是如何被界定的。在著名的巴克(Bakke)案中,被白人医疗学校拒绝的申请者挑战纠正歧视行动计划,由于他的损害包含了"竞争机会"的剥夺而被认为是具有诉讼资格的。[16]

通过把他的伤害刻画为对"机会"的损害,法院能够避免根据因果关系把损害描述成未能被医疗学校接受所带来的困难。如果纠正歧视行动规划不存在,也绝不意味着巴克事实上能够被接受。

把损害重新刻画为一种"机会"的策略在这种案件中相对罕见。但是我们已经看到,现代的规制体制典型地计划于救济或然性的或者体制性的伤害——改变"机会"或者改变激励,而不是要求具体的结果。在这些情况下,任何单独的人的结果不可避免是"推测性的"。原告试图补救增加的风险,而不是具体的损害。在这些情况下,问题是规制的伤害是否是诉讼资格的充分基础。

如果国会已经授予试图阻止这种伤害的人们诉讼资格,那么

---

[16] Regents of the University of California v. Bakke, 438 U.S. 265 (1978).

法院应该接受。当国会没有清楚表明时,也应该授予诉讼资格,因为这是根据相关的规制规划的目的对于立法者最合理的观点,它恰恰能够减少这种伤害。规制性伤害应该是司法审查非常普遍的充分基础。

　　风险管理原则要求改革许多上述学说。如果为了风险管理放弃补偿原则,我们将看到许多新的发展。我们的核心目标之一应该是新政法律刚性的、官僚的本质,而创造某种带有分权、效率和多产潜能的市场管理特色的法律结构。这里我们的许多目标都集中于这个目标上。

　　1. 最重要的是,现代公法必须发展出最便宜地控制最严重的风险的风险管理策略。作为第一步,意识到不得不允许许多风险、尤其是微小的风险对政府而言是必要的。一个杜绝微小的风险的体制将在分配公共与私人资源时制造严重的扭曲。迫使机构减少较小的风险也就是阻止它关注更大的风险。这还会使消费者转向选择没有(比如说)癌症风险的物质,但是却有更高的制造(比如说)心脏病的风险。

　　2. 政府不应该依赖于禁止某种物质,而应该提供信息确保公民能够为自己在市场中和在投票时做出决定。如果人们没有关于产品的重要信息,市场就不能运作。风险标准是重要的信息。那么作为第一步,政府应该试图通过促进对风险标准的公共意识弥补市场的运作。这种教育对于民主而言也是必不可少的。除非人们得到关于现有的风险和减少风险的成本的信息,否则他们就不能做出关于规制的恰当本质的决定。

　　3. 政府还应该试图发展出一个优先权体制,最大限度地使用其有限的资金。行政机构像国会一样对设置优先权给予了太少的关注。在所有的规制规划中,主要的优先将是设置比例性原则,要求规制者在具体案件中仔细地审视和比较规制行为的利与弊。这个原则将鼓励政府致力于最严重的问题。

　　4. 作为风险管理体制的一部分,政府应该确保制造伤害的人们必须补偿伤害。根据目前的法律,污染空气和水的人根本不需要补偿。这同样适用于使用带来风险的杀虫剂的人和处置垃圾和有毒废物的人。罚金、征税或者购买许可的体制是对目前的困境最好的回应。在这个体制下,政府将拒绝确定风险减少的手段;这将留给市场,把成本施加给制造伤害的人。"绿色税(Green taxes)"将成为环境保护的重要部分。当然诸如 DDT 这样非常危险的物质应该完全禁止。

"污染者赔偿"这个理念一个一般的转变将带来规制的更大的效率。但是这个转变更大的好处将是民主的:他将确保公民和代表们关注于应该减少多少污染、花多少成本。正确的问题将直接摆在选民面前。此外,一个财政处罚体制为利益集团的机动运作留下了很少的空间。通过经济上的激励体制不容易提供特殊支持。

根据这个一般体制,为了生产(比如说)污染的权利而购买许可或执照的人应该能够交易许可。交易体制能提高风险管理的效率,最小化实现我们寻求的目标的成本。例如,设想把二氧化硫释放到空气中的人必须为此购买执照,并且执照可以转让给其他人。根据这个体制,设计制度排放比执照许可的更少的二氧化硫的人将被提供经济奖励。这个经济奖励为改进污染控制技术创造了有力的激励。如果我们想减少制造伤害的行为,解决办法不是禁止交易,而是减少许可的数量。

5. 风险管理原则还将要求协调目前弥漫在许多法令和机构中的规制体制。多重机构之间癌症规制的问题的分化带来了规制的非理性,正如未能协调空气与水的污染问题一样。

6. 认识到在信息不完全的情况下行动与不行动的潜在成本都很高也是必要的。通常不能期望政府事先证明一种物质是极度危险的。如果在这种情况下法院禁止行政机构行动,将失去许多生命。

7. 法院应该更喜欢行政机构试图抵制规制性或者体制性的伤害。运用补偿原则已经扭曲了几个规制项目,尤其是机动车规制。司法上从制定规则向召回的转变——基于补偿观念——已经导致了非理性的规制。法院应该允许规制控制以矫正在事实发生前不能确定描述的伤害。特别是在环境规制领域,以及在所有其他试图管理和减少风险的规划中,法院尤其应该尊重行政机构,给予他们质疑的好处。

8. 在处理小额集团诉讼时,法律体制应该放弃补偿原则。Eisen 案要求在这些案件中的通知,它应该被法令或者规则推翻。在小额集团诉讼中,法院不应该坚持,损害应该转移给受损害方。这些诉讼的目的根本不是补偿。应该允许法院尝试流动的集团补偿之类的救济策略。首先,国会应该允许这种补偿。

9. 应该把这些策略发展成在或然的伤害情况下允许赔偿金或者惩罚,如在暴露有毒物质的情况下。暴露危险本身就是制造责任的事件。一些公共与私人实施机制的混合的发展将是自然发展的结果,补充了侵权体制。

二、反对等级制度

我们已经看到,法院经常通过补偿正义原则解决平等问题,在界定相关的现状时这种方法带来了严重的观念问题。我们或许可以以另一种方式开始。法律主张或许不会被理解为是对过去的不当行为的补偿,而是减少大额或小额诉讼中某种具有等级制度的东西。等级的观念决不是不证自明的,我将不得不尝试着界定它。我不打算表明,目前美国实践中等级式的特征在本质上或者在某种程度上与真正的等级社会是一回事。我要说的是,其类似之处是目前的实践吸引集体关注的一个原因。

反等级原则背后的启发性理念是,如果没有充分理由,与道德观念无关的差别不应该经由社会和法律结构转变成社会不利地位。如果不利地位是体制性的,确实不应该允许它们变成这个样子。体制性的不利地位在生活中的多重重要领域根据标准和可预见的路线运作,施行于与作为公民参与民主政制相关的领域。这些领域包括教育、免受私人和公共暴力的自由、财富、政治代表以及政治影响。反等级原则或许表明,就基本的人类能力和功能而言,一个群体不应该在体制上低于另一个群体。[17] 我们可以把内战修正案理解为抵消这种不利地位的努力。

在种族和性别歧视领域,以及在残疾人歧视领域,问题恰恰是

---

[17] 道德无涉的差别的观念得益于 John Rawls, *A Theory of Justice* (1972)。我们或许根据此书第 90—95、433—439 页讨论的原初美德、包括自尊来理解体制性的不利。替代原初美德的功能观念得自于 Amartya K. Sen, *Commodities and Capabilities* (1985)。

基于性别的歧视与基于性向的歧视之间有着重要的、有启发意义的关联。这两种形式密切相关,实际上在某种意义上是同一的;都与维持以性别为基础的等级制有关。这里不是详细讨论这一点的地方,但是与"差别"这个问题相差千里的解决办法却似乎是引起了这个问题,因而我提供了一些尝试性的思索。

考虑社会和法律对同性婚姻的禁止,一个在几乎所有国家都可以找到的禁止。但是在大多数法律体制中,禁止同性婚姻不被视为引起了基于性别的不平等的问题。那么对于保持性别等级制度——通过把传统和仍旧有影响的关于男女"自然差别"的理念复杂化而破坏同性婚姻的制度——的愿望,法律禁止(以及社会禁忌)不是关键么?指责或者宣布男同性恋关系非法与指责或者宣布女同性恋关系非法的理由之间差别非常大。对男同性恋关系的禁止不会是一种坚持并且强化基于性别的"自然差别"的努力么?这种努力部分确保严格而清晰的关于性(和社会)活动的界限,而不是考虑性(和社会)的接受程度或者抵触程度。对女同性恋的禁止不是至少部分确保女性在性上可被男性利用么?我设想这种考虑有助于坚持对同性恋的法律的和社会的禁止,以一种极可能对男性和女性都有害的方式,对于异性恋和同性恋同样有害,当然尽管方式和程度都极其不同。

如果这些看起来很奇特,我们或许可以考虑一个接近的类比,对于种族通婚的法律的和社会的禁止。坚持认为这种禁止典型地(尽管不总是)维持一种种族等级体制一点都不奇怪。例如,美国的法律体制已经把这种禁止视为通过保持严格的种族界限而维持白人至上或者种族体制的努力。参见 Loving v. Virginia, 388 U.S. 1 (1967)。尽管禁止种族通婚,在形式上也非常平等:通过这种禁止,白人和黑人被"同样"对待。禁止同性婚姻或许同样似乎把男性和女性"同样"对待,因而涉及基于性向而不是基于性别的歧视。但是根据它们的目的和后果,禁止同性婚姻与性别等级有着非常密切的关系,正如禁止种族通婚与种族等级有着非常密切的关系一样。相关的讨论参见 Sylvia Law, "Homosexuality and the Social Meaning of Gender," 1988 *Wisc. L. Rev.* 187; and Cass R. Sunstein, "Sexual Orientation and the Constitution: A Note on the Relationship between Due Process and Equal Protection," 55 *U. Chi. L. Rev.* 1161 (1988)。

这种体制性的不利地位。社会的或者生理的差别导致了体制上从属于相应的群体——不是由于"自然",而是由于社会和法律实践。这发生在多重领域,根据社会福利的多重指标:贫穷、教育、政治权力、就业、对暴力和犯罪的易感性,等等。这就是法律体制试图回应的等级体制。

差别通常被用于证明不利地位正当的理由。例如,经常有人认为,女性有别于男性,或者盲人有别于能看得见东西的人,这些法律里的差别对待因而是适当的。权利主张是诱人的;但它不会自动实现(参见第二章和第九章)。决定的问题不是是否有差别(通常是肯定的),而是对差别的法律和社会的对待能否充分正当化。差别不一定意味着不平等,只有一些差别有这个含义。当差别真的有这个含义时,它是法律和社会实践的结果,不是差别本身的结果。由于这些实践是法律的和社会的,所以会发生改变,即使差别保持不变。

例如,残疾人面临的问题不单单(几乎不可理喻的)是残疾人的功能问题,而是一方面物理和心理能力的交互作用,一方面身体健康的人为自己利益制造的一系列人为障碍。正是这些障碍,而不是作为残忍事实的能力,很大程度上创造了所谓的残疾。例如,主张建筑物建造楼梯,而不为坐在轮椅上的人创造方便,在理论上认为需要轮椅的人是有"差别"的,这是难以置信的。问题是,建造排除需要特殊方式进入的人的建筑物是否可以接受,或者是否正义。这个问题不是表面上那样简单,不能仅仅通过指出差别得到回答。

还有更进一步的观点。起初,第十四修正案被理解为消除种族等级的努力——决不是禁止基于种族的差别。[18] 禁止种族等级当然不同于禁止种族差别。禁止种族差别将在决定过程中取消所有对种族的使用。相反,禁止等级将使歧视的后果遭受拷问,并

---

[18] 参见 Charles Fairman, "Does the Forthteenth Amendment Incorporate the Bill of Rights?" 2 *Stan. L. Rev.* 5, 163—170 (1949)。

且将允许纠正歧视行动。在任何情况下,反等级原则的问题都将是:目前的实践是否为带有等级特征的体制添油加醋了?而不是:是否同样的情况被不同对待?这就是我建议的转变的关键特征。

起初,人们也认为,国会,而不是法院,是实施第十四修正案的主要机构。这个基本的理念在于,国会将改变新获得自由的黑人的地位,进行广泛的救济措施。人们根本不期望联邦法官(他们对Dred Scott 判决*负责,确立奴隶制度为宪法权利)实施修正案。事实上,法官应该在实现法律面前的平等中发挥主要作用的观念对于内战修正案而言非常陌生。

在20世纪的一些时期,法律文化对于宪法面前的宪法上平等观念的理解发生了非常巨大的变化。反等级原则转变为反差别原则。取消二等公民的问题不再存在。而是变成了完全不同的问题,同样情况是否被同样对待。这是一个根本的转变,也是美国宪法史上最说不清楚的故事之一。

只要法院担负着实施平等保护条款的责任,这个转变就是完全可以理解的,尽管它与对第十四修正案的原初理解不一致。反等级原则只是超出了司法的能力,缺少必要的手段。鉴于根据第十四修正案,法院在体制上令人吃惊的重要性与国会在体制上同样令人吃惊的不重要性,对何为平等的理解的转变因而是可以理解的。但是反等级原则转变成禁止差别破坏了法律面前平等保护的宪法许诺。它对作为二等公民的黑人(女性和残疾人)毫无助益。我们现在应该回到宪法许诺的根基问题。这些根基要求强调立法,而不是法院,要求强调等级问题,而不是差别问题。

一些限定条件是必要的。如果认真地对待反等级原则,必然要求对社会实践进行重要的重构。出于这个原因,必须强调,通过拥有高级民主血统的立法机构和拥有事实发现能力的行政机构这

---

* 1857年,美国南方黑奴 Scott 为了争取自由上诉联邦最高法院,美国最高法院做成 Dred Scott v. Sandford 一案判决,认为即使是自由的黑人也不能视作宪法上权利保障的主体,不能和白人一样享受宪法保障的权利。这项判决,成为1861年美国南北战争的先声。——译者注

个原则能比通过法院得到更好的制定和实施。此外,意识到人们之间广泛的差别事实上是道德专断是重要的,因为这些差别本身不能证明获得更多资源或更大福利的正当。在市场经济中,道德无涉的差别时常被理解为社会不利地位。例如教育背景、智商、力量、不同产品和服务的现有的供给予需求曲线,甚至努力工作的意愿都被如此理解。在一个市场经济中,所有这些因素都影响到了资源和福利,所有或者其中的大部分都独立于道德。生在重视教育的家庭里的人、有高智商的人、碰巧生产了许多人喜欢的商品的人真的有权获得更多钱么?

因而,市场奖励的品质与道德无关。但是它事实上很难使试图通过法律抵消与市场有关的因素的反等级原则正当化。理由恰恰是,一般而言,认识到这些因素与市场经济的运作是不可分的。人们应该永远牢记,市场经济是重要的人类利益的源泉,包括个人自由、经济繁荣以及尊重不同的价值观念。任何对市场进行重要干预的法律方案都必须根据这些方案将损伤的许多可能的人类利益进行评估。如果法律救济带来了更多的失业,更大的贫困,食品以及其他基本生活必需品更高的价格,正是在这个意义上,法律救济是一个坏主意。

任何反等级原则的实施和实现都应该根据这种考量来界定。我的观点不是认为,人类平等应该与表面上贫瘠而抽象的市场效率观念"交易"。我也没有主张,不合理的公平可以根据某种被称为"效率"的固有利益获得正当化。我只是认为,对市场的干涉可能摧毁有价值的人类利益,所有这些利益都应该加以考虑。经济效率和市场因而具有工具价值。它们带来恰当的价格、一系列有社会价值的商品、高的就业率以及对高效工作的良好激励。

更准确地讲:对于通常构成市场基础的这些因素的运用至少有时是为了大多数处于社会不利地位的人的利益,在某种意义上,较低的价格、较高的就业对于极易受到失业和价格上涨影响的穷人尤其重要。如果是这样,任何禁止运用智商、生产有社会价值的商品等因素的政府规划似乎都是极端不正当的。此外,试图不顾

第十一章 补偿性正义的局限 **393**

一切与道德无关的因素的反等级原则将给社会施加额外的成本，既包括其实施和管理的开支，又包括其给大范围的人们带来的损失。

这里我没有为政府行为设计一个完全的规划。但是在目前实践对于地位最不利的人的好处难以想像的情况下；在二等公民是体制性的并且出现在多重领域、容易确定以及被严格界定的情况下；在对市场经济没有重大威胁的情况下；在实施成本最不可能极高的情况下，反等级原则似乎是最有吸引力的。这种理念完全证明了对种族、性与残疾现状的等级特征的法律攻击的正当——尽管对这种攻击的准确特征以及可能的有效性还有许多讨论的余地。

尽管反等级原则和风险管理理念有某种程度的交叉，但是它们各以极其不同的方式有别于当前的思想。风险管理与长期存在的当前的目标有着清晰的联系，它根植于个人赋予权利、个人应得赏罚以及威慑有害活动这些广义上类似的观念。总而言之，鉴于确立因果关系，确定犯罪者和受害者以及涉及对个人小的伤害、对集体而言却是大的伤害的集体诉讼的困难，目前的原则是不充分的，这种理念支持风险管理。由于风险管理与当前思想的差别不大，从广义上理解的当前思想出发的人们也能不大勉强地被引导接受风险管理。

反等级原则不能用这些最普通的术语轻易地界定。因为它代表了对现状明显的拒绝，认为现状是非中立、不正义的。如果一些人因主张现状而变得境况更糟，接受反等级原则的人就不大会遇到挑战。例如，纠正歧视行动没有令人不能接受地夺走任何白人和男人拥有的真正的赋予权利。由于现有的黑人与白人之间、男人与女人之间的利益与负担分配不是自然的和神圣不可侵犯的，由于它部分是目前的法律和具有歧视后果的事件的产物，如果一些白人和男人遭到了不利，也并非坏事。这个理念直接应用了新政对因现状而中立的攻击（我没有主张，作为政策问题，纠正歧视行动规划优于那些不具有种族或性别意识的规划）。

此外,反等级原则为个人赋予权力提供了一个与众不同的、竞争性的观念。即,差别是体制性的,是非法的,它通过法律转变成社会不利地位,这完全异于补偿性方案。虽然反等级原则确实具有补偿性特征——在这里,过去的和现在的歧视当然是其要素——但其基础似乎与在补偿性理念的传统里接受教育的人的观念相异、甚至相对立。

反等级原则提出一种不包含在标准的补偿理念之中的平等规范。如果被采纳,这个原则还会对当前的法律产生一系列影响。所有这些影响都与不局限于法院的能力的对内战修正案的解读有关。

1. 最重要的和最普通的一步是把注意力从一个群体的成员是否与另一个群体的成员被不同对待的问题转向如何减少二等公民的问题。

根据这个观点,公民权利政策应该首先关注自身,首先是下述这些问题:诸如缺少教育、培训和雇佣机会;不充足的住宅、食物和卫生保健;易受到公共(通过警察)和私人犯罪威胁的可能性;从事犯罪的动机;青少年怀孕和单亲家庭。在解决这些问题时,传统的公民权利法无甚助益。包括"启蒙计划"(head start)*在内的有针对性的教育政策以及最近计划减少针对妇女的暴力的提案提供了更好的模式——通过教育,用于犯罪预防和惩罚的额外的政府资源,适用于与性别有关的暴力犯罪的受害者的新型法律救济。

2. 当运用某些标准把残疾人从重要的公共和私人生活领域排除出去时,他们应该拥有法律权利主张令人不可接受的不平等。当需要轮椅的人不能进入建筑物时;当盲人不能阅读有视力的人视为理所当然能够阅读的东西时;当聋人不能听到火警时或者在法庭里不能按照平等条款的规定行事时,不平等产生了。把差别

---

* Head Start 项目肇始于美国 20 世纪 60 年代,其对象是贫穷家庭的幼年儿童,这项计划的目的主要是希望能透过国家社会的早期介入,以社区为本位给予贫穷家庭及其幼儿综合性的服务。——译者注

转变成社会不利地位的体制包含了令人讨厌的不平等形式。

这不是要表明,为身体健康的人设计的世界必须重新设计,为残疾人在所有领域创造平等。这些社会变革的成本是具有相关性的,它们将非常高。但一些理由总是要根据成本或其他价值得出;通常充分的理由是不可得的。

3. 至少,应该允许人们自发的种族意识,即使不能满足补偿性正义的要求,也就是说没有可以确认的被告"造成"了原告伤害的情况。过去的社会歧视是纠正歧视行动的充分理由。计划消除少数人群体的有利成员进行的歧视的后果的措施不应与普通歧视同样看待。尤其重要的是,计划减少当前社会等级特征的种族意识措施得到了明显反对这些措施的目的和后果的支持。

4. "向前看"为种族意识的措施提供了充分的合法理由——非常不同于最高法院通常要求的向后看的理由。[19] 在教育中促进多样化的种族意识努力,或者促进公共机构执行能力的种族意识努力,应该被允许。

5. 在某些情况下,显现出歧视后果足以引发要求政府以令人信服的、种族中立和性别中立的语言证明其行为的正当性。如果法律对少数人群体或者妇女产生了歧视的后果,政府应当表明,某些非歧视的考虑充分支持这个法律。把更多的黑人而不是白人拒之门外的考试,或者把妇女排除在高级的行政工作之外的退伍军人优待法,应该使之无效,除非表明它与重要的政府利益有实质关系。

或许这种标准应该由立法机关而不是法院确立,因为前者具有更纯正的民主血统和更大的事实发现能力。许多公民权利法事实上反对补偿性标准,依据是其歧视性后果。它们正击中要害。

英美法体制与补偿性正义原则相适应。这些原则为普通法的财产、侵权、契约提供了基础。通过法学院、尤其是有影响的第一

---

[19] 参见 Sullivan, "Sins of Discrimination."

学年,这些原则得到强调。它们非常适应于法院力所能及的范围。即使在非常工业化的、有着巨大的管理机制的国度里,它们也肯定继续发挥着重要作用。然而,在许多现代的法律领域,补偿的思想带来了实际的困惑。

但是问题远不止于困惑。实体,而不仅仅是形式,是补偿思想的核心。这种思想包含着因现状而中立。它坚持现有的赋予权利,它把修改现状或者给第三方施加负担视为不被允许的偏见或者"再分配",除非是为了狭义的补偿。结果就是误解法律主张最有说服力的基础的行政、立法和法官创造的原则,其产生的决定有时是绝对不正当的,关闭了寻求替代方案之门。

立法和行政官员提出的规制规划通常拒绝补偿思想以及与之相关联的中立观念。但是从私法向公法的转变——部分是对这个问题的认可——依旧踌躇不前。法院继续援用补偿界定根据对因现状而中立的自我批判发展起来的规划的性质和范围。尽管法院通常不应该主动地进行重大的社会重构,但是这样的限制不适用于立法和行政官员。

这些新观念在公法里已然显而易见,它们基于新出现的风险管理与反等级原则。这些原则揭示了补偿性正义和因现状而中立的局限在于对法律体制缓解社会伤害的作用的理解。在未来,立法和行政行为应该直接针对社会风险的管理,和社会等级的减少。成功地实施这些任务将使法律体制偏离对法院和补偿的关注。同时也必将大大促进民主自治。

结论：
不偏不倚的宪法

回到本书的开头，美国宪法的真谛在于把政治责任与大规模的公共审议结合在一起的努力。宪法的制定者们设计了一个民主的体制，在某种意义上它受到了广泛的拥护，但它也是审议性的，某种程度上促进了政府官员与广大公众之间具有公共精神的审议。应该以此来理解所有的基本制度——国民代表、联邦主义、制衡、司法审查。

许多我们最重要的权利正是这种审议民主体制的一部分。言论自由权是最显著的例子。我们还可以指出法律面前平等保护的权利，正当程序的权利，宗教信仰的权利，甚至私有财产权和契约自由权。至少，无论何时只要政府分配了社会福利、施加了社会负担，宪法权利体制都需要一个与公共有关的合法理由。这个中立原则位于我们宪法传统的核心位置。这个中立原则反映了建国者们废除基于"天赋"和"权威"的君主制的努力，而代之以共和。

正确地理解，这个原则应该不仅适用于新的政府提案，而且适用于现状。目前的实践及其法律基础应该既从属于审议，又从属于民主。它们不应该被视为是天赋的，或者必然是自然的和正义的。

宪法与现状

然而，在目前的宪法中，有着把现状视为区分中立和偏见或者作为与不作为的趋势。在一些令人吃惊的地方可以发现因现状而中立的足迹。在许多领域,目前的所有权被视为自然状态,而它们实际上是法律的产物。

因现状而中立影响到了关于言论自由保证的范围和性质的讨论,甚至影响到了何时政府应该"削减"言论的观念。它影响到了关于什么是基于种族和性别的歧视的含义的描述。它影响到了关于再分配资源和机会中政府的角色的法律思想。它还影响到了把控制生育不正确地视为隐私而不是性别歧视的问题。它甚至有助于解决政府是否与某个案件有关并因而应对宪法负责的问题。认为涉及宪法权利的最重要问题都受到了把现状视为决定的基准的影响,并不为过。

以这种方式运用现状不总是错误的。在一些情况下,出于各种各样的原因,事实上现有分配应该成为基准(参见第五章)。一个拥有私有财产和市场配置的制度既促进自由,也促进繁荣。把现有分配视为天赋的决定是这种体制赖以存在的基础。事实上,这就是我们把一个体制描述为财产权利的题中之意。

在没有充分理由或者仅仅是条件反射的情况下运用现状时,问题就出现了。在宪法中,现状实际上就是这样被运用的。它被视为自然状态的一部分,而它并非如此;它被视为中立的和正义的,但它也不是这样的。通常,产生了现有分配或机会甚至优先权的法律规则根本不被视为法律。我们已经在无数领域看到了这个问题。

最后,对现状基准的运用可以恰当地归因于建立在补偿性正义原则之上的法律理念。如果一个人伤害了其他人,法律就需要补偿。补偿观念把现有分配视为天赋的。它计划恢复现状,也就是说分配是在出现问题的某种行为发生之前就存在了。这与普通法(以及宪法)法院的有限能力非常相配。但是关于法律的补偿性理念仅仅描述了法律的一种职能;它们是法律在社会中的角色应该根据司法部门的能力来确定这种奇怪念头的产物。

罗斯福总统的新政标志着美国法律和政治文化的根本转变。首先,它深化和扩展了对于审议民主的原初宪法承诺。只有提出代表现状利益的理由,新政的改革者们才把现状视为有道理的。这个理念有助于激发政府的首创精神。法律的无数职能已经非常显著;这些包括反思的社会愿望、减少贫困、管理环境和工作风险、提供机会和信息,以及消除社会等级。

一旦立法和行政官员反对补偿性原则,最高法院和宪法就不应该设置障碍。更一般地,法律文化应该与现代国家里法律的新的根基相适应。这种适应需要根据当前的理解大范围地进行修订。基于种族、性别和残疾的歧视将引起关注,不是因为这涉及在本来是同样的人之间进行非理性的区分,而是因为法律不应该把区别转变成社会不利地位的根源——简而言之,因为它产生了某种类似于等级体制的东西。社会风险管理以及取消社会等级应该成为许多当代法律的首要原则。高质量的和大致平等的教育机会——由反等级原则、保护平等生命的愿望以及内战修正案的理念根基所促成的——是美国宪法遗产的核心部分。重新表述伴随着影响宪法权利行使的情况的政府资助所引发的问题是必要的。

必须以某种显著的方式修正言论自由原则。这些原则应该关注于独特的美国主权观念,并因而关注于自治。法律不要像现在这样,应该警惕言论的自由市场有时会危害这个首要目标。政府通过确保观点的多样化促进对公共问题更大关注,从而改善现有的言论市场的努力不应存在宪法上的障碍。此外,还应该为政府规制"低层次的"、非政治性言论(包括诽谤名人、商业广告、具有潜在军事价值的科学言论、暴力色情作品以及狭义的憎恨言论)提供更大的空间。

根据这个一般观点,现有的私人"偏好"不总是提供法律的正当基础。这些偏好有时是非正义的现状的产物。它们有时是法律的产物,如果不是循环论证,就不能证明法律的正当。凭借公民能力,人们通常期望偏离他们作为消费者的购买和开支能力。"消费者主权"的经济学观念不应该与麦迪逊主义的"我们人民"的主权理念相混淆。正是后一种理念标志着我们的宪法传统。

这些建议中的大多数针对于立法和行政官员,而不是法官。

实际上，本书一以贯之的主题是，把宪法等同于最高法院的判决是一个致命的、歪曲历史的错误。这个由沃伦法院鼓吹的等同与美国宪法传统的民主目标不一致。这些目标要求司法界之外的行为者——国会、总统、政府官员、普通公民——参与关于宪法广泛保证的含义的审议。在这个意义上，宪法的含义不等同于最高法院的解释，它应该仅仅被视为长期而复杂的对话的一部分。这里我们的目标主要关注其他机构，为了恢复宪法对审议民主的原初承诺。

机构问题先放到一边，我这些看似异类的建议由对因现状而中立的普遍反对结合在一起。但是我所提供的论证不应该被视为对法律中中立承诺的普遍挑战。在近些年，把这种承诺视为有争议的实体理论的一个不幸的伪饰，已经司空见惯，以至于任何形式的中立成为法官和律师试图避免的东西。[1] 但这并非定论。我们应该同意，如果中立这个术语意在指有价值判断或承诺结合在一起的法律决定，那么中立注定是泡影。在涉及人类事务的恰当组织的问题时，这种中立形式显然是不可实现的。任何对社会生活的认识都依赖于一些重要的关于对或善的非中立观念。但是，不需要以此认为，所有的中立观念都是不可能的目标。

中立的概念

通过列举法律中几种对中立观念可能的运用，我得出了结论。其中没有任何一种与现有的分配或者现状结合在一起。所有这些

---

[1] 例可参见 Ann Scales, "The Emergence of Feminist Jurisprudence: An Essay," 95 *Yale L. J.* 1373, 1385 (1986)："女性主义不主张客观，因为客观是不平等的基础。女性主义是重结果的。……在解决社会不平等之时，没有中立的原则。"又见 Catharine MacKinnon, Feminism Unmodified, 43—44 (1987)："当（性别不平等）作为一个赤裸裸的权力问题展现时，没有单独的应该如何去做的问题。……在这个词语的转变中，平等命题不再是好与坏的问题，而是有权与无权的问题，源头并不公正，结论并不中立。"

观念都认可人类在创造一个注定要实行中立原则的背景中的作用。实际上,所有这些观念都在我这里的论证中起着主要作用。

首先,只要提倡内在的一致性,对中立的要求就不会招致反对。[2] 有人通常认为,人们应当通过内心的苏格拉底式的对话获得确信,在这个对话中他们对于手头情况的原初判断通过许多其他具体的和一般的观点的碰撞得到纠正。根据同样的思路,罗尔斯非常好地描述了我们达到反思性均衡的努力——我们的一般理论与经过深思熟虑的关于具体问题的观点的一致性。[3] 很难轻视这些理论。它们是法治的一部分。它们包含着在许多情况下会影响实质结果的推理方法。

实际上类推的过程——法律解释的核心——可以被最好地理解为一种通过事例产生必要的一致性的方法。[4] 这种努力发展出了彼此一致的原则。在许多情况下,我们都看到了这个过程在发挥着作用。通常律师通过观察在一种情况下是决定性的原则在另一种情况下是否适用来检测一种原则。通过这种检测,我们可以看到我们的哪种理念事实上是最根本的,并且把这些理念带入起初认为它们不适用的领域。对基本权利的一般运用——用于新群体、新环境——通常经过这个过程。

类推的方法最近受到激烈的攻击。[5] 但是这种推理形式是政治和法律思想的关键手段。它纠正了无数情况下的初始判断。它还包含着一个重要的、完全清晰的中立原则。

---

[2] 这个理念参见 Herbert Wechsler, "Toward Neutral Principles of Constitutional Law," 73 *Harv. L. Rev.* 1 (1959); Kent Greenawalt, "The Enduring Significance of Neutral Principles," 78 *Colum. L. Rev.* 982 (1978),详细阐述了中立的概念。

[3] 参见 John Rawls, *A Theory of Justice*, 19—22,48—51 (1971)。

[4] 参见 Cass R. Sunstein, "On Analogical Reasoning," 106 *Harv. L. Rev.* 741 (1993)。

[5] 参见 Richard Posner, *The Problems of Jurisprudence*, 86—100 (1990); Mark Tushnet, "Following the Rules Laid Down: A Critique of Interpretivism and Neutral Principles," 96 *Harv. L. Rev.* 781 (1983)。

其次，只要要求法律结果或者社会福利和负担分配的公共理由，中立就是一个重要的目标。有时候要求中立实际上就是要求可以用公共条款表达的理由——第一章描述的中立原则。作为一种驱逐纯粹的政治权力或者不谨慎的、非法的和不连贯的考虑的手段，完全可以捍卫中立概念。我们已经看到，宪法中的大部分包含着对什么应该被视为明显优先的公共理由的要求。

这种要求有助于把审议民主与通过多数原则或者其他方式的威权主义区别开来。威权主义的一个显著特性是提倡施加社会负担或者否认社会福利的理由。因而可以理解为威权主义的冲动在宪法中发挥着重要的作用；从某种方面看，它就是宪法。

第三，只要中立在某种情况下要求决策者的非人性化或者抽象性，中立理念就不会招到反对。可以理解为，中立限制某种有权威的人可能倾向的考虑。它是地位区分体制的一部分。意外事件的法官通常不注意当事人的信仰或种族。如果他注意了，他就违背了他的公正义务。因此分配防卫许可的立法者也不应该注意贿赂企图、个人友谊、政治联盟、甚至在竞选活动中的贡献。

因而中立包含着某种形式的制度上的劳动分工，也就是某些官员必须漠视某些考虑的原则。可以据此理解法律与政治之间通常引起争议的分立。如果这种分立被接受，正如它已经被接受一样，完全是出于政治原因。当我们认为明显的法律行为者不应该注意某种被认为与他们无关的因素时，这种分立证明了其正当。这高度揭示了，在大多数运作良好的法律体制里，法官不可能考虑作为行政官员和立法者日常工作中适当部分的因素。例如，一个合同案件通常不可能呈现当事人的相关财富，即使相关财富对于政府官员在其他情况下非常重要。

这种约束的内容当然必须正当化，但存在着一个危险，角色区分或者一般化像中立一样有时会隐藏着站不住脚的理论。但是在一些情况下某些考虑被认为是不相关的这个观念是一个完全没有争议的中立概念。如果没有它,自由社会就很难实现。[6]

第四,中立可能指根据适当的社会观点[7]或者根据这里所使用的权利基线作出的决定。例如,一个雇主决定拒绝接纳需要轮椅或者照顾孩子的人进入工作场所,这个决定会遭致反对,因为它把与道德无关的差别转变成社会不利地位的体制渊源(参见第十一章)。对选择性和偏见的反对是法律和政治争论中一个熟悉的、不可或缺的部分。恰当的基线的发展正在行使着同样重要的工作。中立观念取决于这个基线,在这个意义上,它是派生的。但是这样说并不是要贬损对这些观念的使用,它们抓住了不同情况下不合法的偏爱这个问题。

然而,在美国宪法的许多领域,一个迥异的中立概念仍旧发挥着作用。根据这个概念,现状——现有的实践,财富、机会、优先权和自然资产的分配——是作出关于何为偏爱的判断的基线。对这些实践和分配的偏离标志着行动和参与;而坚持则标志着无为和中立。如果现状可以用实质性条款进行辩护,或者如果现状并非本身包含着非正义,那么因现状而中立就不会遭致反对。但有时候现有实践是有偏倚的,或者至少是有争议的主题,那么把中立概念视为自然的或正义的至少是值得反思的,通常是隐藏了非正义的实体理论的伪装,如果把这些理论公之于众就不会得到任何拥护。然而这种中立的概念令人吃惊地普遍深入。如果没有它,我们的状况应该会更好。[8]

走向审议民主

放弃因现状而中立与对美国宪法传统最深切的渴望相一致。不仅在新政对普通法基线的否定中,在内战对假定自然的种族区

---

[6] 参见 Don Herzog, *Happy Slaves*, 171—175 (1989)。

[7] 参见对客观性的讨论, John Rawls, "Kantian Constructivism in Moral Theory," 77 *J. Phil.* 515,570—572 (1980)。

[8] 至于一些限制条件,参见第五章。

别的批判中,而且在建国者们对法律和文化的"人为"性质的坚持之中,都表达了这种渴望。在美国的法律传统中,政府不可以依靠权威或者自然状况。

对这些法律资源的反对以及对因现状而中立的反对没有引进任何具体的方向。发展出赋予宪法的宽泛词语以含义的原则仍旧必要,这些词语并不能自我解释。但是在这项事业中,我们并非茫然无措。对审议民主的承诺不仅预示着否定因现状而中立,而且预示着一系列有助于赋予宪法保证以真实内容的实质承诺。

这些承诺——包括作为理想政治的政治平等、公民身份、审议和合意——告诉了我们第一修正案、平等保护条款、正当程序条款以及不得在没有公正补偿情况下的征用的保证这些不同的规定的含义。的确,表述得高度普遍化的宪法承诺不能解决具体问题。我们没有发现任何公式或运算法则去限制宪法解释中实践理性的运用。在这种问题上,一个异质的社会将为不同意和不确定留有空间。但这并非宪法困境的原因。相反,宪法会非常强健,正如制定者们自己所坚持的那样。

这里重新提起两个最突出而又被忽视的美国宪法传统的特色非常重要:明显的不自满和非凡的自我修正能力。美国宪法是世界上最古老的成文宪法,但是经过时间考验它仍具有弹性处理一切事情。在根本问题上,宪法广泛的保证的含义在30年间就非常不同。有时候,修正是通过司法发生的;而通常是发生在其他领域。认为在20世纪走到尽头之时,我们会最终停止修正,这是一个非常奇怪的想法。或许我们可以期望对于宪法承诺新的复兴的审议——通常发生在法庭,但是更为经常的,并且更为根本的是通过民主渠道发生。

索 引

(索引中出现的页码为原书页码,即本书边码)

abortion,堕胎 270—283,289
  ban on federally funded family planning services from counseling about,禁止联邦为计划生育服务咨询提供资助 229,310—311
  clinics giving advice on,提供建议的诊所 86—87
  conditions imposed on receiving,对获得施加条件 85,86
  effect of Roe v. Wade on,罗伊诉韦德案的影响 147,171
  equal protection clauses applied to laws restricting,适用于限制法律的平等保护条款 259,272—285
  government control of,政府的控制 257—258
  government funding of,政府提供资金 70,293,299,315—317
  Hyde Amendment on, Hyde 修正案 86
  physician's role in creating restrictions on,医师在创设限制中的作用 396 n 26
  privacy right as including right to,作为包含隐私权的权利 271—272,279,280
  restrictions on as sex discrimination,对性别歧视的限制 270—283,285,317
  in social policy,至于社会政策 第九章 n 30
addictive behavior, regulation of,成瘾行为,规制 175,191,192
Adkins v. Children Hospital, 阿德金斯诉儿童医院案 45,46,65,66
administrative agencies,行政机构 320—321
  compensatory model applied to,适用的补偿性模式 326—327
  risk management by,风险管理 334—338
  standing to challenge,提出异议的诉讼资格 88—90,157,327—328,335—336
  unlawful inaction by,违法的不作为 87—88,157
advertising:广告

for casinos and cigarettes, 赌场和烟草 268
on children's television, 儿童电视 198
effects on free speech, 对言论自由的影响 216—217
political, on buses, 政治的,公共汽车 250

affirmative action, 纠正歧视行动 77—78,149—150,151,156—157,331—333,335,344;
New Deal and, 与新政 57—58

affirmative rights, 肯定性的权利 69—71

Agent Orange lawsuits, 265

agreement as regulative ideal, 作为规制理想的合意 137,141

aliens, and equal protection doctrine, 外侨,和平等保护学说 38

American Booksellers Association v. Hudnut, 267—268

American Civil Liberties Union, 美国公民自由联盟 200

anticaste principle, 反对等级制度原则 338—345

Aristotelianism, 亚里士多德主义 141,187

Arrow, Kenneth, 阿罗,肯尼思 125

art and literature: 文学艺术
depicting homosexual conduct, 描述同性恋行为 270
freedom of speech in, 其中的言论自由 239,240,241,242,244—245
government funding of, 政府的资助 292—293,308—316

Article Ⅲ tribunals, 宪法第三条所规定的裁判机构 83—84

Articles of Confederation, 邦联条款 19,21

Association of Data Processing Service Organization v. Camp, 数据处理服务组织联合会诉坎普 89

Austin, J. L., 奥斯丁 110

authoritarianism, 威权主义 352
antiauthoritarian impulse, 反威权主义的冲动 352
antiauthoritarianism in constitution law, 宪法中的反威权主义 25
impartiality discouraging, 无偏私的阻碍 24

automobile regulation, 机动车规制 326—327,328,338

autonomy: 自治
in collective self-determination, 集体自决中的 178
government interference with, 政府的干预 296
and preference-satisfaction, 对偏好的满足 176—178,179,193
prepolitical sphere of common law autonomy, 普通法自治的前政治领域 296,298

Bentham, Jeremy, 边沁,杰里米 51
bicameralism, 两院制 23

索引　407

Black, Hugo, 布莱克, 胡果　108, 201

Blacks, See Racial discrimination; Slavery 黑人, 见种族歧视; 奴隶制

Bork, Robert, 博克, 罗伯特　171;
The Tempting of America, 美国的诱惑　95, 96—98, 99, 103—104, 107, 108

Bowers v. Hardwick, 105

bribes, as regulated speech, 贿赂, 作为被规制言论　232, 233, 235, 238, 241

broadcasting, 广播　213—223
　children's programming, 儿童节目　198—199, 217—218
　consumer sovereignty in, 消费者主权　220
　economic pressures on, 经济压力　215—218
　fairness doctrine, 公平原则　151, 213—214, 223
　preferences as a result of status quo, 作为现状结果的偏好　220—221
　property rights in, 其中的财产权　208, 210—212
　public-affairs programming, 公共事务节目　215—217, 219, 222
　right of access to media, 接近媒体权　71, 151, 206—207, 208, 210—214, 223, 224
　sex discrimination in programming, 节目中的性别歧视　218

Brown v. Board of Education, 布朗诉教育委员会　44, 45, 56, 76, 116, 146, 260

Brutus, in the *Complete Antifederalist*, 布鲁图斯, 在《反联邦党人全集》书中　253

Buckley v. Valeo, 巴克莱诉瓦莱奥　84—85, 149, 223

Burke, Edmund, 伯克, 爱德蒙　130

Bush, George, 布什, 乔治　198

Byrd, William 伯德, 威廉　177

Califano v. Goldfarb, 卡利菲诺诉古德法勃　78

campaign finance regulation, 竞选经费规制　149, 151, 154
　freedom of speech and, 言论自由　84—85, 201, 202, 223—224

caste, opposition to, 等级制度, 反对　139, 143, 150, 156—157, 321—322, 338—345, 346, 349
　risk management and, 风险管理　342—343

checks and balances system, 制衡体制　135, 320, 347
　discussion among governmental entities encouraged by, 鼓励在不同政府机构间的讨论　23
　effect of New Deal on, 新政的影响　61
　role differentiation in, 角色分化　131—132

child custody system, 儿童监护制

度 91

children：儿童

 minimum wage legislation for，最低工资立法 45

 television programming for，电视节目 198—199，217—218，221，222

citizen participation，公民参与 135—136，141，143，145，164，184

Clark v. Community for Creative Non-Violence 第七章 n53

class action, small-claim，小额集团诉讼 323—325，338

Coase, Ronald，科斯，罗纳德 169

Coase theorem，科斯定理 169—170

Cohen, Morris，科恩，莫里斯 51,59

commercial clause：商业条款

 dormant，蛰伏的 32

 naked preferences prohibition 对赤裸裸偏好的禁止 26,30,32

commercial speech，商业言论 238,239,241,242,266,350

 false or misleading，虚假或误导的 200,201,233—236

co]mmon law：普通法

 abandonment of baselines，放弃基线 124

 Article III requirements and，宪法第三条的要求 84

 compensatory justice and，补偿性正义 319,320

 government benefits and，政府津贴 83,296

 as legal rules，作为法律规则 51,52,54,55

 natural law reflected in，所反映的自然法 43,44,48,50,51,55

 prepolitical sphere of autonomy，前政治的自治领域 296,298

 public forum doctrine，公共论坛原则 226

 as reflection of social customs and practices，作为对社会风俗习惯的反映 43,44,48,50,51,55

 standing doctrine relying on，依赖的诉讼资格 89

 as state action，作为政府行为 56

 state action doctrine and，政府行为学说 74—75

 unconstitutional conditions doctrine and，违宪条件学说 294

compensatory justice，补偿性正义 319—346,338,348—349

congress：国会

 deliberative representatives，审议代表 21

 national representation in，国民代表 135,347

 and right of instruction，导引权 22

conspiracy, as regulated speech，共谋，被规制言论 266

Constitutional Convention, closing of，制宪会议，封闭性 22

constitutional interpretation：宪法解释

 abandonment of baselines，放弃基线 124—126

of ambiguous provisions, 模棱两可的规定 148

conventionalism, 95, 114—117 第四章 n35

deconstruction, 解构 114—117

deliberative democracy as basis for, 作为基础的审议民主 123, 133—149, 142—145

"enforcement" of Fourteenth Amendment "by appropriate legislation," "通过适当立法"来"实施"第十四修正案 152—153

formalism, 形式主义 94, 95, 96—98, 98—99, 103—104, 105, 107—110, 114, 117, 118

historical analysis in, 历史分析 120—122

indeterminacy, 不确定性 95, 114—117, 126

interpretive neutrality, 中立解释 95, 96—99, 98—99, 103—104, 117—118

legal authoritarianism, 法律威权主义 107—110

methods, 方法 93—122

positivism, 实证主义 110—113

by external principles, 外部原则 93, 94, 95, 98—104

reasoning by analogy in, 类推 351

reasoning in, 推理 95—96, 119—122, 126, 142—145

semantic principles, 语义原则 101—102, 第四章 n11

structural analysis, 结构分析 119—120

need for substantive principles, 需要实体原则 98—104, 第四章 n11

textualism, 文本论 119—122

consumer protection, 消费者保护 322, 335

consumer sovereignty, 消费者主权 220

contract law, 契约法 319

contract clause: 契约条款

naked preferences prohibition, 对赤裸裸偏好的禁止 26, 35, 36, 37

New Deal era theory of 新政时代的理论 54

police power exception, 警察权的例外 35, 36, 47

redistributive measures under, 再分配举措之下 150

in status quo neutrality, 因现状而中立中 153

takings and contractual impairments, 征用和契约损害 91

unconstitutional conditions doctrine and, 违宪条件学说 297

conventionalism, 因袭主义 114—117

Craig v. Boren, 克雷格诉博伦 78

criminal justice system, equal protection clause guiding administration of, 刑事司法制度, 导引管理的平等保护条款 151, 158

criminal solicitation, 教唆犯罪 266,309
　　regulation of, 规制 232,234
cross-burning, 焚烧十字架 245—253

debtor relief laws, 债务减免法律 35
deconstruction, 解构 114—117
deliberative democracy, 审议民主 133—145,347,350,352,353—354
　　Articles of Confederation and, 邦联条款 21
　　aspirations to be favored over preferences, 在偏好之上的热望 163—164,185—191
　　in constitutional interpretation, 宪法解释中 123,133—149,142—145
　　factions curtailed by, 被抑制的派别 20,21
　　foundations of, 基础 162—194
　　framers' belief in, 制宪者的信念 21—23
　　free speech and, 言论自由 202—203,253—254
　　impartiality in, 无偏私 17
　　naked preferences prohibition fulfilling, 禁止赤裸裸偏好的实现 26
　　New Deal enhancement of, 新政的强化 60
　　requirement of reasons for government action, 对政府行为理由的要求 20,126
　　right to instruct as conflicting with, 有冲突的导引权 22
　　sources of, 渊源 134—141
democratic deliberation. See Deliberative democracy 民主审议,参见审议民主
Department of Health and Human Services, 健康和人类服务部 229
desperate conditions, governmental protection against, 绝境,政府的保护 138—139,140
Dewey, John, 杜威,约翰 53,134,141,163—164,176,186—187,189,255
disability, and protection against discrimination, 残疾,针对歧视的保护 320,321,332—333,339—340,341,342,344, 第十一章 n15
discrimination, see *specific categories discriminated against*, *e. g.* Aliens 歧视,参见针对歧视的特定类别,例如外侨
domestic violence, 家庭暴力 79,151,259,339
Dorf, Michael, On Reading the Constitution, 道夫,麦德福,《阅读宪法》 105—106
Douglas, Williams O., 道格拉斯,威廉 201
due process clause, 正当程序条款 82,347
fundamental rights, 基本权利

35,260

Lochner era decisions,洛克纳时代的决定 34,35,45—51

naked preferences prohibition,对赤裸裸偏好的禁止 26,34,37

procedural due process,程序性正当程序 83

status quo neutrality and,因现状而中立 34,35,154

substantive protection under,实体性保护 83

Dworkin,Ronald,德沃金,罗纳德 95,111—112,145—146,第五章 n35

Easterbrook,Frank,依斯特布鲁克,弗兰克 99,100

education,教育

  access to,接近 137,140,149

  affirmative action programs,纠正歧视行动项目 332

  desegregation of schools,废除学校的种族隔离 146,189,327,328,330—331

  equal protection clause and,平等保护条款 157—158

  freedom-of-choice plans in remedying school segregation,作为学区隔离制度救济的自由选择计划 90—91

  government funding of public and/or private schools,政府对公立和/或私立学校的资助 339,

341,344

egalitarianism,平等主义 138

Eisen v. Carlisle&Jacquelin, 324

Electoral College,role of,选举团,角色 21

Ely,John Hart,*Democracy and Distrust*,伊利,约翰·哈特,《民主和不信任》 104—105,143—144

eminent domain clause,征用条款 128—129

  contractual impairments,契约损害 91

  judicial review of cases,对案件的司法审查 37

  naked preferences prohibition 对赤裸裸偏好的禁止 26,36,37

  police power,警察权 37

  public use requirement 公共使用要求 36,37

  redistributive measures enacted under,颁布的再分配举措 150

  in status quo neutrality,在因现状而中立中 153

  taking distinguished from regulation,区别于规制的关键所在 37

employment programs and assistance,就业项目和扶助 60,82

  affirmative action programs,纠正歧视行动项目 331—332

  labor law vs. health laws,劳动法 vs. 健康法 46

  maximum-hour legislation,最高工作时间立法 48,65,260,

293,322

maximum-hour legislation as naked preference,作为赤裸裸偏好的最高工作时间立法　48

minimum wage legislation,最低工资立法　45,46,49—51,65,293,322

Norris-LaGuardia Act,诺里斯—拉瓜迪亚法　58

opposition to caste in,对等级制度的反对　342,344

subsidies,补贴　46,50

endowment effects,赠与效应　167—173

environmental protection,环境保护　149,169,320,322,323,335,337,349

Environmental Protection Agency,环境保护署　326

Epstein, Richard,爱泼斯坦,理查德　296—297

equality principles,平等原则　138—140,141

　as anticaste principles,作为反等级制度的原则　338—345

equal protection clause,平等保护条款　113,347

　access to education and,接近教育　157—158

　affirmative action programs and,纠正歧视行动项目　150,331—333

　applied to abortion restrictions,适用于对堕胎的限制　259—261,272—285

　compensatory model applied to,适用的补偿模式　328—330

　criminal law administration under,刑法的实施　151,158

　discriminatory effects without discriminatory intent,没有差别待遇意图的差别待遇结果　151,155,157

　gender-neutral justification for laws,通过性别中立让法律正当化　259—261,278—279,280,284—285

　heightened scrutiny applying,适用严格审查　33

　impermissible ends,不被容许的目的　33,34

　naked preferences prohibition,对赤裸裸偏好的禁止　26,30,31,33,38

　purpose of,目的　154

　rational review applying,适用严格审查　34

　rejecting status quo neutrality,拒绝因现状而中立　154

　statistical demonstrations at odds with,不同的统计数据　80（原书错标为78页）

Equal Rights Amendment,平等权利修正案　147

Erie R. R. Co. v. Tompkins,伊利铁路公司诉汤普金斯案　54,55

establishment clause, 设立条款 307—308,315—316,347

factions, see Interest-group pluralism, 派系,见利益团体多元主义
family planning services, restrictions on funding of,计划生育服务,对资助的限制 229,315—317
famine, as a result of social choices, 饥荒,作为社会选择的结果 第二章 n39
Federal Communications Commission, 联邦通讯委员会 198
Federalism,联邦主义 135,347
    antifederalist,反联邦党人 23,24
    dialogue between states and national government encouraged by,鼓励州和联邦政府的对话 23
    effect of New Deal on,新政的影响 60
Federal Rules of Civil Procedure,联邦民事诉讼规则 323
Flemming v. Nestor, 83
food stamp program,食品券项目 86,305
Fourteenth Amendment：第十四修正案
    civil and political rights protected by,受保护的公民和政治权利 42
    "enforcement" of "by appropriate legislation,""通过适当立法"来"实施" 152—153

anticaste principle,反等级制度原则 338—345
    see also due process clause, equal protection clause, 还可参见正当程序条款,平等保护条款
Fowler, Mark 217
Framers：制宪者
    concept of virtue,美德的概念 20,21
    deliberative democracy favored by,所倾向的审议民主 21,23
    diversity of viewpoint among,其间见解的多样性 18
    impartiality favored by,所倾向的无偏私 18
    limitations placed on majority rules by,对多数规则的限制 19
Frankfurter, Felix,法兰克福特,弗朗西斯 124
free speech, *see* speech 言论自由,参见言论
fundamental rights,基本权利 35,133—145,260

gender discrimination, see sex discrimination 性别歧视,参见性歧视
government benefit and spending programs,政府津贴和开支项目 318
    common law vs.,相对于普通法 296
    conditions imposed on receiving,对接受附加的条件 85—87
    conditions placed on receipt of

funds,对接受资金所设置的条件 295—296

constitutional rights affected by spending decisions,受开支决定影响的宪法权利 302

distinction between subsidy and penalty,在补助与惩罚之间的区别 298—301

funding of abortions,对堕胎的资助 293

funding of art and other speech projects,资助艺术以及其他涉及到言论的项目 292—293

funding of public and/or private schools,对公立和/或私立学校的资助 292,293,297,304,306—308

justifications for selectivity in funding,选择资助的正当化理由 304

as liberty or property,作为自由或财产 82—84

positive rights granted to,赋予的积极权利 69—71

redistribution programs,再分配项目 296—298,322,348

speech affected through use of,通过使用影响的言论 228—230

statutory entitlement,法定权利资格 82,83,166,343

unconstitutional conditions doctrine,违宪条件学说 291—318

government employment,政府的雇用 291,318

affirmative action programs,纠正歧视行动项目 332

justifications regarding selectivity in,关于选择性的正当化理由 304

preference for hiring veterans,雇用退伍军人 330,345

secrecy agreements in,秘密协议 304—305

government regulation,政府规制 326—327

see also *specific regulations*, e. g., campaign finance regulation 还可参见特定的规制,例如竞选经费规制

government speech,政府言论 314—315

Hale, Robert,黑尔,罗伯特 51,52,59,204,224

Hamilton, Alexander,汉密尔顿,亚历山大 21,24,253

Hampton, Jean,汉普顿,让 172

Hand, Learned,汉德,勒尼德 124

Harris v. McRae 69—70,86,299,300,317

Hart, H. L. A.,哈特 110

hate speech,憎恨言论 200,201,241,244,245—253,350

Hayek, Friedrich,哈耶克,弗里德利希 130

Head Start,启蒙计划 344

heightened scrutiny,严格审查 30,31,143
  applied to fundamental rights,适用于宪法权利 35
  applying equal protection clause,适用于平等保护条款 33
  of discriminatory statutes,差别待遇的法律 33
Holmes,Oliver Wendell,霍姆斯,奥利佛·温德尔 85,108,124,293,294—296
  dissent in Lochner,洛克纳案中的不同意见 49,295—296
  on property rights,关于财产权 51
Home Building and Loan Association v. Blaisdell,住宅建筑与贷款公司诉布莱斯德尔 35,36,54
homeless,legal restrictions affecting,无家可归者,影响的法律限制 71
homosexuality and homosexual conduct,同性恋和同性恋行为 105,106,143
  antipornography opposition by gay and lesbian groups,同性恋群体对反色情作品的反对 第九章 n8
  art depicting,描写的作品 270
  ban on same-sex marriages,对同性结婚的禁止 第十一章 n17
  discrimination against,对歧视的禁止 第十一章 n17
  speech opposing,相反的言论 244
Hudgens v. NLRB,休金斯诉国家劳资关系委员会 73
illegitimates,and equal protection doctrine,不具正当性的,和平等保护学说 38
impartiality principle,无偏私原则 40,347,352
  authoritarianism discouraged by,为威权主义所阻碍的 24
  as check on self-interested representation,作为对自利代议代表的监控 19
  in deliberative democracy,在审议民主中 17
  favored by framers,为制宪者所倾向 18
  protectionism as violation of,对保护主义的禁止 32
  status quo neutrality vs.,与因现状而中立相对 17
impermissible ends of government. See permissible ends of government,不被容许的政府目的,参见可容许的政府目的
interest-group pluralism,利益团体多元主义 24,124,144
  deliberative democracy as check on,作为监控的审议民主 20—21
  Holmes' dissent in Lochner implying,霍姆斯在洛克纳案的判决中暗示 49,295—296
interest-group politics,利益团体政治 26,158,159

interpersonal collective action problems, 内省的集体行动问题 191—192

Jefferson, Thomas, 杰斐逊, 托马斯 138
  on closing of Constitution Convention, 关于制宪会议的封闭性 22
judicial activism, 司法能动主义 150, 151
  Lochner era decisions, 洛克纳时代的判决 45, 61, 149, 294, 295, 297
judicial restraint, 司法节制 149—153
judicial review, 司法审查 135, 347
  of agency inaction, 行政机关不作为 87—88, 157
  effect of New Deal on, 新政的影响 61
  eminent domain clause, 征用条款 37
  focus on litigated case, 关注诉讼案件 147—149
  limited efficacy of decisions, 判决有限的实效性 146—147
  purpose of, 目的 23
  regulatory harms as basis for, 作为基础的规制损害 336
  showing of identifiable harm to obtain, 表明可确证的会遭受的损害 335

standing, 诉讼资格 88—90, 157
  see also heightened scrutiny; rationality review 还可参见严格审查; 合理审查

Katzenbach v. Morgan, 卡特茨恩巴切诉摩根 152
Kennedy, Anthony, 肯尼迪, 安东尼 284

labor law, 劳工法 188
  protection of collective bargaining, 对集体谈判的保护 189
laissez-faire, 自由放任 58, 203
legal realist theory of, 法律现实主义理论 51, 52, 53
status quo neutrality justifying, 因现状而中立的正当性 40, 50—51
Landis, James, 兰迪斯, 詹姆斯 124
Lassiter v. Northampton Election Board, 莱西特诉诺萨姆普顿选举委员会 152
legal advice, regulation of unlicensed, 法律建议, 对未获得许可执照的规制 235, 266
legal authoritarianism, 法律威权主义 107—110
legal capacity, 法律能力 42
legal positivism, 法律实证主义 110—113
legal realism, 法律现实主义 51, 52, 53

索引

libel,诽谤 200,201,206,210,233,234,238,243,266,350
 government refusal to fund,政府拒绝资助 309
licensing,许可 291,318
 governmental restrictions on,政府的限制 295
 justifications regarding selectivity in,关于选择的正当化理由 304
 risk management applied to,适用的风险管理 337
literacy tests,读写能力测试 152
literature, see art and literature 文学,参见艺术和文学
Lochner v. New York,洛克纳诉纽约州 35,41,45—51,54,55,57,61,65,66,77,156,223,260,270
Lyng v. International Union, 86,305

Madison, James,麦迪逊,詹姆斯 137,138,197
 on closing of Constitution Convention,关于制宪会议的封闭性 22
 criticism of Congress by,对国会的批评 22
 The Federalist,《联邦党人文集》 20
 view of majority rule,对多数统治的看法 19
majority rule,多数统治 125,134,163

framers' limitations on,制宪者的限制 19
Mapplethorpe, Robert,马波尔索普,罗伯特 239,240,270
Marbury v. Madison,马伯里诉麦迪逊 152
Medicaid,医疗保健制度 299
 funding of abortions and,对堕胎者的资助 84,86
medical advice, regulation of unlicensed,医嘱,对没有许可执照的规制 232,233,234,235,238,266
Meiklejohn, Alexander,米克尔约翰,亚历山大 206,232
military draft,征兵 276,277
Mill, John Stuart,密尔,约翰·斯图亚特 68—69,141,175,177—178,187,258,276
Miller v. Schoene, 54
monarchial characteristics, in prerevolutionary America,君主制特征,革命前的美国 18,19
Muller v. Oregon,穆勒诉俄勒冈 41,62—62,65,66

naked preferences,赤裸裸的偏好 25—37
National Endowment for the Arts (NEA),美国国家艺术基金会 308,309,310,312
National Traffic Safety Administration,国家交通安全管理局 326
nature and natural law,自然和自然

法 19
common law reflecting,普通法的反映 43,44,48,50,51,55
John Stuart Mill on,约翰·斯图亚特·密尔 68—69
property rights theory,财产权理论 68
racial discrimination justified by,种族歧视的正当化根据 44,57,64—65
sex discrimination justified by,性歧视的正当化根据 62—65
negative rights,消极权利 70,71
neutrality,中立 17—20,351—353
see also status quo neutrality 还可见因现状而中立
New Deal:新政
constitutionalism after,之后的宪政主义 156—161
rejection of status quo neutrality,对因现状而中立的拒绝 41—67
newspapers, regulation of,报纸,规制 225
New York Times Co. v. Sullivan,纽约时报诉沙利文 205—207,208
nude dancing,脱衣舞 201

obscenity,淫秽 233,238,241
antipornography and antiobscenity law,反色情和反淫秽法律 261—270
defined,界定 261—262
exclusion from protected speech,从被保护言论中的排除 262,267—268,269
government control of,政府控制 258
government refusal to fund,政府拒绝资助 309
justification of restrictions on,限制的正当性 262,264
occupational safety and health,职业安全和健康 320,322,326,335,349
O'Connor, Sandra Day,奥康纳,桑德拉·戴 248,284
opportunity, rough equality of,机会,大致平等 139—140
ownership rights, *see* property rights 所有权,参见财产权

Palmore v. Sidoti,帕尔默诉塞德提 91
permissible ends of government,可容许的政府目的 199
eminent domain doctrine,征用学说 36
equal protection law,平等保护法律 33,34
funding used to affect processes of speech,用于影响言论过程的资金 228—230
naked preferences prohibition,对赤裸裸偏好的禁止 31
rationality review supplanting,取而代之的合理审查 38
Personnel Administrator v.

Feeney,330
Planned Parenthood of Southeastern Pennsylvania v. Casey,东南宾州计划生育组织诉凯西 283—284
Playboy magazine,《花花公子》杂志 271
Plessy v. Ferguson,普莱西诉弗格森 41,42—45,56,64,251,261
pluralism,多元主义 24—26
  naked preferences in,其中的赤裸裸的偏好 26
police power:警察权
  contract clause,契约条款 35,36,47
  eminent domain clause,征用条款 37
  equal protection clause,平等保护条款 42
political rights,政治权利 42
politics:政治
  consumption choice vs. political choices,消费选择 vs.政治选择 179—185,193
  economic efficacy as norm for,作为规范的经济效率 165
  endowment effects in,赠与效应 170
  interest-group,利益团体 26,158,159
  speech in,言论 184,198,199—200,232—256
  in preference aggregation,偏好加总 124—125

preferences in,偏好 163
self-expression in,自我表达 第九章 n2
pornography,色情作品 200,201,202,261—270,272,286—287,350
  antipornography and antiobscenity law,反色情和反淫秽法律 261—270
  antipornography by gay and lesbian groups,同性恋群体的反色情作品 第九章 n8
  associated with subordination,与从属相关 第九章 n10
  child,儿童 233,234,235,239
  government control of,政府控制 151,257—258,267—268
  justification of restrictions on,限制的正当性 259—270,263—270,289—290
  private cause of action for those harmed by,产生伤害行为的个人原因 第九章 n13
  in silencing women,压抑女性 第九章 n14
  violence against women and,针对女性的暴力 259,265—266,268
positive right,积极权利 69—71
positivism,实证主义 95
poverty, protection against,贫穷,保护 320,349
pragmatism,实用主义 53,54,127,141
preferences,偏好 27,90—91

as adaptation to unjust status quo,作为对不公正现状的适应 163—164

autonomy and,自治 176—178,193

for broadcasting status quo,广播业的现状 220—221

collective controls affecting development of,影响发展的集体控制 191—192

commensurability of,可公度性 184—185

democratic aspirations and,民主热望 163—164,185—191

dependence on context,依赖于语境 179—181

endogenous preferences,内生偏好 164,174,190,191

heightened scrutiny in prohibition of,严格审查的禁止 30,31

imperfect adaptation of,并非完美的调适 190

maximum-hour legislation as,最高工作时间立法 48

naked,赤裸裸的 25—37

in pluralism,多元主义中的 26

politics in aggregation of,政治中的加总 124—125

prohibition of,禁止 26,28,29,30,31,34,35,36,37,38

protection of free processes in formulation of,保护处理过程中的自由 177—178

rejection of,拒绝 162,179—192

respect for existing,对既存的尊重 163,164—179,175,192—193

status quo neutrality in,因现状而中立 31

subjective welfarism, 165,172,179,181

pregnancy:怀孕

discrimination on basis of,差别待遇的基础 79

teenage,十几岁的 344

President, election of by deliberative representatives,总统,由审议代表选举 21

Presidential veto, mechanism of,总统否决权,机制 23

privacy:隐私权

abortion rights included in right to,包含堕胎权利的权利 271—272,279,280

protection of,保护 35

private interests, see self-interest,私人利益,参见自利

private preferences, see preferences,私人偏好,参见偏好

private rights,私人权利 69

state action and,政府行为 71—75

privileges and immunities clause, naked preferences prohibition in,特权与豁免条款,对赤裸裸偏好的禁止 26,30,31,32,33

property rights:财产权

aggressive protection of,积极进取的保护 143

in broadcasting,广播业中 208,210—212

citizen participation and,公民参与 136

compensatory justice and,补偿性正义 319

endowment effects and,赠与效应 171

freedom of speech and,言论自由 225

legal realist theory of,法律现实主义理论 51,52

market wages and hours as result of,作为结果的市场工资和工作时间 58,59,65

natural law theory of,自然法理论 68

pragmatist theory of,实用主义理论 54

state action doctrine and,政府行为学说 73—75

statutory benefits and,法定利益 82—84

subsidies,补贴 46

takings and contractual impairments,征用和契约损害 91

takings clause,征用条款 128—129

unconstitutional conditions doctrine and,违宪条件学说 297

prositution,卖淫 288

legislative regulation of,立法的规制 259

Prune Yard Shopping Center v. Robins,72—73,74,75

public values,公共价值 27,28

race-neutral policies,种族无涉的政策 150

racial discrimination,种族歧视 150,169,259

affirmative action and,纠正歧视行动 331—332,335

Burkean arguments justifying,伯克式的关于正当化根据的论说 131

Compensatory justice and,补偿性正义 328—330,330—331

de facto segregation,事实上的隔离 78

desegregation of schools,学校种族隔离的废除 146,189,327,328,330—331

discriminatory effects,歧视的影响 34,151

equal protection doctrine and,平等保护原则 38

freedom-of-choice plans in remedying school segregation,作为学区隔离制度救济的自由选择计划 90—91

heightened scrutiny of statutes causing or maintaining,对构成和造成歧视的法律的严格审查 33

intermarriage and,通婚 第十一章 n17

judicial enforcement of voluntary agreements,司法对自愿协定的实施 56,64,73,74

natural law theory of,自然法理论 44,57,64—65

opposition to caste,对等级制度的反对 339,340,341,342,343,344,345

political solutions,政治解决方案 145

protection against,保护 70,320,321

proving discriminatory purpose,证明歧视目的 328—329

racist speech,种族主义言论 241,244

reasonably foreseeable harmful effects applied to,适用可以合理预见的伤害后果 329

segregation as legal creation,作为法律创设物的隔离 44,56,57,64—65,65,91

status quo neutrality justifying,作为正当化根据的因现状而中立 41,42—45,75—77,348

voting measures prohibiting,禁止的选举举措 136

railroad retirement system,铁路退休金体系 159

rape and sexual assault,强奸和性侵犯 79,151,281

disclosure of names of rape victims,披露强奸受害者的姓名 244

funding abortions in case of rape,对因被强奸而堕胎的资助 315—317

justification of restrictions on,限制的正当性 259

pornography and,色情作品 259,265—266,268

during production of pornography,在色情作品制作过程中 265—266

rational choice theory,理性选择理论 165

rationality review,合理审查 97,158—159

applied to measures disadvantaging the disabled,适用于处于不利地位的残疾人 第十一章 n15

applying equal protection clause,适用于平等保护条款 34

impermissible government ends review supplanted by,取而代之的是对不被容许的政府目的的审查 38

as naked preferences prohibition,作为对赤裸裸偏好的禁止 29

R. A. V. v. St. Paul, 245—253

Rawls, John,罗尔斯,约翰 141,175,351

Red Lion Broadcasting Co. v. F. C. C.,红狮广播公司诉联邦通讯委员会 211—212,213

Regents of the University of California v. Bakke, 加利福尼亚州大学董事诉巴基案 335

Rehnquist, William, 伦奎斯特, 威廉 295

Religion, prohibition against government-sponsored, 宗教, 禁止政府资助 307—308, 347

Reproductive functions, 生育功能 348

 control of as source of sexual inequality, 作为性别不平等根源的控制 79, 260—261

 government control of, 政府的控制 257—258

 individual's right to self-determination in, 个人的自我决定权利 257, 272, 279, 286

 as objects used by others, 作为他人利用的对象 258, 259, 260, 261, 271, 279, 282, 287

 see also abortion, surrogacy 还可参见堕胎, 代孕

republicanism, 共和主义 23, 134, 135, 137, 138, 141

 belief in civic virtue, 对公民美德的笃信 20, 21

 revival of interest in, 利益的复兴 21

risk management, 风险管理 321—322, 334—338, 346

 anticaste principles and, 反等级制度原则 342—343

Roe v. Wade, 罗伊诉韦德 145, 147, 171, 259—260, 270, 278, 283, 286, 289, 317

Roosevelt, Franklin Delano, 罗斯福, 富兰克林·西奥多 322, 349

 Second Bill of Rights, 第二权利法案 60

 on the farm bill, 农场法案 59

 on the New Deal, 新政 57—58

Rorty, Richard 罗蒂, 理查德 第四章 n35

Rostker v. Goldberg, 78

Rush, Benjamin, 拉什, 本杰明 177

Rust v. Sullivan, 鲁斯特诉苏利文案 86, 229, 310, 317

San Antonio Independent School District v. Rodriguez, 140

Scalia, Antonin, 斯卡里亚, 安东尼 130, 252

search and seizure, 搜查和扣押 136

securities laws, 证券法律 201, 202

sedition law, 煽动法律 197

segregation, *see* racial discrimination, 种族隔离, 参见种族歧视

self-interest, impartiality as check on, 自利, 作为监控的无偏私原则 19

sex discrimination, 性歧视 34, 169, 259

 abortion restrictions, 作为歧视形式的对堕胎的限制 273—274, 277, 285, 317

 affirmative action to remedy, 作为救

济的纠正歧视行动 331—332
in broadcasting,广播业 218
compensatory justice and,补偿性正义 330
control of sexuality as source of,对作为性别歧视根源的性的控制 260—261,263—264
discrimination against homosexuals vs.,对同性恋的歧视 第十一章 n17
discriminatory effects without discriminatory intent,没有差别待遇意图的差别待遇结果 151
equal protection doctrine prohibiting,平等保护原则所禁止的 38
natural law justifying,作为正当化根据的自然法 62—65
opposition to caste,反对等级制度 339,341,342,343,345
protection against,保护 320,321
speech promoting,促进言论 244
status quo neutrality justifying,作为正当化根据的因现状而中立 41,78—79,348
sexual assault, see rape and sexual assault,性侵犯,参见强奸和性侵犯
sexual harassment,性骚扰 79
justification of restrictions on,限制的正当性 259
pornography promting,助长了色情 266
verbal,口头的 235

sexuality:性
control of as source of inequality,作为性别不平等根源的控制 260—261
individual's right to self-determination in,个人的自我决定权利 257,262—263,272
justification of restrictions on,限制的正当性 257—258
as used and controlled by others,为他人利用和控制 258,264,271
Shelley v. Kraemer,谢利诉克莱默 56,57,73,160
Sherman, Roger,谢尔曼,罗杰 22
single-parent families,单亲家庭 344
slavery:奴隶制度
abolition of:废除 136
Dred Scott decisions:斯科特判决 340
Lochner and antislavery prohibition,洛克纳和禁止废奴 48,49
small-claim class action,小额集团诉讼 323—325,338
Snepp v. U. S., 304—305
social choice theory,社会选择理论 125,163
social rights,社会权利 42,43,44
social security,社会保障 82,83
Souter, David,苏特,戴维 284
Sovereignty:主权
theory of,理论 197—198,220,349
consumer 消费者 220

speech,言论 347,349—350

 active judicial protection,积极的司法保护 142—143

 in advertising,广告 268

 advocating crime,支持犯罪 200

 the arts and,艺术 239,240,241,242,244—245,250

 broadcasting,广播 203—223

 bribe and,贿赂 232,233,235,238,241

 campaign finance regulation and,竞选经费规制 84,201,202,223—224

 commercial,商业 200,201,233—236,238,239,241,242,266,350

 common law restrictions on,普通法上的限制 205,206—207

 conspiracies and,共谋 232,233,266

 content-based and content-neutral restrictions on,以内容为基础和内容中立的限制 226—228

 criminal solicitation,教唆犯罪 232,234,266,309

 dangerous,危险的 200

 in deliberative democracy,审议民主 202—203,253—254

 disclosure of names of rape victims,披露强奸受害者的姓名 244

 door-to-door soliciting,挨家挨户游说 209

 effect of fairness doctrine on freedom of,公平原则对自由的影响 214

 by employers before union elections,雇主在工会选举之前 268

 excluded categories of,排除的类别 200

 fighting words doctrine,攻击性言论标准 247—248,249,251

 First Amendment absolutism,第一修正案的绝对主义 199

 government funding of,政府资助 292—293,308—315

 government funds used to affect processes of,用以影响言论过程的政府资助 228—230

 government,政府 314—315

 hate,憎恨 200,201,241,244,245—253,350

 interpretation of "freedom of speech","言论自由"的解释 108,142—143

 libel,诽谤 200,201,206,210,233,234,238,243,266,309,350

 and nude dancing,脱衣舞 201

 obscenity,淫秽 233

 perjury,伪证 232

 political,政治的 184,198,199—200,232—256

 at privately owned shopping centers,在私人所有的购物中心 72—73,208,225

 property rights and,财产权 225

 protection of against hostile private audiences,阻止恶意的私人听众 210

 proxy statements,代理人的论说 268

 public forum doctrine,公共论坛原则 225—226

reasonable regulation of,合理的规制 199

regulatory strategies,规制策略 213—230

restrictions on,限制 200,201,202,204,207—209

scientific,科学 201,244,350

securities laws,证券法律 201,202

in sexual harassment,性骚扰 235

sexually explicit,明显色情 200,201,202,239—240,243,272

sovereignty theory in,主权理论 197—198

state action doctrine and,政府行为学说 204—205

status quo neutrality affecting free expression law,影响自由表达法律的因现状而中立 154—155,203,348

threats,威胁 232,233,235,252

trespass law and,侵害法律 73,74,246

in two-tier First Amendment,第一修正案 233—236,242

unlicensed legal advice,没有许可的法律建议 235,266

unlicensed medical advice,没有许可的医嘱 232,233,234,235,266

unprotected,不受保护的 232

viewpoint neutrality,见解的中立 199,第八章 n24

see also broadcasting, obscenity, pornography,还可参见广播,淫秽,色情

standing to challenge administrative action,挑战行政行为的诉讼资格 88—90,157,327—328,335—336

state action doctrine,政府行为学说 71—75,159—161

free speech and 言论自由 204—205

status quo neutrality,因现状而中立 3—7,40,347,351—353

compensatory justice and,补偿性正义 320,321,326,328,333,345,348—349

defense of,声辩 123,127—133

due process clause as diminution of,正当程序条款的削减 34,35

due process clause as rejection of,拒绝正当程序条款 154

equal protection clause as rejection of,拒绝平等保护条款 154

fairness doctrine and,公平原则 214

fear of chaos evinced by,表明担心混乱失序 117

in free expression law,表达自由法律 154—155,203,348

impartiality principle distinguished from 与之不同的无偏私原则 17

interpretative methods maintaining,维持解释原则 93—122

judicial activism altering,改变的司法能动主义 151

laissez-faire justified by,作为正当化根据的自由放任 41,45—51

in naked preferences prohibition,禁止赤裸裸的偏好 31

New Deal rejection,新政对因现状而中立的摒弃 41—67

pervasiveness in contemporary law,在当代法律中弥漫 68—92

preferences as adaptation to,作为对现状适应的偏好 163—164

racial discrimination justified by,种族歧视的正当性 42—45,75—77,348

racial segregation justified by,种族隔离的正当性 41—44

sex discrimination justified by,性歧视的正当性 41,78—79,348

social consequences of abandoning,放弃因现状而中立产生的社会后果 155—156

state action doctrine and,政府行动学说 72—75,159

taking clause in,征用条款 153

in unconstitutional conditions doctrine,违宪条件学说 292,294—296,298

Stevens, John Paul,史蒂文斯,约翰·保罗 250,251,252,284

Supreme Courts decisions, see specific cases,最高法院的判决,参见特定的案件

surrogacy,代孕 258,261,285—289

autonomy concerns in,对自治的关切 第九章 n35

legislative regulation of,立法的规制 259

Swift v. Tyson,斯威夫特诉泰森 54—55

taking clause, see eminent domain clause,征用条款,参见征用条款(?)

tax system, in redistribution of resources,税收制度,资源再分配 第二章 n8

threats, as regulated speech,威胁,做为被规制言论 232,233,235,252

tort law,侵权法 319

compensation for risk of injury,对损害风险的补偿 325—326

risk management,风险管理 334—338

small-claim class action,小额集团诉讼 323—325

trespass law,侵害法律 205

free speech rights and,言论自由权利 73,74,246

state action doctrine and,政府行动学说 160

Tribe, Laurence, On Reading the Constitution,却伯,劳伦斯,《阅读宪法》 105—106

unconstitutional conditions doctrine,违宪条件学说 291—318

unemployment insurance, conditions imposed on receiving,失业保险,为领受施加的限制 85

United States Retirement Board v. Fritz,合众国铁路退休委员会诉弗里茨 159

utilitarianism,功利主义 165

virtuous politics:美德政治

framers' belief in,制宪者的笃信 20,21

republicanism and,共和主义 20,21
voting,选举 163
 active judicial protection of,积极的司法保护 142—143
 disfranchisement,剥夺权利 137
 prohibition against racial discrimination in,禁止种族歧视 136

Webster v. Reproductive Services,韦伯斯特诉生育健康服务部 147
Wechsler, Herbert,韦克斯勒,赫伯特 76,77
welfare,福利 60,82,83
 conditions imposed on receiving 为受领施加的限制 85
 preference-satisfaction distinguished,对偏好的满足 174—175
 provision of as positive right,作为积极权利的规定 70
 recognition of constitution right to,承认获得福利的宪法权利 155
West Coast Hotel v. Parish,西海岸旅馆诉帕里什案 45,46,49—51, 54,56,150—151
White, Byron,怀特,拜伦 248
Wollstonecraft, Mary, *A Vindication of the Rights of Woman*,沃斯通克拉夫特,玛莉,《为妇女权利辩护》
women:女性
 anticaste principle,反对等级制度原则 338—345
 differences from men as "inherent," 与男性"固有"的差别 62,63, 64,66
 legalized inequality of,合法化的不平等 259
 maximum-hours legislation for,最高工作时间立法 41,62,63
 minimum wage legislation for,最低工资立法 45,46,49—51
 violence against,暴力 79,151, 259,266,267
 welfare of after divorce,离婚后的福利 79
 see also abortion, rape and sexual assault, sex discrimination,还可参见堕胎,强奸和性攻击,性歧视
women's movement, effect of retreat from *Roe v. Wade* on,妇女运动,从罗伊诉韦德案退却后的影响 145,147
working conditions, *see* employment conditions,工作条件,参见雇用条件

附　　记

　　本书的翻译分工为：

　　序言、导论、第一、二、三、四、五、六章，由宋华琳译出，宋华琳还制作了全书索引，并负责前期的统稿和校对工作；

　　第七、八、九、十、十一章和结论由毕竞悦译出，并负责后期的统稿和校对工作。

宪政经典书目

1. 权利的成本——为什么自由依赖于税
   〔美〕霍尔姆斯　桑斯坦著　毕竞悦译（2004年6月出版）
2. 普通法与自由主义理论：柯克、霍布斯与美国宪政主义之诸源头
   〔美〕小詹姆斯·R.斯托纳著　姚中秋译（2005年5月出版）
3. 偏颇的宪法
   〔美〕凯斯·R.桑斯坦著　宋华琳、毕竞悦译（2005年6月出版）
4. 英国宪制
   〔英〕白哲特著　史密斯编　李国庆译（2005年8月出版）
5. 司法审查与宪法
   〔美〕西尔维亚·斯诺维斯著　诺洪果译（2005年10月出版）
6. 宪法（第三版）
   〔日〕芦部信喜著　林来梵、凌维慈、龙绚丽译（2005年12月出版）
7. 反联邦党人赞成什么
   〔美〕赫伯特·J.斯托林著　汪庆华译（2006年4月出版）
8. 法院与宪法
   〔美〕阿奇博尔德·考克斯著　田雷译（2006年5月出版）
9. 公债与民主国家的诞生
   〔美〕David Stasavage著　毕竞悦译（2006年12月出版）
10. 最不危险的部门
    〔美〕Alexander Bickle著　秋风译（2006年12月出版）
11. 大宪章
    〔英〕J. C. Holt著　贺卫方译（2007年3月出版）
12. 议会如何工作
    〔英〕Robert Rogers & Rhodri Walters著　苗文龙译（2007年3月出版）

13. 我们的秘密宪法——林肯如何重新定义美国的民主

   〔美〕George P. Fletcher 著　陈绪刚译（2007年3月出版）

14. 宪法的领域：民主、共同体和管理

   〔美〕Robert Post 著　毕洪海译（2007年6月出版）

15. 冲突中的宪法

   〔美〕Robert Burt 著　车雷译（2007年6月出版）

2006年9月更新